*Serie Hildegardiana*

dirigida por
Azucena A. Fraboschi [†]
Cecilia Inés Avenatti de Palumbo
y María Esther Ortiz

Diseño y composición: Gerardo Miño
Corrección y revisión: Eduardo Rosende
Cuidado de la edición: Cecilia Inés Avenatti de Palumbo y María Esther Ortiz
Edición: Primera. Noviembre de 2015
Tirada: 500 ejemplares
ISBN: 978-84-16467-07-5
Lugar de edición: Buenos Aires, Argentina

Dirección postal: Tacuarí 540
(C1071AAL) Buenos Aires, Argentina
Tel: (54 011) 4331-1565

e-mail producción: produccion@minoydavila.com
e-mail administración: info@minoydavila.com
web: www.minoydavila.com

CARTAS DE HILDEGARDA DE BINGEN

EPISTOLARIO COMPLETO

VOLUMEN I

Azucena A. Fraboschi
Cecilia Avenatti de Palumbo
María Esther Ortiz
–editoras–

Introducción de
Pedro Edmundo Gómez, osb

Con la colaboración de:
Oscar Beltrán
Julián Barenstein
Silvia J. Campana
Daniel Del Percio
Ricardo Díez
Hernán Fanuele
Jorge Ferro
Raquel Fischer
Ana Laura Forastieri, ocso
Emanuel Muruaga
Ignacio Pérez Constanzó
María Eugenia Suárez, osb
Carlos Taubenschlag
Analía Teijeiro Bernárdez

MIÑO y DÁVILA
◆ EDITORES ◆

Índice general

Subsidios bibliográficos

"Desde el fulgor de la Luz Viviente"
A Azucena A. Fraboschi (1942-2014)
In memoriam

Con gozo y dolor presentamos el primer volumen de la publicación en tres partes de las cuatrocientas epístolas de la abadesa Hildegarda de Bingen (1098-1179): escritora, mística, compositora, médica holística, teóloga y doctora de la Iglesia. Con gozo, porque se trata de la primera traducción del latín al español de este epistolario, realizada por un grupo de dieciocho investigadores y latinistas argentinos que trabajó en concordia y gratuidad sinceras, movidos por el solo deseo de dar a conocer el perfil más vital y personal de la multifacética y fascinante figura de la que fuera apodada la "Sibila del Rhin". Con dolor, porque quien proyectó y dirigió esta obra, la licenciada Azucena Adelina Fraboschi, murió antes de concluirla, tras sobrellevar una enfermedad terminal que la consumió en pocos meses. Por ello, se nos impone una referencia a su figura, cuyo perfil delineamos aquí sólo en sus hitos sobresalientes. Tras su graduación como Profesora y Licenciada en Filosofía en la Pontificia Universidad Católica Argentina (UCA), Azucena Fraboschi se dedicó a la enseñanza superior de Lengua y Cultura Latinas y a la Historia de la Educación, destacándose tempranamente por sus investigaciones en el período medieval. En el marco de su tarea de Profesional de Apoyo del CONICET (Consejo de Investigaciones Científicas y Técnicas de Argentina), primero, y luego en el marco de su desempeño como Investigadora de la UCA, "irrumpió" la figura de Hildegarda de Bingen. Durante más de quince años, a partir de los últimos años del siglo XX y hasta su muerte, se abocó a estudiarla y difundirla exclusiva y apasionadamente, cuando el nombre de Hildegarda de Bingen era aún casi desconocido en el mundo hispánico.

Como fruto de ese interés y entusiasmo, fundó y dirigió las *Jornadas Interdisciplinarias: Conociendo a Hildegarda. La abadesa de Bingen y su tiempo,* de las cuales las tres primeras se desarrollaron en la UCA (2003, 2005, 2007) y las dos últimas en la Academia Nacional de Ciencias de Buenos Aires (2009, 2011). A lo largo de los años, especialistas de diversas disciplinas tuvieron la ocasión de exponer sus trabajos en torno a la obra hildegardiana y al contexto cultural del siglo XII. Creó además el *Centro de Estudios Hildegardianos* –de modalidad virtual–, a la vez que diseñó y desarrolló una página web dedicada a la abadesa del Rhin (www.hildegardadebingen.com.ar). Asimismo fue invitada por numerosas instituciones académicas para dar cursos y seminarios sobre la abadesa renana.

Por medio de estas actividades y de las publicaciones que realizó (biografías, traducciones, recopilación de artículos, meditaciones), Azucena Fraboschi mantuvo en claro su objetivo: acercar la obra de Hildegarda al lector del siglo XXI, poniendo empeño en demostrar la actualidad del mensaje medieval. La proclamación de Hildegarda como doctora de la Iglesia en octubre de 2012 fue una confirmación inesperada del acierto de su intuición y, por ello, organizó ese mismo año en la UCA un *Coloquio Académico* cuyo tema fue precisamente *Hildegarda de Bingen, Doctora para la Iglesia del siglo XXI*, cuyos textos fueron publicados en un número dedicado de la revista *Teología* de la Facultad homónima (nº 113, 2014).

En los textos hildegardianos, ella descubrió una visión integral del hombre, donde se conjugan el arte (musical, plástico, literario), la teología, la ciencia y la espiritualidad; y desde allí realizó un valioso aporte a la antropología, como puede apreciarse en sus estudios. Más aún, cabe destacar que aquello que investigaba y aprendía no permaneció en el campo teórico. Verdaderamente, halló una visión del hombre que asimiló a su vida. Siempre se mostró solícita y atenta a la consulta de quien deseara acercarse al universo de Hildegarda. Como una extensión de esa generosidad, luego de su muerte, su familia donó a la Biblioteca Central de la Universidad Católica Argentina toda la bibliografía especializada en temas hildegardianos que ella había reunido a lo largo de los años.

Durante el proceso de traducción de estas epístolas, los diecisiete convocados para el trabajo hicieron su parte y, luego, ella se encargó de revisar cada uno de los textos, homologar ciertos aspectos lingüísticos, como el vocabulario –tan preciso, tan particular–, y de elaborar el aparato de notas. Llevó a cabo esta ardua tarea en medio de los avatares de su enfermedad. Ella sabía que le quedaba poco tiempo y trabajó febrilmente entre sus internaciones para concretar la publicación de las epístolas hildegardianas. El equipo de traductores puede dar testimonio de su entereza, tenacidad y seriedad sostenidas con amor hasta el fin.

El trabajo estaba encaminado y faltaba muy poco para terminarlo, pero no alcanzó a concretarlo. Con la conciencia explícita de estar cumpliendo con su último deseo, asumimos el compromiso de finalizar la primera parte de la publicación de la traducción del *epistolarium* completo, que esperamos poder continuar en los restantes volúmenes de próxima aparición. Toda esta dedicación es su legado. Lo recibimos con gratitud y esperamos seguir acrecentando el corpus de las obras en torno a esta apasionante figura de la Edad Media que tanto tiene todavía para decirnos.

Por último, queremos agradecer a los que nos acompañaron en este desafío: al equipo de traductores cuya nómina aparece en la carátula, en especial al doctor Oscar Beltrán, a la hermana Ana Laura Forastieri ocso y al licenciado Ignacio Pérez Constanzó, por la colaboración desinteresada en los detalles finales; a Gerardo Miño, director editorial, por su inestimable disposición y cumplimiento de la palabra empeñada; y al doctor Javier R. González, actual decano de la Facultad de Filosofía y Letras, quien como amigo personal de Azucena manifestó en todo momento su apoyo incondicional al proyecto.

Dra. Cecilia Inés Avenatti de Palumbo
Lic. María Esther Ortiz

coordinadoras de esta edición
Buenos Aires, 2 de agosto de 2015

Carta de introducción

+

Abadía Cristo Rey, El Siambón,
Tucumán, Argentina.
6 de agosto de 2014,
Fiesta de la Transfiguración del Señor.

Estimado Lector:
Pax.

Soy un monje benedictino al que le han pedido la introducción a la primera traducción castellana completa del epistolario de Hildegarda de Bingen, un trabajo que excede mi capacidad racional, aunque paradójicamente sea, un gozo para mi corazón racional.[1] Lo que me acredita para hacerlo, además del aprecio de Azucena Adelina Fraboschi[2] y Cecilia Avenatti de Palumbo,[3] animadora y coordinadora respectivamente de esta ardua empresa de la que sólo soy un testigo orante, es ser un lector asiduo de los autores monásticos medievales buscando claves metodológico-sistemáticas, lo que me llevó a considerar tres cartas de la "abadesa" –que se incluyen en este primer volumen de los tres previstos–: la primera al abad Bernardo de Claraval, la segunda al papa

---

1 Cfr. *"Secunda clavis thesauri Anselmi*, Filosofía, mística y método en Anselmo de Canterbury"*, en *Conoscenza ed affectus in Anselmo d'Aosta*, Atti del Simposio Internazionale in occasione del 900° anniversario dalla morte di S. Anselmo d' Aosta. Roma: Studia Anselmiana, 2014, p. 365-76; *"Sentiam per affectum quod sentio per intellectum"*, La relación *intellectus fidei – affectus fidei* en la *Meditatio III* de Anselmo de Canterbury–, en: VIII Jornadas Nacionales de Filosofía Medieval, Academia Nacional de Ciencias de Buenos Aires, Abril 2013. Publicación en CD.

2 Docente e investigadora argentina que ha consagrado su vida al estudio y difusión de la obra de Hildegarda de Bingen: publicando libros y artículos, dictando seminarios y cursos, dando conferencias ante el público más variado, organizando jornadas, animando la investigación de otros –entre los que me incluyo– y gestionando páginas web sobre la santa doctora de la Iglesia, su vida y su enseñanza.

3 Colaboradora en la tarea hildegardiana de A. Fraboschi en el ámbito de la Pontificia Universidad Católica Argentina.

cisterciense Eugenio III[4] y la carta 40 al maestro de teología Odo de Soissons.[5] Cuando las lea se dará cuenta del por qué de mi interés en ellas.

He tomado la forma epistolar para ir generando cierta connaturalidad y familiaridad con la obra misma. Los monjes desde antiguo escribimos cartas;[6] las de abba Antonio el Grande[7] abren la senda de una práctica que permite amigar: soledad y comunión, silencio y comunicación, ausencia y presencia, clausura y apertura, distancia y proximidad, estabilidad y misión. Pero la discreta *Regla de los monjes* en el cap. 54 señala que:

> "En modo alguno le es lícito al monje recibir cartas, eulogias o cualquier pequeño regalo de sus padres, de otra persona o de otros monjes, ni tampoco darlos a ellos, sin la autorización del abad. Aunque fueran sus padres los que le envían algo, no se atreva a aceptarlo sin antes haber informado al abad. Y si éste manda recibirlo, queda en la potestad del mismo abad el disponer a quién se lo ha de dar".

En este caso es la misma priora Hildegarda quien nos autoriza a recibir sus cartas y nos manda donarlas a otros, éste es el fin principal de la presente edición. Su biógrafo, otro monje benedictino, Theoderich von Echternach, el primero en recopilar sus epístolas, confirma nuestra suposición cuando escribe:

> "... es conocido que respondió con discernimiento las cartas a ella dirigidas desde lugares diversos, si alguien quisiera examinar con atención el contenido de sus palabras salidas de la revelación divina. Tanto sus propias cartas como las dirigidas a ella están reunidas en un solo volumen".[8]

Ahora iré presentando en cinco puntos y muy brevemente el epistolario hildegardiano, comenzando por los aspectos más técnicos.[9] El objetivo es motivarlo y ayudarlo a leer este "regalo maternal".

---

4   Cfr. "Santa Hildegarda de Bingen, ¿por qué "Doctora de la Iglesia"? – Responden Bernardo de Claraval y Eugenio III III–", en: *Teología* 113 (2014), pp. 29-61.

5   Cfr. "Tres teologías platónicas ante la cuestión de la simplicidad divina – Hildegarda de Bingen y Bernardo de Claraval responden a Gilberto de la Porrée–" (Artículo en prensa).

6   Cfr. LECLERCQ, JEAN. *Cultura y vida cristiana, Iniciación a los autores monásticos medievales.* Salamanca: Sígueme, 1965, cap. VIII.

7   Cfr. RUBENSON, SAMUEL. *The Letters of St. Antony. Monasticism and the making of a Saint.* Minneapolis: Fortress Press, 1955.

8   THEODERICH VON ECHTERNACH. *Vida*, II, en *Vida y visiones de Hildegard von Bingen,* Edición a cargo de Victoria Cirlot. Madrid: Siruela, 2001, p. 49

9   Véase la Introducción (p. 3-26) en el vol. I de la versión inglesa: *The Letters of Hildegard of Bingen*. 3 vol. Transl. by Joseph L. Baird and Radd K. Ehrman. New York/Oxford: Oxford University Press, 1994-2004.

                                            Pedro Edmundo Gómez, osb

— I —
Sobre la historia de la transmisión del texto: manuscritos, ediciones y traducciones

El epistolario hildegardiano fue compuesto entre 1146 y 1179. Estimado lector, si usted es un experto paleógrafo podrá rastrear la tradición manuscrita en algunos códices medievales visitando: a) Wiesbaden, Hessische Landesbibliothek, el MS 2 *Riesenkodex*, década de 1180 *(R)*; b) Berlin, Staatbibliothek, Preußischer Kulturbesitz, *Cod. theol. lat.* folio 699, segunda mitad del siglo XII y *Cod. lat. 4º 674,* principios del siglo XIII *(M)*; c) Brussels, Bibliothèque Royale, Cod. 5387-5396 y Cod. 5527-5534; d) Stuttgart, Württembergische Landesbibliothek, *Cod. theol. phil. 4º,* 253, finales del siglo XII *(Z)*; y e) Vienna, Österreichische Nationalbibliothek, *Cod. 881*, finales del siglo XII *(W)*.

Justus Blanckwald le ahorró una parte del trabajo al reunir algunas cartas en la primera edición del siglo XVI: *Sanctae Hildegardis abbatissae in Monte S. Roberti apud Naam fluuium, prope Bingam, sanctissimae uirginis et prophetissae, Epistolarum Liber.*[10] El texto latino de ciento cuarenta y cinco cartas, pero basado en el discutido "códice gigante" *Riesenkodex,*[11] se puede leer en *Sanctae Hildegardis Abbatissae Opera Omnia*, volumen 197, cols. 739-1038, de la *Patrología Latina*, de Jacques-Paul Migne.[12] Otras ciento sesenta y cuatro en Jean-Baptiste Pitra, *Analecta S. Hildegardis.*[13]

Luego se produjeron nuevos hallazgos con F. Haug en *Stuttgart Letters;*[14] A. Führkötter sumó cinco cartas inéditas en *Briefwechsel.*[15] Y finalmente P. Dronke sobre un manuscrito no trabajado del s. XIII o XIV sumó otras en *Women writers of the Middle Ages*[16] y tres más, con el abad Gedolfo de Brauweiler, en su *Vida de Hildegard.*[17]

La tan esperada edición crítica del epistolario nos ha llegado felizmente en *Hildegardis Bingensis: Epistolarium*, volúmenes 91, 91A y 91B, del *Corpus Christianorum Continuatio Mediaevalis*, editados por Lieven van Acker (I y II),

---

10   Cologne: Johannis Quentel & Geruuinum Quentel, 1566.

11   Cfr. Narvaja, José Luis. "El testamento espiritual inédito de Hildegarda de Bingen. La Epístola a la congrgación de sus hijas", en: *Stromata* 89 (2013), pp. 139-67.

12   Paris: Migne, 1855; reimpresa en Turnhout: Brepols 1976.

13   En: *Analecta Sacra*. Vol. 8, Monte Cassino: 1882; reimpresa en Farnborough: Gregg Press 1966.

14   En: *Revue Bénédictine* 1931; 43: 59-71.

15   Salzbourg: 1965.

16   Cambridge: 1984, p. 256-264 y 314-315.

17   *Vita Sanctae Hildegardis Virginis.* (CCCM 126).Turnhout: Brepols, 1993.

con trescientas cincuenta y seis cartas, llegando a trescientas noventa en el tercer tomo preparado por Lieven van Acker y Klaes-Hachmöller.[18]

Los que no conocemos bien el latín contábamos hasta ahora sólo con las traducciones inglesa *The Letters of Hildegard von Bingen*[19] y alemana: *Hildegard von Bingen. Briefwechsel,*[20] e *Im Feuer der Taube. Die Briefe.*[21] En castellano no teníamos más que escasas cartas[22] o algunos fragmentos de las mismas citados aquí y allá.[23] Por eso la presente traducción, la *prima pars* de la *editio critica*, viene a colocar un nuevo hito en la historia de la transmisión del texto hildegardiano y a quitar sus posibles excusas para no leerlo.

— II —

**SOBRE LA DISPOSICIÓN TRADICIONAL DE LAS CARTAS:
UN CURIOSO ORDENAMIENTO MEDIEVAL**

El epistolario hildegardiano contiene, como dice el prólogo del *Liber Vite Meritorum,* las "respuestas y advertencias para gran cantidad de personas tanto importantes cuanto humildes",[24] es decir la correspondencia que la *praeposita* mantuvo con papas, emperadores, reyes, nobles, obispos, monjes, y gente de toda condición social que acudían a ella en busca de luz, ayuda, intercesión y consejo. Creo que también nosotros quedamos incluidos en el "tanto", o mejor

---

18   Brepols, 1991, 1993; reeditado en 2000 y 2001 respectivamente.

19   Traducción de Joseph L. Baird y Radd K. Ehrman. Tomo 1. New York: Oxford University Press, 1994; 2, New York: Oxford University Press, 1998; 3, New York: Oxford University Press, 2004.

20   Nach den ältesten Handschriften übersetzt und nach den Quellen. Edición y estudio de Adelgundis Führkötter. Salzburg: O. Müller 1965; 2ª edición, 1990.

21   Traducción y estudio de Walburga Storch, primera edición completa. Augsburg: Pattloch 1997.

22   Cfr. EPINEY-BURGARD, G. Y ZUM BRUNN, E. *Mujeres trovadoras de Dios, una tradición silenciada de la Europa medieval.* Barcelona: Paidós, 1998, p. 53-62; *Vida y visiones de Hildegard von Bingen,* ob. cit., p. 113-178. "Carta de Hildegarda de Bingen al Papa Anastasio (1153-54)". Traducción de una carta de contenido admonitorio y profético, en: *Versiones* (Revista del Centro de Traducciones Filosóficas "Alfonso el Sabio") 6 (2004), p. 13-17. Y hay más, pero siempre con ese carácter esporádico.

23   Cfr. BUISEL DE SEQUEIROS, M. D. "La carta de Hildegarda de Bingen al capítulo de Maguncia y el origen del canto litúrgico de las Horas", en: *Desde el fulgor de la luz viviente... Hildegarda, Abadesa de Bingen,* A. A. Fraboschi (comp.). Bs. As.: EDUCA, 2007, pp. 85-95; L. CARBÓ, "La percepción del conflicto en la correspondencia de Hildegarda", ibíd., pp. 355-67; GÓNGORA, M. E. "Una pluma en la mano de Dios: una imagen en tres cartas de Hildegard de Bingen", en: *Signos* 35, 51-52 (2002), pp. 79-91; GÓNGORA, M. E. "Acercamiento a las emociones medievales: dos cartas de Hildegard de Bingen (1098-1179)", en: *Rev. chil. lit.* 82 (2012), pp. 143-157.

24   HILDEGARDA DE BINGEN. *El libro de los merecimientos de la vida,* Introducción, traducción y notas de Azucena A. Fraboschi. Bs. As.: Miño y Dávila Editores, 2011, p. 69.

                                          Pedro Edmundo Gómez, osb

aún si es en el "cuanto". Un texto escrito por una humilde pluma sólo puede ser leído con humildes ojos.

La disposición de las cartas, estimado lector, le va a resultar muy extraña, porque es medieval: jerárquica, no cronológica o temática, como estamos acostumbrados. El orden jerárquico descendente presenta problemas al editor y al lector ya que no permite seguir el hilo de los temas, como por ejemplo, la dolorosa controversia sobre su hija-discípula Ricarda von Stade, por lo que se ofrece como ayuda al comienzo del volumen un índice cronológico y al final otro temático de las cartas, ambos elaborados por María Esther Ortiz.

La edición crítica sigue la tradición manuscrita al ordenar las cartas de acuerdo con el rango o posición social del destinatario, y con este propósito establece diez clasificaciones para las trescientos noventa cartas y respuestas.

Las tres primeras referidas a eclesiásticos. La Clase I (*Cartas* 1-45r): la correspondencia con papas, arzobispos y obispos, siguiendo el orden jerárquico y alfabético de acuerdo con el nombre moderno de sus sedes. Hay ciertas excepciones:[25] las cartas con Bernardo de Claraval ocupan la primera posición ya que, siendo las más antiguas marcan el comienzo de su carrera como escritora y dan, como hemos mostrado oportunamente, las claves para la comprensión de su teología monástica.[26] La Clase II (*Cartas* 46-250r) para y de los eclesiásticos asociados a un lugar específico, ordenadas alfabéticamente según el lugar. La Clase III (*Cartas* 251-310) al clero cuyos nombres son conocidos, pero que no pueden ser identificados geográficamente.

Las siguientes, a laicos: La Clase IV (*Cartas* 311-31) con el laicado noble, como el rey Conrado III y Federico Barbarroja. La Clase V (*Cartas* 332-43) el laicado de lugares geográficos específicos, dispuesta según el orden alfabético del lugar. La Clase VI (*Cartas* 344-56) a fieles laicos de ubicación incierta.

Las subsiguientes son inciertas. La Clase VII (*Cartas* 357-73) incluye cartas en las que no hay evidencia decisiva en cuanto al estado, laical o clerical, de los corresponsales. La Clase VIII (*Cartas* 374-90) contiene textos encontrados en

---

25   La Carta 7, a los cardenales Bernardo de S. Clemente y Gregorio de S. Angeli, viene inmediatamente después de la del papa Eugenio sobre las causas que ellos estaban llevando adelante en nombre del papa; la Carta 15 a Felipe de Heinsberg y la Carta 29 a Arnoldo de S. Andrés en Colonia, quienes más tarde serían arzobispos. Van Acker ha incluido la Carta 23 a los prelados de Maguncia en la Clase I en razón de que ellos representaban al arzobispo Christian, mientras éste se encontraba en Roma; Odo de Soissons también se encuentra aquí porque más tarde será Cardenal-Obispo de Tusculum.

26   "Hildegarda de Bingen: doctora en la Iglesia y de la Iglesia – Los requisitos para ser un teólogo monástico según la *Epistola CCCLXVI Ad Hildegardem abbatissam* de Bernardo de Claraval–", en: *VII Jornadas Nacionales de Filosofía Medieval*, Academia Nacional de Ciencias de Buenos Aires, Abril 2012. Publicación en CD.

los manuscritos de carácter epistolar dudoso, como el sermón contra los cátaros (*Carta* 381), y la mayor parte de la Carta a los prelados de Maguncia, base de la *Carta* 23.

La Clase IX son escritos tradicionalmente enumerados con las cartas, pero que no son enteramente de naturaleza epistolar; ejemplo de ello son las *Soluciones a las 38 Cuestiones*, respondiendo a la solicitud de Guiberto de Gembloux, y la *Explicación de la Regla de san Benito*, escrita a pedido de un monasterio. La Clase X, la última, contiene material espurio, como las falsas cartas a los papas Eugenio III y Anastasio IV.

La presente traducción también sigue este original criterio, pero presentando exclusivamente las cartas auténticas de Hildegarda y no las consultas y/o respuestas a las mismas, de las que se hace referencia al inicio o en nota al pie. Tenemos ahora por tanto a nuestra disposición para comenzar a leer las primeras ochenta y cuatro cartas en un texto seguro.

— III —

Sobre los desafíos del vocabulario, el lenguaje y el estilo: el trabajo con la piedra pómez

El epistolario hildegardiano, apreciado lector, le depara inmediatamente alegres sorpresas y gozosos descubrimientos, pero también le presenta una serie de dificultades, o mejor dicho, desafíos en lo referido a su particular vocabulario y al manejo del lenguaje. Este hecho es natural.

La paradójica oscuridad en cuanto al contenido de la visión y a la forma como la describe exigían del destinatario original y requerirán de nosotros un particular trabajo, por caso la *Carta* 5. A diferencia del tríptico visionario, en las cartas las visiones no están uniformemente provistas de exégesis para explicar sus enigmas. Por supuesto que hay excepciones, por ejemplo la *Carta* 85r/b. A veces nuestra autora abre una carta con una visión, inexplicable en sí misma, y entonces directamente aplica la imagen personificada al destinatario de la carta, así en la *Carta* 47.

No sabemos cómo oía en su interior las explicaciones de la Luz Viva, es razonable que fuera en latín, un latín medieval,[27] de oídas, rústico, sin desinencias o con desinencias aproximadas, que dictaba a Volmar, Ricarda, o Guiberto de

---

27   Lengua que se escribía en caros pergaminos, en una letra comprimida y todo seguido para que cupiera más, con palabras llenas de abreviaturas para ahorrar espacio. Una lengua telegráfica que sólo entendían los ilustrados, mientras que la gente común hablaba el *sermo vulgaris* o las viejas lenguas nacionales.

                                         Pedro Edmundo Gómez, osb

Gembloux, que colaboraban con su arte-ciencia para hacerlas lo más gramaticalmente legibles.

Su estilo tosco se manifiesta en la libertad en cuanto a la estructura de la sentencia, una frase que atrae a otra, una cláusula a otra, encadenadas sobre la marcha del pensamiento. Este hecho que tiene su encanto por lo simple, a veces se vuelve un obstáculo para la comprensión, porque esta acumulación de elementos cualificados o simplemente añadidos, su extenso número de imprecisos conectivos y un uso de conjunciones que desafía a la lógica, dan como resultado un pasaje casi impenetrable, como se ve en la *Carta* 76r y la siguiente.

Ciertamente es demasiado imprecisa en el uso de los pronombres –véase la *Carta* 52r–, pero por otro lado se siente muy a gusto con el lenguaje para trabajar luminosamente juegos de palabras y contrastes, en las *Cartas* 5, 20r, 52 r, 78r.

Permítasenos citar –con Lieven van Acker– a Hildegarda misma, quien parece indicarnos la forma de interpretar sus escritos cuando ella da a entender la dificultad de comunicar las experiencias místicas con el lenguaje humano:

> "Pero Aquél Que es grande y sin defecto alguno ha tocado ahora un humilde habitáculo, para que pudiera ver un prodigio y formara letras desconocidas e hiciera uso de una lengua ignorada. Y esto dijo a esa pequeña morada: Aquél que tiene la piedra pómez no descuide la tarea de pulir y hacer inteligible al género humano lo que te fue dado en una lengua manifestada a ti desde lo alto y no según la forma acostumbrada entre los seres humanos, porque así no te fue revelado".[28]

Le puedo asegurar que los traductores han usado hábilmente la piedra pómez de la siguiente manera: primero trabajaron en una captación literal del texto, luego buscaron la comprensión del sentido del mismo, e integrando ambos criterios elaboraron la traducción más asequible al castellano y al hombre de hoy. Cuando había palabras latinas que admitían varios significados por su riqueza, entonces multiplicaron sus palabras para tratar de reflejar esa abundancia.

El resultado es un texto legible para todos, e igualmente inteligible, que nos aproxima a los misterios que contiene con un temor reverencial, e interpretando sus alegóricos y paradójicos pensamientos, lo que no excluye ahora nuestro trabajo exegético y hermenéutico, trabajo creyente y orante, porque para comprender a Hildegarda hay que leerla haciendo una *lectio* en el sentido medieval del término.[29]

---

28   *The Letters of Hildegard of Bingen*, ed. cit., p. 23.

29   Cfr. "La *meditatio* en la *lectio divina* del siglo XII", en: IX Jornadas de Teología, Filosofía y Ciencias de la Educación, 15-17 de mayo de 2002, Córdoba, p. 85–90; "*Secretum finis Africae*: Los cuatro sentidos de la Sagrada Escritura", en: *Myriam Corti, Contemporaneidad y Metafísica, Homenaje – Recordación*. Córdoba: InCaSup-El Copista, 2007, pp. 135-65.

— IV —

Sobre la originalidad del epistolario: un auténtico y verdadero *locus theologicus* monástico

El epistolario hildegardiano a diferencia de los otros, tan apreciados hoy por los especialistas para conocer la personalidad psicológica de los autores, su contexto social, político e histórico y profundizar en sus enseñanzas doctrinales, no está conformado por escritos personales o de ocasión, sino que son verdaderos textos profético-visionarios, en los que Hildegarda se desplaza a sí misma del centro, lo que hace de él un auténtico *locus theologicus*.[30] Así lo vemos, por caso, en la *Carta* 14 al responder a la solicitud que el arzobispo Arnoldo de Colonia le hiciera pidiéndole el envío del libro que "inspirada por el Divino Espíritu escribisteis":

> "Ahora, oh pastor de tu pueblo, yo pobrecilla te he enviado, tal como pediste, los escritos de estas visiones veraces, que nada contienen como procedente del ingenio humano ni de mi propia voluntad; al contrario, la Luz Indeficiente ha querido manifestar su composición y sus mismas palabras como Le plugo. Del mismo modo, tampoco esto mismo que ahora te escribo proviene de mi ingenio o de decisión humana alguna, sino de una revelación celestial".

El ambiente religioso y político de la época ayuda a entender que estas cartas tienen el propósito de aleccionar, aconsejar y advertir a sus destinatarios sobre: a) la reforma del clero y de la Iglesia (*Cartas* 8, 9, 15r, 35r, 36, 38r, 43r, 56, 65, 66r, 73...); b) la relación entre la Iglesia y el Estado (*Cartas* 6, 16r, 17...); y especialmente c) el progreso en la vida-lucha espiritual para la santificación de las personas, con lo que queda claro que la priora es un mero instrumento con una misión divina que cumple fielmente y sin vacilaciones.

El epistolario contiene muchos elementos de lo que hoy llamaríamos dirección-acompañamiento espiritual, donde el saber de la *magistra* coincide con la sabiduría de la *mater*,[31] guiando la vida de todo tipo de personas en el espíritu por el camino del seguimiento y la identificación con Cristo Redentor en su retorno a la vida trinitaria. Lo vemos especialmente en el carteo, acerca de una endemoniada, con el abad Gedolfo de Brauweiler, que su primer biógrafo trans-

---

30   Cfr. Almada, Christian A. *Il genere epistolare, un "locus theologicus" monastico-sapienziale. Analisi semantica dei termini 'sapientia', 'scientia' e 'veritas' nelle lettere di Anselmo d'Aosta, di Gregorio Magno e di Bernardo di Chiaravalle.* Charleston (USA): 2012. 456 p.

31   Cfr. Cabré i Pairet, Montserrat. "Hildegarda de Bingen y la práctica de la autoridad", en: *Duoda* 16 (1999), pp. 81-95.

Pedro Edmundo Gómez, osb

cribió íntegramente en el libro dedicado a sus milagros,[32] y en las *Cartas* 28, 37r, 47, 50r, 55r, 62r, 63, 67, 83r, 86, 87r/A, 87r/B, 88, 89, 105r...

Hildegarda se vio a sí misma como la boca de Dios en una época de desorden, y de allí que frecuentemente su voz y la de Dios se fusionan de manera tan acabada que vienen a ser casi indiscernibles. El siguiente texto de la *Carta* 15r nos lo muestra:

> "Desde Él un viento sopla diciendo: (Dios) Porque no carezco de poder, Yo he puesto el firmamento con todo su ornato <*Gén.* 1, 6>, pues tiene ojos como para ver, orejas para oír, una nariz para oler <*Marc.* 8, 18>, una boca para gustar. (Hildegarda) Pues el sol es como la luz de Sus ojos, el viento como el oír de Sus orejas, el aire como Su fragancia, el rocío como Su sabor, la fuerza vital que exuda es como el aliento de Su boca. También la luna marca el orden de los tiempos, y así manifiesta su ciencia al hombre. Y las estrellas parecen racionales porque tienen un círculo, como también la racionalidad comprehende y abraza muchas cosas. (Dios) Yo afirmé y consolidé los cuatro ángulos de la tierra <*Apoc.* 7, 1> con fuego, nube y agua, y de esta forma uní juntamente y comuniqué todos los confines del mundo como con venas".

Esto no sólo afecta al contenido, sino también al *ars dictandi* epistolar. Por eso, respetado lector, le sorprenderá el que en la mayoría de los casos las cartas se abran con un testimonio de la verdad: "La Luz Viviente me ha dicho"; "En la inspiración de una visión verdadera, yo vi y oí estas palabras"; "La Fuente de las Aguas te dice con gran grito"; "Quien da la vida dice al que vive"; "El Único Quien era, y es, y vendrá dice"; "En una visión yo vi", etc. Las palabras que siguen son las palabras de la Divinidad, la Luz Viviente misma, sea directamente citadas o bien indirectamente traídas de una visión anterior, entretejidas con las palabras de la misma *magistra*, como vemos en el texto citado anteriormente. Y esto no sólo como una forma de asegurar la autenticidad y la autoridad para su palabra femenina, como algunos especialistas piensan, sino como expresión de los dones de profecía, sabiduría, discernimiento y consejo.

La personalización, señalada por el uso de las mayúsculas, en el caso de las Virtudes no es un mero recurso literario sino que forma parte de su misma teología, como lo revelan la última visión de *Scivias* y el *Ordo Virtutum*; por eso María Esther Ortiz ha escrito que: "en la cosmovisión de la priora, ocupan un lugar primordial en la historia de la salvación: obraron plenamente con Cristo para ayudar a los hombres en la construcción de la Jerusalén celestial."[33] No se

---

32   Cfr. Theoderich von Echternach. *Vida*, III, XXI, ed. cit., pp. 81-85.

33   Ortiz, María Esther. "Introducción", en: *Ordo Virtutum, El drama de las Virtudes*. Bs. As.: Ágape Libros, 2014, p. 18.

trata por tanto de las virtudes naturales, ni intelectuales, ni morales, sino de las sobrenaturales, según usted mismo leerá en la *Carta* 59. Las Virtudes son fuerzas, energías divinas que colaboran con el hombre en su lucha contra el mal, para lograr su santificación. Por eso hablan a los destinatarios en monólogos, por ejemplo: Amor Divino, Obediencia y Sabiduría en la *Carta* 25r; y en otras encontrará hasta la escenificación de un drama actuado por Virtudes y Vicios, por caso la *Carta* 58.

Las visiones narradas en las *Cartas* están moldeadas y ancladas, como su autora, por la Sagrada Escritura y por la Liturgia, los Evangelios y los Salmos, según lo confiesa ya en la *Carta* 1. Como afirma Marie-Anne Vanier:

> "La Escritura misma estructura sus visiones, es lo que garantiza igualmente su validez; ellas no son el resultado de su imaginación sino un don del Espíritu Santo. En ciertos momentos se tiene la impresión de tener que vérselas con la exégesis alegórica, pero Hildegarda va igualmente más lejos, habida cuenta de aquello que recibió. En todo caso, se debe reconocer que sus visiones están marcadas por el marco monástico donde vivió y, más precisamente, por la Liturgia de las Horas en la que fue formada a lo largo de su vida".[34]

La voz de la Luz Viviente del epistolario es la misma que habla por boca de los profetas en la *Sacra Pagina,* por eso es fundamental atender a las citas bíblicas explícitas e implícitas, leídas en el contexto del *Opus Dei* en una multiplicidad de sentidos. La *magistra* leyó, meditó y celebró cada día los textos de la Escritura que le eran propuestos, por eso le fue dado comprender su sentido y actualidad de manera fulgurante por un don renovado del Espíritu Santo. En la presente edición se ha tomado como referencia el modo de citar la Sagrada Escritura de la edición de Mons. Dr. Juan Straubinger.[35]

— V —

SOBRE LOS DESTINATARIOS ACTUALES:
COMUNIDAD DE TRADUCTORES Y LECTORES MEDITATIVOS

El epistolario hildegardiano es también una caja de resonancia de las obras mayores, o mejor dicho, la Voz que habla en las *Cartas* tiene sus ecos especialmente en el tríptico visionario de *Scivias*, *El libro de las obras divinas* y *El libro de los merecimientos de la vida*. El lenguaje es igualmente bíblico, simbólico, alegórico, parabólico, plástico, musical y dramático, como por ejemplo en las

---

34   VANNIER, A-M. *Hildegarda de Bingen, mujer de oración.* Buenos Aires: Ágape Libros, 2014, p. 21.

35   *La Santa Biblia, Traducción directa de los textos primitivos.* La Plata: UCALP, 2009.

                                    Pedro Edmundo Gómez, osb

Cartas 12, 25r, 58, 85r. Sobre esto hay gracias a Dios mucho y bueno escrito entre –y para– nosotros.

Al final del *Liber Vite Meritorum* leemos:

> "Y desde el Cielo oí una Voz que me decía: El ser humano que vio estas cosas y las proclamó escribiéndolas, vive y no vive <*Gál.* 2, 20>, se siente ceniza y no se siente, y revela los milagros de Dios no por sí misma sino por aquello que la tocado, de la misma manera que la cuerda tocada por el citarista produce un sonido no por sí misma sino por el tacto de aquél. Estas son cosas verdaderas, El Que es verdadero quiso que así, verazmente, fueran reveladas. Por lo que si alguien, por su excelente conocimiento de las Escrituras y de su peculiar significación añadiera algo contrario a dichas cosas, merece padecer los castigos aquí descriptos; o bien si alguien quitara algo de ellas para oponérseles, merece ser borrado de los gozos que aquí se han mostrado <*Apoc.* 22, 18-19>".[36]

Muchos han colaborado en la elaboración de esta edición. Un trabajo de muchas manos, de muchas inteligencias y un solo corazón. Los traductores a los que debemos nuestro sincero agradecimiento son: Dr. Oscar Beltrán, Lic. Julián Barenstein, Lic. Silvia Julia Campana, Dr. Daniel Del Percio, Dr. Ricardo Díez, Pbro. Lic. Hernán Fanuele, Dr. Jorge Ferro, Dra. Raquel Fischer, Hna. Ana Laura Forastieri, ocso; Lic. Azucena Fraboschi (quien además tuvo a su cargo la corrección de todo el material recibido), Dr. Emanuel Muruaga, Lic. Ma. Esther Ortiz, Lic. Ignacio Pérez Constanzó; Hna. Ma. Eugenia Suárez, osb; Pbro. Dr. Carlos Taubenschlag y Prof. Analía Teijeiro Bernárdez.

En la tercera circular del proyecto Cecilia Avenatti escríbía: "Somos un equipo de personas que trabajan por amor a la Sabiduría, entre las cuales se ha ido generando una comunidad de intercambio de bienes espirituales". Estos hombres y mujeres de distinta condición eclesial y social, de diferentes disciplinas y tradiciones, han realizado un trabajo solitario y solidario, un trabajo "monástico" de copiar-traducir lo más fielmente posible la letra y el espíritu, la forma y el contenido, el pasado y el presente, la reflexión y la visión, el diálogo inteligente con el mundo y la comprensión penetrante de la revelación divina, la palabra de Hildegarda y la Voz del Que Es.

No han agregado ni quitado nada al texto del epistolario, pero esta edición nos ofrece una ayuda invalorable para profundizar en su comprensión: las notas al pie de página, una de sus características más originales, elaboradas en su totalidad por Azucena Fraboschi, que sirven para: a) fijación del texto latino y de la traducción; b) aclaración del contexto histórico cultural cuando es imprescindible; y c) explicación de dificultades de comprensión en base a otros textos

---

36   Hildegarda de Bingen. *El libro de los merecimientos de la vida*, VIª, 45, ed. cit., pp. 433-34.

de Hildegarda que se citan allí como intertexto. Estas últimas son de suma importancia, porque a la par que amplían nuestro conocimiento de la obra de la santa doctora, ponen a las cartas en relación con el resto del *corpus* hildegardiano mostrando la coherencia que campea en todos sus textos, lo que no quita que podamos anotar en los márgenes las propias resonancias y los paralelos que se nos vayan presentando el curso de la lectura.

Como habrá podido percibir, estimado lector, insisto en el tema de la *lectio*: cada cita bíblica, símbolo, alegoría, palabra, frase, párrafo, cada carta debe ser recibida, leída, meditada, gustada, rumiada y repensada, formulando preguntas al texto y cuestiones a su autora, como el monje Guiberto en las *Cartas* 106r y 109r, porque sólo así podremos participar en el diálogo silencioso y maternal entre Hildegarda y sus destinatarios, o mejor dicho entre Dios, a través de Hildegarda, con sus corresponsales.

Estos receptores no son sólo los del siglo XII sino, gracias a la presente edición, también los del siglo XXI. Los tiempos y los contextos son distintos, pero el plan divino y la naturaleza humana son idénticos. Todos recordamos, por ejemplo los pasajes del discurso de Navidad que el papa emérito dirigiera a la Curia Romana el 20 de diciembre de 2010, año sacerdotal, donde transcribe y comenta, con dolor de padre y pontífice, la *Carta a Werner von Kirchheim y a su comunidad sacerdotal* (*PL* 197, 269ss).

Para concluir nada mejor entonces que recordar lo que nos decía "el papa que se hizo monje" en una de sus célebres catequesis:

> "La popularidad que rodeaba a Hildegarda impulsaba a muchas personas a hacerle consultas. Por este motivo, disponemos de numerosas cartas suyas. A ella se dirigían comunidades monásticas masculinas y femeninas, obispos y abades. Muchas respuestas siguen siendo válidas también para nosotros".[37]

Apreciado lector, espero que con esta simple carta-introducción se encuentre lo suficientemente animado y orientado para emprender la lectura meditativa de este primer tomo del epistolario hildegardiano, y esperando con ansia la publicación de los dos restantes.

Dios lo siga bendiciendo, por intercesión de santa Hildegarda, monja y doctora.

Pedro Edmundo Gómez, osb.

---

[37] BENEDICTO XVI. "Santa Hildegarda de Bingen (I)", en: *Figuras femeninas del Medioevo, Catequesis durante las audiencias de los miércoles*. Buenos Aires: Ágape Libros, 2011. p. 14.

ÍNDICE CRONOLÓGICO DEL EPISTOLARIO

1171-1179

Cronología de la vida de Santa Hildegarda

640.   San Disibodo, un monje irlandés, habría construido un monasterio en el monte que se eleva sobre los ríos Nahe y Glan.

910.   El duque Guillermo de Aquitania funda la orden benedictina de Cluny.

975.   El arzobispo Willigis de Maguncia refunda el monasterio de San Disibodo para albergar a doce clérigos que se encontraban bajo su cuidado.

1020.   Un sínodo celebrado en Pavía bajo la presidencia del papa Benedicto VIII y el emperador alemán Enrique II subraya la obligatoriedad del celibato eclesiástico y dicta resoluciones condenando la simonía.[1]

1056.   Enrique IV asume como emperador del Sacro Imperio Romano Germánico.

1059.   Un sínodo reunido en Letrán por el papa Nicolás II añadió a las disposiciones antedichas la prohibición, para los fieles, de asistir a las misas de los sacerdotes que no observaran el celibato. También trató el tema de la elección papal. Además, dispuso que los clérigos sólo podrían aceptar cargos eclesiásticos y la investidura que los significaba de manos de la autoridad eclesiástica, y en ningún caso de un seglar.[2] Ésta es la trama de la "Querella de las Investiduras".

---

1   Se llama así a la compraventa de las dignidades eclesiásticas. El nombre "simonía" proviene de aquel Simón el Mago que quiso comprar a los apóstoles el poder brindar la presencia del Espíritu Santo mediante la imposición de las manos. (*Hech.* 8).

2   Es un tema particularmente difícil, por cuanto los obispos eran también príncipes del Imperio, con tierras, hombres y bienes: con poder y lealtades que, en determinadas circunstancias –conflictos entre el Papado y el Imperio–, podrían encontrarse divididas entre la Iglesia, a la que pertenecían, y el Imperio, en caso de que fuera éste quien les hubiera conferido cargo e investidura. Tal es la razón de la medida tomada por el sínodo. Pero para el emperador, esto significaba tener enclavados en su territorio señores que, en caso de conflicto, no lo respaldarían a él sino a la otra parte: de alguna manera era tener al enemigo en casa.

1073.   Asume el trono de Pedro Gregorio VII, quien continúa con gran fuerza el movimiento de reforma de las alicaídas costumbres del clero.

1079.   Nace Pedro Abelardo,[3] una de las mentes más brillantes y rebeldes del siglo XII.

1085.   El rey Alfonso VI de León y de Castilla rescata la ciudad de Toledo de manos de los árabes.

1088.   El papa Urbano II, propulsor de la Primera Cruzada, gobierna la Iglesia (1088-1099).

1090.   Nace Bernardo de Claraval,[4] el gran reformador del monacato en el siglo XII.

1090.   Honorio de Autun († 1152),[5] sacerdote y maestro en la escuela de Autun; se retiró posteriormente a un monasterio benedictino –la abadía de Saint-Jacques– cerca de Ratisbona (sur de Alemania).

1095.   Comienza la Primera Cruzada, primera de una serie de campañas religioso-políticas a Tierra Santa con el objeto de liberarla de manos de los musulmanes; en ellas tomaron parte reyes, caballeros, monjes y campesinos, y sus consecuencias no fueron sólo militares sino también culturales y comerciales.

1096.   Roberto de Arbrissel funda el monasterio de Santa María de Fontevraud como una orden mixta.

1098.   Surge la orden del Císter.

---

3   PEDRO ABELARDO (1079-1142), teólogo y filósofo francés, hábil dialéctico y famoso maestro en París. Fue célebre por sus controversias (con Guillermo de Champeaux y san Bernardo de Claraval, entre otros) abogando por un uso libre de la razón frente a la autoridad de la fe, y célebre también por sus amores con Eloísa. En sus últimos años, perseguido y condenado, se refugió junto a Pedro el Venerable, en el monasterio de Cluny. Obras suyas son: *Sic et non* (Razones en pro y en contra); *Historia de mis desventuras* (relato autobiográfico); *Conócete a ti mismo* (ética); *Diálogo entre un Judío, un Filósofo y un Cristiano*, entre otras.

4   SAN BERNARDO DE CLARAVAL (1090-1153), llamado "Doctor Melifluo" por su dulce elocuencia, fue reformador cisterciense y fundador del monasterio de Claraval, entre otros. Tuvo gran actuación e influencia en su siglo, junto a Papas, reyes, clero, señores, sabios y pueblo, y fue también una figura de gran presencia en la vida de Hildegarda. Entre las obras que escribió figuran *Sermones*; *El amor a Dios*; Comentario al *Cantar de los Cantares*, *La consideración*, etc.

5   HONORIO DE AUTUN (1090-1152), sacerdote y maestro en la escuela de Autun. En sus obras se ocupó de los temas que interesaban en su época, y es de destacar una llamativa coincidencia con el pensamiento de Hildegarda de Bingen. Entre sus obras se cuentan: *La imagen del mundo* (sobre la creación); *Elucidarium* o *Diálogo sobre la teología cristiana* (donde trata el tema de la Trinidad); *El exilio del alma* o *Tratado de las artes liberales* (sobre el progreso en el conocimiento); *La filosofía del mundo* (sobre la existencia de Dios probada a partir de la existencia y disposición cotidiana del mundo), etc.

1098.   Nace **Hildegarda de Bingen**, décima hija de Hildeberto de Bermersheim y Mechtilde de Merxheim.

1099.   Los Cruzados entran en Jerusalén, liberándola.

1103-08.   Guillermo de Champeaux[6] es maestro en la escuela catedralicia de Notre-Dame, donde tuvo por discípulo y contrincante a Abelardo; años más tarde conferirá a san Bernardo la ordenación sacerdotal.

1106.   El descubrimiento de un cementerio romano en Colonia habría confirmado la muy popular leyenda de santa Úrsula y las once mil vírgenes.

1106.   Muere Enrique IV.

1106.   **Hildegarda** es confiada a Jutta, la hija del conde de Sponheim, para su formación.

1107.   El arzobispo Ruthardo de Maguncia decide desplazar a los canónigos del monasterio de San Disibodo y llamar a los benedictinos de la abadía de Santiago Apóstol para habitarlo. Comienzan las tareas de reconstrucción y remodelación.

1112.   San Bernardo de Claraval ingresa en el Císter.

1112.   Juntamente con la joven Jutta, quien lo hace como inclusa, **Hildegarda** es recluida en una celda adosada al monasterio benedictino de San Disibodo.

1114-19.   Bernardo de Chartres[7] enseña como maestro en la escuela catedralicia de Chartres, de la que luego será canciller.

1115.   Nace Juan de Salisbury († 1180), sabio inglés,[8] quien posteriormente estudia en Chartres y en las escuelas de París. Fue secretario de Teobaldo, arzobispo de Canterbury; consejero del papa Adriano IV; secretario de

---

6   GUILLERMO DE CHAMPEAUX (1170-1132), fue maestro de Abelardo, quien luego tuvo contra su maestro controversias que terminaron en el escarnio y la burla, desdibujando la figura de Guillermo. Se está trabajando sobre la plausible atribución de comentarios a la obra aristotélica, en pro de una revalorización de su presencia en el pensamiento del siglo XII.

7   BERNARDO DE CHARTRES (m. ca. 1130), maestro y canciller en la escuela de Chartres, supo armonizar en una síntesis original platonismo, agustinismo y humanismo clásico. Tuvo como discípulos, entre otros, a Gilberto de la Porrée. Le sucedió en el cargo su hermano Teodorico, quien tuvo como discípulo a Juan de Salisbury. Precisamente en las obras de este último: *Metalogicon* y *Policraticus*, se encuentran fragmentos referidos a la doctrina de Bernardo, que permiten conocer su pensamiento.

8   JUAN DE SALISBURY (c. 1115-1180), figura descollante en su tiempo, supo conocer y apreciar asimismo la obra de Hildegarda. Entre sus obras son notables: *Policraticus* (es un tratado de filosofía y teología de la política); *Sobre los dogmas de los filósofos*; *Metalogicon* (es una defensa de la dialéctica y de las artes liberales).

Tomás Becket[9] y desterrado luego del asesinato del arzobispo; obispo de Chartres en 1176 hasta su muerte.

1115.   **Hildegarda** profesa con votos perpetuos.

1117.   Gilberto de Poitiers[10] es discípulo de Bernardo de Chartres; luego será canciller de la escuela y ya en París será maestro de Juan de Salisbury (1142).

1121.   Abelardo es condenado en el Concilio de Soissons.

1122.   El Concordato de Worms, celebrado entre el papa Calixto II y el emperador, pone fin a la disputa por las investiduras.

1122.   Nace Leonor de Aquitania († 1204).[11]

1122.   Nace Pedro el Venerable († 1156),[12] reconocido por su santidad, gobierna Cluny. Tendrá en su momento una actitud de gran misericordia hacia Abelardo y luego hacia Eloísa.[13]

1123.   Nace Federico Barbarroja († 1190),[14] futuro emperador.

---

9   Santo Tomás Becket (1117-1170), estudió teología en París y en Bolonia. Fue arzobispo de Canterbury y canciller del rey Enrique II de Inglaterra quien, enfrentado con el eclesiástico por la cuestión del poder real sobre el clero –reiterando de alguna manera el tema de lo que había sido la "Querella de las investiduras"–, da lugar al asesinato de Becket en el atrio de la catedral, durante un oficio religioso.

10   Gilberto de Poitiers (1076-1154) fue discípulo de Bernardo de Chartres, y maestro de Juan de Salisbury en París; obispo de Poitiers en 1142. San Bernardo lo combatió duramente por algunas de sus tesis sobre la Trinidad, de las que debió retractarse en el concilio de Reims (1148). Escribió comentarios a obras teológicas de Boecio (*Sobre la Trinidad*; *Sobre las dos naturalezas en Cristo*): comentarios a las obras lógicas de Aristóteles, a las epístolas de san Pablo y otras.

11   Leonor de Aquitania (1122-1204), esposa primero del rey Luis VII de Francia, luego de Enrique II de Inglaterra, madre de reyes (Ricardo Corazón de León y Juan sin Tierra), fue una mujer de gran carácter que tuvo una activa y decisiva participación en la convulsionada vida política de su época. Ello no le impidió apoyar la cultura, a la que dedicó verdadera atención, convirtiendo su corte en el centro de poetas y trovadores de su tiempo. Conoció la fama de Hildegarda, y a su pedido obtuvo de ella la deferencia de una carta.

12   Pedro el Venerable fue abad de Cluny entre los años 1122 y 1156. Acogió a Abelardo con gran misericordia luego de las duras condenaciones que recibiera su pensamiento filosófico por obra, principalmente, de la muy agresiva actitud de san Bernardo, con quien Pedro el Venerable logró reconciliarlo en el último año de vida del filósofo.

13   Eloísa (1101-1163), mujer de gran cultura, alumna de Abelardo. Luego de su episodio amoroso con él –se habían enamorado mientras él le daba lecciones particulares, y tuvieron un hijo, pero no llegaron a contraer matrimonio– y siguiendo sus expresas indicaciones, se hizo religiosa y llegó a ser abadesa del monasterio del Paráclito, lo que no impidió que siguiera amando a su maestro hasta su último día. Es de gran valor testimonial el copioso epistolario entre ambos.

14   Federico Barbarroja (ca. 1123-1190), emperador del Sacro Imperio Romano Germánico, continuó la línea de enfrentamientos entre la Iglesia y el Estado, nombrando a tres antipapas. Luchó contra los lombardos invadiendo reiteradamente Italia, hasta que fue derrotado en la Batalla

1125.   Muere Enrique V.

1136.   A la muerte de Jutta, **Hildegarda** es elegida priora y maestra de una incipiente comunidad benedictina femenina.

1138.   El sepulcro de san Disibodo es abierto para la veneración y traslado de sus reliquias al nuevo monasterio.

1140.   Abelardo es nuevamente condenado en el Concilio de Sens.

1141.   En respuesta al mandato divino, **Hildegarda** comienza a escribir *Scivias* (Conoce los caminos del Señor), con la colaboración de su secretario el monje Volmar y la joven y noble monja Ricarda von Stade.

1142.   Pedro Abelardo muere, asistido por Pedro el Venerable.

1143.   Son traídas a San Disibodo las reliquias de tres de las once mil vírgenes que acompañaron a santa Úrsula.

1145.   Nace Joaquín de Fiore († 1202),[15] monje cisterciense, uno de los personajes más discutidos de su tiempo, tenido por hereje.

1145-53.   El papa Eugenio III ocupa el trono de Pedro.

1146-47.   **Hildegarda** escribe a san Bernardo en busca de comprensión y seguridad. El santo la alienta a continuar escribiendo, en humildad.

1147-49.   La Segunda Cruzada a Tierra Santa, predicada por san Bernardo, fracasa en su intento de liberarla de manos de los turcos.

1147-48.   Tiene lugar el sínodo de Tréveris, durante el cual el papa Eugenio III lee y aprueba la versión incompleta de *Scivias,* de **Hildegarda**, que se le ha hecho llegar.

1148.   Primera carta de **Hildegarda** al papa Eugenio III.

1148-50.   Tengswich, priora de las canonesas de Andernach, le escribe una carta con ciertas críticas irónicamente expuestas, que **Hildegarda** contesta cumplidamente.

---

de Legnano (1176) por la Liga Lombarda aliada con el papa Alejandro III. Organizó la tercera Cruzada para la liberación de Tierra Santa, y falleció durante la misma. Tuvo con Hildegarda una relación que atravesó por diversas etapas, pero jamás le retiró su especial protección.

15   El abad calabrés Joaquín de Fiore (1145-1202), quien con su obra (*Exposición sobre el Apocalipsis*; *La concordancia entre el Nuevo y el Antiguo Testamento*; *Sobre los siete sellos*, entre otras) signó con innegable influencia los derroteros futuros de toda especulación al respecto, expone una visión apocalíptica de la historia según un esquema trinitario: el tiempo del Padre, desde la creación hasta la encarnación del Verbo; el tiempo del Hijo, desde Cristo hasta su siglo; y el del Espíritu Santo, que es el último tiempo de la Humanidad, comenzado a partir de entonces y signado por la presencia del Anticristo.

1148-49. Correspondencia con Odo de Soissons,[16] quien conoce en París obras musicales de **Hildegarda**, y la consulta sobre temas filosófico-teológicos.

1150. **Hildegarda** se traslada a su monasterio de San Ruperto, con dieciocho o veinte monjas, a pesar de la violenta oposición del abad Kuno y los monjes de San Disibodo. Por entonces –o mucho más tardíamente, no hay fecha segura– puede haber escrito la *Vida de san Ruperto* (Vita sancti Ruperti).

1151. **Hildegarda** termina de escribir *Scivias*. Ricarda von Stade deja el monasterio de San Ruperto para ocupar el cargo de abadesa en el monasterio de Bassum.

1151-52. **Hildegarda** escribe cartas a: Hartwig, arzobispo de Bremen y hermano de la joven, a su madre la marquesa Ricarda, al arzobispo Enrique de Maguncia, al papa Eugenio y a la propia Ricarda, pero con resultado infructuoso.

1151-58. **Hildegarda** escribe sus dos obras naturales: *El libro de la medicina simple o Física* (Liber simplicis medicinae seu Physica) y *El libro de la medicina compuesta o Las causas y los remedios de las enfermedades* (Liber compositae medicinae seu Causae et curae). También por entonces compone *La armoniosa música de las revelaciones celestiales* (Symphonia armonie celestium revelationum).

1152. Federico Barbarroja es elegido Rey. **Hildegarda** le escribe saludándolo.

1152. Habría tenido lugar el estreno de *El drama de las Virtudes* (Ordo virtutum), de **Hildegarda**, en ocasión de la consagración de la iglesia del monasterio de San Ruperto.

1152. Muere Ricarda von Stade, en la abadía de Bassum.

1153. Muere Bernardo de Claraval.

1153. El papa Eugenio III firma el tratado de Constanza con el rey de Alemania Federico Barbarroja, ofreciéndole la coronación imperial a cambio de protección contra los enemigos: los rebeldes romanos –encabezados por el clérigo Arnaldo de Brescia– y los normandos.

---

16 ODO DE SOISSONS, también de París († 1171), fue maestro en la escuela catedralicia de París antes de su profesión religiosa en el monasterio benedictino de Ourscamp, del que fue abad. El papa Alejandro III lo nombró obispo de Tuscolo. Fue discípulo, entre otros, de Pedro Abelardo y de Pedro Lombardo. Su obra más recordada es: *Cuestiones*, que da una muy precisa noción del modo de enseñanza de la época, y particularmente del método de las cuestiones disputadas. Mantuvo correspondencia con Hildegarda, a quien consultó sobre temas personales, y de teología.

1153-54.   **Hildegarda** escribe al papa Anastasio, recriminándole su actitud con el poder político, su desidia ante la corrupción del clero y el avance de la herejía de los cátaros.

1154.   **Hildegarda** se entrevista con Federico Barbarroja en el palacio de Ingelheim. El rey alude a esta entrevista en una carta.

1154-59.   Un papa inglés accede a la cátedra de Pedro: Nicholas Breakspear, quien toma el nombre de Adriano IV.

1155.   Federico es coronado emperador del Sacro Imperio Romano Germánico. **Hildegarda** podría habérselo profetizado en la entrevista del año anterior, según parece desprenderse de la carta de Federico.

1155.   **Hildegarda** viaja a San Disibodo para reclamar por sus derechos y los del monasterio de San Ruperto, que el abad Kuno le negaba. Ante la abadesa, se ve obligado a ceder. Muere en ese mismo año, poco después de la visita.

1156.   El papa y la curia firman un concordato con el rey Guillermo I de Sicilia, que asegura al papa el homenaje del rey normando, a cambio del reconocimiento papal de su título de rey, que así queda legitimado. Por otra parte, el papado apoya a ciudades del norte de Italia que eran hostiles al emperador –Milán particularmente–.

1158.   El arzobispo Arnoldo de Maguncia revalida lo actuado por **Hildegarda** a propósito de su fundación en Rupertsberg, y otorga también a las monjas el derecho a elegir a su abadesa.

1158.   **Hildegarda** comienza a escribir *El libro de los merecimientos de la vida* (Liber vite meritorum).

1158-63.   **Hildegarda** lleva a cabo tres giras de predicaciones: a lo largo del río Maine la primera, la segunda por la Lotaringia y la tercera por el Rhin.

1159.   Federico Barbarroja elige a su primer antipapa, Víctor IV, contra el papa Alejandro III, quien lo excomulga.

1163.   **Hildegarda** solicita la protección del emperador Federico Barbarroja para el monasterio, a lo que el monarca accede.

1163.   **Hildegarda** concluye el *Libro de los merecimientos de la vida*. Comienza a escribir la tercera obra de su gran trilogía: *El libro de las obras divinas* (Liber divinorum operum).

1163.   **Hildegarda**, a pedido de los prelados de Maguncia, produce un escrito contra los cátaros.[17]

---

17   Los cátaros configuran un movimiento herético propio del siglo XII, instalados en el Languedoc y en el centro de Alemania y la Renania principalmente, entre cuyas doctrinas podemos mencio-

1163-64. El obispo Eberhard de Bamberg le escribe consultándole temas de orden filosófico-teológico, que **Hildegarda** contesta con lo que es casi un tratado.

1164. Federico Barbarroja nombra su segundo antipapa, Pascual III, contra el papa Alejandro III. **Hildegarda** escribe a Federico una carta de severa advertencia, en tono profético.

1165. **Hildegarda** funda el monasterio de Eibingen.

1167. Carta de Juan de Salisbury desde París, manifestando conocerse allí las obras de **Hildegarda**, que son tenidas en aprecio.

1168. Federico erige a su tercer antipapa, Calixto III.

1169. El abad Gedolfo del monasterio de Brauweiler le escribió pidiéndole ayuda para Sigewiza, joven mujer poseída por el demonio. **Hildegarda** la trata, primero a distancia y luego personalmente, en San Ruperto.

1170. El arzobispo de Canterbury, Thomas Becket, muere asesinado por orden del rey Enrique II.

1170. **Hildegarda** realiza su última gira de predicaciones, por la Suabia.

1170. **Hildegarda** escribe la *Vida de san Disibodo* (Vita sancti Disibodi), a pedido del abad Helengario.

1173. Muere Volmar, maestro, amigo, confidente y secretario por tantísimos años. El abad Helengario de San Disibodo pretende negar un nuevo asesor para la abadía, pero **Hildegarda** reclama su derecho ante el papa Alejandro III.

1173-74. **Hildegarda** termina de escribir *El libro de las obras divinas*.

1174-76. Godofredo es el segundo secretario de **Hildegarda**, pero muere en 1176. Por ese entonces comenzó a escribir la vida de la abadesa.

1175. **Hildegarda** escribe al monje Guiberto de Gembloux la famosa carta conocida como "El modo de su visión" (*De modo visionis suae*).

1176-77. **Hildegarda** escribe las *38 Soluciones a las cuestiones planteadas* (respuestas a cuestiones sobre textos de la *Sagrada Escritura*, propuestas por los monjes de Villers a través de Guiberto de Gembloux).

1177. El emperador se reconcilia con el papa, en la paz de Venecia.

---

nar el dualismo en el que, a un Dios bondadoso y creador del mundo espiritual, de los ángeles y de las almas, se enfrentaba otro ser también todopoderoso y violento, creador del mal y de la materia, en la que se verifica todo mal. El Dios bueno era el del Nuevo Testamento, e implicaba el rechazo del Antiguo Testamento con su Yavhé o Jehová.

1177-80.   Carta de Guiberto de Gembloux al monje Bovo, sobre **Hildegarda**, su vida y la vida en el monasterio de San Ruperto. Es el tiempo en que el monje vivió en el monasterio hildegardiano.

1178.   **Hildegarda** da sepultura en su abadía a un noble que había sido excomulgado, pero que muere reconciliado con la Iglesia. Las autoridades de Maguncia proceden finalmente a poner a la abadesa y su convento bajo interdicto.

1179.   **Hildegarda** escribe su célebre carta a los prelados de Maguncia. Tiempo después la interdicción es levantada por el arzobispo Christian de Maguncia.

17 de septiembre de 1179. **Hildegarda** muere.

1181-87.   Los abades Luis de San Euchario y Godofredo de Echternach, que habían sido amigos de **Hildegarda**, encargan al monje Theodorico de Echternach escribir *La vida de la señora Hildegarda* (Vita dominae Hildegardis).

1227.   El papa Gregorio IX encargó a los prelados de Maguncia las diligencias necesarias para abrir un proceso de canonización de la abadesa **Hildegarda de Bingen**.

1233.   El informe, firmado por tres prelados de Maguncia, es presentado al papa.

1237.   El informe está tan lleno de lagunas y de errores que tiene que ser devuelto para su revisión.

1243.   El papa Inocencio IV logra reactivarlo, pero el proceso se estanca nuevamente también por deficiencias burocráticas del mismo tenor.

1270.   Tienen lugar las declaraciones del franciscano Juan Peckham, duramente adversas a **Hildegarda de Bingen**.

1317.   El papa Juan XXII declara que nada obsta para la canonización de **Hildegarda**.

1324.   Doce obispos conceden cada uno cuarenta días de indulgencia para todo creyente que visitare la iglesia de San Ruperto en determinados días —entre los que se contaba la festividad de **santa Hildegarda**–, y elevare allí sus oraciones.

1584.   Su nombre figura en el *Martyrologium Romanum* del Cardenal Cesare Baronio promulgado por el papa Gregorio XIII.

1940.   La Sagrada Congregación (Vaticano) aprueba su culto, en Alemania principalmente, con iglesias consagradas, celebración de su festividad y oficio propio.

VOLUMEN I

EPISTOLARIO COMPLETO

Carta 1, a Bernardo, abad de Claraval, entre 1146 y 1147

Hildegarda de Bingen era una mujer de suyo débil, y fuerte por instancias que escapan a su control y que dependen de la fe (la suya y la de aquellos a quienes se dirige, que deben creerle, a ella y al mensaje que comunica), o bien de una función (su carácter de priora, siempre en lucha). Ante las visiones que recibió de lo alto y la orden de comunicarlas, debió estar aterrada, debatiéndose entre la conciencia de su propia precariedad y la certeza de sus revelaciones. La zozobra que todo ello causaba a Hildegarda la llevó a escribir a San Bernardo –abad y místico cisterciense de gran fuerza y predicamento en su tiempo– en busca de comprensión y seguridad.

Oh venerable padre Bernardo, que admirablemente enaltecido por el poder y la fuerza de Dios eres en verdad temible para la inmoral necedad de este mundo: con excelso celo y en tu ardiente amor por el Hijo de Dios convocaste y pusiste a los hombres bajo el estandarte de la santa cruz, para librar batalla en la milicia cristiana contra la cruel violencia de los paganos.[1] Por el Dios vivo te ruego que me oigas y atiendas mi demanda.

Padre, estoy muy angustiada por esta visión que se me apareció en el espíritu del misterio, y que jamás vi con los ojos exteriores de la carne. Yo, miserable y más que miserable en mi condición de mujer,[2] vi desde mi infancia grandes maravillas que mi lengua no puede relatar, a no ser porque el Espíritu de Dios me ha instruido para que crea, y confíe.

Padre dulcísimo e igualmente seguro y firme: en tu bondad respóndeme a mí, indigna sierva tuya, que desde mi infancia jamás he vivido una hora segura; con

---

1   Hildegarda se refiere a la segunda cruzada predicada por San Bernardo en 1146, para liberar a Tierra Santa de manos de los sarracenos.

2   "Yo, pobrecilla forma, afligida durante un largo tiempo por una grave enfermedad, era impelida por la verdadera Sabiduría a dar a conocer estas palabras Suyas a la población de este lugar." (Carta 113r –a unos monjes–, año 1173. *Epistolarium* 91a, p. 280). Es ésta una expresión de uso muy frecuente en Hildegarda, y que tal vez responde a una intención suya de minimizar su propio ser de mujer, que podría descalificar la validez de las verdades religioso-teológicas que presenta como reveladas y su comunicación.

tu piedad y tu sabiduría indaga en tu alma según la enseñanza que has recibido del Espíritu Santo, y da a tu sierva la consolación de tu corazón.

En la lectura conozco el sentido interior del texto del Salterio, del Evangelio y de otros libros que me son mostrados en esta visión que toca mi pecho y mi alma como una llama ardiente, enseñándome lo profundo de la exposición. Pero sin embargo no me enseña las obras –que desconozco– en lengua alemana, sino que sólo sé hacer una lectura simple y lineal, sin descomponer el texto para su análisis. Respóndeme acerca de esto, cuál es tu parecer, porque soy un ser humano carente de toda instrucción escolar en cuanto a lo exterior, pero interiormente he sido instruida en mi alma. Por eso hablo como si dudara. Pero oyendo la respuesta de tu sabiduría y de tu piedad me sentiré consolada, porque no me atreví a decir estas cosas a ningún hombre –dado que ya hay muchas divisiones entre los hombres, según les oigo decir–, a no ser a cierto monje[3] a quien examiné en la comunicación de una vida honesta. Le manifesté todos mis secretos y me consoló, diciéndome que eran algo grande y digno de veneración.

Quiero, padre, por el amor de Dios, que me consueles, y me sentiré segura. Hace más de dos años te vi en esta visión como un hombre que audazmente mira hacia el sol, sin temor. Y lloré, porque yo enrojezco con mucha vergüenza y carezco absolutamente de audacia. Padre bueno y dulcísimo, me he puesto en tu alma para que me reveles, por esta palabra tuya, si quieres que abiertamente diga estas cosas o que guarde silencio, ya que experimento grandes pesares[4] en relación con esta visión, hasta que acceda a decir lo que vi y oí. Y mientras tanto, a causa de esta visión –porque guardo silencio– permanezco postrada en el lecho en medio de graves enfermedades, de manera tal que no puedo levantarme.

Por consiguiente, con dolor me lamento ante ti, porque soy inestable en mi naturaleza como árbol caído y prensado en el lagar <*Lam*. 1, 15>, naturaleza

---

3   La referencia es al monje Volmar, confesor, secretario y amigo de Hildegarda.

4   "Pero yo, aunque había visto y oído estas cosas, me rehusé por mucho tiempo a escribirlas –no por obstinación sino por humildad–, debido a mi inseguridad y al mal juicio que tenía de mí misma, y por las opiniones adversas de los hombres. Hasta que caí en mi lecho de enferma, abatida por el castigo de Dios. Y así fue como, obligada finalmente por muchas enfermedades, y con la confirmación y ayuda de cierta joven noble y de buenas costumbres [Ricarda von Stade], y de aquel hombre a quien secretamente, como ya dije, había buscado y encontrado [el monje Volmar], me puse a escribir." (*Scivias* <Conoce los caminos del Señor> Protestificatio, p. 5). El padecimiento de la abadesa está aquí relacionado con la vivencia de su naturaleza siempre fluctuante entre salud y enfermedad, con las enfermedades que la acometían cuando resistía la Voluntad divina, y con su lacerante inseguridad que proviene del agudo contraste entre lo que tiene como recibido y valioso en extremo –como que es de origen divino–, y lo que tiene como propio y estima en nada –por la conciencia personal de sus falencias y por ser descendencia de Adán, expulsado del Paraíso–.

    A. A. Fraboschi[†], C. I. Avenatti de Palumbo y M. E. Ortiz

surgida de la raíz que brotó en Adán, quien fue desterrado al mundo como extranjero y peregrino por culpa de la sugestión del diablo.[5] <*Gén.* 15, 13>. Pero ahora, poniéndome de pie, corro hacia ti y te digo: Tú no eres inestable sino que siempre levantas el árbol del lagar y en tu alma eres vencedor, enderezando y guiando hacia la salvación no sólo a ti mismo sino al mundo entero. También eres el águila que mira hacia el sol.

Te lo ruego, por la serenidad del Padre,[6] y por Su Verbo admirable, y por las suaves lágrimas de la compunción, esto es el Espíritu de la Verdad <*Juan* 14, 17>, y por el santo sonido por el que resuena toda creatura <*Sal.* 19(18), 2-4>, y por el mismo Verbo de Quien surgió el mundo, y por la sublimidad del Padre, Quien con suave y fecundo vigor envió al Verbo al útero de la Virgen, de donde chupó la carne, así como la producción de la miel tiene lugar en el interior del panal. Y el sonido mismo, el poder y la fuerza del Padre, caiga sobre tu corazón y levante tu espíritu para que no te quedes sin hacer nada ante las palabras de este ser humano, mientras preguntas todo esto a Dios, ya sea en cuanto al hombre o bien en cuanto al secreto mismo, hasta que pasando a través de la hendedura de tu alma conozcas en Dios todas estas cosas.

Adiós, cuida tu alma, y sé fuerte y resistente en la lucha por Dios.

Que así sea.

---

5   En "*qui factum est ... diaboli*" se sigue la lectura indicada en app. comp: 44/45 (*Gb M R Wr*), porque la lectura tradicionalmente aceptada: "*surgente in Adam de suggestione diaboli, unde ipse erat exsul in peregrinum mundum*" no parece en manera alguna guardar coherencia con el pensamiento de Hildegarda acerca de Eva y su creación, que es obra divina y no diabólica). La referencia es al pecado original –*la raíz que brotó en Adán*–, que expulsó a la primera pareja humana del Paraíso y de la amistad con Dios; pecado que, siendo raíz, afecta a todo hombre como su naturaleza, no ya original sino congénita.

6   "*Sentado sobre una inmensa montaña había un ser tan resplandeciente, que su resplandor reverberaba y me estorbaba la visión*: esta aparición muestra en el reino de la bienaventuranza a Aquél Que, gobernando todo el orbe de la tierra en el fulgor de la serenidad inagotable, por Su celestial divinidad es incomprehensible para la mente humana." (*Scivias* <Conoce los caminos del Señor> 1, 1, 1, pp. 8-9).

Carta 2, al papa Eugenio, año 1148

El papa cisterciense Eugenio III, enterado de la existencia de Hildegarda de Bingen y de su escrito por el arzobispo Enrique de Maguncia, había enviado una comisión al monasterio de San Disibodo para examinarla. Los informes son favorables, y el propio pontífice, que se encuentra presidiendo un sínodo en Tréveris, lee públicamente un fragmento de *Scivias* <Conoce los caminos del Señor> y anima a su autora para que continúe escribiendo. Es entonces que Hildegarda escribe esta carta al papa, suplicándole que mire su obra, aún inacabada, con una mirada benévola.

Oh dulce padre, yo, pobrecilla forma,[1] te he escrito estas cosas contempladas en una visión verdadera, en un misterioso soplo, así como Dios quiso enseñármelas.

Oh padre resplandeciente, en la persona de tus enviados viniste a nuestra tierra, como Dios lo había dispuesto de antemano, y viste los escritos de las visiones verdaderas –tal como la Luz Viviente[2] me las mostró–, y los oíste en los abrazos de tu corazón. Ahora una parte de esta obra está concluida; sin embargo la Luz no me ha abandonado sino que arde en mi alma, como lo ha hecho desde mi infancia.[3] Por eso te envío estos manuscritos, de acuerdo con la advertencia verdadera de Dios. Mi alma desea que la Luz de la Luz brille en ti, que te infunda una mirada pura y que despierte y eleve tu espíritu para la lectura de esta obra, a fin de que tu alma sea por ello coronada, lo que a Dios place. Por-

---

1   Véase C.1, n. 2 (nuestra edición, p. 43).

2   "Digo pues que la luz que veo no está localizada, pero es mucho más brillante que una nube que lleva en sí al sol, y yo no soy capaz de considerar en ella su altura ni su longitud ni su anchura: la llamo *sombra de la Luz Viviente*, y así como el sol, la luna y las estrellas se reflejan en el agua, así en esa Luz resplandecen para mí las *Escrituras*, los sermones, las virtudes y algunas obras hechas por los hombres." (Carta 103r –Primera carta de Hildegarda de Bingen a Guiberto de Gembloux–, año 1175. *Epistolarium* 91a, p. 261).

3   "En ninguna hora mi alma carece de la luz mencionada, que llamo la sombra de la Luz Viviente, y la veo como si en una nube luminosa contemplara el firmamento sin estrellas; y en ella veo aquellas cosas de las que a menudo hablo, y lo que desde el fulgor de la Luz Viviente respondo a quienes me interrogan." (Ibíd., p. 262).

     A. A. Fraboschi[†], C. I. Avenatti de Palumbo y M. E. Ortiz

que en la inestabilidad de su espíritu, muchos hombres prudentes de terrenales entrañas arrojan al viento estos escritos, porque proceden de una pobre forma hecha de una costilla <*Gén.* 2, 22>, y que no ha sido instruida por los filósofos.

Por consiguiente tú, padre de los peregrinos, oye a Aquél Quien es <*Éx.* 3, 14; *Apoc.* 1, 4>. Un Rey muy poderoso se sentó en su palacio; tenía ante sí grandes columnas rodeadas por bandas de oro profusamente adornadas con gran cantidad de perlas y piedras preciosas. Pero al Rey le agradó tocar una pequeña pluma[4] para que volara en medio de esas maravillas, y un poderoso viento[5] la sostuvo para que no cayera.

Ahora, Quien es la Luz Viviente, Quien resplandece en los cielos y en el abismo y[6] se oculta en lo más recóndito de los corazones que Lo escuchan, nuevamente te dice: Dispón este escrito para que pueda ser oído por quienes Me reciben, y haz que sea fructífero en un jugo de dulce gusto, y sea raíz que dé ramas y hoja que vuele contra el diablo, y tú vivirás eternamente. Guárdate de despreciar estos misterios de Dios, porque son necesarios según aquella necesidad que, escondida, se oculta y aún no aparece abiertamente.

Que haya en ti un suavísimo aroma, y que no te fatigues en el camino recto.

---

4 Con la imagen de la pluma se refiere Hildegarda a a su carácter de visionaria y de profetisa: Véase C.40r, n. 3 (nuestra edición, p. 152).

5 El "poderoso viento" es el Espíritu Santo. Véase *Ez.* 37, 9-10.

6 El texto dice "*nec*" (y no), pero por el sentido preferimos la lectura indicada en app. crit. (*Wr R*), "*ac*" (y).

Carta 3, al papa Eugenio, entre 1148 y 1153

En su estilo hecho de imágenes y de parábolas Hildegarda de Bingen, en nombre de Dios, da un claro mensaje al Sumo Pontífice: que vele por la Iglesia, tanto en lo que a su relación con el poder secular se refiere –la difícil relación entre la Iglesia y el Estado–, cuanto a las verdades de la fe, que deben ser enseñadas, y proclamadas por la pureza de las costumbres del clero y la ejemplar vida de la jerarquía eclesiástica, lo que ciertamente en muchos casos no se daba. Es su misión, y su responsabilidad.

A causa de la locura de aquellos que son demasiado ciegos para ver, sordos para oír, y mudos para hablar <*Mat.* 15, 31> en medio de las asechanzas nocturnas del mortífero lazo de los cazadores, ladrones de voluntades, El que no guarda silencio dice esto. ¿Qué dice? La espada brilla y gira, dando muerte a aquellos de espíritu malvado.[1]

Oh tú, que en tu persona eres la refulgente coraza y la raíz primera en las renovadas nupcias de Cristo, y estás dividido en dos partes –en una, tu alma se ha renovado en la mística flor de la virginidad,[2] y en la otra, eres rama de la Iglesia[3]–, oye a Aquél Cuyo nombre es poderoso y penetrante y fluye en el agua

---

1   La referencia es a la espada del Celo de Dios: "Y vi que el Hombre tenía en su cuello, fijada por la empuñadura, una espada desenvainada con tres filos, y se movía de aquí para allá para herir. Y dijo la espada: Tengo el celo de la ira contra el Aquilón y contra todos los que habitan en él. ¿Quién podría vencerme en el golpe que hiere? Nadie." (*Liber vite meritorum* <El libro de los merecimientos de la vida> 1, 14-15, p. 19). La espada hiere a cuanto están bajo el dominio del demonio (el Aquilón o norte es el reino de Lucifer, *Is.* 14, 13-14): antes de la promulgación de la Ley, bajo la Ley, y aún después de la Ley, en el tiempo del bautismo (los tres filos de la espada).

2   Alusión a la condición de monje cisterciense del Papa.

3   Alusión a su investidura como Sumo Pontífice.

   A. A. Fraboschi [(t)], C. I. Avenatti de Palumbo y M. E. Ortiz

torrentosa,[4] y que te dice: No apartes tu mirada del Ojo,[5] no separes de la Luz su claridad,[6] antes bien mantente en el camino seguro para que no seas acusado por los infortunios y la ruina de aquellas almas que han sido puestas en tu seno, y no permitas que el poder de los prelados con quienes conviven las ahoguen en el lago de la perdición.[7]

Una joya[8] yace en el camino, pero un oso[9] viene y al verla tan fina extiende su pata y quiere levantarla y llevarla consigo. Mas un águila,[10] viniendo de improviso, arrebata la joya, la envuelve en el plumaje de sus alas y la lleva a la ventana

---

4 En el imaginario hildegardiano, raíz, flor, rama y torrente hablan de lozana fecundidad, de fruto vigoroso: "Pero también Yo, la vida ígnea del ser divino, Me enciendo sobre la belleza de los campos, resplandezco en las aguas y ardo en el sol, la luna y las estrellas; y con un soplo de aire, al modo de una invisible vida que sustenta al conjunto, despierto todas las cosas a la vida. Pues el aire vive en el verdor [*uiriditate*] de las hojas y en las flores, las aguas fluyen como si vivieran, también el sol vive en su luz; y aunque la luna haya llegado a su ocaso, la luz del sol la enciende para que viva nuevamente. También las estrellas brillan en su luz como si tuvieran vida" (*Liber divinorum operum* <El libro de las obras divinas> 1, 1, 2, p. 48).

5 Previene contra las herejías de su tiempo, principalmente la de los cátaros: "Éstos son los que niegan los primeros principios, esto es, que Dios creó todas las cosas y que les manda crecer y multiplicarse. Éstos son los que niegan la supremacía del Señor, es decir, lo que se manifestó claramente ante los antiguos tiempos: que el Verbo de Dios debía hacerse hombre. Éstos son para vosotros peores que los judíos, quienes tienen sus ojos ciegos para ver la figura humana refulgente como el fuego que ahora resplandece en la santa Divinidad." (Carta 169r –sobre los Cátaros–, año 1163. *Epistolarium* 91a, p. 381).

6 Advierte sobre la inconducta del clero, que opaca la luminosidad de la Iglesia: "Deberíais ser día, pero sois noche. Y no seréis ni día ni noche. Escoged dónde queréis estar, porque en el firmamento de la justicia y la ley de Dios no sois sol ni luna ni estrellas, sino tinieblas, en las que yacéis como los muertos." (C.15r, nuestra edición, § 14, p. 83).

7 La referencia es a la relajada situación de la jerarquía eclesiástica, ávida de poder y de riqueza y en connivencia con el poder político para lograrlos, situación contra la que los Papas luchaban día a día: "Oh, qué gran maldad y enojo es esto: que el hombre no quiera vivir una vida recta, sea por Dios o por los hombres, antes bien, que apetezca honor sin trabajo y recompensas eternas sin renuncias, y que sólo desee vanamente aparecer como santo, como lo hace el demonio: Yo soy bueno y santo; pero no es así. […] Vosotros habéis caído bajo y no defendéis a la Iglesia, sino que huís hacia la cueva de vuestro propio deseo, y a causa del tedio y fatiga de las riquezas, de la avaricia y de otras vanidades no instruís a vuestros subordinados ni permitís que os requieran enseñanza, diciendo: No podemos hacerlo todo." (Ibíd., § 8, p. 80 y § 10 p. 81).

8 La joya es la Iglesia, como Cuerpo Místico de Cristo.

9 Federico Barbarroja, figurado por el oso, animal malvado y temible en el bestiario hildegardiano, era por entonces rey, y luego fue el emperador del Sacro Imperio Romano Germánico.

10 El águila, por su fortaleza y la elevación de su vuelo –el perseverante ascenso hacia Dios–, y por su capacidad de mirar directamente hacia el sol –la contemplación y el conocimiento de las verdades divinas–, simboliza a los monjes en su devoto amor a Dios y en la rectitud de sus vidas. Véase C.1, en la referencia a San Bernardo: "También eres el águila que mira hacia el sol." (C.1, nuestra edición, § 6, p. 45)

del palacio del Rey. La joya resplandece con inmenso fulgor ante la mirada del Rey,[11] por lo que el Rey la aprecia en gran manera, y por amor a esa joya obsequia al águila un calzado de oro,[12] y mucho la alaba por su probidad.

Ahora tú, que en representación de Cristo estás sentado teniendo a tu cuidado la cátedra de la Iglesia, escoge para ti la mejor parte <*Luc.* 10, 42>, para que seas como el águila que vence al oso,[13] y para que adornes las celosías de la Iglesia con las almas a ti confiadas a fin de que, apartándote de lo que te es ajeno, llegues a los cielos con tu dorado calzado.

---

11 El Rey es Dios.

12 El calzado es el signo y el reconocimiento de la dignidad de un hombre que se pertenece a sí mismo, es signo de libertad y de responsabilidad por los propios actos. Véase CHEVALIER, JEAN; GHEERBRANT, ALAIN. *Diccionario de los símbolos*. 6ª ed. Barcelona: Herder, 1999. 1107 p. vv. **Calzado**; **Zapato**.

13 Por el tratado de Constanza, el papa Eugenio acaba de ofrecer al por entonces rey Federico Barbarroja la corona imperial a cambio de la protección contra los rebeldes romanos –encabezados por el clérigo Arnaldo de Brescia– que lo habían obligado a huir de Roma, y contra los invasores normandos, ofrecimiento que pone al Papado en una situación de dependencia con respecto al autoritario rey y futuro emperador.

   A. A. Fraboschi[†], C. I. Avenatti de Palumbo y M. E. Ortiz

Carta 5, al papa Eugenio, año 1153

Esta carta, en que la abadesa de Bingen intercede ante el Papa por un sacerdote, se refiere al arzobispo Enrique de Maguncia, la relación con el cual atravesó por diversos momentos, pues ella encontró en él un apoyo muy fuerte y decidido a la hora de obtener la aprobación de sus escritos, y en ocasión de su mudanza a San Ruperto y en la defensa de sus derechos. Sin embargo, no la secundó en su actitud hacia Ricarda von Stade, y ella le dirigió cartas que Joseph L. Baird y Radd K. Ehrman llegaron a calificar de "vitriólicas".[1] Pero en el momento de escribir esta carta, pesaba sobre el arzobispo la acusación de malversación de fondos, siendo relevado de su cargo por el Papa Eugenio III.

El Ojo Viviente ve, y dice: Quien conoce y discierne a cada creatura, Quien también las despierta a todas, vigila. Los valles se lamentan contra las montañas,[2] y las montañas caen sobre los valles.[3] ¿Cómo es esto? Los subordinados están desprovistos de la disciplina en el temor de Dios, y por eso su rabiosa ira los incita a ascender a la cima más alta de las montañas, a censurar y acusar a sus superiores. Y en su temeridad no condenan sus propias, malvadas obras sino que dicen: Yo soy útil, de manera que debería ser prelado en virtud de mi utilidad. – Y así menosprecian todas las obras de sus prelados, porque desdeñan el hecho de que sus prelados sean superiores a ellos, porque esos subordinados ya son nubes negras; y no han ceñido sus muslos <*Sal.* 45(44), 4> sino que dispersan todas las enseñanzas y las instituciones del campo

---

1   Encabezado de la Carta 19. En: *The Letters of Hildegard of Bingen.* Vol. I. Transl. by Joseph L. Baird and Radd K. Ehrman. New York/Oxford: Oxford University Press, 1994, p. 71. Véase C.18r (nuestra edición, p. 100).

2   El texto latino dice "*super montes*", dando la idea de una queja que se permite juzgar a los superiores; por eso se ha optado por traducirla "contra los montes".

3   Reiteradamente Hildegarda usa el término "montes", o bien "montañas" para referirse a la jerarquía eclesiástica. Véase, por ejemplo, C.8, n. 6 (nuestra edición, p. 62). Los "valles" son los súbditos, o subordinados; véase, por ejemplo, C.7 (nuestra edición, § 2, p. 58).

trabajado, diciendo que no tienen valor alguno. Y lo hacen porque están llenos del veneno de la envidia.[4]

El hombre indigente es presa de una gran necedad cuando sus vestimentas están destrozadas y desteñidas, pero él siempre mira hacia otro cuya vestidura es colorida, y no lava la suciedad de <*Sal.* 119(118), 30; *Bar.* 4, 13> sus propios harapos. Las montañas, por otro lado, descuidan la llave del camino de la verdad, y sus itinerarios no preparan el camino para que puedan volar[5] hacia la montaña de mirra <*Cant.* 4, 6>. Por eso las estrellas se ven entenebrecidas por una nube que se les opone. La luna se sostiene firme, las estrellas gritan que la luna desaparece. A ambas el sol las apremia y domina ya que, atrapadas en el torbellino, ninguna de ellas puede brillar.

Por esto, ¡oh gran pastor, vicario de Cristo!, proporciona luz a las montañas y la vara a los valles. Da preceptos a los maestros y disciplina a los subordinados, justicia a las montañas rociándolas con aceite, y la ligadura de la obediencia a los valles –mezclándolo todo con buena fragancia–, y haz rectos sus caminos para que no aparezcan despreciables ante el Sol de la justicia, <*Mal.* 4, 2>. Purifica tus ojos, para que nada escape a tu mirada. Que tu espíritu sea regado por la fuente pura para que resplandezcas con el Sol e imites al Cordero.

Esta pobrecilla mujer se estremece porque hace sonar sus palabras ante tan gran maestro. Pero, oh padre gentil, escucha lo que un Anciano Varón <*Dan.* 7, 9> y Guerrero Magnífico dice: El Juez Supremo se dirige a ti para que erradiques a los tiranos opresores e impíos y los arrojes de tu presencia, para que no estén con gran escarnio en tu compañía.

Pero sé misericordioso con las necesidades, tanto públicas cuanto privadas, porque Dios no rechaza a los heridos, ni desprecia los dolores de los que tiemblan ante Él.[6]

---

4   Véase C.59, n. 15 (nuestra edición, p. 187).

5   No es claro en el texto si "para que puedan volar" alude a los prelados o a aquellos a quienes ellos deben gobernar, enseñar y conducir. Por la referencia a la llave de la verdad y a la preparación de los caminos, podría pensarse en la segunda opción. Pero es cuestión de interpretación.

6   "Pues no Me disgusta tocar las heridas ulcerosas, rodeadas por la inmundicia de los gusanos que las devoran en medio de los innumerables vicios, envueltas en el hedor de la mala fama y la vergonzosa calumnia, y faltas de vigor por la arraigada comisión de los pecados. Y no desviaré la mirada rechazándolas, antes bien las restañaré y las cerraré suavemente a su tiempo, cuando comience a quitarles la voraz gangrena de la maldad, o sea cuando mire y toque las heridas con el dulce calor de la espiración del Espíritu Santo. [...] Mientras los toco por vez primera, alguno de ellos dice para sus adentros: '¿Qué me sucede? Yo no conozco ni puedo pensar algo bueno.' Y nuevamente, en su ignorancia, suspira y dice: '¡Ay de mí, pecador!' Pero nada más siente, porque está aplastado por el peso de sus muchos pecados y porque las tinieblas de la

    A. A. Fraboschi[†], C. I. Avenatti de Palumbo y M. E. Ortiz

Por lo cual, oh pastor de las ovejas <*Juan* 10, 2>, escucha estas cosas relativas a este prelado que trabaja en medio del cansancio de muchos. La Luz dice: Los misterios de Dios conocen el juicio sobre cada persona de acuerdo con su mérito <*Ecli.* 16, 13-15>. Sin embargo muchos hombres, llevados por su celo y la ignorancia[7] de sus costumbres, quieren someterse a ese examen, pero desconocen Mi juicio. Por lo cual, en su desmesurada autoestima, se mienten a sí mismos, como lobos al apoderarse de su presa <*Ez.* 22, 27>.

Por eso, aunque el hombre sea digno de ser juzgado por sus pecados, no me agrada el hecho de que quiera juzgarse a sí mismo según su propio arbitrio. No quiero esto. Pero tú, discierne esta causa <*Sal.* 43(42), 1> según las maternas entrañas de la misericordia de Dios <*Luc.* 1, 78>, quien no apartó de Sí al pobre y al necesitado, ya que más quiere misericordia y no sacrificio <*Os.* 6, 6; *Mat.* 9, 13; 12, 7>.

Por eso ahora los hombres viles quieren lavar su vileza mediante su propia depravación,[8] mientras ellos mismos, contaminados y sordos, yacen en una fosa <*Mat.* 15, 14; *Luc.* 6, 39>. Levántalos, y ayuda a los débiles.

---

iniquidad lo han perturbado. Entonces por segunda vez toco sus heridas. Y porque ya había sido advertido por Mí, por eso Me entiende mejor y mirándose a sí mismo nuevamente exclama: '¡Ay de mí, qué haré? No sé ni soy capaz de imaginar qué será de mí a causa de la multitud de mis pecados. Ah, ¿hacia dónde me volveré, a quién recurriré para que me ayude a enterrar mis vergonzosas, infames maldades, y a borrarlas en la confesión y con la penitencia?' Entonces vuelve a mirarse con la misma resolución que antes ponía en su afán por pecar; y con el mismo deseo que antes volcaba en sus pecados, se vuelve ahora hacia la verdadera penitencia. Y porque este hombre, gracias a Mi advertencia, ha despertado del sueño de la muerte que había elegido para sí en lugar de la vida, por eso entonces no quiere pecar más ni con el pensamiento ni con la palabra ni con la obra –con los que antes ardientemente se había dedicado al mal–, sino que esforzadamente y con dura penitencia se levanta hacia Mí. Por eso al instante Yo lo recibo sin reservas; en seguida lo perdono como liberándolo de manera tal que jamás volverá a tener, por estos motivos, tan terrible asedio y pesadumbre […]." (*Scivias* <Conoce los caminos del Señor> 3, 8, 8, pp. 486-87).

7   El texto latino dice "*ignominiam*". Por mayor conveniencia con el sentido de la frase preferimos, según app.crit., "*ignorantiam*" (*PL –Patrología Latina–*).

8   Podríamos encontrar aquí una aplicación práctica de *Mat.* 7, 3-5 y *Luc.* 6, 41-42.

Carta 6, al papa Eugenio, año 1153

El Papa Eugenio era monje cisterciense cuando ocupó la sede papal desde 1145 hasta 1153. Casi en seguida de su nombramiento salió de una Roma convulsionada por revueltas, y durante casi todo su pontificado residió en Francia. En 1153 ofreció la corona imperial al joven rey de Alemania Federico Barbarroja, a cambio de la protección real contra los hostiles romanos y los normandos. Es entonces que Hildegarda le escribe esta carta que tiene como trasfondo las difíciles relaciones entre la Iglesia y el Estado, pero también el desorden reinante en el seno de la propia Iglesia, desorden cuyo remedio debe estar a cargo del orden monástico y del eclesiástico.

¡Oh pastor de los pueblos, oye, para que vivas eternamente!

La Luz Viviente me ha dicho: Habla al pueblo arrogante que sólo encuentra motivos de espanto en la inanidad[1] de sus caminos errados, y diles:

Cierto señor tenía una ciudad de mármol,[2] y los espías que venían a la ciudad la examinaban atentamente porque querían destruir sus rectas costumbres, puestas de manifiesto en aquella flor que un virginal espíritu había concebido. Y he aquí que en el lado oriental[3] apareció una montaña[4] grande y

---

1   *"uanitate"*: entre sus significados incluye los de engaño y mentira, que completan el sentido de "inanidad" o "vanidad". Los caminos errados son vanos porque no conducen adonde debieran, y en esa misma medida son engañosos y mentirosos.

2   "Y nuevamente oí la Voz que desde el cielo me decía: El edificio de almas vivientes, construido en los Cielos con piedras vivas, adornado con la inmensa belleza de las virtudes de sus hijos –a los que abraza, al modo como una gran ciudad alberga una inconmensurable muchedumbre de pueblos, y como una amplísima red contiene una gran multitud de peces–, florece graciosamente en las virtudes celestiales, a medida que se vigoriza y robustece la obra de los fieles cristianos." (*Scivias* <Conoce los caminos del Señor> 2, 3, p. 136). Dicha ciudad es la Iglesia, considerada en su existir en el mundo; pero también es la Jerusalén celestial.

3   El lado oriental es el lugar de donde surge el Sol, la salvación del mundo, el Verbo de Dios encarnado.

4   Nuevamente la referencia es a la Iglesia, pero aquí desde el eterno designio divino, que tendrá su realización en el tiempo.

A. A. Fraboschi [†], C. I. Avenatti de Palumbo y M. E. Ortiz

elevada,[5] muy hermosa y hecha con piedras perfectamente pulidas,[6] sobre la cual había un gran edificio construido con maderas y piedras comunes. Vinieron entonces muchos arroyos, como si fluyeran hacia el edificio desde el centro mismo del oriente. También en el mismo edificio se percibía un fortísimo aroma de buen vino, aunque mezclado con agua. Y mucha gente del pueblo corrió hacia el edificio, deambulando por él con el cuerpo inclinado, encorvados. Otros empero, que estaban en un valle próximo a la montaña, observaban atentamente a los que caminaban encorvados en el edificio mismo. Y he aquí que sobre la montaña también había otro edificio de mármol blanquísimo y de piedra no trabajada,[7] levantado como una gran torre de cara al aquilón –el norte–,[8] y del que pendía, como fuego ardiente, una ampolla muy luminosa llena del mejor bálsamo; por el piso del edificio se esparcía una gran cantidad de óleo.[9] Pero de vez en cuando el viento del aquilón venía y agitaba el bálsamo y el óleo. Entonces muchos del pueblo, que eran no sólo rociados con aquel óleo sino también signados en sus frentes con el bálsamo <*Apoc.* 7, 3>, vinieron a este edificio. Y una Voz del cielo dijo <*Mat.* 3, 17; *Luc.* 9, 35>: Éstos han sido sellados. Y quienes han sido señalados de esta manera no podrán lavarse este signo sino que permanecerán así signados, como también aquellos que han renacido en Cristo deben conservar su bautismo. Pero quienes habían sido sellados no pasaban hacia aquellos que no lo habían sido ni tenían trato con ellos, porque de hacerlo serían llamados

---

5   El tema de la ciudad y de la montaña al este de la ciudad es recurrente en la obra de Hildegarda, con similares significaciones. "Y nuevamente vi como una gran ciudad cuadrada, rodeada aquí y allá –a la manera de un muro– como por un esplendor y algunas tinieblas, y adornada además con algunas colinas y unas figuras. Vi también en medio de su costado oriental como una montaña grande y elevada, de piedra dura y blanca, que tenía la forma de un volcán [...]" (*Liber divinorum operum* <El libro de las obras divinas> 3, 1, p. 345).

6   Sobre el tema de las piedras hay aquí una marcada reminiscencia de HERMAS. *El Pastor*, Vis. III, 2, 4; 5, 1; 6, 5; 6, 6, aunque en algunos aspectos la interpretación de Hildegarda difiere de la de *El Pastor*.

7   Acerca de la piedra no trabajada o no pulida, véase *Éx.* 20, 25; *Deut.* 27, 5-6.

8   El norte es la región que Lucifer escogió para sí en el momento de su rebeldía contra Dios: "Pero Lucifer vio en la región del Aquilón –el Norte– un espacio vacío y sin actividad alguna y quiso establecer en él su trono, para realizar un mayor número de obras y más grandiosas que las que Dios había hecho, ignorando que Dios había decidido crear todas las otras creaturas." (*Causae et curae* <Las causas y los remedios de las enfermedades> 1, p. 1, líneas 14-18). Y ya más precisamente, aplicado a la Iglesia, leemos: "El viento del norte se precipitó sobre la Iglesia arrancándole su corona y sus vestidos de manera tal que sus cabezas espirituales, con su realeza, han sido sacudidas." (Carta 263 –a un prelado–, 1173-79. *Epistolarium* 91b, p. 12).

9   El bálsamo, con su connotación de grata fragancia (*Cant.* 4, 10 y 14) y alivio misericordioso, significa la profesión monástica, en tanto el óleo, cuya unción torna sagrada a la persona, hace referencia a los sacramentos del Bautismo y del Orden Sagrado.

fatuos e inútiles. Mas quienes no fueron signados iban hacia quienes sí lo habían sido, y cultivaban su compañía, por lo que eligieron para sí la mejor parte <*Luc.* 10, 42>, como una estrella multiplica su esplendor en una nube, y una mujer es coronada en su virginidad. Y un Hombre de gran tamaño y ceñido con una faja dorada <*Apoc.* 1, 13>, que estaba de pie sobre aquellos edificios, puso su brazo derecho sobre el edificio de mármol[10] y el izquierdo sobre el otro.[11]

El sentido de esto está referido a los dos instrumentos de la dignidad de la Iglesia. Pues el Padre omnipotente instituyó en la Iglesia una parte noble, separada de los asuntos mundanos, y que en su intimidad arde vivamente delante de Dios;[12] unos hombres pérfidos e insidiosos la desprecian y quieren destruir su rectitud, que se manifestó abiertamente en el Hijo de Dios. Pero la montaña de la justicia, embellecida con muchas obras justas, se alza en el origen de la verdad,[13] en el cual surge una doctrina útil que tiene puesta la mirada en Dios y auxilia a los hombres brindándoles provechosa luz. Asimismo, del vigor de la verdad fluye también hacia la montaña una gran enseñanza y el aroma de las Sagradas Escrituras,[14] que algunos a menudo rechazan sin razón volcándose hacia otras cosas contrarias, por lo cual también muchos, encorvados a causa de ellas, deambulan en medio de su depravación;[15] e inclusive otros, codiciando los bienes terrenales,

---

10   Este edificio sobre el que se posa el brazo derecho del hombre, la parte noble de la Iglesia es, en el pensamiento de Hildegarda, la institución monástica.

11   El otro edificio, sobre el que el Hombre posa Su brazo izquierdo, es la institución eclesiástica en toda su diversidad.

12   "Estas comunidades [monásticas] viven en el mundo, pero separadas del resto de la gente. Porque como el bálsamo destila suavemente del árbol, así también este pueblo surgió primero en forma aislada, en el desierto y en lo oculto –los anacoretas y los eremitas–; y luego, como el árbol expande sus ramas, creció poco a poco hasta alcanzar una plenitud inmensa. Y Yo bendije y santifiqué a este pueblo, porque son para Mí amantísimas flores, rosas y lirios que florecen en el campo sin obra humana, como tampoco ninguna ley obliga a este pueblo a desear un camino tan estrecho sino que él mismo lo emprende por su propia voluntad, suavemente inspirado por Mí y sin estar obligado por precepto legal alguno, haciendo más de lo prescripto." (*Scivias* <Conoce los caminos del Señor> 2, 5, 13, p. 187).

13   Véase nota 4.

14   "La Sabiduría había bebido en la fuente viva las palabras de los profetas y las palabras de otros sabios y las de los evangelios y las había confiado a los discípulos del Hijo de Dios, para que mediante ellos los ríos de agua viva se esparcieran en todo el mundo y por ellos los hombres, como peces en la red <*Mat.* 4, 18-22; *Marc.* 1, 16-20>, fueran conducidos nuevamente a la salvación." (*Liber divinorum operum* <El libro de las obras divinas> 3, 3, 2, p. 381).

15   "Porque la Iglesia a menudo será atormentada por hombres perversos, pero se defenderá siempre con gran fortaleza gracias a la ayuda de su Esposo; como una virgen que frecuentemente es asediada con el urgente deseo de su sensualidad por la diabólica argucia y las incitaciones y persuasiones de muchos hombres, mas en virtud de las oraciones que eleva a Dios, con valiente

   A. A. Fraboschi [†], C. I. Avenatti de Palumbo y M. E. Ortiz

imitan la vileza de aquellos. Pero en el mismo monte de la justicia se levanta, para resistir al demonio, esa parte arriba mencionada que en toda su integridad arde en la contemplación de los secretos divinos ante la presencia de Dios; que tiene en Dios su mejor parte y que, a ejemplo Suyo, muestra obras de misericordia. Muchas tentaciones provenientes del demonio[16] turban reiteradamente a esa mejor parte y a la misericordia misma. Pero muchos hombres van hacia esa parte y alcanzan la verdadera misericordia, porque han escogido para sí la mejor parte; de donde también se dice que han sido signados ante Dios. Y quienes reciben el sello de esta parte permanecen animosamente en él, como también en su Bautismo. Por lo cual no descienden a la compañía de esos que no tienen dicho signo, para no volverse inútiles o fatuos. Y los que no tienen el signo de esta parte ascienden hacia aquellos y así se multiplican en muchísimos bienes. Cosa que también pone de manifiesto el Hombre ceñido con la faja dorada, quien demuestra que Él es Dios y hombre y que rige a unos y otros con el brazo de Su poder. A unos los protege de manera tal que arden vivamente en Él, rechazando las cosas del mundo; y con el brazo de Su mansedumbre <*Is.* 62, 8> ampara a los otros de tal forma que bajo la divina protección son útiles, porque provechosamente ofrecen la luz de la verdad a sus prójimos.[17]

Ahora tú, que eres padre de pueblos, discierne claramente estas palabras que te han sido dirigidas por el Juez Supremo en favor de la necesidad de quienes andan errantes, porque la soberbia quiere oprimir a la humildad. Esto no debe suceder, porque no sería conveniente, sería como si la luna quisiera luchar contra el sol por el deseo de que su esplendor fuera semejante al esplendor del sol.

ánimo se libera de las tentaciones de aquéllos, conservando su virginidad. Así también la Iglesia resiste a los malvados corruptores, esto es los errores de los herejes que la hostigan queriendo destruir su virginidad, que es la fe católica. Ella les hace frente con viril energía para no ser mancillada, porque siempre fue, es y permanecerá virgen, ya que la fe verdadera, que es la sustancia de su virginidad, permanece íntegra contra todo error, como también la honra de una virgen casta persevera intacta, en la recatada sustancia de su cuerpo, contra todo contacto carnal." (*Scivias* <Conoce los caminos del Señor> 2, 3, 12, p. 142).

16 La referencia es, nuevamente, al viento del Aquilón, el norte, la región del demonio.

17 "Los sacerdotes [...] son los padres escogidos y los administradores para comunicar a todo el pueblo, con su enseñanza, la doctrina de la Iglesia, y para suministrarle el alimento de vida; por eso muéstrense en su conducta de manera tal que Mis ovejas no se escandalicen por sus obras, sino que caminen con rectitud en pos de ellos, ya que ellos tienen esta tarea: suministrar abiertamente al pueblo el alimento de vida, y disponer para cada uno, con discernimiento, las tareas de la fe." (*Scivias* <Conoce los caminos del Señor> 2, 5, 1, pp. 177-78).

Carta 7, a los cardenales Bernardo y Gregorio, año 1153

Bernardo de San Clemente y Gregorio de Santo Ángel eran los legados enviados por el papa Eugenio III para tratar con Federico Barbarroja las tensiones surgidas con Roma, y el relevo de cardenales considerados como inconvenientes, entre los que se contaba Enrique de Maguncia.[1] La carta de Hildegada es una severísima advertencia acerca de los desvíos en que han incurrido los dignatarios a los que se refiere la misiva, y un llamado urgente a la conversión del corazón y de las costumbres.

La Fuente de las aguas clama a vosotros, Sus seguidores: Por Mí, Quien estoy lleno de vida y soy fuerte, reprimid y corregid a los oscuros traidores y furtivos observadores y espías, que se han convertido en plomo por sus tortuosos pecados, y son dispersados desde el Aquilón[2] en la astuta malicia del diablo, difundiendo su oposición a la autoridad de sus prelados, por su gran iniquidad. Desterradlos del cuidado pastoral, que a causa de los perros acarrea y soporta el castigo. Y aunque ciertos prelados estén ensombrecidos debido a la mudanza de sus costumbres, no conviene sin embargo que puedan ser echados por sus subordinados.[3]

Por lo tanto, indagad en estos asuntos con un ojo purísimo, para que vuestro propio honor no resulte contaminado, ya que a causa de Su Nombre toca a Aquél Quien fue y es recto y justo a través de todos Sus caminos y en todo aquello de lo que se sirve, previéndolo antes de la fundación del tiempo, de los días antiguos <*Sal.* 143(142), 5>. Él –Aquél Que no desprecia al huérfano ni al pobre <*Sal.* 9, 19; 146(145), 9> – hace puros vuestros ojos, porque vosotros sois la montaña de mirra e incienso <*Cant.* 4, 6>, por encima de los sórdidos valles. Por lo tanto, escuchad a Aquél Quien siempre vigila con ojos vivientes y no se fatiga con las tormentas que son parte del cáliz <*Sal.* 11, 6(10, 7)> de aquellos que se asemejan a los ídolos, como si fueran dioses por su prosperidad. Pero vosotros, que que-

---

1 Véase el encabezado en C.5 (nuestra edición, p. 51).

2 Sobre el Aquilón véase C.6, n. 8 (nuestra edición, p. 55) y C.55, n. 1. (nuestra edición, p. 175).

3 Véase la situación descripta en C.5 (nuestra edición, p. 51).

     A. A. Fraboschi[†], C. I. Avenatti de Palumbo y M. E. Ortiz

réis tener la posibilidad del honor de una gran montaña[4] en el palacio del Rey, extended ahora la justicia del Altísimo para Su honra. Esto os sienta bien y os conviene, a causa de vuestro ilustre nombre.

Por consiguiente, mirad ahora hacia el Ardiente Dador que infunde el buen entendimiento a los hombres. ¿Pues qué hombre puede enfrentar su voz con aquella Voz que ascendiendo resonó sobre los cielos y venció al abismo, adornada con la cobertura de la materna fecundidad?[5] ¿Y qué alas de los vientos pueden, de acuerdo con su velocidad, correr más rápido que aquella Voz? ¿Acaso esta Voz puede hacer volar una pequeña pluma de manera tal que ninguna espada pueda moverse contra ella?[6]

Ahora a vosotros, oh imitadores del Altísimo, la Fuente Viva os grita estas cosas, porque no conviene a vuestra investidura que tengáis los ojos de los ciegos ni vestigio alguno de las costumbres de las víboras ni la furtiva rapiña, pues despojáis el altar de Dios. ¿Por qué hacéis esto? Pero precisamente porque lo estáis haciendo, no podéis desatar la correa del calzado del cuerpo del Señor <*Juan* 1, 27>. Por lo tanto, corregíos.

---

4   Véase C.5, nota 3 (nuestra edición, §§ 1-3, p. 51).

5   Alusión a la Segunda Persona de la Trinidad, al Verbo encarnado.

6   Sobre el tema de la pluma –la propia Hildegarda–, véase C.40r, n. 3 (nuestra edición, p. 152). En esta carta, la referencia más fuerte parece ser la que la abadesa escribe a Guiberto de Gembloux (C.103r. *Epistolarium* 91a, p. 260).

Carta 8, al papa Anastasio, entre 1153 y 1154

El Papa Anastasio tenía alrededor de ochenta años cuando fue elegido el 12 de julio de 1153, y falleció al año siguiente, el 3 de diciembre. A pesar del rechazo de su antecesor Eugenio III, Anastasio había conferido el cargo de arzobispo de Magdeburgo –uno de los cargos más codiciados– al obispo Wichmann, protegido del emperador (quien había ejercido grandes presiones al respecto). La actitud del Papa debilitaba el poder de la Iglesia. Pero también la deterioraban otros aspectos referidos a la vida del clero y a la disciplina eclesiástica, aspectos que venían siendo objeto de reiteradas disposiciones de la jerarquía. La misiva de la abadesa de Bingen, tocando ambos temas: el tema político (*ad extra*) de las relaciones entre el Papado y el Imperio, y el tema disciplinario (*ad intra*) de la vida y costumbres del clero, señala además los vicios en los que incurría el Sumo Pontífice en el gobierno de la Iglesia.

Oh tú, que eres la armadura eminente y el monte de la doctrina de la muy adornada ciudad, que ha sido constituida en sus desposorios con Cristo:[1] escucha a Aquél Quien no comenzó a vivir y que no se agota en la fatiga del trabajo.

Oh hombre, que en cuanto al conocimiento lúcido y vigilante te has cansado demasiado como para refrenar la jactanciosa soberbia de los hombres puestos en tu seno, bajo tu protección: ¿por qué no rescatas a los náufragos que no pueden emerger de sus grandes dificultades a no ser que reciban ayuda? ¿Y por qué no cortas la raíz del mal que sofoca las hierbas buenas y útiles, las que tienen un gusto dulce y suavísimo aroma? Tú descuidas a la hija del Rey, esto es a la Justicia –que vive en los abrazos celestiales[2] y que te había sido confiada–, pues permites que

---

1   "Yo estuve oculta en el corazón del Padre hasta que el Hijo del Hombre, Quien fue virginal-mente concebido y dado a luz, derramó Su sangre. Con esa misma sangre me desposó y me dotó, puesto que yo debía regenerar –en la pura y simple regeneración del Espíritu y del agua– a quienes habían sido atraídos y contaminados por el espumajo de la serpiente." (Carta 149r –de Hildegarda al sacerdote Werner–, antes de 1170, *Epistolarium* 91a, p. 334).

2   Palabras que la Justicia pronuncia en una de las obras de la abadesa de Bingen, y que contrastan fuertemente con la realidad que acusa Hildegarda en esta carta: "Con rectitud llevo la diadema

A. A. Fraboschi [†], C. I. Avenatti de Palumbo y M. E. Ortiz

esta hija del Rey sea arrojada a tierra, y que su diadema y su hermosa túnica sean destrozadas por la grosería de las costumbres de aquellos hombres hostiles que a semejanza de los perros ladran y que, como las gallinas que en las noches a veces tratan de cantar, dejan escapar la necia exaltación de sus voces. Éstos son simuladores que en sus palabras manifiestan una paz fingida, pero que en su interior, en sus corazones, rechinan los dientes como el perro, que mueve su cola a quienes le son conocidos pero muerde al soldado leal que presta su servicio en el palacio del rey. ¿Por qué soportas las malvadas costumbres de esos hombres que viven en las tinieblas de la estupidez, reuniendo y atesorando para sí todo lo que es nocivo, como la gallina que grita de noche aterrorizándose a sí misma? Quienes esto hacen son inútiles desde su misma raíz.

Oye por tanto, oh hombre, a Aquél Quien mucho ama el claro y agudo discernimiento, de manera tal que Él mismo lo estableció como el más grande instrumento de rectitud para luchar contra el mal.[3] Tú no haces esto, porque no erradicas el mal que desea sofocar al bien sino que permites que el mal se eleve soberbio; y lo haces porque temes a quienes traman los peores engaños en las asechanzas nocturnas, amantes más del dinero de la muerte que de la hermosa hija del Rey, esto es, la Justicia.

Pero todas las obras que Dios ha hecho son en extremo luminosas. Escucha, oh hombre, porque antes del comienzo del mundo el Padre celestial clamó con gran voz en Su intimidad: Oh Hijo Mío. Y el globo del mundo comenzó a existir, comprendiendo lo que el Padre había dicho; sin embargo las diversas especies de creaturas aún se ocultaban en la oscuridad. Pero según aquello mismo que está escrito: *Y Dios dijo: Hágase*, aparecieron las diversas especies de creaturas

---

real entre las creaturas y sus obras, las aprecio y las respeto en su dignidad; trabajo con sus obras de manera tal que se alegran conmigo porque soy su báculo a lo largo del camino de la justicia, por lo que aquél que me desprecie caerá en un pozo. He surgido de la fuente que brota y que mana <*Juan* 4, 14>, y ninguna dificultad terrenal me atemorizará. He despuntado al amanecer, y soy dilectísima amiga de Dios; con Él moraré y no me separaré de Él. Pues gracias a Él soy la salud vigorosa y estable, y no caigo en la aridez que declina y perece, porque soy la floración de todos los árboles que el invierno no marchita y no derriba la tempestad. Habito en el monte Sion, estoy en paz, camino en la mansedumbre del Cordero y en Su victoria me elevo: soy la victoria del Rey, y no seré vencida. Pues nadie me moverá, nadie me intimidará, porque no he de perecer." (*Liber vite meritorum* <El libro de los merecimientos de la vida> 4, 2, p. 174).

3 "En el momento en el que Yo, Dios, formo al hombre, creo en él la ciencia viviente del bien y del mal, de manera tal que pueda evitar el mal e imitarme en el bien a Mí, su Padre, Quien le di como semejanza Mía el discernimiento del bien y del mal, para que con aquella ciencia pueda conocer y discernir a todas las creaturas, y conociéndolas tenga poder sobre ellas, después de Mí." (*Liber divinorum operum* <El libro de las obras divinas> 2, 1, 23, p. 291).

<*Gén.* 1>. Así, mediante la Palabra del Padre y a causa de dicha Palabra todas las creaturas fueron hechas según la voluntad del Padre.[4]

Y Dios vio todas las cosas y las conoció de antemano. Pero el mal ni elevándose ni cayendo puede producir por sí mismo algo, o hacer o crear cosa alguna, porque es nada;[5] o bien solamente cuenta como una opción engañosa y una opinión contraria a la voluntad de Dios, de manera tal que el hombre obra el mal cuando hace esto que es falaz y contrario.

Mas Dios envió a Su Hijo al mundo para que el demonio –que conoció el mal abrazándolo y lo sugirió al hombre– fuera vencido por Él, y para que el hombre –que había perecido por el mal– fuera redimido. Por lo que Dios rechaza las obras perversas, esto es, fornicaciones, homicidios, robos, rebeliones, gobiernos despóticos y engaños, obras propias de los hombres inicuos, porque las pulverizó a través de Su Hijo, Quien dispersó totalmente los despojos del tirano infernal.

Por eso tú, oh hombre que te sientas en la cátedra suprema, desprecias a Dios cuando abrazas el mal; y en verdad no lo rechazas sino que te besas con él cuando lo mantienes bajo silencio –y lo soportas– en los hombres malvados. Por esto toda la tierra se turba a causa de la gran mudanza que producen los extravíos, porque lo que Dios destruyó, eso es lo que el hombre ama.

Y tú, oh Roma, que yaces postrada como moribunda, serás sacudida de tal manera que la fortaleza de tus pies, sobre los que hasta hoy te sostuviste, se debilitará; porque tú no amas a la hija del Rey –es decir, a la Justicia– con un amor ardiente, sino que la amas como en la lánguida tibieza del sueño, y así la alejas de ti. Por eso también ella quiere huir de ti, si no la llamas nuevamente. Sin embargo los grandes montes[6] todavía te ofrecerán ayuda, levantándote y apuntalándote con la noble madera de magníficos árboles, de manera tal que no pierdas enteramente todo lo que hace a tu propia honra, esto es, al ornato de tus desposorios con Cristo, sino que aún conserves algunas plumas de tu esplendor,

---

4   "En verdad, todas las cosas que Dios hizo las tuvo en Su conocimiento antes del inicio del tiempo. Pues en la pura y santa Divinidad aparecieron juntamente las cosas visibles y las invisibles, sin momento ni tiempo, desde la eternidad, como los árboles u otras creaturas que están próximos al agua se reflejan en ella, aunque no estén físicamente en ella; sin embargo, toda su figura aparece allí. Pero cuando Dios dijo: *Hágase*, al punto fueron revestidas de una figura material aquellas cosas que Su presciencia contemplaba antes del tiempo, cuando aún no tenían cuerpo." (Ibíd., 1, 1, 6(7), p. 52).

5   "Y como Lucifer, con su voluntad perversa, se alzara hacia la nada –porque fue nada lo que quiso e intentó crear–, cayó hacia la nada y no pudo levantarse, porque bajo él no había sino un abismo sin fondo." (*Causae et curae* <Las causas y los remedios de las enfermedades> 1, p. 1, línea 25, p. 2, línea 1).

6   Las montañas es un término con que Hildegarda se refiere a los prelados.

        A. A. Fraboschi[†], C. I. Avenatti de Palumbo y M. E. Ortiz

hasta que venga la nieve de las burlas de las costumbres diferentes y hostiles, con grande y demente furor. Cuídate entonces: no quieras unirte al rito de los paganos, para que no caigas.

Oye por tanto a Aquél Quien vive y no será exterminado. El mundo ahora vive en la lascivia,[7] luego estará en la tristeza,[8] después en el terror, tal que los hombres ya no se cuidarán de la muerte.[9] En todos estos tiempos hay unas veces momentos de jactanciosa desvergüenza, otros de contrición, y otras veces los tiempos de los rayos y truenos de diversas iniquidades.[10] Pues el ojo desea con

---

7   La referencia es al tiempo que comienza con el emperador Enrique IV (al que se alude en el texto que sigue), quien marca el inicio de la "Querella de las Investiduras" que se continúa en tiempos de Hildegarda, con el emperador Federico Barbarroja: "A partir de los días de este juez surgieron la raíz de la iniquidad y el olvido de la justicia y de la honestidad las que, dilatándose y propagándose como por efecto de la debilidad propia de la mujer, avanzaron hasta otro guía portador de un nombre espiritual [¿el papa Anastasio?], quien tuvo la prudencia y la malicia de la serpiente y al que mató el juicio de Dios. En sus días la mencionada iniquidad y las costumbres superfluas de las formas de vida de los hombres comenzaron a calentarse y a hervir y a arrojar espuma." (*Liber divinorum operum* <El libro de las obras divinas> 3, 5, 15, p. 433).

8   "Pero los dignatarios pontificios y todos los que por su disposición espiritual les están subordinados […], aterrados por el juicio divino y dejando de lado la vana, soberbia confianza que anteriormente en todo momento habían tenido en sí mismos, volviendo en sí se humillarán; y lamentándose clamarán y dirán: Porque en la ordenada disposición de nuestro oficio hicimos a un lado al Dios todopoderoso, por eso sobre nosotros se ha extendido esta confusión, a saber: que seamos oprimidos y humillados por aquellos a quienes hubiéramos debido oprimir y humillar. […] Por lo cual consideremos que padecemos los justos juicios de Dios, porque quisimos someter bajo nuestro poder los reinos del mundo, de la misma manera como también nosotros debíamos estar bajo el yugo de Dios; y porque cumplimos el deseo de cualquier apetito carnal, tampoco nadie osaba acusarnos por esto." (Ibíd., 3, 5, 16, pp. 434-35).

9   "[…] vendrán otros días plenos de dolor, en los que la voz del lamento de los profetas y la voz del Hijo de Dios encontrará cumplimiento en los hombres que, a causa del temor de las continuas tribulaciones, desearán la muerte y dirán: ¿Para qué hemos nacido?, y desearán que los montes caigan sobre ellos. Pues los días anteriores, de dolores y calamidades, tenían de tanto en tanto algún momento de alivio y recuperación; pero éstos, plenos de dolores e iniquidades, no cesarán en sus males sino que en ellos se acumulará dolor sobre dolor e iniquidad sobre iniquidad, y a toda hora el homicidio y la injusticia serán tenidos en nada, y así como se matan los animales para comerlos, así también en esos días unos hombres serán aniquilados por el furor de otros." (Ibíd., 3, 5, 21, p. 442).

10   "Sin embargo en esos días la justicia y la religión experimentarán a veces en los hombres la fatiga de la debilidad, pero recuperarán sus fuerzas prontamente; también a veces surgirá la iniquidad y caerá nuevamente; a veces las guerras, el hambre, la peste y la mortandad crecerán y de nuevo se desvanecerán, y ninguna de estas cosas permanecerá entonces por mucho tiempo en un mismo estado y curso sino que se moverán de aquí para allá, tal que en un momento aparezcan y en otro desaparezcan." (Ibíd., 3, 5, 21, p. 441).

tremendo ardor, la nariz discierne, la boca mata.[11] Pero el pecho[12] salvará cuando la aurora aparezca como el esplendor de la primera alborada. Mas lo que vendrá en el nuevo deseo y en el fervor nuevo, no debe decirse.

Pero Aquél Quien es grande y sin defecto alguno ha tocado ahora el pequeño habitáculo,[13] para que viera los milagros y formara letras desconocidas y dejara oír una lengua ignorada.[14] Y le dijo: Aquél que tiene la lima[15] no descuide la tarea de pulir y adaptar a la voz humana esto que le dirás, y que te fue revelado en una lengua manifestada a ti desde lo alto y no según la forma acostumbrada entre los seres humanos, porque ésta no te ha sido dada.

Tú empero, oh hombre que te muestras como pastor, levántate y corre velozmente hacia la Justicia, de manera tal que no seas acusado ante el gran Médico por no haber limpiado de su inmundicia a Su redil y no haberlo ungido con óleo. Ahora bien, donde la voluntad desconoce los males, y donde el hombre no se entrega a su deseo, allí no sucumbe por entero en un juicio condenatorio, sino que purifica la culpa de su ignorancia mediante flagelos.

Por consiguiente tú, oh hombre, quédate en el camino recto, y Dios te salvará, te conducirá nuevamente a la mansión de la bendición y la elección, y vivirás eternamente.

---

11   Esta secuencia: "el ojo desea con tremendo ardor, la nariz discierne, la boca mata", corresponde a las otras dos secuencias anteriores del mismo párrafo: la primera, la lascivia del deseo, la tristeza del discernimiento ante las propias acciones, y el terror de sus consecuencias; la segunda, la desvergüenza del pecado, la contrición o arrepentimiento en la toma de conciencia, y el consiguiente castigo. La referencia a la boca podría implicar no sólo la palabra del juicio y la sentencia, sino también la mortal mordedura en que consiste, finalmente, el pecado mismo.

12   El pecho como sede del corazón, esto es, de la inteligencia y del amor.

13   La referencia es a Hildegarda y a su conocimiento por modo de visión.

14   La interpretación varía entre quienes entienden que se trata de una lengua misteriosa (recordemos que Hildegarda tiene una obra titulada *Lingua ignota*, aún no enteramente descifrada, ni en cuanto a su contenido, ni en cuanto a su finalidad), y quienes dicen que se trata del latín, lengua que la abadesa no dominaba en cuanto a corrección y estilo.

15   El secretario de Hildegarda, el monje Volmar.

         A. A. Fraboschi[†], C. I. Avenatti de Palumbo y M. E. Ortiz

Carta 9, al papa Adriano, entre 1154 y 1159

Se trata del Papa Adriano IV (Nicolás Breakspear), primero y único Papa inglés hasta el presente, consagrado en diciembre de 1154. En junio de 1155 coronó a Federico Barbarroja, quien había bajado de Alemania a Roma en 1154.[1] Pero luego, ante el poder cobrado por el emperador, el Papa y la curia tomaron medidas que incluían el apoyo a ciudades del norte de Italia hostiles al emperador –Milán particularmente–. Federico Barbarroja reaccionó violentamente y logró someter a Milán en 1158. Exigió entonces a los obispos italianos un juramento de fidelidad, y Adriano consideró la posibilidad de excomulgarlo, pero murió antes de concretar la sanción. Toda esta situación, que era de larga data, había causado una gran confusión y mezcla del orden temporal con el orden espiritual, con las secuelas de desorden motivado por las apetencias mundanas del clero y miembros de la curia.

El que da la vida a los vivientes dice: Oh hombre, tú soportarás con sufrimiento la cruel violencia de las leonas[2] y la vigorosa fuerza de los leopardos,[3] y en la captura del botín experimentarás el naufragio, porque en medio de la fatiga y el apremio has sido entregado a todos esos que corren hacia ti. Pero tienes una apreciable inteligencia para confrontar contra las crudelísimas costumbres de estos hombres, y enfurecido y atormentado por ellas sujetarás las crines de los caballos que no dejan de correr hacia los senderos del pillaje. Sin embargo, luchando contra ti mismo a veces casi te inclinas hacia la aparente probidad de ciertos hombres, cuando encubres y ocultas los bienes

---

1   El emperador, en cumplimiento del tratado de Constanza –firmado con Eugenio III en 1153–, había puesto fin a la república romana y a la rebelión de los romanos protegiendo así al papado; correspondía ahora al Papa cumplir su parte, ungiéndolo emperador.

2   Si bien el león es un tradicional símbolo de poderío y de soberanía, quien caza la presa y la mata es la leona.

3   En el bestiario medieval el leopardo aparece como animal orgulloso y cruel, poderoso y agresivo, pero también un animal bastardo, en tanto se dice que es engendrado por un león y una pantera. Para el sentido de los animales alegóricos, véase *Scivias* <Conoce los caminos del Señor>, principalmente el libro III.

de algunos que han muerto peleando en los caminos llanos. Por eso padecerás el combate de crueles batallas; pero destruirás los restos perecederos de aquellos que van a la fosa –esto es, al infierno– a causa de su dureza y sus violentas costumbres. Tú tienes el fortísimo poder de la llave <*Mat.* 16, 19>, que no va de buen grado hacia los panes ázimos con apariencia de sardónice.[4]

Por consiguiente, busca en tu pecho la salvación de las aguas,[5] para que no caigas en el torbellino, sino que en la mansedumbre descanses frente a la lasitud y la envidiosa malevolencia de aquellos que han sido trastornados y confundidos por el tormento de múltiples y diversas heridas, y en esto imites a tu Salvador, Quien te redimió. Dios no te abandonará <*Sal.* 37(36), 28>, sino que verás en Su Luz <*Sal.* 36(35), 10>.

---

4   Los panes ázimos hacen referencia a la Pascua judía, en tanto el sardónice, una piedra preciosa, está mencionado en *Apoc.* 21, 20, bajo la forma de sardónice, el quinto fundamento de los muros de la Jerusalén celestial, construidos sobre piedras preciosas.

5   "Todo pecado cometido en la desmesura de la carne, o por el placer o por la amargura, o por otros vicios semejantes a éstos; o bien la blasfemia implicada en el culto a los ídolos –donde el verdadero Dios es ignorado y se adora una falsa imagen– […]: todo esto será perdonado a los hombres en la penitencia pura, cuando mediante la compunción de las lágrimas y desde la intimidad de su corazón invoquen al verdadero Dios buscando fielmente Su misericordia, que brinda misericordiosamente. Porque aunque estos hombres cometan graves faltas, errantes en medio de sus pecados, no obstante si no rechazan totalmente a Dios, Quien en los cielos reina con imperio y poder, buscándola encontrarán la mano de Su auxilio." (*Scivias* <Conoce los caminos del Señor> 3, 8, 8, pp. 486-87).

   A. A. Fraboschi [†], C. I. Avenatti de Palumbo y M. E. Ortiz

Carta 10, al papa Alejandro, año 1173

En 1173, a la muerte de Volmar –el confesor de las religiosas del monasterio de San Ruperto, y secretario y amigo de Hildegarda–, la abadesa reclamó al abad del monasterio de San Disibodo, su monasterio de origen, un nuevo asesor para la abadía. El abad Helengario pretendió negarse, pero Hildegarda sostuvo su derecho, fundado en el texto de un convenio celebrado en ocasión de su partida para fundar su propio monasterio. Como el abad persistiera en su negativa, acudió al papa Alejandro III.

Oh altísima y gloriosa persona, que fuiste primero creada por la Palabra de Dios por la que toda creatura, racional e irracional, fue constituida en su género: a ti especialmente el mismo Verbo te ha otorgado las llaves del reino celestial –esto es, el poder de atar y desatar <*Mat.* 16, 19>– mediante el vestido de Su humanidad.[1]

Tú también, excelentísimo padre, eres el alimento de todas las personas espirituales que, como la trompeta de la justicia de Dios, resuenan en la Iglesia –la cual refulge ceñida por variados ornamentos <*Sal.* 45(44), 8-10; 15>–, mientras otros brindan a la gente los buenos ejemplos, a imitación de la vida de los santos. Si obran con rectitud, lo atribuyen a Dios y no a sí mismos, y se alegran por aquellos que imitan sus buenas obras, siguiendo con ello a los primeros santos que dominaban su carne, y a sí mismos se fortalecían con la clara victoria de la milicia celestial en su lucha contra los vicios del diablo, y con su buena voluntad elevaban la mirada hacia Dios, como los ángeles.

Así también tú, oh dulce padre, imita al bondadoso padre que con gran alegría acogió a su hijo que, arrepentido, volvía a él; y mató un ternero cebado para agasajarlo <*Luc.* 15, 18-24>, y a quien lavó con vino las heridas del que había sido asaltado y lastimado por los ladrones en la confusión de la oscuridad <*Luc.* 10, 30-37>. Así queda ejemplificada la dureza de la corrección y la piedad de la

---

1   "Y Dios hizo al hombre a Su imagen y semejanza, porque también quiso que la forma del hombre fuera el vestido de la santa Divinidad; y por eso significó en el hombre a todas las creaturas, de la misma manera que toda creatura provino de Su Verbo." (*Liber divinorum operum* <El libro de las obras divinas> 1, 4, 14, p. 145). La humanidad revestida por el Verbo divino de algún modo reviste al Vicario de Cristo de Su Divinidad.

misericordia.[2] Y la estrella de la mañana, que precede al sol del día, sea en la Iglesia que, confundida durante mucho tiempo por la oscuridad de los cismas y divisiones,[3] carece de la luz de la justicia de Dios. Y por eso tú corrige según el celo de Dios, y unge a los arrepentidos y penitentes con el óleo de la misericordia, porque Dios más quiere misericordia que sacrificios <*Os.* 6, 6; *Mat.* 9, 13; 12, 7>.

Ahora, oh suavísimo padre, yo y mis hermanas nos postramos de rodillas ante tu paternal piedad, rogando que te dignes mirar la pobreza de esta pobrecilla mujer, porque al presente estamos sumidas en gran tribulación, ya que el abad del monte de San Disibodo y sus hermanos contradicen nuestros privilegios y nuestra capacidad de elección, que siempre tuvimos. Sobre esto hemos velado siempre con gran cuidado, para que no nos sea quitado, porque si no nos concedieran varones piadosos y temerosos de Dios –como los queremos– nuestra espiritualidad religiosa se destruiría totalmente.

Por eso, mi señor, ayúdanos por Dios, para que obtengamos al sacerdote de nuestra elección o bien a otros, tan pronto como sea posible, los cuales conforme a la voluntad de Dios se ocupen de nosotras y de nuestro aprovechamiento.

Ahora una vez más te rogamos, piadosísimo padre, que no desprecies nuestra petición y tampoco a nuestros mensajeros, quienes advertidos por un fiel amigo nuestro vinieron en nuestra ayuda para suplicarte. Concédeles lo que desean alcanzar de ti, para que al finalizar esta vida –que ya declina hacia el atardecer– llegues a la luz inextinguible y oigas la dulce voz del Señor: ¡Bien, siervo bueno y fiel!, porque fuiste fiel en lo poco te pondré al frente de mucho. Entra en el gozo de tu Señor <*Mat.* 25, 21-23>. Inclina pues a nuestras súplicas los oídos de tu piedad, y sé para nosotras y para ellos un día luminoso, a fin de que por la indulgencia de tu magnanimidad demos todos nosotros gracias a Dios, y para que también tú siempre goces de la eterna felicidad.

              ❧

---

2 "El Padre abandona ya la severidad de las obras, rigor por el que antes de la encarnación de Su Hijo a nadie permitía entrar en el reino celestial; pero ahora en Su mismo Hijo abre la puerta de los gozos celestiales, cuando gracias a Su Hijo perdona al hombre cada deuda de pecado confesada desde el corazón." (Ibíd., 2, 1, 49, pp. 343-44).

3 La referencia puede ser a la actitud del emperador Federico Barbarroja, quien en 1159 había nombrado a Víctor IV, contra el Papa Alejandro III; en 1164 designa a Pascual III contra el mismo Sumo Pontífice, y en 1168 nombra a Calixto III. La jerarquía eclesiástica estaba dividida en cuanto a sus lealtades, esto es, su adhesión al Papa de Roma, o a Federico y los papas designados por él. El emperador emprendió muchas acciones bélicas de represalias contra los obispos que se le oponían, y sus diócesis. Recién en 1177 se firmó la paz de Venecia.

       A. A. Fraboschi [†], C. I. Avenatti de Palumbo y M. E. Ortiz

CARTA 11, A HARTWIG, ARZOBISPO DE BREMEN, después de 1148

Es una misiva discretamente laudatoria y llena de buenos deseos hacia una persona que, hasta ese momento, había favorecido, tanto él como su familia von Stade, a la abadesa. La relación sufrirá con motivo del episodio de Ricarda von Stade.[1]

Q uien te vio en el primer día y te dio ojos para ver juntamente con alas capaces de volar por encima de toda creatura,[2] y Quien hizo al hombre espejo de la plenitud de todos Sus milagros[3] –de manera tal que la ciencia de Dios resplandece en él–, como está escrito: *Dioses*

---

1   Véase C.12 y 13 (nuestra edición, pp. 71-73).

2   En la Carta 70 leemos: "Pues Dios le otorgó al hombre la racionalidad. En efecto, el hombre es racional por la palabra de Dios; la creatura irracional, en cambio, es como un sonido solamente. Así Dios constituyó en el hombre a toda creatura. Y dio a la racionalidad dos alas: el ala derecha significa el conocimiento del bien, la izquierda empero, la ciencia del mal; con éstas el hombre es como un ave." (nuestra edición, § 5 p. 206). Y también en *Liber vite meritorum* <El libro de los merecimientos de la vida> 5, 7 (p. 223): "El hombre vuela con las alas de la racionalidad viva, y toda ave y reptil vive y se mueve a partir de sus elementos. El hombre tiene y muestra su voz en la racionalidad, toda otra creatura es muda y no puede ayudarse a sí misma ni a los demás, sino que cumple su oficio." Y abundando: "Por esto, quienquiera que tenga el conocimiento [que viene] del Espíritu Santo y las alas de la fe no pase por alto esta advertencia Mía, antes bien recíbala en el gustoso abrazo de su alma." (*Scivias* <Conoce los caminos del Señor> 1, 1, 6, p. 11). Véase C.87r/b, n. 1 (nuestra edición, p. 267). Y, para concluir: "El alma vuela en el hombre con cuatro alas: la sensibilidad, el intelecto, la ciencia del bien y la ciencia del mal. Con la sensibilidad actúa en el hombre según el gusto de la carne; gracias al intelecto discierne si sus obras agradan a Dios o a los hombres. Mediante las dos alas de la ciencia del bien y del mal el hombre lleva a cabo toda obra suya en el alma: por la diversidad de las dos ciencias se distingue su naturaleza, porque con el alma pide a Dios la salvación, con la carne a los hombres, el honor. Y así a veces asciende al cielo gracias a la ciencia del bien, y a veces, por efecto de la ciencia del mal, es arrojada a tierra. Pero cuando el hombre, alguna vez tocado interiormente por la gracia del Espíritu Santo, se ha sentido oprimido en el alma por el peso de sus pecados, entonces dirige a Dios sus suspiros haciendo penitencia por sus malvadas acciones; y así como los vientos recorren el firmamento ora como una brisa serena, ora como una gran tempestad, así el hombre está siempre empeñado sea en el bien, sea en el mal." (*Liber divinorum operum* <El libro de las obras divinas> 1, 4, 51, p. 185).

3   "Y así el hombre existe con dos naturalezas: cuerpo y alma, como la carne no existe sin la sangre ni la sangre sin la carne, aunque son de naturaleza disímil; y así como el alma no es sin el cuerpo, tampoco Dios es sin Su obra. Pues Su obra se ocultaba eternamente en Él, antes de la eviternidad y en ella, como el alma se oculta invisiblemente en el cuerpo. Pero el alma vive sin el cuerpo, y luego del día postrero, anhelándolo, pedirá a Dios su ropaje para vestirlo. Así también Dios, Quien es la vida sin inicio antes de la eviternidad y en ella, en un tiempo determinado

sois, y todos hijos del Altísimo <*Sal.* 82(81), 6>, Él vuelve hacia ti Su mirada, y hacia ti dirige Su propia voluntad.

El hombre toca a Dios[4] –Quien no tiene principio ni fin– cuando la racionalidad que hay en el hombre imita a Dios, y porque también la ciencia del bien y del mal revela a Dios.[5] Así es la rueda de la eternidad.[6]

Que Dios mismo haga que huyas de aquel mal que comenzó el primer día, carente de una voluntad buena, y que siempre contradice a Dios. Que haga en ti ventanas[7] que resplandezcan en la Jerusalén celestial <*Dan.* 6, 10> –ventanas bellamente edificadas en las virtudes–, y haga que puedas volar en el abrazo del amor de Dios, tal como aquél a quien Dios había ungido dijo: *¿Quiénes son estos que vuelan como nubes, y como las palomas a sus nidos*[8]? <*Is.* 60, 8>.

Y una vez más: Yo, apenas una pobrecita figura de mujer, vi en ti la luz de la salvación. Ahora, cumple los preceptos de Dios, los que te da la gracia de Dios, y los que el Espíritu Santo te enseña.

---

atrajo a Sí Su vestido, que estaba eternamente oculto en Él. Y de este modo Dios y el hombre son uno, como el alma y el cuerpo, porque Dios hizo al hombre a Su imagen y semejanza. Pero como toda cosa tiene una sombra, así también el hombre es la sombra de Dios; la sombra es la manifestación de la obra, y el hombre es la manifestación del Dios omnipotente en todos Sus milagros. Él mismo es una sombra porque tiene un comienzo; Dios, en cambio, no tiene inicio ni fin. Por eso la armonía celestial es el espejo de la Divinidad, y el hombre es el espejo de todos los milagros de Dios." (*Causae et curae* <Las causas y los remedios de las enfermedades> 2, p. 64, líneas 5-25).

4   Véase C.66r, n. 5 (nuestra edición, p. 199).

5   Véase C.15r, n. 11 (nuestra edición, p. 79) y C.11, n. 1 (nuestra edición, p. 69).

6   Véase C.56, n. 2 (nuestra edición, p. 177).

7   En todo edificio las ventanas son el lugar translúcido, por donde la luz pasa e ilumina el interior, o bien lo abre a la luminosidad del exterior.

8   Tanto el texto bíblico cuanto el hildegardiano traen *"fenestras"*. En pro de la claridad de la lectura, y recordando que las palomas, cuando van hacia las ventanas de los edificios, es precisamente para hacer sus nidos en ellas, hemos preferido poner "nidos".

   A. A. Fraboschi[†], C. I. Avenatti de Palumbo y M. E. Ortiz

Carta 12, a Hartwig, arzobispo de Bremen, entre 1151 y 1152

En ocasión de la fundación del monasterio de San Ruperto y el traslado de las religiosas a dicho lugar desde el confortable monasterio de San Disibodo, una parte de ellas abandonó el lugar, cosa que significó un duro golpe para Hildegarda, a lo que se sumó la defección de Ricarda von Stade, su secretaria y persona de confianza. La joven, impulsada en gran parte por las ambiciones de su propia familia, se trasladó al convento de Bassum para ocupar allí –aunque era para las monjas una perfecta desconocida– el cargo de abadesa. Hildegarda se opuso a ello por todos los medios. Recurrió a Hartwig, arzobispo de Bremen y hermano de la joven –en cuya diócesis se encontraba el futuro monasterio de Ricarda–, con una carta que contiene elementos en verdad reveladores de la situación que estaba viviendo.

Oh tú, digno de alabanza, necesaria al hombre que por el oficio pontifical detenta la sucesión del Dios altísimo. Que tu ojo vea a Dios y tu inteligencia conozca Su justicia, que arda tu corazón en el amor de Dios de manera tal que tu alma no desfallezca. Con suma diligencia edifica la torre de la Jerusalén celestial *<Hebr.* 12, 22>, y Dios te dé como ayuda a la dulcísima, materna Misericordia. Sé luminosa estrella que brilla en medio de las tinieblas de las noches de los hombres malvados, y sé el ciervo veloz que corre hacia la fuente de agua viva <*Sal.* 42(41), 2>. Mira con cuidado, porque en estos días muchos pastores son ciegos y cojos y ladrones del patrimonio de la muerte, sofocando la justicia de Dios.

Oh estimado, tu alma me es muy amada a causa de tu familia. Ahora escúchame, postrada a tus pies con lágrimas y quebranto, porque mi alma está extremadamente triste <*Mat.* 26, 38; *Marc.* 14, 34>: cierto hombre horrible[1]

---

[1] Se refiere Hildegarda al abad Kuno, como lo dice poco más abajo, con quien había mantenido y mantenía dura pelea en pro de su decisión de trasladarse a San Ruperto, y en defensa de los derechos y bienes que les correspondían, a ella y a sus monjas. Dado que la marquesa von Stade, madre de Ricarda, había apoyado en un todo a Hildegarda –y su apoyo incluso material se marchaba con ella a San Ruperto–, no sería extraño que Kuno hubiera querido crear un lazo de favores (la propuesta o el apoyo al nombramiento de Ricarda como abadesa) para retener la benevolencia de la marquesa quien, sin duda alguna, adhirió a la promoción de su hija y la alentó,

apartó a nuestra queridísima hija Ricarda de mi consejo y mi voluntad y de los de mis otras hermanas y amigos, separándola de nuestro claustro en virtud de su voluntad temeraria. Pues Dios sabe todas las cosas, sabe dónde es útil el cuidado pastoral, por lo que el hombre fiel no da vueltas buscando lugares y cargos de preferencia. Porque si con espíritu inquieto lo hiciera, queriendo ser maestro y deseando más la voluptuosidad del poder que prestar atención a la voluntad de Dios; hay en él un lobo rapaz <*Gén.* 49, 27>, y su alma jamás busca los bienes espirituales con sincera lealtad: allí hay simonía.[2]

De donde no era necesario que nuestro abad, en su obcecación e ignorancia, destinara a un alma santa a esta empresa y a semejante temeridad, por la ceguera de su espíritu. Si nuestra hija hubiese permanecido tranquila, Dios la hubiera preparado para Su gloriosa voluntad.[3]

Por eso me dirijo a ti, que te sientas en el trono episcopal según el orden de Melquisedec <*Sal.* 110(109), 4; *Hebr.* 5, 6>, y te ruego por Aquél Quien entregó Su vida por ti, y por Su nobilísima Madre, que me envíes a mi queridísima hija, porque yo no dejo de lado la elección de Dios ni la contradigo dondequiera que fuere. Y así que Dios te dé la bendición que Isaac dio a su hijo Jacob <*Gén.* 27, 27-29>, y te bendiga con la bendición que a través de Su ángel dio a Abraham por su obediencia <*Gén.* 22, 15-18>.

Ahora óyeme, no deseches mis palabras como lo hicieron tu madre, tu hermana y el conde Germán. No te hago injuria ignorando la voluntad de Dios y la salvación del alma de tu hermana, sino que suplico pueda yo ser consolada por su intermedio, y ella por mí. Lo que Dios ha ordenado, no lo contradigo.

Que Dios te dé la bendición del rocío del cielo <*Gén.* 27, 28>, y todos los coros angélicos te bendigan, si me escuchas a mí, sierva de Dios, y cumples la voluntad de Dios en esta causa.

---

desoyendo las protestas de Hildegarda, quien argumentaba válidamente la extrema juventud de la joven por un lado y la intención de la propuesta por el otro.

2   "Yo no quiero que los cargos y oficios establecidos según Mi disposición sean, en manera alguna, arrebatados en virtud de una oculta compraventa; quiero que para su asignación haya una causa razonable, de manera tal que quienes los reciban sean útiles ante Dios y ante los hombres." (*Scivias* <Conoce los caminos del Señor> 3, 6, 18, pp. 444-45). "El desordenado, ávido deseo [de estos hombres] los persuade para que dominen a otros hombres mediante un honor robado y arrebatado, no pedido, ni recibido, ni constituido por Mí." (Ibíd., 3, 9, 20, p. 532).

3   Véase la referencia a este episodio, según lo trae la *Vita Sanctae Hildegardis Virginis* <Vida de la santa virgen Hildegarda>, en C.13r, n. 7 (nuestra edición, p. 74).

     A. A. Fraboschi [†], C. I. Avenatti de Palumbo y M. E. Ortiz

---

Poco tiempo después de su designación como abadesa de la comunidad de Bassum, designación resistida por Hildegarda,[1] la joven religiosa Ricarda von Stade falleció. Su hermano Hartwig, arzobispo de Bremen, escribió a la abadesa de Bingen para comunicarle la triste noticia y, al mismo tiempo que le asegura la piadosa forma en que su hermana recibió los sacramentos en su última hora, le habla de cómo Ricarda anhelaba su antiguo monasterio y cómo había deseado volver a ella. Termina su misiva agradeciendo todo el amor que la abadesa dispensó a Ricarda. Esta carta es la respuesta de Hildegarda.[2]

¡Oh qué gran milagro tiene lugar en la salvación de aquellas almas en las cuales Dios de tal modo fijó Su mirada, que Su gloria en ellas no se oscurece! Mas Dios obra en ellas como un fuerte guerrero que en esto se empeña para no ser vencido por nadie, sino para que su propia victoria sea estable y duradera.

Ahora oye, oh querido. Así se llevó a cabo en mi hija Ricarda, a la cual llamo hija y madre mía, porque todo el buen amor[3] de mi alma fue hacia ella, después que en una muy vívida visión la Luz Viviente me enseñó a amarla.

Oye. Dios la tuvo en tal celo, que el deleite del mundo no pudo abrazarla, sino que siempre luchó contra él, por más que ella apareciera como una flor por

---

1   Véase C.12 (nuestra edición, p. 71).

2   Sobre esta carta es necesario hacer algunas precisiones, a los efectos de facilitar su comprensión. En el año 1151 Hildegarda concluye su libro *Scivias* <Conoce los caminos del Señor>, en cuya última visión aparece lo que puede ser un esbozo o bien un resumen –según cuál de los dos textos haya incidido en el otro– de *Ordo Virtutum* <El drama de las Virtudes>, obra que también fue compuesta, o al menos comenzada, por ese entonces. También en ese año se produce la defección de Ricarda von Stade del lado de Hildegarda. Algunos autores opinan que, de alguna manera, *Ordo Virtutum* recoge la situación señalada en último término y vivida con gran intensidad por la abadesa de Bingen, quien la transforma en un texto referido al camino de toda alma, o tal vez al recorrido por Ricarda. Algunas expresiones aparecen en las dos obras, y también en esta carta.

3   El término latino es *"caritas"*, pero dado que el lector de hoy da a esa palabra una acepción que no refleja cabalmente su sentido, hemos preferido traducirlo, no por "amor", sino por "buen amor", para evitar confusiones. La traducción inglesa vierte por *"divine love"*, "amor divino". Véase: *The Letters of Hildegard of Bingen*. Vol. I. Transl. by Joseph L. Baird and Radd K. Ehrman. New York/ Oxford: Oxford University Press, 1994, p. 51.

su belleza y ornato, en medio de la música de este mundo.[4] Pero mientras ella aún permanecía en su cuerpo, oí que en una visión verdadera se decía de ella: "Oh Virginidad, en el tálamo del Rey permaneces".[5] Ella, en efecto, en la virginal rama[6] <*Is.* 11, 1> forma parte del orden santísimo, en el que se alegran las hijas de Sion. Pero, sin embargo, la antigua serpiente quiso apartarla del santo y feliz honor en nombre de la alta nobleza de su linaje humano.[7] Pero el Sumo Juez arrebató a esta hija mía para Sí, quitando de ella toda gloria humana. Por lo que mi alma tiene gran confianza en ella, por mucho que, mientras viviera en el mundo, el mundo amara su belleza y su prudencia. Pero Dios la amó más. Por eso, Dios no quiso dar a su amada al rival que la amaba, esto es al mundo.

Ahora tú, oh querido Hartwig, que haces las veces de Cristo, cumple la voluntad del alma de tu hermana,[8] como lo pide la necesidad de la obediencia. Y ya que ella siempre fue solícita por ti, así también tú ahora ten solicitud por el alma de ella, y haz obras buenas, según su ferviente deseo. Por lo cual, también yo quito de mi corazón aquel dolor que me causaste en esta hija mía. Dios te conceda, por los sufragios de los santos, el rocío de Su gracia y la feliz recompensa en el mundo futuro.

---

4 En el drama litúrgico *Ordo Virtutum* <El drama de las Virtudes>, escena II, v. 151 (en: HILDEGARDIS BINGENSIS. *Opera Minora*, p. 512), esa flor, la Virginidad, ya no aparece "en medio de la música de este mundo" sino que permanece "en la música de los ciudadanos del Cielo".

5 La misma frase se encuentra en boca de la Castidad en Ibíd., 2, v, 144, p. 511.

6 "*virginea virga*": es una expresión que aparece reiteradamente en *Symphonia armonie celestium revelationum* <La armoniosa música de las revelaciones celestiales>. Juega con los términos *virgo*, virgen, y *virga*, rama o vástago, y a partir de la alusión a la rama –primero seca y luego florecida– de Aarón (*Núm.* 17, 17-23 –Vulg. 17, 1-8–) y al vástago de la raíz de Jesé –padre de David–, la referencia es a la Virgen María. En el texto, se trata de la virginidad consagrada, la rama monástica de la Iglesia.

7 Véase la seductora invitación del diablo: "¡Fatua, fatua! ¿En qué te aprovecha tu esfuerzo? Vuelve tu mirada hacia el mundo, y él te abrazará con gran honor." (*Ordo Virtutum* <El drama de las Virtudes>, escena I, vv. 68-69, p. 508). Y en boca de Hildegarda misma: "Pues cuando escribía mi libro *Scivias*, yo sentía un grande y santo amor –como lo tuvo Pablo hacia Timoteo– por cierta joven noble, hija de la mencionada marquesa [von Stade]. Con una amistad solícita la joven se había unido a mí en todos mis trabajos, y sufrió conmigo en mis aflicciones, hasta que terminé el libro. Pero después de esto y debido a su ilustre linaje deseó una dignidad de mayor renombre: que se la designara madre de cierta iglesia esclarecida, cosa que sin embargo no buscó de acuerdo con la voluntad de Dios sino según la honra de este mundo." (*Vita Sanctae Hildegardis Virginis* <Vida de la santa virgen Hildegarda> 2, 5, p. 29).

8 Según la Carta 13, en la que Hartwig comunica a Hildegarda la muerte de Ricarda, el arzobispo asume la voluntad de su hermana y promete visitar el monasterio de San Ruperto en su nombre. Esta visita, esta voluntad es la que le reclama la abadesa.

    A. A. Fraboschi[†], C. I. Avenatti de Palumbo y M. E. Ortiz

Carta 14r, a Arnoldo, arzobispo de Colonia (?), entre 1150 y 1156 (?)

Esta carta responde a la solicitud que el arzobispo de Colonia hiciera a la abadesa de Bingen, pidiéndole el envío del libro que "inspirada por el Divino Espíritu escribisteis", esto es, *Scivias* <Conoce los caminos del Señor>, ya sea que esté acabado o no en su redacción. Hildegarda responde afirmativamente.

Ahora, oh pastor de tu pueblo, yo pobrecilla[1] te he enviado, tal como pediste, los escritos de estas visiones veraces, que nada contienen como procedente del ingenio humano ni de mi propia voluntad; al contrario, la Luz Indeficiente[2] ha querido manifestar su composición y sus mismas palabras como Le plugo. Del mismo modo, tampoco esto mismo que ahora te escribo proviene de mi ingenio o de decisión humana alguna, sino de una revelación celestial.

---

1   Véase C.1, n. 2 (nuestra edición, p. 43).

2   Véase C.2, n. 2 y 3 (nuestra edición, p. 46).

Carta 15r, a los Pastores de la Iglesia, año 1163 (?)

Esta carta responde al pedido del Deán Felipe de Heinsberg, quien solicitaba una copia del sermón predicado por Hildegarda en Colonia, en el que enrostraba a los clérigos de Colonia su negligencia en el cuidado de las almas. Como resultado de ese descuido y de sus costumbres pecaminosas, les dice la abadesa, el pueblo está siendo apartado del recto camino por los cátaros –de gran presencia en Colonia–, contra quienes ella dirige su crítica más penetrante y mordaz. Dos de los puntos más destacados en su crítica son: la insistencia acerca de la santidad del mundo creado –dirigida contra la doctrina de los cátaros sobre el mal inherente en toda cosa creada–, y la presentación de algunas de las figuras del Antiguo Testamento como amadas, escogidas y constituidas por Dios con una misión específica en su tiempo, pero también como anticipando el tiempo del Mesías por venir, saliendo así al paso del rechazo cátaro contra el Antiguo Testamento.[1]

*Q*uien era, Quien es y Quien ha de venir <Apoc. 1, 4> dice a los pastores de la Iglesia: Aquél Que era, había de producir la creación, de manera tal que tenía en Sí mismo el testimonio de los testimonios, haciendo todas Sus obras según Su deseo. El Que es hizo toda la creación y mostraba el testimonio de testimonios en todas Sus obras, de manera tal que cada cosa creada se hizo presente.[2] El Que ha de venir purificará todas las cosas, las recreará de otra forma, y quitará y hará desaparecer todas las arrugas del paso de los tiempos, y hará que todas las cosas sean al mismo tiempo siempre nuevas; y después de la purificación revelará cosas desconocidas. Desde Él un viento sopla diciendo: Porque no carezco de poder, Yo he puesto el firmamento

---

1   Los apéndices que adicionan material del Riesenkodex, según Barbara Newman sugiere (Newman, Barbara. *Sister of Wisdom; St. Hildegard's Theology of the Feminine*. 2nd ed. Berkeley: University of California Press, 1997, p. 234, nota 89), pueden ser un material proveniente de otros sermones sobre el tema predicado por Hildegarda en otras oportunidades. (*The Letters of Hildegard of Bingen*. Vol. I. Transl. by Joseph L. Baird and Radd K. Ehrman. New York/ Oxford: Oxford University Press, 1994, pp. 54-55).

2   Véase C.8, n. 4 (nuestra edición, p. 62).

con todo su ornato <*Gén.* 1, 6>, pues tiene ojos como para ver, orejas para oír, una nariz para oler <*Marc.* 8, 18>, una boca para gustar. Pues el sol es como la luz de Sus ojos, el viento como el oír de Sus orejas, el aire como Su fragancia, el rocío como Su sabor, la fuerza vital [*uiriditatem*] que exuda es como el aliento de Su boca. También la luna marca el orden de los tiempos, y así manifiesta su ciencia al hombre.[3] Y las estrellas parecen racionales porque tienen un círculo, como también la racionalidad comprehende y abraza muchas cosas. Yo afirmé y consolidé los cuatro ángulos de la tierra <*Apoc.* 7, 1> con fuego, nube y agua, y de esta forma uní juntamente y comuniqué todos los confines del mundo como con venas. Con el fuego y el agua formé las piedras como si fueran huesos, y formé la tierra dotada de humedad y de fecundo vigor [*uiriditate*] a modo de médula. Extendí y profundicé los abismos, como pies que sostienen el cuerpo en su lugar, y las aguas que fluyen a su alrededor son para asegurarlos. Así fueron hechas todas las cosas, para que nada faltara. Si la nube no tuviera fuego y agua no coagularía con firmeza, y si la tierra no tuviera humedad y fuerza vital [*uiriditatem*] sería como la ceniza. Y si las otras luminarias no tuvieran la luz ígnea del sol, no fulgurarían a través de las aguas, sino que serían invisibles.

Éstos son los instrumentos para la edificación del hombre, los que él comprende tocando, besando y abrazando, puesto que ellos lo sirven: tocándolos porque el hombre permanece en medio de ellos; besándolos, porque obtiene conocimiento a través de ellos; abrazándolos, porque ejerce su noble poder mediante ellos. Pero el hombre nada podría en ningún sentido si no existiera con ellos. Así, ellos con el hombre, y el hombre con ellos.[4]

¡Oh hijitos!, que apacentáis Mis rebaños de acuerdo al apremiante mandato del Señor, ¿por qué no os ruborizáis avergonzados, cuando ninguna de las otras creaturas abandona los preceptos recibidos del Maestro, antes bien los cumplen

---

3   "Dios estableció los oficios de estas luminarias en el firmamento y las dividió en luminarias del día y de la noche, porque entre estas dos divisiones —esto es, entre el día y la noche— se da toda disposición referida a cuanto el hombre necesita. Pues el hombre conoce con la racionalidad, a través de los signos de estas luminarias, lo que cada una de ellas es, y cómo denominar los tiempos de los días, de las noches y de los años gracias a cada uno de estos signos. Y conoce que esas luminarias aparecen resplandecientes en el firmamento, iluminando la tierra y cuanto hay en ella. Y todo esto ha sido dispuesto tal como Dios lo ordenó. [...]". (*Liber divinorum operum* <El libro de las obras divinas> 2, 1, 35, p. 311).

4   "Dios, Quien para la gloria de Su nombre compuso el mundo con sus elementos, lo afirmó con los vientos, ciñéndolo de estrellas lo iluminó, lo colmó también con las otras creaturas, y dotándolo con la más grande energía puso en él al hombre con todas ellas a su alrededor, ya que en todo deberían asistirlo e intervenir en todas sus obras, de manera tal que interactuara con ellas: porque el hombre sin ellas no puede vivir ni subsistir, como se te manifiesta en esta visión." (*Liber divinorum operum* <El libro de las obras divinas> 1, 2, 2, p. 65). Véase también *Liber vite meritorum* <El libro de los merecimientos de la vida> 6, 19-23, pp. 271-73.

a la perfección?[5] Os puse como el sol y las otras luminarias para que iluminarais a los hombres mediante el fuego de la doctrina, resplandeciendo por la buena reputación y encendiendo los corazones ardientes.

Yo hice esto en la primera edad del mundo. Porque escogí a Abel <*Gén.* 4, 4>, amé a Noé <*Gén.* 6, 8>, instruí a Moisés para la promulgación y enseñanza de la Ley <*Éx.* 20>, establecí como profetas a Mis amigos que más Me amaban. Abel prefiguraba el sacerdocio,[6] Noé el magisterio pontificio,[7] Moisés al mensajero regio[8] y los profetas, muchas otras formas de magisterio.[9] Por otra parte, Abel esparció su esplendor como la luna, porque reveló el tiempo de la obediencia con su ofrenda; y Noé lo hizo como el sol, porque perfeccionó el edificio de la

---

5   "Porque el vuelo y la amplitud de los vientos, la suave humedad del aire y la fecunda lozanía de los árboles y de las hierbas, contenidos por la energía de los seres superiores en los que también Dios lleva a cabo la obra de su creación y su sustentación, Le dan gloria con su creación y con su elevación, cuando en todo Le obedecen plenamente. Pues Dios es glorificado a través del desempeño de Sus creaturas, como un hombre es ensalzado cuando es revestido con alguna dignidad. También el fuego y la luz del aire engalanan Sus vestiduras: porque el fuego, animando con su calor a diversas creaturas, y la suave luz iluminándolas, honran a Dios como adornándolo con el servicio de su oficio, ya que Él mismo es conocido a través de Sus creaturas, y a causa de ellas es llamado 'Omnipotente'." (*Liber vite meritorum* <El libro de los merecimientos de la vida> 3, 20, p. 136).

6   Abel prefigura el sacerdocio tanto en la pureza de su vida cuanto en la ofrenda del sacrificio que fue acepto y agradable a Dios, y también por ser objeto de "elección" por parte de Dios: la vocación sacerdotal como elección y llamado divino.

7   Noé, "amado" por Dios por su justicia, prefigura el magisterio pontificio por su conducción del arca, la nave de la salvación, sobre las aguas, al igual que lo harán luego Cristo –Quien no permitió que se hundiera la nave azotada por los vientos–, el pescador Pedro y sus sucesores, hasta nuestros días. Noé aparece también, de algún modo, como padre de una segunda familia humana –toda otra que no fuera la suya había perecido en el diluvio–, en medio de lo que también podría llamarse "una segunda creación", dado que tierra, aire y mar han de ser poblados nuevamente con los animales salvados en el arca: los otros todos habían fenecido. La nave de la Iglesia, guiada por el Sumo Pontífice, alberga y perpetúa la nueva creatura: el cristiano, y con él su mundo. Finalmente, a la promesa de misericordia eterna hecha por Dios a Noé y simbolizada por el arco iris, corresponde la promesa de Cristo a Pedro: "Y Yo te digo que tú eres Pedro, y sobre esta piedra edificaré Mi Iglesia, y las puertas del infierno no prevalecerán contra ella" <*Mat.* 16, 18>.

8   Moisés, "instruido" por Dios para la promulgación y enseñanza de la Ley; mensajero de Dios, el rey de Israel, mensajero de Su palabra y de Su voluntad para la instrucción de Su pueblo, prefigura al mensajero real: Cristo, Quien confirma la vigencia de la Ley ("No penséis que he venido a abolir la Ley o los profetas: no he venido para abolir, sino para darles cumplimiento" *Mat.* 5, 17) y dice: "Mi doctrina no es Mía, sino del que Me envió" <*Juan* 7, 16>. Después de Cristo, la cátedra de Pedro y sus sucesores, y los obispos y sacerdotes unidos a él, son los mensajeros de la Palabra de Dios: "Id por todo el mundo predicando el evangelio a toda creatura" <*Marc.* 16, 15>.

9   "Y el Espíritu Santo, Quien procede del Padre y del Hijo, hizo profetizar a los profetas con la verdad de la profecía, si bien a menudo ocultaban la profundidad de la profecía aunque escribieran el texto, porque a veces hablaban mediante signos, como en la penumbra y en visión nocturna." (*Explanatio Symboli Sancti Athanasii* <Explicación del Credo Atanasiano>. En: Hildegardis Bingensis. *Opera Minora*, vv. 382-86, pp. 122-23).

 A. A. Fraboschi[†], C. I. Avenatti de Palumbo y M. E. Ortiz

obediencia; y Moisés brilló con la fuerza de los planetas, porque recibió la Ley mediante la obediencia. Y los profetas, como los cuatro ángulos que contienen los límites de la tierra, perseveraron con fortaleza cuando reprendieron al mundo por su terrible iniquidad, por lo que también manifestaron a Dios.[10]

Pero vuestras lenguas están mudas en medio de la poderosa voz de la sonora trompeta del Señor, porque no amáis la santa racionalidad[11] que, como las estrellas, abarca el círculo de su órbita. La trompeta del Señor es la justicia de Dios, que deberíais meditar con gran diligencia y santidad, enseñándola también a los pueblos una y otra vez con santa discreción y en los tiempos adecuados –de acuerdo a la disposición y la obediencia propias de vuestro oficio–, antes que golpearlos con ella hasta el exceso.

Pero vosotros no lo hacéis, por la insolente arrogancia de vuestra propia voluntad. Por eso en vuestras palabras y discursos faltan las luminarias del firmamento de la justicia de Dios –como cuando no brillan las estrellas[12]–, porque vosotros sois la noche que exhala tinieblas, y sois como la gente que no trabaja y ni siquiera camina en la luz, a causa de su indolencia. Pero así como la serpiente

---

10   "Los profetas anunciaban al Hijo de Dios, mas todavía no lo conocían en Su carne. En ellos asimismo había cierta dureza, como la solidez del mármol, porque penetrados y llenos del Espíritu Santo a nadie adulaban sino que se mantuvieron firmes en la integridad de la verdad, sin tener unas palabras aquí y otras allá: porque lo que dijeron no lo recibieron de ningún otro sino de Aquél, Quien es todo e íntegro, Dios. Y eran como de piedra porque persistieron en su firme rectitud sin ceder ante nadie." (*Liber vite meritorum* <El libro de los merecimientos de la vida> 2, 29, p. 87).

11   "La gracia de Dios constituyó al hombre apoyado y sostenido por la racionalidad, para que obre la justicia en la ciencia del bien y del mal, a fin de que por esta ciencia desee el bien rechazando el mal, y para que de esta forma conozca la vida y la muerte, eligiendo así en qué parte desea permanecer." (*Scivias* <Conoce los caminos del Señor> 3, 2, 10, p. 357). La racionalidad del hombre participa de la santa racionalidad de Dios: "Por lo que compuse en Mi interior una pequeña obra, que es el hombre, y lo hice a Mi imagen y semejanza, de manera tal que en cualquier cosa actuara de acuerdo conmigo, porque en el hombre Mi Hijo debía revestirse con el ropaje de la carne. También lo hice racional a partir de Mi propia racionalidad, y en él signifiqué, imprimiéndolo, Mi poder; y así la racionalidad del hombre en su ejercicio comprehende y conoce todas las cosas por medio del nombre y del número; porque el hombre no discierne cosa alguna a no ser por el nombre, ni conoce la multiplicidad de las cosas si no es por el número." (*Liber divinorum operum* <El libro de las obras divinas> 1, 4, 105, p. 249).

12   "Y [el hombre] conoce que esas luminarias aparecen resplandecientes en el firmamento, iluminando la tierra y cuanto hay en ella. Y todo esto ha sido dispuesto tal como Dios lo ordenó. [...] Esto debe interpretarse así. Dios, mediante el Espíritu Santo, dijo a Sus discípulos en sus corazones: "En Mi Hijo –como en un firmamento– haya sacerdotes y maestros, quienes iluminen la Iglesia edificada sobre la roca firme, esto es, sobre Cristo, piedra de la que manó la justicia de la recta fe. Dichos sacerdotes sean enviados hacia la Iglesia toda iluminándola de manera tal que en virtud de su palabra separen –para el pueblo– el día, es decir, la salvación de la fe, y anuncien aquella felicidad que conseguirán mediante esa fe, si la honraren; y también mostrarán al pueblo la noche, o sea los tormentos eternos que corresponden a la infidelidad." (Ibíd., 2, 1, 35-36, pp. 311 y 313).

se oculta en una cueva cuando muda su piel, así vosotros ocultáis vuestra torpeza con la vulgaridad propia de los animales.

Oh desgracia, como está escrito, vosotros deberías ser *el monte Sion en el cual Tú tienes Tu morada* <*Sal.* 74(73), 2; *I Pedr.* 2, 6-7>. Porque, benditos y sellados en las Personas celestiales, vosotros debisteis ser la habitación que exhala mirra e incienso, en la cual también morara Dios. Pero no sois así. Antes bien, sois rápidos para la lascivia propia de la edad pueril, es decir, la de aquellos que no saben hablar siquiera de su propia salvación. Vosotros hacéis cualquier cosa que vuestra carne os pide, por lo que se dice de vosotros: *Levanta Tus manos contra su soberbia; ¡cuánto mal ha hecho el enemigo a Tu santuario!* <*Sal.* 74(73), 3>. Porque el poder de Dios aplastará vuestros cuellos inicuamente erguidos y los destruirá <*Sal.* 60(59), 14>, inflados como están como por un soplo de viento, ya que vosotros ni conocéis a Dios ni teméis a los hombres ni despreciáis la iniquidad, como para desear ponerle fin en vosotros. No veis a Dios ni queréis verlo, pero miráis vuestras propias obras y las juzgáis de acuerdo a vuestras propias normas, es decir, haciendo o dejando de hacer lo que queréis a vuestro gusto.[13]

Oh, qué gran maldad y enojo es esto: que el hombre no quiera vivir una vida recta, sea por Dios o por los hombres, antes bien, que apetezca honor sin trabajo y recompensas eternas sin renuncias, y que sólo desee vanamente aparecer como santo,[14] como lo hace el demonio: 'Yo soy bueno y santo'; pero no es así.

¿Qué decís ahora? No tenéis ojos, ya que vuestras obras no brillan ante los hombres con el fuego del Espíritu Santo,[15] y no reflexionáis con ellos sobre los buenos ejemplos.[16] Por tanto, el firmamento de la justicia de Dios carece en voso-

---

13 "Pero si los sacerdotes no muestran al pueblo la autoridad propia de su magisterio, entonces no deben ser llamados sacerdotes sino que deben ser considerados lobos rapaces, ya que tienen su oficio para la rapiña –como también el lobo despedaza cruelmente a la oveja–, tal que más siguen su voluntad que la custodia de las ovejas. Porque viven de manera perversa, por eso temen sembrar en el pueblo la doctrina verdadera, acordando así con la iniquidad –sus desordenadas apetencias carnales– como si fuera su señor, y cerrando la puerta de su corazón a la justicia de Dios, como si se tratara de un criado suyo." (*Scivias* <Conoce los caminos del Señor> 2, 6, 94, p. 301).

14 "Mis pequeñitos, que deberían caminar en la humildad y apartarse de la pompa del mundo, ceden y caen en eso que es nada, porque abrazan la vanidad de la soberbia, creyéndose santos y mostrando sus obras en medio de las alabanzas y la glorificación de los hombres." (*Liber divinorum operum* <El libro de las obras divinas> 3, 5, 14, p. 431).

15 Es la oscuridad de sus obras la que produce en los sacerdotes la voluntaria ceguera de quien no quiere ver, a la vez que deja ciegos los ojos de aquellos a quienes debía iluminar, para que vieran.

16 "*Dejadlos, son ciegos y guías de ciegos. Pero si un ciego se constituye en guía de otro ciego, ambos caen en el hoyo* <*Mat.* 15, 14>. ¿Qué significa esto? Permitid que quienes en sus obras son perversos se desvanezcan en su perversidad, ya que no quieren corregirse en la rectitud de las buenas obras. Y pues en su consideración se tienen por justos aunque sean vanos en sus actos, por esa misma ligereza suya se vuelven ciegos, porque desdeñan caminar por el camino

  A. A. Fraboschi[†], C. I. Avenatti de Palumbo y M. E. Ortiz

tros de la luz del sol, y el aire ha perdido el edificio de las virtudes, con su suave y dulce fragancia. De donde se dijo: *Tienen ojos y no verán. Tienen narices y no huelen* <*Sal.* 115, 5-6 (113, 13-14)>. Porque al igual que los vientos soplan y se difunden por todo el universo, así vosotros deberíais ser impetuosos vientos con vuestra enseñanza para todo el pueblo, como se dijo: *Su sonido se ha propagado por toda la tierra* <*Sal.* 19(18), 5>. Pero vosotros ya os habéis fatigado en pos de cualquier transitoria reputación en el mundo, de manera que a veces sois caballeros, a veces siervos, otras sois ridículos trovadores, y con vuestras fabuladas tareas algunas veces espantáis las moscas en el verano.

Mediante la enseñanza de las *Escrituras*, que fueron compuestas gracias al fuego del Espíritu Santo, vosotros deberíais ser los ángulos de la fortaleza de la Iglesia, sustentándola como los ángulos que sostienen los confines de la tierra. Pero vosotros habéis caído bajo y no defendéis a la Iglesia, sino que huís hacia la cueva de vuestro propio deseo, y a causa del tedio y fatiga de las riquezas, de la avaricia y de otras vanidades no instruís a vuestros subordinados ni permitís que os requieran enseñanza, diciendo: No podemos hacerlo todo. Pues deberíais inundarlos y sujetarlos con los preceptos de la Ley –como la tierra es empapada y compactada por la humedad y la fuerza vital [*uiriditate*] para que no se vuelva cenizas– para que ninguno de ellos, a causa de su fragilidad, actuara según el deseo de su voluntad casi como desde su propia médula.[17] Pero a causa de vosotros se esparcen como cenizas y en cualquier caso hacen lo que quieren.

Deberíais ser una columna de fuego <*Éx.* 13, 21>, precediéndolos y exhortándolos, y realizando obras buenas delante de ellos y diciendo: *Abrazad la enseñanza, no sea que Dios se enoje y perezcáis justamente* <*Sal.* 2, 12>. Porque la ley del Señor es la plenitud de la enseñanza a través del amor y del temor, y por eso toda naturaleza, tanto espiritual cuanto carnal, debe ser ejercitada en el recto camino, para que el Creador no destruya a los que creó porque no caminan por Sus caminos.[18]

---

de la justicia y más proponen el camino de la iniquidad que el de la verdad a los hombres que se apresuran a seguirlos en sus malas obras. Por eso quienes así carecen de la mirada de la rectitud se estiman como justos y son injustos, cuando señalan el camino de la falsa justicia a quienes ignoran el camino de la verdadera doctrina: de manera semejante caen en la fosa de la desesperación, porque ni éstos ni aquéllos saben adónde van." (*Scivias* <Conoce los caminos del Señor> 2, 5, 33, p. 204).

17   "Los sacerdotes deben enseñar a Mi pueblo, advertirle, rogarle y apremiarlo para que guarde digna y loablemente la Ley de Dios. Y siempre los pastores reflexionarán sobre esto, mientras con su exhortación aconsejan al pueblo que no perseveren en sus pecados sin la confesión y la penitencia, sino que desprecien y pisoteen las malas obras y realicen las buenas." (Ibíd., 2, 6, 93, pp. 300-01).

18   "Sus sucesores [los sacerdotes, sucesores de los apóstoles], llevando fielmente –en lugar de ellos– los saludables bálsamos, pasan a través de las plazas, los pueblos, las ciudades y otros

Pero os engañáis a vosotros mismos diciendo: No podemos prevalecer sobre éstos ni sobre aquellos. Porque si corrigierais sinceramente a vuestros subordinados mediante la racionalidad que Dios os dio, ellos no osarían resistir a la verdad sino que, en la medida de sus posibilidades, dirían que vuestras palabras son verdaderas. Pero porque así no lo hacéis, se dice de vosotros: *Están turbados y se mueven como ebrios, y toda su sabiduría se ha perdido* <*Sal.* 107(106), 27>. Estáis turbados pues no tenéis en vosotros consideración de bien alguno por el que caminéis rectamente. Os movéis en medio de gran titubeo porque vuestras obras no os dan una respuesta recta y, como el ebrio, no sabéis lo que hacéis cuando actuáis según la elección de vuestro espíritu y el deseo de vuestra propia voluntad. Por lo que toda la sabiduría que os habéis procurado en las *Escrituras* y en toda enseñanza ha desaparecido, devorada en el foso de vuestra propia voluntad, ya que habéis hecho lo que aprendisteis por haberlo tocado y gustado sólo a causa de vuestros deseos y de la grosura de vuestra carne, como el niño que por su condición de tal no sabe lo que hace.

Por lo cual nuevamente se os dice: Vosotros no tenéis costumbres rectas y estables en favor del pueblo –como cuando los pies sostienen al resto del cuerpo–, para rodearlos con las *Escrituras* al modo como el abismo está completamente rodeado por las aguas rezumantes. Pero vosotros decís: Tiempo para hablar casi no tenemos, y tampoco es ahora el tiempo en que seremos escuchados como en los tiempos precedentes. Pero yo digo: Abel no omitió su ofrenda a causa del odio de su hermano, sino que la presentó al Señor, aunque por ello fue asesinado <*Gén.* 4>. En la tremenda sentencia que ahogaba sumergiendo a todas las creaturas, el angustiado Noé sudó profusamente, porque temía mucho la muerte, cuando cumplió el mandato de Dios. Porque algunos hombres, al verlo, dijeron: ¿Qué hace este necio? Los vientos lo destruirán. Sin embargo él cumplió lo que Dios le había mandado <*Gén.* 6, 22; 7, 5>. También Moisés, el legislador, padeció con gran dolor un trato duro y cruel por parte de sus hermanos y de los que le eran próximos, pero no abandonó la Ley sino que cumplió los mandatos de Dios <*Éx.* 20ss.>. Y los profetas fueron asesinados como por lobos rabiosos por los hombres infieles a la Ley de Dios, a causa de su obediencia a Dios.[19]

---

lugares, y anuncian al pueblo la ley divina. Pues ellos son los padres escogidos y los administradores para comunicar a todo el pueblo, con su enseñanza, la doctrina de la Iglesia, y para suministrarle el alimento de vida; por eso muéstrense en su conducta de manera tal que Mis ovejas no padezcan afrenta por sus obras, sino que caminen con rectitud en pos de ellos, ya que ellos tienen esta tarea: suministrar abiertamente al pueblo el alimento de vida, y disponer para cada uno, con discernimiento, las tareas de la fe." (Ibíd., 2, 5, 1, pp. 177-78).

19   Véase *Luc.* 13, 34 y *Hech.* 7, 51-52.

    A. A. Fraboschi[†], C. I. Avenatti de Palumbo y M. E. Ortiz

Pero vosotros no queréis sufrir injurias por parte del pueblo en el tiempo breve y conveniente de vuestra vida, y por eso reunís y dais cabida en vuestro pecho a innumerables e infinitos tormentos. Deberíais ser día, pero sois noche. Y no seréis ni día ni noche. Escoged dónde queréis estar, porque en el firmamento de la justicia y la ley de Dios no sois sol ni luna ni estrellas, sino tinieblas, en las que yacéis como los muertos.

APÉNDICE I, traído por algunos manuscritos: cod. Wiesbadensis 2 (Riesenkodex) y cod. Vindobonensis 963 (theol 348).

Por lo que nuevamente digo: A quienes se apartan de Él, Dios les presenta las obras que Él mismo hizo, porque ellos no traen con rectitud brazadas de buenos frutos; y lo hace al modo como un padre muestra las obras de su probidad a sus hijos, cuando se apartan de él, y no proceden honestamente. En la benevolencia de Dios Adán recibió Su mandato,[20] pero cayó por el consejo del diablo, por lo que perdió la clara luz que tenía como vestidura resplandeciente,[21] y la herencia del Paraíso; y vistiendo un ropaje lamentable vino a una tierra de sombras <*Gén.* 3>. Entonces el diablo se regocijaba porque se había burlado del hombre, y esto hizo hasta Abel, quien amó a Dios con buena voluntad y mostró esa voluntad en su recto obrar. Pero el diablo se apoderó de Caín de manera tal que éste mató a su hermano <*Gén.* 4>. Dios vio estas cosas en Su espíritu como escritas en un libro, misterios que el diablo no conoció, porque sólo aparecieron en la santa Divinidad. Porque en Abel la virginidad está realzada por el oficio sacerdotal y la sangre del martirio, que más tarde recibirán pleno cumplimiento en el Hijo de Dios. Luego Dios, a través de la figura de Noé, prefiguró en la construcción del arca el fundamento celestial sobre el que produjo un nuevo mundo <*Gén.* 6-7>.[22] Entonces la

---

20   "Yo le di la ley en el árbol, cuando él Me veía en la inocencia de su corazón. Pero él, al asentir a la palabra de la astuta serpiente, Me despreció, cosa que fue de tanto daño que jamás el ojo mortal podrá volver a verme mientras viva en este mundo perecedero." (*Scivias* <Conoce los caminos del Señor> 2, 3, 18, p. 145).

21   "Antes que Adán y Eva hubieran transgredido el precepto divino, refulgían esplendorosos como el sol, esplendor que era para ellos como una vestidura. Luego de transgredir el precepto divino no brillaron más como lo habían hecho antes, sino que vinieron a ser oscuros y permanecieron en dicha oscuridad. Por eso, como vieran que no refulgían como antes lo habían hecho, conocieron que estaban desnudos y se cubrieron con las hojas de un árbol, como está escrito <*Gén.* 3, 7>." (*Causae et curae* <Las causas y los remedios de las enfermedades> 2, p. 46, líneas 25-33).

22   "La advertencia del Espíritu Santo apareció en Noé cuando el género humano se había encaminado presuroso hacia su muerte, por lo que levanté el arca por encima de las aguas del diluvio, ya que antes de los siglos preví que, después de aquella malvada estirpe que enteramente se había

tierra dio un jugo nuevo, esto es, el vino, en el que hay muerte y vida, y en el que también el diablo persuadió al hijo de Noé a que deshonrara a su padre a causa de su desnudez <*Gén.* 9, 20-25>; por lo que su propio hijo, despojado de la bendición de la libertad, se convirtió en siervo <*Gén.* 9, 25-27>. Después, mediante la circuncisión y la revelación verdadera, la Divinidad mostraba los muros de Su construcción en Abraham y su estéril mujer <*Gén.* 17>, pues la circuncisión era la confusión de la serpiente y la herida de la muerte.[23] También la primera mujer fue estéril en cuanto a la vida; pero la Iglesia fue fecunda de vida por la fe. El diablo, mediante el homicidio y otras malvadas obras, con su maldición hizo despreciables a algunos de los descendientes de Abraham, que así cayeron de la bendición de Dios. Pero el dedo de Dios escribió la Ley para Moisés <*Éx.* 31, 18; *Deut.* 9, 10>, elevando hacia lo alto las torres de la construcción antedicha. Por lo cual el diablo allí llevó a cabo un grandísimo mal, que antes había deliberado y ahora manifestaba abiertamente, cuando en la figura de Baal dijo que él era Dios, por lo que Dios golpeó a los hijos de Israel con muchas plagas <*I Rey.(III Rey.)* 18>. Entonces el Unicornio vino y durmió en el seno de la Virgen,[24] cuando el Verbo de Dios se hizo carne <*Juan* 1, 14> y completó la construcción celestial en su totalidad. Pues Él mismo, en Su naturaleza virginal, realizó plenamente el sacrificio de Abel mediante la sangre de Su martirio. La antigua serpiente Lo acechaba porque no sabía quién era, y porque no conoció aquellos misterios que estaban en el Espíritu de Dios; y exhortaba al pueblo judío para que no prestara

---

manchado en la más negra iniquidad, debía surgir una nueva progenie. Pues luego que Adán murió su descendencia, ignorando que Yo soy Dios, andaba errante diciendo: '¿Quién es Dios? ¿Quién es Dios?' Entonces todo mal afloraba en ellos de manera tal que la antigua serpiente, liberado su poder, se deslizó entre ellos persuadiéndolos para que hicieran su voluntad; pues estaba libre de la sujeción de una atadura, ya que antes del diluvio no se hallaba amenazada por la advertencia del Espíritu Santo, como la intimidé en Noé, en quien surgió una nueva estirpe, cuando instruí a Mi pueblo de una manera tal que jamás podrá olvidarse de aquella lección." (*Scivias* <Conoce los caminos del Señor> 2, 3, 19, pp. 145-46).

23   "Oh Abraham, tú estás ceñido por la circuncisión, tú estás amurallado por el Antiguo Testamento, tú estás adornado por la aurora del sol de la Iglesia. Yo te di la circuncisión, a ti y a tu descendencia, hasta la venida de Mi Hijo, Quien abiertamente perdonó los pecados de los hombres; entonces desapareció la circuncisión carnal del viejo prepucio, cuando la fuente del Bautismo brotó verdaderamente en la santificación del baño de Mi Hijo." (Ibíd., 2, 3, 20, pp. 146-47).

24   "Mas Abraham había hecho una gran obra de obediencia, obediencia que hirió el cuello de la antigua serpiente por la circuncisión, en virtud de la cual Dios la derrotó porque había derramado la lujuria en el hombre, lujuria que la Virgen aplastó con sus pies cuando colocó al Unicornio en su seno, Quien por el antiguo designio revistió la carne en el útero de la Virgen. [...] Esto sucedió cuando la Virgen capturó al Unicornio." (C. 77r, nuestra edición, §5, p. 221). En los bestiarios medievales, el unicornio es una figura emblemática de Cristo; la doncella es la Virgen María, y el cazador es el pueblo judío que le dio muerte con traición y mentira.

         A. A. Fraboschi[†], C. I. Avenatti de Palumbo y M. E. Ortiz

oídos a Sus milagros, sino que se apoderaran de Él cuando fue vendido por un discípulo Suyo. Por lo cual los mismos judíos han sido vendidos a varios países y perdieron el suyo propio. Pero cuando a través de sus discípulos enseñó la fe a los hombres principales, a los jefes y a los reyes, el Hijo de Dios puso la Iglesia –como el arca de Noé– sobre otros altos montes[25] y la llenó también con toda clase de personas: los justos, los publicanos y los pecadores. Asimismo Él dio comienzo a la obediencia en Abraham, y una vez encarnado obedeció a Su Padre hasta la muerte <*Filip*. 2, 8>; y en la circuncisión dio el bautismo en el nombre de la Santa Trinidad, cuando envió a Sus discípulos a bautizar a quienes creyeran en Él <*Mat*. 28, 19>.[26] En el bautismo mismo la serpiente fue sumergida y ahogada en su confusión, y la muerte fue vencida y destruida, por lo que la Iglesia alumbró una nueva generación de una manera diferente a la de Eva, que había sido estéril en cuanto a la vida, y María trajo mayor gracia que el daño causado por Eva. Pero la antigua serpiente persuadió a los judíos y a los infieles para que persiguieran y mataran a los santos de Dios; mas el Hijo de Dios obtuvo el estandarte de la victoria en todas Sus obras.[27] Y de la misma manera que a Moisés, dio a Sus discípulos la Ley para que enseñaran a todos los pueblos, para que instituyeran maestros y

---

25   No ya el monte Sion, donde estaba la ciudad santa Jerusalén y el templo de Salomón, la "Iglesia" de los judíos, sino otros montes: las siete colinas de Roma, la nueva ciudad santa donde está la Iglesia, y todo otro lugar del mundo donde se adora a Dios en espíritu y en verdad.

26   "La clausura del Paraíso duró hasta la venida de Mi noble Hijo, Quien obedeciendo Mi voluntad entró en las aguas del Jordán, donde Mi voz resonó dulcemente al decir que Él era Mi Hijo muy amado en Quien Me había complacido. Por esto quise redimir al hombre al fin de los tiempos por Mi Hijo, unido a Mí en el clarísimo ardor de Su amor. Por esto Lo envié a la fuente que Me representa como fuente de agua viva [la referencia es al Bautismo de Jesús en el río Jordán], para que también Él, la Fuente de la salvación, resucitara de la muerte eterna a aquellas almas a quienes en el agua y en virtud del Espíritu Santo se concediera la remisión de los pecados [aquí se trata del sacramento del Bautismo]. Por lo cual también apareció allí el Espíritu Santo, ya que a través de Él tiene lugar para los fieles el perdón de los pecados. Allí, en místico secreto, mostrando a Mi Unigénito, se manifestó el mismo Espíritu Santo bajo la figura de una paloma <*Marc*. 1, 9-11>, cuya vida es sencilla y pura; porque el Espíritu Santo es la justicia indeficiente en la sencillez y en la bondad de todos los bienes." (*Scivias* <Conoce los caminos del Señor> 2, 3, 26, pp. 150-51).

27   "Dios ocultó a la antigua serpiente el modo como quería liberar al hombre, y mediante Su Hijo lavó la inmundicia que había fermentado por el engaño de aquélla, y por Él hizo desaparecer las heridas que la lujuria había infligido al hombre. Dios hizo esto en el centro de Su poder –en el que era antes de todo principio–, y en el centro de la noche del abismo infernal, como también en el centro de la noche lo manifestó a través del ángel que hiere con la espada. En el centro de su poder, porque podía hacer lo que quería; en el centro de la noche, cuando el antiguo enemigo pensaba, con soberbia suposición, que se había apoderado de los hombres como quería, y que así poseería tan extraordinaria multitud de hombres como teniéndolos en el centro de su corazón. Entonces el Hijo de Dios, como se dijo, vino ocultamente y sin que el diablo lo supiera, y con Su humanidad rompió el anzuelo con el que aquél pescaba a los hombres. Una vez vencidos Sus enemigos cuelga Su humanidad en el estandarte de la

para que dotaran y embellecieran a la Iglesia en todos sus órdenes;[28] esto hicieron por la inspiración del Espíritu Santo, Quien escribió la verdadera doctrina en sus corazones. Porque el Verbo de Dios se había encarnado, plugo a Dios que todos los órdenes de los ángeles[29] –cada uno de los cuales los hombres conocían por sus nombres– estuvieran espiritualmente representados en el pueblo espiritual, como en los presbíteros, en los obispos y en los restantes órdenes espirituales. Entonces en los hombres espirituales la Iglesia apareció como la aurora, y de esta suerte refulgía en virtudes,[30] porque en las tribulaciones ellos la defendían como un escudo y la protegían como una coraza. Y así el pueblo espiritual gozaba de gran honor delante de Dios y de los hombres, hasta que advino cierto tirano que era partidario de Baal y rendía culto a los ídolos.[31] El pueblo espiritual, al ver esto, primero se afligió y tuvo miedo. Pero luego comenzaron a considerar cada uno sus propios y particulares intereses y a obedecerlos en sus actos, y se apartaron de la promesa que habían hecho a Dios a través del Espíritu Santo; y tal como lo habían hecho los judíos, fueron abandonando un precepto tras otro, y cada uno de estos órdenes se dio una ley según la conveniencia de su propia voluntad,

---

cruz como señal de triunfo, y la muestra a Su Padre juntamente con toda la milicia del ejército celestial." (*Liber divinorum operum* <El libro de las obras divinas> 3, 4, 5, pp. 391-92).

28 "La enseñanza apostólica rodeó luminosa la cabeza de la Iglesia cuando los apóstoles comenzaron a edificarla con su predicación, esto es, cuando yendo por diversos lugares reunían trabajadores que la consolidaran en la fe católica, que la proveyeran de sacerdotes, obispos y todo el orden eclesiástico, y que establecieran con firmeza las leyes que debían regir la unión conyugal de varones y mujeres, y otras tales." (*Scivias* <Conoce los caminos del Señor> 2, 5, 1, p. 177).

29 Hildegarda presenta los coros angélicos en *Scivias* <Conoce los caminos del Señor> 1, 6. Siguiendo una dirección centrípeta –cuyo centro es Dios– son: Ángeles y Arcángeles (círculo primero); Virtudes, Potestades, Principados, Dominaciones y Tronos (segundo círculo), Querubines y Serafines (tercer círculo).

30 "Todos estos órdenes, establecidos a través de la doctrina del Hijo de Dios, ardieron con gran celo ascendiendo de virtud en virtud, como después de la primera hora y hasta la hora nona el día se enciende con mayor ardor por el calor del sol. Y luego, gracias a la enseñanza de los apóstoles y a las virtudes de los otros santos, se tornaron puros y luminosos hasta estos días, en que declinaron desde su fortaleza hacia una debilidad casi femenina." (*Liber divinorum operum* <El libro de las obras divinas> 3, 5, 6-7, pp. 415-16).

31 En *Liber divinorum operum* <El libro de las obras divinas> 3, 5, 7 (p. 416) leemos: "[La antigua serpiente] inflamó a un juez de estirpe real con el abrasador y dominante deseo de la prevaricación, de manera tal que llamara junto a sí muchas vanidades nefastas, como adorándolas; y esto hizo durante largo tiempo, hasta que la mano del Señor lo golpeó, como con todo su honor puso bajo Sus pies a Nerón y a otros tiranos." Es opinión generalizada que ese juez es el emperador Enrique IV, quien protagonizó contra el papa Gregorio VII la "Querella de las Investiduras", fue excomulgado y sufrió la llamada "Humillación de Canosa" en procura de un perdón hipócritamente solicitado.

     A. A. Fraboschi[†], C. I. Avenatti de Palumbo y M. E. Ortiz

apartándose de la vida recta y de la buena doctrina.[32] Entonces, como le sucediera a Adán, fueron despojados de la vestidura de la obediencia, y así comenzaron a vivir según los deseos de su carne. Esto hicieron como tierra tenebrosa, al modo como Adán fue llamado 'tenebroso' después de su desobediencia a Dios. Y así como primero habían refulgido en la Iglesia, ahora no brillaban sino que se habían hecho para ella como la nube oscura de un torbellino, al igual que Adán, oscurecido[33] a causa de su desobediencia, no brillaba para sí ni para otros, sino que caminaba en tinieblas.

Y nuevamente oí una voz que venía de la Luz Viviente, diciendo: Oh hija de Sion, la corona de honor resbalará de la cabeza de tus hijos <*Jer.* 13, 18>, y menguará el manto de sus abundantes y dilatadas riquezas, porque no conocieron aquel tiempo que Yo les di para que vieran, y para que enseñaran a sus subordinados. Pues los pechos les fueron dados para alimentar a Mis pequeños, y no se los ofrecen en forma apropiada y en el tiempo que corresponde, por lo que muchos de Mis hijitos que deambulan como peregrinos desfallecieron de hambre, porque no fueron reanimados y fortalecidos con la sana doctrina. Tienen voz, y no claman; se les han asignado tareas, y no trabajan. Quieren tener gloria sin merecimiento, y mérito sin obra. Quien quiere tener gloria con Dios renuncie a lo suyo propio, y quien desee tener mérito delante de Dios trabaje para ello. Pero porque no hacéis esto, seréis tenidos como siervos de los siervos, y ellos mismos serán vuestros jueces y perderéis vuestra libertad como Canaán perdió su bendición. Estos flagelos precederán a otros, y después vendrán otros peores.[34]

---

32   "Pero ahora la fe católica vacila en los pueblos y el *Evangelio* declina en esos hombres; los escritos sustanciosos y seguros que eximios sabios habían escudriñado y estudiado con gran diligencia se diluyen por un vergonzoso fastidio e infame aversión, y el alimento de vida de las *Sagradas Escrituras* ya se ha entibiado. Por eso ahora hablo a través de un ser humano que no sabe hablar sobre las *Escrituras*, ni ha sido enseñado por un maestro terrenal, sino que Yo, Quien soy, digo a través de él nuevos secretos y muchos misterios que hasta hoy estuvieron ocultos en los textos, como hace el hombre que primero prepara la arcilla y luego, a partir de ella, diferencia algunas formas según su deseo." (*Scivias* <Conoce los caminos del Señor> 3, 11, 18, p. 586).

33   "Oscurecido" (*obnubilatus*): la obnubilación, la nube que no deja ver, esa oscuridad, viene del interior "oscuro" del hombre, y no parece ser algo del momento, emocional, sino un estado más profundo.

34   "Pues los pueblos paganos, viendo que los cristianos viven en paz y con abundancia de bienes, con una cruel confianza en su propia fortaleza dirán: Hagamos la guerra a los cristianos con nuestras armas, porque están sin armas y sin fuerzas, y podemos capturarlos y matarlos como ovejas de matadero. [...] E invadirán al pueblo cristiano con rapiñas y batallas y destruirán muchísimas regiones y ciudades. Mancharán las enseñanzas y la disciplina de la Iglesia con innumerables vanidades e inmoralidades, y de la misma manera contaminarán a todos los que puedan." (*Liber divinorum operum* <El libro de las obras divinas> 3, 5, 21, p. 442).

Por lo que el diablo se dice en cuanto a vosotros: Encuentro la abundancia de la comida y los banquetes de estos hombres en un todo de acuerdo con mi voluntad. Mis ojos y mis oídos, mi vientre y mis venas están llenos de su espuma,[35] y mi pecho de sus vicios. Pues ellos no quieren trabajar en las cosas de su Dios, antes bien Lo tienen en nada. Por eso yo comenzaré a luchar contra ellos y a divertirme jugando con ellos, porque no los encuentro trabajando en el campo de su Señor, como su Señor se los mandó. Pero vosotros, oh discípulos y súbditos míos, sois mucho más instruidos que ellos a los ojos del pueblo; siendo así, alzaos contra ellos y quitadles todas sus riquezas y todo su honor, y despojándolos enteramente de todo destruidlos.

Estas cosas se dice el diablo a sí mismo, las cuales también llevará a cabo cumpliendo así el juicio de Dios contra muchos. Pero yo, *Quien soy* <*Éx.* 3, 14>, digo a quienes Me escuchan: En el tiempo en que esto suceda, sobre vosotros, prevaricadores que faltáis a vuestra fe, caerá la ruina por obra de un pueblo que os perseguirá por doquier, y que no disimulará vuestras acciones sino que las pondrá al descubierto, diciendo de vosotros: Éstos son escorpiones[36] con las costumbres y las obras de la serpiente. Y casi como con el celo del Señor os maldecirán: *El camino del impío perecerá* <*Sal.* 1, 6>; se burlarán de vuestros caminos inicuos y os escarnecerán.

Pero el pueblo que hará esto, seducido y enviado por el diablo, vendrá con su rostro pálido y se presentará como dotado de toda santidad, y hará alianza con los más grandes príncipes seculares. Y también a ellos les dirá de vosotros: ¿Por qué tenéis a éstos con vosotros, por qué padecéis junto a vosotros a quienes ensucian toda la tierra con la mancha de sus iniquidades?[37]

---

35   La referencia puede ser al semen o a la baba, según que se trabaje desde la fornicación o desde el desorden y exceso en la comida. El término latino es *spumis*.

36   En el Medioevo el escorpión era símbolo de las herejías, veneno cuya transmisión era mortal. Tertuliano, en una obra llamada precisamente *El remedio contra el veneno de los gnósticos* (*Scorpiace adversus Gnosticos*), dice que el escorpión –que con poco veneno causa un gran daño– siempre está meditando atacar con su cola, que clava en el hombre cual flecha envenenada; y a continuación llama escorpiones a los valentinianos quienes, en tiempos de persecuciones (primera mitad del siglo III) y argumentando que Dios no quiere que el hombre muera, desaprobaban el martirio, aun a costa de permitir la idolatría (TERTULLIANUS. *Scorpiace adversus Gnosticos*, cap. 1, PL 2, 0121C-0125B). Con la prédica de su lengua sembraban el peligroso veneno de una mortal confusión: el peor de los males, causado por su mediocridad. En la presente Carta, en boca del demonio, se invierte la relación: son los cátaros –y luego serán los protestantes, a quienes se aplicó siglos después esta profecía– quienes acusarán a los católicos de herejes.

37   "¿Hasta cuándo soportaremos y toleraremos a estos lobos rapaces, que deberían ser médicos y no lo son? Porque tienen el poder de la palabra, y de atar y desatar, nos capturan como a las bestias más feroces. Sus crímenes caen sobre nosotros y toda la Iglesia se torna árida a causa de ellos: porque no proclaman lo que es justo y destruyen la Ley, al modo como los lobos

          A. A. Fraboschi[†], C. I. Avenatti de Palumbo y M. E. Ortiz

El pueblo que dirá estas cosas de vosotros caminará cubierto por un ropaje negro y apropiadamente tonsurado, y en todas sus costumbres se mostrará a los hombres sereno y tranquilo. No ama la avaricia, no tiene bienes, y en sus intimidades simula tanta templanza que a duras penas podría alguien reprocharle algo. Pues el diablo está con esos hombres, manifestándoseles con oculto fulgor, como era en el inicio del mundo, antes de su ruinosa caída.[38] Y se hará un poco como los profetas diciendo: El pueblo jocosamente dice que yo apareceré bajo la forma de animales rabiosos e inmundos o como las moscas; pero ahora yo quiero volar en las alas de los vientos con relampagueante trueno <*II Sam.*(*II Rey.*) 22, 11-14; *Sal.* 18(17), 11-14> y de todas formas introducirme en ellos de manera tal que cumplan en un todo mi voluntad: porque ante estos hombres me asemejaré al omnipotente Dios con mis prodigios.

Pues el diablo obra estas cosas a través de los espíritus del aire o aéreos,[39] los cuales, a causa de las malvadas obras de los hombres, en el soplo del viento y del aire se esparcen a su alrededor como una incalculable muchedumbre de moscas y mosquitos, que en el calor sofocante y debido a su gran número infestan a los hombres. Porque el diablo se introduce en ellos de esta forma: no los aleja de la castidad y permite que sean castos, cuando eso es lo que quieren, por lo que no aman a las mujeres sino que huyen de ellas. Y así se muestran a los hombres como

---

devoran a los corderos. En la ebriedad son voraces, y cometen muchísimos adulterios, y por esos mismos pecados nos juzgan sin misericordia. Son saqueadores de iglesias, y por su avaricia devoran cuanto pueden; con el ejercicio de su ministerio nos vuelven pobres y necesitados, y se contaminan a sí mismos y a nosotros. Por eso, con un juicio justo juzguémoslos y separémoslos, porque son seductores más que doctos maestros, y también hagamos esto para no perecer, ya que si continuaran de esta manera perturbarán a toda la región, sometiéndola a sí. Ahora digámosles que lleven su hábito y cumplan su oficio rectamente, de acuerdo con la religión, como lo establecieron los antiguos padres, o que se aparten de nosotros y abandonen sus posesiones." (*Liber divinorum operum* <El libro de las obras divinas> 3, 5, 16, pp. 433-34).

38 "Pues aunque Dios había adornado al primero entre los ángeles, llamado Lucifer, con todo el ornato de las creaturas –el que había dado a toda la creación– para que de allí toda su cohorte recibiera el resplandor de su luz, él, oponiéndose a la alabanza y la adoración debidas, se hizo más horrible que todo horror, porque la santa Divinidad en su celo lo arrojó a un lugar sin luz alguna." (*Liber divinorum operum* <El libro de las obras divinas> 1, 1, 7(8), p. 53). Y: "Pues Lucifer había sido creado como un espejo, con todo su esplendor; pero él quiso ser la Luz, y no la sombra de la Luz." (*Liber vite meritorum* <El libro de los merecimientos de la vida> 6, 14, p. 270).

39 Hildegarda se vio frecuentemente atormentada por los que llama "espíritus del aire o aéreos", como puede leerse en este párrafo de su *Vida*: "Pues los malvados espíritus aéreos, a quienes van unidos dolorosos castigos que afligen a los hombres, me procuraban este sufrimiento por permisión divina [...]. Corriendo presurosos hacia mí decían con voz potente: Seduzcámosla para que dude de Dios y blasfeme, preguntándose por qué la aflige con tantos padecimientos. Pues así, con el permiso de Dios, le sucedió a Job: porque Satán golpeó su cuerpo de tal manera que manaba gusanos [...]." (*Vita Sanctae Hildegardis Virginis* <Vida de la santa virgen Hildegarda> 2, 9, pp. 33-34).

personas de gran santidad, y con burlonas palabras dicen: Los otros hombres que antes de nosotros[40] querían ser castos ardían como pescado asado. Pero ninguna suciedad de la carne y ninguna lujuria osará tocarnos, porque somos santos y llenos del Espíritu Santo.

¡Despertaos! Los hombres errantes de hoy no saben lo que hacen, como tampoco aquellos que os[41] han precedido en tiempos pasados. Porque los hombres que en este tiempo andan perdidos en cuanto a la fe católica temerán a esos hombres y los servirán como si fueran sus siervos, imitándolos en la medida de lo posible. Y cuando así se haya completado el curso del error, perseguirán por todas partes a los maestros y los sabios que perseveran en la fe católica y los expulsarán, pero no a todos, porque algunos de ellos son fortísimos y valerosísimos soldados de la justicia de Dios. Mas no podrán mover a algunas congregaciones de los santos, cuya vida es santa, por lo que aconsejan a los príncipes y a los hombres de fortuna que castiguen a maestros, a sabios y a clérigos con palos y bastones, hasta que se vuelvan 'justos'. Y esto se llevará a cabo en algunos, por lo que otros se estremecerán aterrorizados.

En el comienzo de la seducción de su error ellos mismos dirán a las mujeres: No os está permitido estar con nosotros, pero porque no tenéis buenos maestros obedecednos y haced lo que os decimos y mandamos, y seréis salvadas. De este modo atraen las mujeres hacia sí y las conducen hacia su propio error, por lo que también, en la soberbia de su espíritu infatuado, dirán: Hemos vencido a todos.

Pero Yo, Quien soy <*Éx.* 3, 14>, digo: Así caerá sobre vosotros la iniquidad que purificará la iniquidad, como está escrito: *Hizo de las tinieblas su escondrijo, como tienda suya lo rodeaba el agua tenebrosa en las nubes del aire* <*Sal.* 18(17), 12>. Pues para la venganza Dios se valdrá de vuestras obras malvadas, carentes de luz; y en la venganza se ocultará de vosotros que quedaréis sin auxilio, porque nadie proclamará vuestra justicia, sino que todos dirán que sois inicuos. Pues del Cielo son la ley y la enseñanza, en las cuales Dios debía habitar entre vosotros si hubierais sido el ornato de las virtudes y un fragante huerto de delicias.

Pero sois un mal ejemplo en el espíritu de los hombres, porque de vosotros no fluye arroyuelo alguno de buena fama, de manera tal que, con respecto al

---

40   El texto latino dice "*ante uos*", "antes de vosotros"; pero por el sentido puede tratarse de un error, y por eso: "*ante nos*", teniendo en cuenta la continuidad en la frase siguiente, donde usa "nos" al referirse a que nada osará "tocar**nos**" (*nos tangere audet*). La idea es: antes de nosotros sucedía esto; ahora, a nosotros nos sucede esto otro.

41   Misma situación que en la nota anterior, aunque a la inversa. El texto latino dice "*illi qui nos*", pero entendiendo que es Dios Quien habla, pareciera que debe ponerse "*illi qui uos*", esto es, "aquellos que os han precedido".

 A. A. Fraboschi [†], C. I. Avenatti de Palumbo y M. E. Ortiz

alma, no tenéis alimento para comer ni ropa para vestir, sino solamente obras injustas sin el bien del conocimiento.[42] Por eso vuestro honor perecerá y la corona caerá de vuestra cabeza <*Hebr.* 2, 7>. Así la injusticia llama a la justicia, y busca y examina todos los escándalos, como está escrito: *Pues es necesario que los escándalos vengan. Pero, ay del hombre por quien los escándalos vengan* <*Mat.* 18, 7>.[43] Conviene que las acciones malvadas de los hombres sean purificadas por las tribulaciones y la contrición; sin embargo, son muchas las calamidades y padecimientos acumulados por aquellos que en su impiedad procuran desgracias a los demás. Estos hombres infieles, seducidos también por el diablo, serán vuestro azote para castigaros porque no rendís un culto puro a Dios, y os atormentarán hasta que seáis purificados de todas vuestras injusticias y vuestras iniquidades.[44]

Pero éstos no son aquellos engañadores que han de venir antes del último día, cuando el diablo vuele hacia lo alto, como en el inicio escogió luchar contra Dios <*Is.* 14, 12>; son el germen precursor de aquellos. Sin embargo, después que su perverso culto a Baal y sus otras obras depravadas sean conocidos, los príncipes

---

42   "En el momento en el que Yo, Dios, formo al hombre, creo en él la ciencia viviente del bien y del mal, de manera tal que pueda evitar el mal e imitarme en el bien a Mí, su Padre, Quien le di como semejanza Mía el discernimiento del bien y del mal, para que con aquella ciencia pueda conocer y discernir a todas las creaturas, y conociéndolas tenga poder sobre ellas, después de Mí. Pero por su gran vanidad el hombre, alejándose de Mí en virtud de la persuasión del diablo, cae en los dolorosos afanes de los pecados, porque nacido de la frágil naturaleza de Adán abandonó el gozoso conocimiento del bien que de ningún modo lo hubiera dañado." (*Liber divinorum operum* <El libro de las obras divinas> 2, 1, 23, p. 291).

43   "Pues nosotros, que estamos consagrados al servicio de Dios desde nuestra niñez, para servir a nuestro Creador fielmente por las sagradas órdenes del oficio divino, una vez que hemos llegado al sacerdocio –donde deberíamos vivir de manera digna e irreprensible–, a menudo descuidamos las cosas que son del espíritu y hacemos lo que es propio de la carne. Porque aunque debiéramos ser para el pueblo de Dios el ojo de la contemplación, el oído de la obediencia, el olfato del discernimiento, la boca de la verdad, la mano de la obra justa y el pie en el sendero de la rectitud, y un modelo de virtudes, más somos hedor de muerte y piedra de escándalo que una roca verdaderamente sólida." (Carta 170 –de unos sacerdotes a Hildegarda–, anterior a 1153. *Epistolarium* 91a, p. 383).

44   "[Los dignatarios pontificios y cuantos, vistiendo el hábito espiritual, les están subordinados], aterrorizados por el juicio divino y deponiendo la vana y soberbia confianza que anteriormente siempre habían tenido en sí mismos, volviendo en sí se humillarán ante aquellos y gimiendo clamarán y dirán: Porque en nuestras obligaciones abandonamos a Dios omnipotente, por eso ha caído esta confusión sobre nosotros, esto es, que seamos oprimidos y humillados por aquellos a quienes hubiéramos debido someter y humillar. Pues Dios quitó la soga de la sujeción a aquellos sobre los que habíamos sido constituidos príncipes, y a estos que nos estaban sometidos en virtud de la disciplina, y ahora permite que seamos dominados por ellos. Por lo cual reflexionemos y tengamos en cuenta que padecemos los justos juicios de Dios: porque quisimos someter a nosotros los reinos de este mundo de la misma manera como nosotros debíamos estar bajo el yugo de Dios, y porque dimos satisfacción a todo deseo carnal, sin que nadie se atreviera a acusarnos por esto." (*Liber divinorum operum* <El libro de las obras divinas> 3, 5, 16, p. 435).

y otros grandes hombres se precipitarán sobre ellos y los matarán como a lobos rabiosos, dondequiera que los encontraren. Entonces amanecerá la aurora de la justicia, y los últimos días serán mejores que los anteriores y, a causa de todo lo pasado, seréis temerosos de Dios, y refulgiréis como oro purísimo, y así permaneceréis por mucho tiempo.

Entonces muchos hombres se maravillarán de que tan terrible tempestad haya precedido a tan apacible bonanza.[45] Pero quienes vivieron con anterioridad a estos tiempos sostuvieron muchas y fuertes luchas contra sus propios deseos en los peligros de su cuerpo, a las que no pudieron sustraerse. Pero en vuestros tiempos, a causa de vuestros deseos y de vuestras costumbres desarregladas tendréis turbulentas guerras, en las que seréis reducidos a la nada.

Por consiguiente, quienquiera huir de estos peligros tenga cuidado de que sus ojos no se cubran de tinieblas de manera tal que se vea atrapado en las redes de estas calamidades; antes bien cada uno, como mejor pueda, huya de ellas mediante sus buenas obras y el refugio de su buena voluntad, y Dios le proveerá Su ayuda.

APÉNDICE II, traído por algunos manuscritos: cod. Wiesbadensis 2 (Riesenkodex) y cod. Vindobonensis 963 (theol 348).

Pues el diablo suscitó un engaño en la obra de Dios que comenzó en el primer hombre, a partir de lo cual vomitó la espuma de sus vicios sobre el pueblo espiritual. Pero Dios conservará en la rectitud al pueblo que eligió para Sí, como también preservará del postrer engaño a algunos hombres, para que lo disipen y destruyan. Así el diablo será confundido en la cola de este engaño y se esconderá como la serpiente en la cueva, como también en el engaño último será presa de la confusión. Pues Dios previó Sus obras en Adán –cuya carne y huesos hizo de barro– cuando le insufló el hálito de vida <*Gén.* 2, 7>. Mas cuando el espíritu del hombre salga del hombre, su

---

45   "Cuando los hombres hayan sido purificados por las tribulaciones, se cansarán de las guerras y, por el temor de Dios, comprenderán y abrazarán la justicia en todas las instituciones de la Iglesia que agradan a Dios, y le sumarán muchísimos bienes. [...] Aparecerán también regulaciones de justicia y de paz tan nuevas y desconocidas que los hombres se admirarán, diciendo que jamás antes habían oído ni conocido tales cosas [...]. En aquellos días habrá un verdadero verano por obra de la fuerza de Dios, porque entonces todas las cosas estarán afincadas en la verdad: los sacerdotes y los monjes, las vírgenes y los castos y los restantes órdenes se mantendrán firmes en su rectitud, viviendo una vida justa y buena, apartando de sí todo orgullo y exceso de riquezas: porque así como por la equilibrada proporción de nubes y de aire se producirán frutos provechosos, así también el germen de la vida espiritual se propagará por la gracia de Dios." (Ibíd., 3, 5, 17 y 20, pp. 436-440).

       A. A. Fraboschi[†], C. I. Avenatti de Palumbo y M. E. Ortiz

carne y sus huesos se convertirán en ceniza, pero serán renovados en el último día.[46] La creación que Dios hizo del hombre a partir del barro prefiguró la Ley antigua dada al hombre; pero que el mismo hombre resucite con su carne y sus huesos a partir del barro, esto manifiesta la Ley espiritual que el Hijo de Dios trajo por Sí mismo. El cual hombre también será renovado después de la ceniza y será eterno, quedando demostrado que con la recompensa de la santidad y con la recompensa de la Ley verdadera verá el rostro del Creador,[47] porque ha sido verdaderamente renovado, como está escrito: *Envía Tu Espíritu, y serán creadas, y renovarás la faz de la tierra* <*Sal.* 104(103), 30>. Lo que significa: Tú, Dios, Quien creaste todas las cosas, enviarás Tu Espíritu en la postrera trompeta, y los hombres surgirán inmortales, de manera tal que en lo sucesivo no crecerán ni decrecerán ni experimentarán putrefacción alguna. Así renovarás la faz del hombre, tal que su cuerpo y su alma serán uno en conocimiento y perfección. Esto hará Dios, en Quien no hay principio ni fin. Pues Dios no se vuelve hacia la nada, porque Él mismo es todo. Y creó al hombre, en quien puso Su obra y Sus maravillas, y a quien entregó el edificio de las virtudes a través del cual iría hacia Él, porque el mismo Dios realmente lo ama, porque Dios es amor <*I Juan* 4, 8; 16>. Pues Dios hizo como un padre de familia que confía sus bienes a un familiar amigo suyo, ya que en virtud de su buena acción recibirá de él el interés de esos mismos bienes. Ahora, oh hijos de Dios, escuchad y entended lo que os dice el Espíritu de Dios, para que no os perdáis la mejor parte. Y el Espíritu de Dios os dice: Mirad y examinad en vuestra ciudad y en vuestra región y separad de vosotros a los hombres impíos y malvados, que son peores que los judíos y semejantes a los saduceos.[48] Pues mientras permanezcan con vosotros,

---

46   "Y oí una Voz que con fortísimo clamor resonaba por todo el orbe diciendo: ¡Oh vosotros, hijos de los hombres que yacéis en la tierra, levantaos todos! Y he aquí que todos los huesos humanos, en cualquier lugar de la tierra en que se encontraran, se reunieron como en un instante y se cubrieron con su carne, y todos los hombres resucitaron con sus miembros y sus cuerpos íntegros, en su propio sexo, mostrándose los buenos en medio de una refulgente claridad, y los malos en la oscuridad, de modo que en cada uno se conociera abiertamente su obrar." (*Scivias* <Conoce los caminos del Señor> 3, 12, p. 605).

47   "Pues las obras de los santos, que ellos llevaron a cabo según la inspiración del Espíritu Santo, resplandecen como el cielo delante de Dios, porque fueron hechas con Dios y en Dios; y así, por sus obras, Dios da a esas almas el alivio y consuelo del descanso, pero aún no el gozo pleno, hasta tanto la totalidad de los pueblos hayan entrado en el último día. Entonces Dios unirá los cuerpos y las almas de los santos con sus obras santas, y así la gloria de sus obras los conducirá ante el rostro de Dios, a Quien entonces verán plenamente." (*Liber vite meritorum* <El libro de los merecimientos de la vida> 2, 36, p. 91).

48   En *Liber divinorum operum* <El libro de las obras divinas> 3, 5, 31 (pp. 453-54), Hildegarda estable una línea de continuidad entre los adoradores de Baal en el Antiguo Testamento, los saduceos en el Nuevo, y los cátaros (a los que no nombra) en su tiempo: "Tanto en el Antiguo Testamento cuanto en el Nuevo, el diablo tuvo asiduamente seguidores: en el Antiguo Testamento

no podréis estar seguros y a salvo. Pues la Iglesia llora y se lamenta sobre la iniquidad de éstos, porque sus hijos están siendo contaminados por su maldad. Por lo cual arrojadlos de vosotros para que no perezca vuestra congregación y vuestra ciudad, porque en Colonia desde hace ya tiempo se ha preparado el banquete de las nupcias reales <*Mat.* 22, 8>, por lo que sus plazas todavía arrojan llamas.[49]

Yo empero, tímida y pobrecilla, me he fatigado mucho durante dos años para proclamar estas cosas de viva voz ante los maestros y doctores y otros sabios que se encuentran en lugares de mayor dignidad, allí donde moran. Pero porque la Iglesia estaba dividida,[50] silencié mi voz.

---

a través de los adoradores de Baal; en el Nuevo, mediante los Saduceos, que son su nervadura en la escisión. Porque primero sus seguidores, con las perversiones de Baal, violaron la ley de Dios –que es la raíz de la justicia–, en la que se refugiaban los patriarcas y los profetas; pero también luego, en el Nuevo Testamento, tuvo como seguidores a aquellos que, juntamente con los Saduceos, negaron la resurrección despreciando así la justicia divina. Porque los *Evangelios* son las ramas de aquella raíz, y el fruto de las ramas es el testimonio de Cristo, que con fuerza arrojó al suelo y pisoteó los ídolos de Baal y a los Saduceos. De estos últimos proceden los herejes que contradicen la creación del primer viviente, y su error resultará peor que el anterior, porque terminarán negando absolutamente a Dios en Su creación y en las almas vivientes."

49   La frase final del texto: "porque en Colonia desde hace ya tiempo se ha preparado el banquete de las nupcias reales, por lo que sus plazas todavía arrojan llamas", cobra un fortísimo sentido cuando se la relaciona con la parábola del banquete de bodas: el rey, ante el desprecio de sus invitados que anteponen múltiples quehaceres (reales o inventados) para no concurrir, ordena incendiar la ciudad. Pero hay además una circunstancia histórica que saca el texto de lo que podría ser tan sólo una terrible profecía, para traerlo a una aún más terrible realidad. A mediados del siglo XII se intensificaron los procesos y las hogueras contra los cátaros, particularmente en regiones próximas a Colonia –donde subsistían importantes núcleos de estos herejes–, de manera que la referencia a las llamas termina no siendo meramente simbólica.

50   El cisma comenzó en 1159, cuando el emperador del Sacro Imperio Romano Germánico, Federico Barbarroja, elige a su primer antipapa, Víctor IV, contra el Papa Alejandro III, quien lo excomulga. Con posterioridad a la fecha de esta carta Barbarroja nombrará su segundo antipapa, Pascual III, contra el Papa Alejandro III. En 1168 erigirá a su tercer antipapa, Calixto III. El cisma continuó hasta 1177, fecha en la que Barbarroja y Alejandro III se reconciliaron.

                          A. A. Fraboschi[†], C. I. Avenatti de Palumbo y M. E. Ortiz

Carta 16r, a Felipe, arzobispo de Colonia, entre 1167 y 1173

Esta carta responde a una misiva del arzobispo Felipe, quien escribe a la abadesa de Bingen por dos motivos: uno, interesándose por su salud, sobre la que no tenía noticias tranquilizadoras; y el otro, para pedirle orientaciones –recibidas por Hildegarda desde la Luz Viviente– acerca de la difícil situación imperante en su diócesis de Colonia, perturbada por diversos conflictos en asuntos seculares.

En la mística espiración de la verdadera visión vi y oí estas palabras, pues el Amor ardiente, Quien es Dios <*I Juan* 4, 8 y 16>, te dice: ¿Qué nombre puede dársele a una estrella que brilla bajo el sol? Se la llama *luminosa*, porque gracias al sol resplandece con más luz que las otras estrellas. ¿Pero cómo podría ser que la misma estrella ocultase su luz de manera tal que brillara menos que las otras estrellas menores? Porque si esto hiciera no tendría ese glorioso nombre suyo sino que se la llamaría *ciega* ya que, aunque se dijera luminosa, no se vería su luz. Asimismo el soldado que viniera a la batalla sin armadura, con toda seguridad sería aplastado por sus enemigos, porque su cuerpo no estaría defendido por la coraza, ni habría puesto yelmo sobre su cabeza ni protegido con el escudo, por lo que sería capturado en medio de gran confusión y angustia.

Pero tú, que eres llamado estrella luminosa en razón de tu ministerio episcopal, y que desde el altísimo oficio sacerdotal irradias tu luz –que son las palabras de la justicia–, no la ocultes a tus subordinados. Pues en tu corazón a menudo dices: Si yo pretendiera amedrentar a mis subordinados con mis palabras, me tendrían por fastidioso, porque no soy capaz de prevalecer sobre ellos. ¡Ojalá, callando, pudiera conservar su amistad![1] Pero a nada te conduce hablar y actuar de esta manera. ¿Qué hacer entonces? No los atemorices con aterradoras palabras emanadas de tu oficio episcopal y de la nobleza de tu persona, arrebatándolos violentamente como un halcón, ni con palabras dañinas los golpees, como con una maza; antes bien, mezcla las palabras de la justicia con la misericordia y

---

1   En *Liber vite meritorum* <El libro de los merecimientos de la vida> 1, 9 (p. 17) Hildegarda habla del vicio llamado Flojedad de Ánimo –que sigue a la Dureza de Ánimo–, que correspondería a esta actitud del arzobispo Felipe: "Quiero complacer a cada uno para no perecer. Pues si luchara con alguno, quizá me golpearía; y si dañara a alguien, me devolvería un daño mayor. En tanto esté con los hombres, permaneceré tranquila con ellos; y ya sea que actúen bien o mal, guardaré silencio."

úngelos con el temor de Dios,[2] mostrándoles cuán peligrosa es la injusticia, para sus almas y para su felicidad. De seguro, ciertamente, con toda seguridad que así te escucharán.

No te mezcles con ellos en sus costumbres descuidadas y sucias, e inestables, ni consideres qué les agrada o desagrada, porque si haces esto aparecerás como por debajo de ellos a los ojos de Dios y de los hombres, pues tales actitudes no convienen a tu persona. Fíjate también que los animales que rumian son macerados si el forraje con que se los alimenta se hubiera mezclado con el alimento con que se ceba a los puercos. Así también tú, si te unieras a la compañía de los pecadores y a sus costumbres deshonestas, te ensuciarías, y los hombres malvados se alegrarían por ello y se turbarían los hombres rectos, diciendo: ¡Ay, ay, qué clase de obispo tenemos! Su luz no brilla para nosotros en los caminos rectos de la justicia.

Toma pues a tu pueblo y apártalo de su funesta infidelidad, para que así no te encuentres sin la armadura de la fe, y muéstrale el camino de la justicia según las *Sagradas Escrituras*. Pon sobre tu cabeza el yelmo de la esperanza y ante tu cuello el escudo de la verdadera defensa <*Ef.* 6, 14-17>, para que en todos los peligros y adversidades seas el defensor de la Iglesia, venciéndolos. Ten la luz de la verdad de manera tal que aparezcas como un soldado probo en Mi milicia –Yo soy el Amor verdadero– y para que, en medio de un mundo que naufraga y en las duras batallas contra la iniquidad, seas fuerte y activo, y finalmente resplandezcas como luminosa estrella en la eterna felicidad.

Ahora tú, oh padre, que te encuentras en el oficio pastoral, no desdeñes la pobreza del ser humano que te escribe estas cosas, porque no las he dicho ni enviado por mí misma ni según hombre alguno sino que, porque me ordenaste que te escribiera algunas cosas, las he escrito del modo como las vi y oí en una visión verdadera, despiertos y atentos el espíritu y el cuerpo.[3]

——————————————————————— ɝ ———————————————————————

2   "El hombre ha sido puesto en la dignidad del magisterio en lugar de Dios. ¿Cómo es esto? Porque la gracia de Dios ha puesto en la boca de la racionalidad humana una sabiduría profundísima y sutil para que el hombre, en nombre de Dios, ejerza el oficio del magisterio a través de la dispar exigencia de la justicia y de la misericordia del Altísimo" (*Scivias* <Conoce los caminos del Señor> 3, 6, 11, p. 441).

3   "Las visiones que vi no las percibí en sueños, ni durmiendo, ni en el delirio, ni con los ojos o los oídos corpóreos del hombre exterior, ni tampoco en lugares ocultos sino que, despierta y con la mirada atenta, las recibí en el puro espíritu, con los ojos y los oídos del hombre interior y en lugares abiertos, según la voluntad de Dios." (*Scivias* <Conoce los caminos del Señor>, Protestificatio, p. 4). Véase C.103r. *Epistolarium* 91a, p. 260. Y su último secretario, Guiberto de Gembloux, escribe al monje Bovo: "También afirma que percibe sus visiones no mientras duerme sino en estado de vigilia, de modo tal que jamás sufre en ellas la pérdida de conocimiento propia del éxtasis; y en su descripción no pone otras palabras que las que oye. [...] ¿Cuándo el mundo vio y oyó algo semejante?" (Carta 38 –a Bovo–, 1177-80. En: GUIBERTI GEMBLACENSIS. *Epistolae I...*, pp. 376-77).

   A. A. Fraboschi [†], C. I. Avenatti de Palumbo y M. E. Ortiz

Carta 17, a Felipe, arzobispo de Colonia, entre 1170 y 1173

Ésta es la segunda carta que Hildegarda dirige al arzobispo Felipe, y si la anterior revestía el carácter de una advertencia suave, acompañada de una exhortación, no es éste el tono de la presente, muy dura y urgente en su pedido de conversión. De acuerdo con una costumbre propia de la literatura monástica, y muy suya, comienza con una a modo de parábola, para realizar luego la exégesis de la misma, y arribar a su aplicación.

Oh tú, que te encuentras en aquella dignidad que proviene de Dios y no de los hombres, porque Dios, Quien rige todas las cosas, dispone a los hombres para que sean Sus vicarios: considera pues de qué manera te hallas en representación de Cristo.

Pues en una visión yo vi como un sol que refulgía con excesivo calor sobre el lodo lleno de gusanos, que se erguían en su alegría por el verano pero luego, no pudiendo sufrir más el ardor del calor, tornaron a esconderse, por lo que aquel barro emanó gran hedor.[1] Vi también que el sol brillaba sobre un huerto en el que crecían rosas, lirios y toda clase de plantas aromáticas, y gracias al calor del sol las plantas florecieron, y las hierbas se fortalecieron y multiplicaron sus raíces, dando un delicioso perfume, de manera tal que muchísimos hombres, colmados con esta suavísima fragancia, se llenaron de gozo por este huerto como si fuera el Paraíso. Y oí una Voz que de lo alto te decía: Considera, oh hombre, si quieres

---

1   La referencia es al Amor Mundano, contrapuesto al Amor Celestial. En *Liber vite meritorum* <El libro de los merecimientos de la vida> 1, 1 y 2 (p. 13) el Amor Mundano dice: "Míos son todos los reinos del mundo, con sus flores y sus honras. ¿Por qué he de marchitarme, cuando poseo toda la lozanía y la fecunda vitalidad [*uiriditatem*]? ¿Por qué vivir como un anciano, cuando florezco en mi juventud? ¿Por qué cegar la bella visión de mis ojos? Si esto hiciera, me avergonzaría. En tanto pueda tener la belleza de este mundo, gustosamente la retendré. Me es desconocida esa otra vida, acerca de la cual tampoco entiendo las conversaciones que oigo." Y la respuesta del Amor Celestial: "Eres de una gran necedad, porque deseas vivir en el polvo de la ceniza, y no buscas aquella vida que en la belleza de la juventud jamás se marchitará, y en la vejez jamás se extinguirá. Tú careces de toda luz y vives en una negra tiniebla, y como un gusano te has arrastrado y ocultado bajo la voluntad del hombre. Vivirás como por un momento solamente y después, al igual que el heno, te marchitarás y caerás en el lago de la perdición, y allí acabarás abrazada a todo lo que en tu necia condición llamas flores."

elegir permanecer en el mencionado huerto de delicias, o yacer en el hediondo estiércol con los gusanos; y si es más saludable para ti ser un templo elevado y bellamente adornado con sus torres, a través de cuyas ventanas pueden verse los ojos de las palomas <*Cant.* 1, 14; 4, 1>,[2] o ser una mísera casucha techada con paja, en la que apenas cabe el campesino con su familia.

El lodo con los gusanos es la raíz primera del pecado original, surgida por el consejo de la antigua serpiente < *Apoc.* 12, 9; 20, 2>, a la que sofocó la naturaleza virginal, cuando el Hijo de Dios nació de la Virgen María. En Él surgió el huerto de todas las virtudes, a Quien también deben imitar los obispos. También a ellos les conviene ascender al egregio templo mediante la elevada enseñanza propia del oficio episcopal, al modo como también la paloma mira con sus ojos hacia lo alto, y no como los ojos del ave rapaz: esto es, no deben actuar según las costumbres mundanas, que causan heridas no ungidas con óleo.

Líbrate también de los groseros hábitos de la avaricia,[3] de manera tal que no acumules más de lo que tienes: porque la avaricia siempre es pobre y necesitada, y tampoco experimenta el gozo del pobre, a quien le es suficiente con lo que posee.[4] Por eso dispersa la avaricia como si fuera paja y pisotéala, porque desba-

---

2   Los ojos de las palomas, vistos a través de las ventanas de la torre, pueden significar las almas puras y sencillas confiadas a su cuidado, y que el prelado contempla desde la elevación de la dignidad a él conferida por disposición divina. Por contraste, vivir en el hacinamiento de la casucha a ras de tierra es hacer caso omiso de dicha disposición, y tener comercio o mezcla con los pecadores y sus vicios.

3   Nuevamente acudimos a *Liber vite meritorum* <El libro de los merecimientos de la vida> 5, 8 (p. 224) encontrando allí la referencia a la Avaricia: "Yo no soy necia, sino que soy más sabia que aquellos que miran los vientos y piden al aire todo lo que necesitan. En cuanto a mí, todo lo arrebato y lo reúno en mi seno, y cuanto más recojo, tanto más tengo. Pues mucho más útil me es tener todo lo que necesito que pedirlo a otro; y no hay culpa en quitar lo que he reunido a aquél que tiene más de lo que necesita. Cuando yo tengo lo que quiero, no tengo que preocuparme en manera alguna de pedir algo a otro. Y cuando veo en mi regazo todo lo que quiero, llevo a cabo felizmente todo lo que me da placer. Entonces no temo a nadie sino que vivo feliz, y a nadie necesito pedir compasión, porque gracias a mi dureza tengo una astuta sabiduría, pido todo lo mío y nadie puede engañarme. ¿Y qué daño me causará la amenaza de alguno, cuando nadie puede perjudicarme? Tampoco soy un bribón ni un ladrón, sino que tomo todo lo que quiero, y lo adquiero por mi habilidad."

4   A la Avaricia responde el Contento con lo Propio: "Oh diabólico fraude, para la rapiña eres veloz como el lobo, y como el buitre devoras lo ajeno. Pero también bullen en ti enormes pústulas, ya que estás recargada con tus deseos ilícitos, como el camello con sus jorobas, y eres la boca abierta del lobo para devorar todas las cosas que deseas. Yaces en la dureza, y en todo olvidas a Dios, porque no confías en Él. Eres dura y áspera, sin misericordia, puesto que no quieres el progreso del otro. Como el gusano se oculta en su cueva, así tú, grosera y extremadamente vil y despreciable, te apartas de toda prosperidad ajena, porque nada te es suficiente. Pero yo me siento sobre las estrellas, puesto que todos los bienes de Dios me bastan, y me regocijo con el dulce sonido del tímpano cuando confío en Él. Beso al sol cuando gozosamente lo tengo; abrazo

        A. A. Fraboschi[†], C. I. Avenatti de Palumbo y M. E. Ortiz

rata todas las conductas honestas, como la polilla destruye la ropa. La avaricia siempre mendiga, y es como la mísera choza del campesino, que no tiene lugar donde pueda observar con decoro sus costumbres. Tú yaces junto a esta choza como un montículo de tierra que los gusanos, cavando, remueven: significa que muchos obispos, que debieran elevar el espíritu de los hombres mediante la recta enseñanza de la doctrina, ponen sus pensamientos en sus bienes y no se fijan en las palabras que deberían decir a otros, o en aquellas por las que ellos mismos deberían ser reconfortados.

Oh padre, en verdad te digo que vi y oí todas estas palabras en una visión verdadera, y las he escrito por tu petición y mandato. Por consiguiente, no te asombres de ellas, pero reflexiona sobre toda tu vida, desde tu niñez hasta hoy. Cambia también tu nombre, para que de lobo te hagas cordero, porque el lobo gustosamente se apodera del cordero.[5] Y toma parte en el banquete del hijo pródigo, quien corrió hacia su padre para confesar sus pecados diciendo: *Padre, he pecado contra el cielo y contra ti* < *Luc*. 15, 18 y 21>. Por él todos los coros de los ángeles se alegraban, maravillándose porque después de la maldad de sus pecados Dios le había otorgado perdón y gracia tan grande. Así, hazte provisión de flores y de hierbas aromáticas para que el pueblo se regocije gracias a tu suave aroma, porque tiene un pastor digno y conveniente, y para que merezcas oír la voz del Señor: *Bien hecho, siervo bueno y fiel, entra en el gozo de tu Señor* < *Mat*. 25, 21>.

---

a la luna cuando la tengo amorosamente, y cuando todo lo que surge y se desarrolla a partir de ellos es suficiente para mí. ¿Y por qué desear más de lo que necesito?" (Ibíd., 5, 9, pp. 224-25).

5   Aparece aquí la Desmesura: "Yo me apoderaré de cualquier cosa que desee, lo haré siempre y no me abstendré de nada. ¿Y por qué privarme de algo, cuando ninguna retribución tendría por ello? ¿Cómo renunciar a lo que soy, cuando cada especie procede según lo que le es propio? Si de esta manera viviera, que apenas pudiera respirar, ¿qué vida sería entonces la mía? Haré todo aquello que me proporcione diversión y risas. Cuando mi corazón se alegra, ¿por qué sujetarlo? Y cuando mis venas rebosan de placer, ¿por qué restringirlas? Y cuando sé hablar, ¿por qué callar? Pues todo movimiento de mi cuerpo me es saludable, y yo actúo de acuerdo a como he sido creada. ¿Por qué habría de transformarme en algo diferente de lo que soy? Cada creatura crece de acuerdo con su naturaleza, y actúa según lo que le conviene; así también lo haré yo." (Ibíd., 2, 13, pp. 80-81).

Carta 18r, a Enrique, arzobispo de Maguncia, año 1151

Esta carta es la respuesta de Hildegarda a la orden –referida a Ricarda von Stade– que le impartiera Enrique, arzobispo de Maguncia, a cuya diócesis pertenecía Bingen y el monasterio de San Disibodo, del que dependía en alguna forma el monasterio de San Ruperto, regido por ella. La orden es perentoria, en términos duros y bajo apercibimiento de ser reiterada en términos cada vez más duros, hasta obtener su cumplimiento: Hildegarda debe dejar partir a Ricarda a su nuevo destino, el monasterio de Bassum, para el cual ha sido designada abadesa.

La fuente diáfana que no es falaz, sino justa, dice: Estas causas que acerca del derecho de esta doncella se han alegado, ante Dios son inútiles, puesto que Yo, alto y profundo y Quien todo lo rodeo abarcándolo, Quien soy la luz que baja de lo alto, no las establecí ni las aprobé, sino que han sido promovidas con la ciega[1] audacia de los corazones ignorantes. Que todos los fieles oigan estas cosas con los oídos bien dispuestos del corazón y no con los oídos que oyen por fuera, como los animales, que captan el sonido y no la palabra. El Espíritu de Dios dice en Su celo: ¡Oh pastores, lamentaos y llorad en este tiempo, porque no sabéis lo que hacéis cuando desparramáis los cargos constituidos por Dios en función de las oportunidades de lucro,[2] y de la necedad de los hombres malvados que no tienen temor de Dios!

Y por esto vuestras palabras malditas, maliciosas y amenazadoras no deben ser oídas ni atendidas. Vuestras varas,[3] así arrogantemente alzadas, no se des-

---

1   En "*in coniuente*" se sigue la lectura indicada en app. crit: 4/5 "*inconiuente*" (Z), dado que, por una parte, una audacia ciega se aviene mejor con la ignorancia del corazón, y por otra, acentúa el contraste con "la luz que baja de lo alto".

2   La acusación de malversación de fondos pesaría poco después sobre el arzobispo, siendo uno de los motivos por los que fue relevado de su cargo por el Papa Eugenio III. La relación entre Hildegarda y Enrique atravesó diversos momentos, pues ella encontró en él un apoyo muy fuerte y decidido a la hora de obtener la aprobación de sus escritos, y en ocasión de su mudanza a San Ruperto y en la defensa de sus derechos. Sin embargo, no la secundó en su actitud hacia Ricarda. Pero más tarde, la abadesa escribió al Papa Eugenio intercediendo por el arzobispo de Maguncia (véase C.5, nuestra edición, §§ 6-7, p. 53).

3   La vara es aquí tomada por el báculo, símbolo de la autoridad y del carácter de pastor propios de la investidura del arzobispo. Pero en tanto "vara", hace también referencia al castigo con el

          A. A. Fraboschi[†], C. I. Avenatti de Palumbo y M. E. Ortiz

pliegan y se dilatan en Dios, sino en las venganzas[4] propias de la vergonzosa presunción de vuestra voluntad.

————————————————————— ❧ —————————————————————

que Enrique ha amenazado a Hildegarda en su carta, conminándola a la obediencia. La abadesa, habiendo aludido antes a los motivos espurios que se esconden tras orden del arzobispo, acusa ahora el abuso de autoridad en que incurre Enrique, quien con su actitud no sirve a Dios sino a su propia voluntad y conveniencia, y no cuida a sus ovejas sino que se vale de ellas para su propio provecho.

4   *"penis"*, por *"poenis"*.

Carta 19 a Enrique, arzobispo de Maguncia, año 1153

En esta breve pero durísima carta, Hildegarda condena con palabras incisivas la conducta del arzobispo.[1]

Aquel Quien es <*Éx.* 3, 14; *Apoc.* 1, 4>, dice: A ti, que te despreocupas en cuanto a muchos exámenes, te digo: El cielo de la venganza del Señor se ha abierto, y ahora se han liberado los lazos contra Sus enemigos <*Sal.* 140(139), 6>. Pero tú, levántate, porque tus días son breves <*Job* 14, 1 y 5>,[2] y recuerda que Nabucodonosor cayó y que su corona pereció <*Dan.* 4, 21 ss.>. También otros muchos, que se habían exaltado hasta los cielos temerariamente, cayeron. Ay de ti, ceniza <*Gén.* 18, 27>, ¿por qué no te avergüenzas de expandirte hacia lo alto, cuando deberías estar en la podredumbre? Ahora, por tanto, que los exaltados se avergüencen. Pero tú levántate, y huyendo de ella abandona aquella maldición.[3]

---

1   Véase C.18r y sus notas 2 y 3 (nuestra edición, p. 100).

2   En efecto, para esta época a Enrique le quedan pocos meses de vida.

3   La maldición que cayó sobre Nabucodonosor y todos cuanto se exaltan indebidamente.

    A. A. Fraboschi[†], C. I. Avenatti de Palumbo y M. E. Ortiz

Carta 20r, a Arnoldo, arzobispo de Maguncia, entre 1158 y 1160

Esta carta responde a una del arzobispo Arnoldo, sucesor de Enrique en el arzobispado de Maguncia en 1153, gracias al apoyo de Federico Barbarroja, quien luego lo involucró en su campaña en Italia. A raíz de su solicitud a los ciudadanos de Maguncia por subsidios para dicha empresa, Arnoldo tuvo conflictos que culminaron con la excomunión de toda la ciudad. Los problemas fueron en aumento, hasta la muerte del arzobispo, en 1160.[1] El último párrafo de la respuesta de Hildegarda parece aludir a toda esta situación de sujeción al emperador, y a la medida extrema tomada contra los habitantes de Maguncia.

Oh padre, la Luz Viviente me ha dado para ti estas palabras: ¿Por qué me escondes tu rostro,[2] como si tu espíritu estuviera perturbado por la ira a causa de las misteriosas palabras que yo no pronuncio por mí misma, sino que lo hago según las veo en la Luz Viviente, de manera tal que a menudo me son manifestadas aquellas que mi espíritu no desea y que tampoco mi voluntad busca, pero que muchas veces, obligadamente, veo? Sin embargo yo pido a Dios que Su auxilio no sea para ti como un exilio,[3] y que tu alma esté devotamente en la ciencia pura, tal que tengas la vista puesta en el espejo de la salvación.[4] Y vivirás eternamente.

Pero también pido que la luz resplandeciente de la gracia de Dios nunca se aparte de ti, sino que la misericordia de Dios te proteja, y así el antiguo embau-

---

1 Véase *The Letters of Hildegard of Bingen*. Vol. I. Transl. by Joseph L. Baird and Radd K. Ehrman. New York/Oxford: Oxford University Press, 1994, p. 72, n. 1.

2 No es claro a qué se refiere la abadesa de Bingen. Por las palabras que siguen en este párrafo, podría pensarse en alguna comunicación anterior de Hildegarda con el arzobispo, transmitiendo algún mensaje divino que no agradó a su destinatario.

3 Parece una alusión a la actitud que debiera tomar el arzobispo: resistir a las exigencias de Federico Barbarroja –el auxilio–, corriendo el riesgo de que dicha resistencia le costara la destitución de su cargo e incluso el destierro –el exilio–.

4 Primera seria advertencia de la abadesa: que deje de ir tras los intereses mundanos y que mire por los intereses de su propia alma, la cual deberá reflejarse –tal cual es– en el espejo de la salvación.

cador no te engañe. Pero ahora, que tu mirada viva en Dios, y que la vitalidad[5] divina no se torne árida en tu alma. La Luz Viviente te dice: ¿Por qué no eres fuerte en Mi temor?[6] ¿Y por qué tienes celo[7] como si tú cribaras el trigo <*Luc.* 22, 31>, de tal modo que excediéndote apartas lo que te es contrario? Pero yo no quiero esto. Levántate pues hacia Dios, porque tu[8] tiempo viene [y llega] rápidamente.

❧

---

5   La referencia es a la *viriditas*. Véase C.85r/b, nota 2 (nuestra edición, p. 259).

6   Se trata del Temor de Dios. En *Ordo Virtutum* <El drama de las Virtudes>, escena II, vv. 110-11 (en: Hildegardis Bingensis. *Opera Minora*, p. 510), el Temor de Dios dice a las Virtudes: "Yo, el Temor de Dios, os preparo, hijas felicísimas, para que contempléis al Dios vivo y no perezcáis." Encontramos aquí apuntadas las dos notas asociadas al Temor de Dios: la preparación ya como el inicio de la sabiduría (que no otra cosa es la contemplación de Dios), preparación que ha de ser en la humildad (porque la soberbia es caída y muerte delante de Dios, como aconteció a Lucifer), y su presencia como insoslayable y necesaria para el amor que hace, de la contemplación, sabiduría. De ahí que su agudísima y penetrante mirada, que procede de la claridad de la recta intención, vigila con amor diligente y fuerte celo por el cumplimiento de la voluntad salvífica de Dios, esto es, de Su justicia.

7   "Celo" tiene aquí un sentido casi peyorativo, es el cuidado excesivo que más está en función de quien cela, que de aquello que es celado. Este celo está en las antípodas del Celo o Ira de Dios, celo que manifiesta la necesidad de restituir el orden trastocado y reparar la justicia vulnerada; celo que habla de la poderosa fortaleza con la que Dios vence al ángel rebelde y acaba con todas sus mentiras y sus argucias; celo en virtud del cual quiere ser reconocido y adorado por la creación toda como el único Dios y Señor; celo de amor misericordioso por Su creatura, el hombre, al que quiere liberar del sometimiento al demonio y restaurarlo en su condición primigenia y aún más, otorgándole una gloria como antes no había conocido. Véase el Celo de Dios en las cinco primeras partes del *Liber vite meritorum* <El libro de los merecimientos de la vida>.

8   Por el sentido del texto, optamos por la indicación de app. crit. (*R Wr*), *post "tempus" add. "tuum"*.

    A. A. Fraboschi[†], C. I. Avenatti de Palumbo y M. E. Ortiz

Carta 21, a Conrado, arzobispo de Maguncia, año 1162 (?)

Contrariamente a la actitud asumida por Arnoldo, su antecesor en el cargo, Conrado permaneció fiel al Papa Alejandro III, contra quien Federico Barbarroja había nombrado primero al antipapa Víctor IV (1159) y luego a Pascual III (1164). En esta carta Hildegarda reconoce la actitud del arzobispo y lo alienta a perseverar en ella.

Vi y escuché estas palabras en la Luz Verdadera: El día llama al día y destruye la pestilencia, como ha sido dicho: *Cada día anuncia al día siguiente el mensaje y la noche a la noche transmite la noticia <Sal. 19(18), 3>.* Pues Dios es racional, y en Dios reside toda justicia,[1] y todo lo que es bueno y justo en el hombre y en todas las creaturas provino de Él. Y Su obra es sin mezcla alguna en Él, como está escrito: *Todas las cosas fueron hechas por Él <Juan 1, 3>.* El día no sería luminoso si no tuviera conocimiento, esto es el conocimiento de las tinieblas que manifiestan la alabanza del día.[2] Así también la malignidad y la impiedad del diablo manifiestan a Dios, porque ninguna impiedad ni el desasosiego y turbulencia de las guerras pueden oponérsele. Dios no hizo el mal, sino que lo venció poniéndolo como escabel de sus pies *<Sal. 110(109), 1; Hebr. 10, 12-13>,* porque *sin Él nada ha sido hecho <Juan , 3>.*

---

1   "Y así Yo, la energía ígnea, me oculto en estas cosas, y ellas arden por Mí, como la respiración continua mueve al hombre y como la voluble llama está en el fuego. Todas estas cosas viven en su esencia y no mueren, porque Yo soy la vida. También soy la **Racionalidad**, que tiene en sí el **Aliento** de la **Palabra** que resuena, por la que toda creatura fue hecha. Y lo insuflé en todas las cosas de manera que ninguna de ellas fuera mortal en su género, porque Yo soy la vida." (*Liber divinorum operum* <El libro de las obras divinas> 1, 1, 2, pp. 48-49). Véase también C.15r, n. 11 (nuestra edición, p. 79), sobre racionalidad y justicia.

2   "Dios, Quien es el Sol de Justicia, envió Su esplendor sobre el lodo, que es la desobediencia del hombre, y aquel esplendor brilló con una claridad mayor, porque el lodo era muy pestilente. Pues el sol refulgió en su clara luz y el lodo se pudrió en su fetidez; por lo que el sol fue celebrado por los que lo vieron con un amor mayor de lo que lo hubiera sido sin la confrontación con el lodo. Pero así como el lodo en comparación con el sol es fétido, así también el pecado del hombre es inicuo ante la justicia de Dios; de donde la justicia, porque es bella, debe ser amada, y la iniquidad debe ser rechazada porque es pestilente." (*Scivias* <Conoce los caminos del Señor> 1, 2, 32, p. 35). El contraste hace al sol más brillante y a las tinieblas más lóbregas.

Ahora tú, oh hijo de Dios, estás en la invocación del día.[3] Abraza entonces el escudo de la fe <*Ef.* 6, 16>, y ten diligentemente en el abrazo de tu corazón a la hermosísima justicia de Dios como dulcísima amiga en tu regazo, y en todas tus obras huye de las tinieblas de la injusticia –porque Dios es veraz–, de manera tal que seas hijo dilecto de la herencia y no concubino de la injusticia <*Gál.* 4, 22-26>.

Pero cíñete con el cinturón de la justicia <*Is.* 11, 5> y sujeta tus riñones en el amor de la felicidad, y en la invocación del día no escuches a quienes desprecian a Dios y a los que se oponen a Sus obras, como se dijo: *Libra, oh Dios, mi alma de la espada, y mi vida de las garras del perro* <*Sal.* 22(21), 21>, de manera tal que tú huyas de la espada que cae sobre los hombres malvados, y de la infidelidad de las palabras de los hombres que, como perros,[4] contradicen a Dios. Pero ahora Dios te enseña para que seas un siervo fiel y para que permanezcas en la vida eterna.

---

3   Por "la invocación del día" se entiende el inicio del día, cuando el día es llamado a surgir de la noche.

4   Por congruencia, en lugar de "*canis*" (en el texto) se opta por la indicación "*canes*" *fort. recte* *PI* (Edición de Pitra).

    A. A. Fraboschi [†], C. I. Avenatti de Palumbo y M. E. Ortiz

CARTA 22R, A CONRADO, ARZOBISPO DE MAGUNCIA, entre 1163 y 1165 (?)

Es nuevamente una exhortación dirigida a Conrado, para que gobierne su diócesis con rectitud, de acuerdo con los criterios de Dios y no de los hombres.

La Misteriosa Visión te dice: Oh tú, prelado, que has sido establecido por Cristo como Su representante, lo mismo que todo poder viene de Dios <*Rom.* 13, 1>. Pero a nadie se ha encontrado semejante a Dios <*Job* 36, 22; *Sal.* 35(34), 10; 40(39), 6; 71(70), 19; 83(82), 2>. Pues Él mismo es el Padre de todas las cosas, porque de Él todas proceden,[1] y por esto las gobierna; y es sacerdote en el oficio sacerdotal: porque en virtud de un sacrificio puro –el hecho de que se hizo hombre– liberó al hombre. Pues por aquel juramento es sacerdote, como está escrito: *Juró el Señor y no se retractará de esto: tú eres sacerdote para siempre según la orden de Melquisedec* <*Sal.* 110(109), 4>. En efecto, en sí mismo Dios había determinado hacerse hombre sin mancha alguna de pecado y sin necesidad alguna de la corrección de la penitencia, y sin todas las mezclas y divisiones que hay en el hombre pecador, a fin de vencer el mal tal como fue prefigurado en Melquisedec.

Pero tú, oh hombre, que ahora estás en el día, antes que la noche llegue –cuando ya no puedas obrar más <*Juan* 9, 4>– esfuérzate para enseñar a tu pueblo con verdadero poder los preceptos de Dios,[2] para gobernarlo con recta justicia como Dios lo gobierna, y para que con gran empeño lo conserves con misericordia, porque por Sí mismo Dios lo liberó. Por tal razón la autoridad, el dominio y el poder es y viene de Dios. Pero mediante la misericordia *hazte amigos con las riquezas de la injusticia para que, cuando te encuentres necesitado, te reciban en las moradas eternas* <*Luc.* 16, 9>.

---

1   "Y así Dios creó todas las cosas y nadie, a no ser únicamente Él, puede jamás hacer algo viviente, aunque gracias a su arte el hombre puede modelar algunas cosas a las que, sin embargo, no puede dar vida, porque el hombre tiene un comienzo. Quien creó todas las cosas no es creado, ya que no hubo comienzo alguno anterior a Él sino que Él mismo es sin inicio, y todas las cosas están en Él <*Rom.* 11, 36; *Col.* 1, 17> porque por Él fueron hechas todas las cosas <*Juan* 1, 3>." (*Explanatio Symboli Sancti Athanasii* <Explicación del Credo Atanasiano>. En: HILDEGARDIS BINGENSIS. *Opera Minora*, vv. 230-35, p. 117).

2   Véase C.15r, n. 17 y 18 (nuestra edición, p. 81).

Ahora, oh padre y después de Cristo maestro, escucha a la pobrecilla forma que desde la Luz Verdadera te escribe estas cosas, de manera tal que ofrezcas auxilio a todos los que en su necesidad acuden a ti,[3] a fin de que a causa de aquella alegría que te esfuerzas en procurarles, seas recibido en el gozo eterno de los tabernáculos <*Sal.* 15(14)>, y para que eternamente vivas en la felicidad eterna para la que Dios te creó. Que así sea.

---

3   "El esplendor de la Iglesia es la luminosa obra de quienes actúan con misericordia, esto es, de quienes con largueza siempre brindan una ayuda ante todo dolor y distribuyen limosna a los pobres con un corazón tierno y compasivo, diciendo con plena convicción: "Esto no es mío, sino de Quien me ha creado." Porque esta obra, inspirada por Dios, aparece ante Sus ojos en el Cielo cuando los hombres fieles la llevan a cabo en la tierra, según el modo de vida propio de la Iglesia." (*Scivias* <Conoce los caminos del Señor> 2, 3, 3, pp. 137-38). Este llamado a la misericordia en el obrar se refiere a todo hombre, pero especialmente a aquellos que actúan en nombre de Cristo y haciendo sus veces, como es el caso de los sacerdotes y de la jerarquía eclesiástica, en este caso, del arzobispo Conrado.

           A. A. Fraboschi[†], C. I. Avenatti de Palumbo y M. E. Ortiz

Carta 23, a los prelados de Maguncia, entre 1178 y 79

Ochenta años tiene ya Hildegarda cuando se ve obligada a afrontar una sentencia de interdicción pronunciada por los prelados de Maguncia y confirmada en primera instancia por el arzobispo Christian, dada la negativa de la abadesa a exhumar el cadáver de un noble sepultado en el cementerio de Rupertsberg. El hombre había sido excomulgado, pero antes de morir se había reconciliado con la Iglesia y recibido los sacramentos, hecho que por lo visto los prelados desconocían. La relación de Hildegarda con los canónigos de Maguncia no era por entonces fluida sino todo lo contrario, a raíz de la actuación de la una y los otros en el tema del antipapa suscitado por el Emperador. Mientras la abadesa se mantenía fiel al Papa Alejandro III, de cuya legitimidad no tenía duda alguna, los canónigos prestaron su apoyo —sea por razones más o menos convincentes o bien por conveniencias políticas— al antipapa Calixto III. Tal vez esta situación haya incidido en la inusual dureza e inflexibilidad del clero catedralicio. Pero, por otra parte, levantar la excomunión era una medida que tan sólo podían tomar las autoridades eclesiásticas con competencia en el tema, y debía ser públicamente comunicada. Es por eso que Hildegarda aceptó en un principio la sanción impuesta. Comenzó entonces en el monasterio un tiempo de privación de los sacramentos... y del Oficio Divino al modo benedictino, esto es, cantado. Esta situación dolorosa en extremo le dio motivo para dirigir a dichos hombres de la Iglesia una carta en la que, además de reprocharles la medida tomada, Hildegarda expone su concepción de la música como medio para recuperar el paraíso perdido y, en él, la voz de la alabanza a Dios.

En una visión grabada por Dios mi Hacedor en mi alma, antes que yo naciese,[1] me he visto compelida a escribir estas cosas a causa de la prohibición con la que nuestros superiores nos han atado, por cierto difunto traído por su sacerdote, y sepultado junto a nosotras sin acusación. Como pocos días después de su sepelio nuestros superiores nos ordenaron

---

[1] "En mi primera formación, cuando Dios me despertó con el aliento de la vida en el útero de mi madre, grabó en mi alma esta visión." (*Vita Sanctae Hildegardis Virginis* <Vida de la santa virgen Hildegarda> 2, 2, p. 22).

arrojarlo del cementerio, invadida por un gran terror elevé la mirada hacia la Luz Verdadera, como acostumbro, y con ojos atentos vi en mi alma que, si de acuerdo con el mandato de aquéllos el cuerpo del difunto era exhumado, esta expulsión amenazaría nuestro lugar con un terrible peligro, como una gran oscuridad que nos rodearía cercándonos, a semejanza de la nube negra que suele aparecer antes de las tempestades y los truenos.

Por eso no nos hemos atrevido a remover el cuerpo de este difunto, puesto que había confesado sus pecados, recibido la unción y la comunión, y fue sepultado sin inconveniente alguno; ni podemos ceder al consejo o al mandato de quienes quieren persuadirnos o imponernos esto, no porque tengamos en poco el consejo de los hombre probos o el mandato de nuestros prelados –de ningún modo–, sino para que no parezca que por femenina crueldad injuriamos los sacramentos de Cristo, con los cuales fue fortalecido aquel hombre mientras aún estaba con vida. Pero para no aparecer como desobedientes en todo, según el interdicto hemos cesado los cantos de la divina alabanza, y nos hemos abstenido de la participación del Cuerpo del Señor, que tenemos por costumbre frecuentar todos los meses.

Sobre lo cual, y mientras mis hermanas y yo nos afligíamos con gran amargura, embargadas por una inmensa tristeza, oprimida finalmente por el peso de tanto dolor oí estas palabras en una visión: No es conveniente para vosotras que a causa de las humanas palabras abandonéis los sacramentos de la Vestidura del Verbo de Dios[2] Quien, virginalmente nacido de la Virgen María, es vuestra salvación. Por ello debéis solicitar la autorización a vuestros prelados que os lo han prohibido. Pues cuando Adán fue expulsado desde la luminosa región del Paraíso a su exilio en este mundo <*Gén.* 3, 23>, la concepción de todos los hombres se corrompió como consecuencia de aquella primera transgresión;[3] y por

---

2   "La Vestidura del Verbo de Dios" es el Cuerpo y la Sangre de Cristo; la referencia es, por tanto, al sacramento de la Eucaristía.

3   "¡Ay, mísera de mí! Porque a través de Adán los funestos venenos se esparcieron sobre mí cuando él mismo, luego de transgredir el precepto divino y ser arrojado a la tierra, unió entrelazándolos los tabernáculos carnales [esto es, dio inicio al género humano por la vía de la generación]. Con el gusto que por su desobediencia saboreó en la manzana se introdujo en su carne y en su sangre una dulzura mortal, y produjo así la infecta mancha de los vicios." (*Scivias* <Conoce los caminos del Señor> 1, 4, 5, p. 68). No es la unión sexual, ese acto de amor que da origen a un nuevo ser humano, lo que aquí se está señalando como la causa del pecado original que afecta a todo el género humano. La unión de varón y mujer es la vía de transmisión de la naturaleza humana que fuera vulnerada ahora por la falta de Adán, con toda la secuela de desorden que ello introduce en la vida del hombre. En el estado original de su creación, todo en el hombre era armoniosa paz, en la amical justicia de su relación con el Creador y con la totalidad de lo creado; pero la situación se altera absolutamente luego del primer pecado, y debemos hablar entonces de una naturaleza caída, desordenada, carente de justicia e inarmónica, un estado al

   A. A. Fraboschi[†], C. I. Avenatti de Palumbo y M. E. Ortiz

eso fue necesario que, a partir del inescrutable designio de Dios, de la humana naturaleza naciera un hombre libre de toda contaminación,[4] gracias al cual todos los hombres predestinados a la vida fueran purificados de toda sus inmundicias y, permaneciendo siempre Él en ellos y ellos en Él para su fortaleza y protección, fueran santificados por la comunión de Su cuerpo. Pero quien, como Adán, vive desobedeciendo los preceptos de Dios y está por entero olvidado de Él, éste debe ser separado de Su cuerpo,[5] de la misma manera como por su desobediencia se ha apartado de Él; y esto hasta que, purificado por la penitencia, los superiores le concedan nuevamente la comunión con el Cuerpo del Señor. Pero quien tuviera conocimiento de que ni en cuanto a su conciencia ni a su voluntad se halla bajo tal prohibición, acceda seguro a la recepción del sacramento vivificante para ser purificado por la Sangre del Cordero inmaculado, Quien, haciéndose obediente al Padre, permitió Su inmolación en el altar de la cruz para devolver a todos la salvación <*Filip.* 2, 8>.

También en la misma visión oí que en esto yo era culpable, porque no había llegado con toda humildad y devoción a la presencia de mis superiores para suplicarles la autorización para comulgar, especialmente cuando no habíamos cometido falta al recibir a aquel difunto, quien provisto y fortalecido por su sacerdote con cristiana rectitud, había sido sepultado entre nosotras con todo Bingen en procesión, y sin que nadie objetara. Y así Dios me ha ordenado que os dé a conocer estas cosas, señores y prelados nuestros.

También vi algo sobre el hecho de que, por obedeceros, hemos cesado de cantar el oficio divino, leyéndolo en voz baja solamente, y oí la voz que procede de la Luz Viviente, concerniente a las diversas clases de alabanzas a las que David se refiere en el Salmo: *Alabadle con el sonido de la trompeta, alabadle con el salterio*

---

que bien podemos llamar no ya "natural" sino "congénito", falto de paz y radicalmente marcado por las tensiones internas. Como dice San Pablo: "...puesto que no hago el bien que quiero, sino que obro el mal que no quiero" (*Rom.* 7, 19).

4   La necesidad de la concepción virginal de Cristo se torna necesaria dado que la transmisión de la falta original tiene lugar por el varón, en cuya voluntad fuerte pone Hildegarda el peso de la culpa original: "Porque en aquel lugar de delicias y por medio de la seductora serpiente, el Demonio invadió el alma inocente de Eva (quien, tomada del inocente Adán, gestaba en su cuerpo a todo el género humano, luminoso según el designio divino) para hacerla caer. ¿Por qué sucedió esto? Porque sabía que la blanda suavidad de la mujer es más fácil de doblegar que la vigorosa resistencia del varón; también había visto que Adán amaba tan ardientemente a Eva que si él, el Demonio, triunfaba sobre Eva, Adán haría cualquier cosa que ella le dijera." (*Scivias* <Conoce los caminos del Señor> 1, 2, 10, p. 19).

5   Esta separación de la comunión eucarística, esto es, de la recepción del Cuerpo y la Sangre de Cristo, es precisamente la excomunión. Y esta excomunión estaba también implicada en la interdicción, la sanción bajo la que se encontraba en ese momento la comunidad de Hildegarda.

y la cítara, y además a continuación: *Todo espíritu alabe al Señor* <*Sal.* 150, 3-6>. Con estas palabras, a través de las cosas exteriores somos instruidos en cuanto a las interiores: o sea sobre el modo como, según la composición material y la cualidad de los instrumentos, debemos dar forma y dirigir las ocupaciones de nuestro hombre interior principalmente para la alabanza del Creador. Cuando les prestamos cuidadosa atención recordamos cómo ha buscado el hombre la voz del Espíritu Viviente que Adán perdió por su desobediencia; porque antes de la transgresión –cuando era inocente– participaba en gran manera de las voces de la alabanza angélica, voces que los ángeles, llamados espíritus a partir del Espíritu Quien es Dios, poseen por su naturaleza espiritual. Adán, pues, perdió la afinidad con la voz angélica, que tenía en el paraíso. Tan profundamente se durmió en el conocimiento que poseía antes del pecado que, como el hombre al despertar del sueño se encuentra confuso e inseguro sobre lo que ha visto en sueños, así quedó envuelto por las tinieblas de la ignorancia interior a causa de su iniquidad, cuando engañado por la argucia del diablo rechazó la voluntad de su Creador.

Pero Dios, Quien guarda y salva las almas de los elegidos para la felicidad primera infundiéndoles la luz de la verdad, de conformidad con Su antiguo designio determinó esto: que siempre que por la infusión del Espíritu profético renovara los corazones de muchos, en virtud de dicha iluminación interior ellos recuperarían algo de aquel conocimiento que Adán tenía antes del castigo de su prevaricación.

También, para que en lugar de acordarse de su destierro, los hombres se acordasen de aquella dulzura y alabanza divinas que antes de su caída alegraban a Adán juntamente con los ángeles en el Señor, y para atraerlos hacia ellas, los santos profetas –enseñados por el mismo Espíritu que habían recibido– no sólo compusieron los salmos y cánticos que cantaban para encender la devoción de sus oyentes, sino que también crearon diversos instrumentos musicales con los que producían distintas clases de sonidos. Y lo hicieron para que, tanto por el aspecto exterior y las particularidades de esos instrumentos como por el sentido de las palabras que recitaban acompañándose con ellos, sus oyentes –como se ha dicho–, advertidos y bien dispuestos por los elementos exteriores, se instruyeran sobre las realidades interiores.

A estos santos profetas los imitaron hombres diligentes y sabios, y con su conocimiento y su habilidad inventaron algunas variedades de registros musicales humanos para poder cantar de acuerdo al deseo del alma. Adaptaron lo

    A. A. Fraboschi[†], C. I. Avenatti de Palumbo y M. E. Ortiz

que cantaban a las articulaciones de los dedos flexionados,[6] recordando que Adán fue formado por el dedo de Dios –que es el Espíritu Santo–, y que en la voz de Adán, antes de su caída, residía el sonido de toda armonía y la dulzura de todo el arte musical. Y si hubiese permanecido en el estado en que fue creado, la debilidad del hombre mortal no podría en manera alguna resistir la calidad y el poderoso sonido de su voz.

Pero el que lo había engañado –el diablo–, al oír que el hombre había comenzado a cantar por inspiración de Dios y que por esto sería atraído al recuerdo de la suavidad de los cánticos de la patria celestial, y viendo que sus astutas maquinaciones fracasarían, se espantó de tal modo que fue presa de gran sufrimiento, y con los múltiples ardides de su perfidia siempre, ininterrumpidamente, se dedicó a discurrir y buscar la manera de perturbar o impedir sin cesar la proclamación, la belleza y la dulzura de la alabanza divina y de los himnos espirituales, no sólo en el corazón del hombre –mediante insinuaciones perversas, pensamientos impuros o distracciones–, sino también en la boca de la Iglesia y dondequiera que puede hacerlo –mediante discordias, escándalos o injustas opresiones–.

Por eso es necesario que vosotros y todos los prelados tengáis muchísimo cuidado para que, antes de cerrar con una sentencia la boca de una asamblea religiosa que canta a Dios sus alabanzas, o de prohibirle sea la administración, sea la recepción de los divinos sacramentos, abierta y francamente discutáis primero con gran diligencia las causas por las que consideráis que debéis hacerlo. Velad para que lleguéis a esto movidos por el celo de la justicia de Dios, y no por la indignación o por cualquier otra emoción injusta o bien por el deseo de venganza; y cuidad siempre que en vuestros juicios no seáis enredados y engañados por Satanás, que arrancó al hombre de la armonía celestial y de las delicias del Paraíso.

Pensad asimismo que, así como el cuerpo de Jesucristo nació de la pura integridad de la Virgen María por obra del Espíritu Santo, así también el cántico de alabanza según la armonía celestial está arraigado en la Iglesia por el Espíritu Santo. El cuerpo es el vestido del alma,[7] que tiene una voz viva, y por eso conviene que el cuerpo unido al alma cante sus alabanzas a Dios con esa voz. Por lo

---

6   Peter Dronke (*Las escritoras de la Edad Media.* Trad. de Jordi Ainaud. Barcelona: Crítica, 1995), p. 407, n. 103) recuerda aquí el recurso mnemotécnico atribuido al célebre Guido d'Arezzo, que "asignaba las distintas notas de las escalas a las articulaciones de los dedos de la mano izquierda".

7   No ha de haber muchas imágenes que otorguen al cuerpo la dignidad que en ésta le reconoce Hildegarda: frente a la platónica concepción del cuerpo como cárcel que en triste situación retiene al alma privándola de su libertad, la cristianísima afirmación del cuerpo como vestido del alma liberada –por el Verbo de Dios encarnado, hecho carne, hecho "cuerpo"– de la condenación merecida por sus pecados, y jubiloso partícipe con ella del cántico de alabanza a Dios.

que también el espíritu profético significativamente manda que Dios sea alabado con címbalos sonoros y címbalos de júbilo y con otros instrumentos musicales <*Sal.* 150, 5> que los sabios y los estudiosos inventaron, porque todas las artes que conciernen a la utilidad y a la necesidad de los hombres han sido procuradas por el soplo que Dios envió al cuerpo del hombre <*Gén.* 2, 7>.[8] Y por esto es justo que en todas ellas Dios sea alabado <*1 Pedr.* 4, 11>.

Y puesto que al escuchar algún canto el hombre a menudo suspira y gime porque recuerda la naturaleza de la armoniosa música celestial, el profeta, considerando con finura la profunda naturaleza del espíritu y sabiendo que el alma es sinfónica, nos exhorta en el salmo a que proclamemos al Señor con la cítara y Le cantemos con el salterio de diez cuerdas <*Sal.* 33(32), 2 y 92(91), 4>, queriendo relacionar: la cítara, que suena en un tono más bajo, con la disciplina del cuerpo; el salterio, que reproduce el sonido en un tono más agudo, con el ejercicio atento y amoroso del espíritu; las diez cuerdas, con el cumplimiento de la Ley.

Por consiguiente, quienes sin una razón de peso imponen a la asamblea reunida en la iglesia el silencio en cuanto a los cantos de la alabanza a Dios, quienes de esta manera injustamente despojaron a Dios del esplendor de Su gloria en la tierra, no tendrán parte en el coro de la celebración angélica en el cielo, a no ser que se hayan enmendado a través de un verdadero arrepentimiento y una humilde reparación <*Sab.* 11, 23(24)>. Por eso, quienes tienen las llaves del cielo sean extremadamente cuidadosos para no abrir lo que debe ser cerrado, y no cerrar lo que debe ser abierto: porque el juicio será durísimo para aquellos que detentan el gobierno, a no ser que, como dice el Apóstol <*Rom.* 12, 8>, ejerzan el gobierno con solicitud.

Y oí la Voz que me decía: ¿Quién creó el cielo? Dios. ¿Quién abre el cielo a Sus fieles <*Deut.* 28, 12>? Dios. ¿Quién hay semejante a Él <*Is.* 44, 7; 46, 9; *Jer.* 49, 19>? Nadie. Por eso, oh hombres fieles, que ninguno de vosotros se resista a Él o se Le oponga, para que no caiga sobre vosotros con Su poder y Su fuerza, y

---

8   "Y porque ha sido enviada por Dios, el alma derrama en el corazón y recoge en el pecho los pensamientos que luego pasan a la cabeza y a todos los miembros del hombre. Penetra en los ojos, ya que son sus ventanas a través de las cuales conoce a las creaturas: porque llena de racionalidad, con una sola palabra discierne sus capacidades y energías. A partir de aquí el hombre realiza sus obras para satisfacer toda necesidad suya, según la voluntad de sus pensamientos; porque cuando el viento de la ciencia del alma se mueve en el cerebro, desciende desde el cerebro a los pensamientos del ánimo, y así se cumple la obra de la voluntad. El alma, con su ciencia, siembra lo que la obra de los pensamientos acaba y que luego es cocido por el fuego del alma y convertido en el sabor gracias al cual es sabiamente aprobado. [...] porque ha sido creada racional por Dios, Quien insufló la vida al primer hombre que formó." (*Liber divinorum operum* <El libro de las obras divinas> 1, 4, 103, p. 246).

     A. A. Fraboschi[(†)], C. I. Avenatti de Palumbo y M. E. Ortiz

no os sea posible tener quien os ayude protegiéndoos de Su juicio. Este tiempo es un tiempo femenino,[9] porque la justicia de Dios es débil. Pero la fortaleza[10] de la justicia de Dios se destila, y es una guerrera contra la injusticia, hasta que ésta caiga vencida.[11]

---

9   "La Sabiduría clama diciendo: El tiempo presente es un tiempo escuálido y afeminado. Ay, ay, Adán fue el nuevo testamento de toda justicia y la raíz de todo el género humano. Después en el mismo género humano se sublevó el ánimo viril, que se desplegó en tres muchedumbres, como un árbol que se expande en tres ramas. [...] Ahora este árbol está seco, de manera tal que el mundo, trastornado, se ve envuelto en muchos peligros. Pues este tiempo mira hacia aquel tiempo en que la primera mujer hizo caer en el engaño al primer varón <*Gén.* 3>. Sin embargo, el varón posee más fuerzas de las que la mujer pudiera obtener. Pero la mujer es fuente de sabiduría y de gozo pleno, que el varón lleva a su plenitud. Ay, ay, este tiempo no es frío ni caliente <*Apoc.* 3, 15-16>, sino tibio. Después de éste vendrá un tiempo que en medio de grandes peligros y en el temor, la injusticia y la ferocidad, ofrecerá hombres fuertes." (C.26r, n. 2, nuestra edición, p. 122).

10 Palabras de la Virtud de la Fortaleza: "¡Oh fortísimo Dios! ¿Quién puede resistirte y luchar contra Ti? No lo puede la antigua serpiente, aquel dragón diabólico. Por eso también yo quiero combatirlo con tu auxilio, de manera tal que nadie me venza o me derribe: ni el fuerte ni el débil, ni el príncipe o el vasallo, ni el noble o el plebeyo, ni el rico o el pobre. Yo quiero ser el fortísimo acero que hace invencibles todas las armas aptas para las batallas de Dios, y quiero también ser en ellas afiladísima espada ya que, en el Dios todopoderoso –por Quien también me he levantado para derrotar al diablo– nadie podrá quebrarme. Por eso seré siempre un seguro refugio para la fragilidad de los hombres, dando a su debilidad y blandura una espada cortante para defenderse." (*Scivias* <Conoce los caminos del Señor> 3, 9, 3, p. 520).

11 En *Scivias* <Conoce los caminos del Señor> 3, 3, 3 (p. 376) aparece una Virtud o fuerza divina, la Divina Victoria, de quien se dice que "se alzó victoriosa a fin de destruir toda la injusticia surgida en Adán, mirando atentamente hacia la fortaleza de la Iglesia para que luche victoriosamente contra los vicios del diablo, y hacia los hombres que en ella deambulan con la diversa variedad de sus costumbres, para decirles –en el temor del celo de Dios– que perseveren en ser ovejas de la justicia."

Carta 24, a Christian, arzobispo de Maguncia, año 1179

A sus ochenta años Hildegarda afronta una sentencia de interdicción[1] por negarse a exhumar el cadáver de un noble sepultado en el cementerio de Rupertsberg. El hombre había sido excomulgado, pero antes de morir se había reconciliado con la Iglesia y recibido los sacramentos, hecho que por lo visto los prelados de Maguncia[2] desconocían.[3] Después de marchas y contramarchas que llevaron casi un año, la abadesa escribió al arzobispo Christian de Maguncia, quien finalmente levantó la sanción.

Oh padre y señor amabilísimo, que has sido constituido pastor sobre las ovejas de la Iglesia en representación de Jesucristo, humildemente damos gracias al Dios altísimo y a tu paternal piedad porque recibiste con misericordia nuestra pobre carta y porque, en tu misericordia, te dignaste enviar por nosotras, que estábamos atribuladas y angustiadas, una carta a nuestros prelados en Maguncia. También agradecemos las dulces palabras de tu habitual clemencia que nos han llegado por el señor

---

1   La interdicción, o prohibición de celebrar los sacramentos y todo acto religioso en el territorio afectado es una temida sanción de la Iglesia, que prácticamente paraliza toda la vida espiritual allí donde es aplicada, dejando al hombre en el mayor de los desamparos.

2   Por otra parte, la relación de Hildegarda con los canónigos de Maguncia no era por entonces fluida sino todo lo contrario, a raíz de la actuación de la una y los otros en el tema del antipapa suscitado por el Emperador. Mientras la abadesa se mantenía fiel al Papa Alejandro III, de cuya legitimidad no tenía duda alguna, los canónigos prestaron su apoyo –sea por razones más o menos convincentes o bien por conveniencias políticas– al antipapa Calixto III.

3   En un punto la razón asistía al reclamo de los canónigos, ya que levantar la excomunión era una medida que tan sólo podían tomar las autoridades eclesiásticas con competencia en el tema, y debía ser públicamente comunicada. Así lo declara el propio arzobispo: "Porque verdaderamente constaba a la Iglesia que el difunto, que había incurrido durante su vida en la sentencia de excomunión, había sido sepultado junto a vuestra iglesia cuando todavía era incierto para la misma Iglesia el tema de su absolución. Por eso entonces fue extremadamente peligroso para vosotras –porque las disposiciones de los santos Padres no deben ser soslayadas – desoír el clamor del clero y disimular y ocultar el escándalo de la Iglesia hasta que se comprobara, por el testimonio digno de confianza de varones honestos rendido ante la Iglesia, que dicho hombre había sido absuelto." (Carta 24r –de Christian, arzobispo de Maguncia–, año 1179. *Epistolarium* 91, p. 69).

　　A. A. Fraboschi[†], C. I. Avenatti de Palumbo y M. E. Ortiz

Germán, decano de la Iglesia de los Santos Apóstoles en Colonia, las cuales de tal manera nos consuelan y alegran que en toda tribulación y angustia nuestra nos refugiamos como hijas en tu cuidado, padre amado. Por tanto, buen señor, nosotras, siervas tuyas que permanecemos en la tristeza de la tribulación y de la angustia, nos lanzamos a tus pies con espíritu de humildad y, llorando, te exponemos en pura verdad la causa de nuestro intolerable dolor. Confiamos en que te inspire la Caridad ardiente, que es Dios, para que con paterna piedad y misericordiosamente te dignes oír el lamento de nuestra voz, con la que en nuestra tribulación afligidas clamamos a ti.

Oh amable padre, como te lo había insinuado anteriormente en una carta, desde hace un año[4] hay un joven sepultado entre nosotras que antes de morir fue absuelto y provisto de todos los sacramentos de la fe cristiana. Cuando nuestros prelados de Maguncia nos ordenaron desenterrarlo y sacarlo fuera de nuestro cementerio, o bien abstenernos del oficio divino, yo, como acostumbro, miré hacia la Luz Verdadera, y en ella Dios me instruyó para que jamás fuera arrojado con mi acuerdo voluntario aquél a quien Él mismo desde el seno de la Iglesia había recibido hacia la gloria de la salvación, puesto que la negra oscuridad de un gran peligro vendría sobre nosotras si fuéramos contra la voluntad de Su verdad. Si mi temor del Dios omnipotente no me lo hubiera impedido, humildemente les habría obedecido, y con voluntad grata para servir al derecho de la Iglesia habría cedido ante quien fuere que en tu nombre –que eres señor y abogado nuestro– ordenara llevarse al muerto, aunque éste no hubiera sido excomulgado.

Aun cuando por algún tiempo –no sin gran dolor y tristeza– cesamos de cantar el oficio divino, el Altísimo Juez, cuyo precepto no osé desobedecer, me envió al alma una visión verdadera. Obligada por ésta, aún con el peso de una gravísima enfermedad, acudí a nuestros prelados en Maguncia y reproduje por escrito las palabras que había visto en la Luz Verdadera, tal como Ella misma me ordenó, para que en aquellas conocieran que la voluntad de Dios estaba en este asunto. Había acudido con amargas lágrimas a su presencia, pidiéndoles llorosa y humildemente misericordia. Pero como sus ojos se habían ofuscado de tal manera que no hubieran podido mirarme con algún rastro de misericordia, me aparté de ellos llena de lágrimas.

Pero como muchos hombres habían tenido misericordia de nosotras, aunque no pudieran ayudarnos con su buena voluntad, tu fiel amigo, el arzobispo de Colonia, vino a los mismos prelados de Maguncia con un caballero que era

---

4   En lugar de "*a banno*" se opta por "*ab anno*" (*PL*), por el sentido congruente con las fechas de los acontecimientos.

hombre libre. Éste, con suficientes testimonios, quiso probar que él mismo y el ya mencionado muerto habían sido compañeros en la misma transgresión, y que ambos en el mismo año,[5] en el mismo lugar, a la misma hora, habían sido absueltos por el mismo sacerdote. Estaba presente el mismo sacerdote que los absolvió, y conociendo por ellos la verdad del asunto, tomando tu lugar nos obtuvo la licencia para celebrar el divino oficio con seguridad y en paz interrumpidamente hasta tu retorno. A pesar, dulcísimo señor, de nuestra máxima confianza en tu misericordia, recibimos del sínodo (por los mismos prelados nuestros luego de su regreso de Roma) cartas tuyas de prohibición de los oficios divinos, las que, porque en tu paternal piedad confío, nunca habrías enviado, si hubieras conocido la verdad del asunto. Y así, dulcísimo padre, por el mandato que tú mismo diste, con dolor y tristeza mucho mayores nos vemos obligadas a tu primera restricción.

En una visión de mi alma –y nunca me has turbado por alguna palabra de ellas– he sido obligada a decir con el corazón y con la boca: *Es mejor para mí caer en manos de los hombres que abandonar los preceptos de mi Dios* <*Dan.* 13, 23>. Por tanto, dulcísimo padre, te pido en el amor del Espíritu Santo que, por la piedad del eterno Padre –Quien para la salvación del hombre envió con suave fecundidad Su Palabra al seno de la Virgen–, no quieras despreciar las lágrimas de tus sufrientes y llorosas hijas, que por temor a Dios permanecemos en las tribulaciones y angustias de esta injusta prohibición. Que el Espíritu Santo se derrame en ti para que de tal manera tengas misericordia de nosotras, que también tú después del final de tu vida, por este motivo, alcances misericordia.

---

5   Véase n. 4.

    A. A. Fraboschi[†], C. I. Avenatti de Palumbo y M. E. Ortiz

Carta 25r, a Eberhardo, arzobispo de Salzburgo, entre 1163 y 1164

El arzobispo Eberhardo, hombre fuerte y de gran personalidad, apoyó fielmente al papa Alejandro III en sus graves diferencias – el nombramiento del antipapa Víctor IV– con Federico Barbarroja, a quien no obstante frecuentaba. Su difícil situación lo lleva a pedir a Hildegarda sus oraciones, pedido al que la abadesa de Bingen responde con una carta plena de imágenes, y alentadora, en la que le encarece además considerar que la preocupación por su progreso espiritual y el cuidado del pueblo que le ha sido confiado no deben serle dos preocupaciones antagónicas, dado que es con ambas que construye a la Iglesia.

Oh tú, que estás en representación del Hijo del Dios Viviente, veo que tu actual situación es como la de dos paredes unidas por la piedra angular,[1] de las cuales una parece una nube prístina *<Éx. 13, 21-22>*, y la otra un tanto oscurecida por las sombras, aunque ocurre que ni aquel resplandor se entremezcla con esta sombra, ni la misma sombra con este resplandor. Estas paredes son tus trabajos, unidos por tu espíritu. Por una parte, en su pureza, tu intención y tus suspiros anhelan ir hacia Dios por la vía estrecha, y por otra parte, el círculo de tu trabajo se dilata bastante en sus sombras y llega hasta el pueblo que tú riges.[2] Y así consideras el esplendor de tu intención como un asunto personal, y miras la oscuridad de los trabajos seculares como algo ajeno a ti, y no permites que esto se entremezcle con aquello, y por eso es que con frecuencia tu espíritu se fatiga. En efecto, no tienes como una sola cosa tu inclinación hacia Dios y tu trabajo a favor del pueblo. No obstante podrían unirse en un solo interés el anhelo de tu buena intención hacia las realidades celestiales y el que en Dios te ocupas del pueblo, así como Cristo quedó adherido a las realidades celestiales *<Mat. 17, 1-9>* y, sin embargo, se inclinó hacia el pueblo *<Marc. 8, 2-9>*, como está escrito: *Dioses sois, e hijos todos del Altísimo <Sal.*

---

1   La imagen de las paredes –con diversa significación– aparece muy fuertemente en la tercera parte de *Scivias* <Conoce los caminos del Señor>, visiones 1 a 10.

2   La referencia es a las dificultades que se planteaban al arzobispo a raíz del conflicto entre la Iglesia y el Imperio, dificultades que incidían fuertemente en su acción de gobierno de su diócesis.

82(81), 6; *Juan* 10, 34>; o sea "dioses" en cuanto a las realidades celestiales, e "hijos del Altísimo" por el cuidado del pueblo.

Por lo tanto tú, padre, empapa tus trabajos en la fuente de la Sabiduría, de la que bebieron dos doncellas revestidas con ropajes reales: la Caridad o Amor[3] y la Obediencia.[4] Porque la Sabiduría ordenó todas las cosas[5] junto con la Caridad,[6] haciendo surgir muchos arroyuelos <*Gén.* 2, 6>, como ella dice: *Yo sola circunvalé el movimiento circular del cielo* <*Ecli.* 24, 8>, y porque Dios mediante la Obediencia dio un precepto al hombre <*Gén.* 2, 15-17>. La vestidura propia del Amor es que mira el rostro de Dios en el orden angélico, pero la vestidura de la Obediencia es la envoltura[7] de la humanidad del Señor <*Hebr.* 5, 7-8; *Filip.* 2, 5-8>.

Estas doncellas llaman a tu puerta, y el Amor te dice: Deseo permanecer contigo, y quiero que me pongas en el lecho como tu cobertor, y que me consideres con diligente y amorosa amistad. Pues cuando con misericordia tocas y lavas las heridas, yazgo en tu cama; y cuando en Dios consideras con benevolencia a los sencillos y a los que viven bien, estoy en tu amistad diligente.[8] Pero la Obediencia

---

3   El término latino es *caritas*. Véase C.85r/a, n. 2 (nuestra edición, p. 253).

4   Véase C.85r/a, n. 16 (nuestra edición, p. 257). Por eso en la descripción de la imagen de la Obediencia leemos que "*llevaba en torno al cuello una cadena blanca como la nieve*: porque la sujeción de la obediencia fiel vuelve luminosamente blanco el espíritu de los hombres, cuando abandonan la fuerza de su cuello –su voluntad– y se unen al inocente Cordero, Mi Hijo. *Y tenía las manos y los pies atados con ligaduras blancas*: porque [...] no actúa ni camina según su arbitrio sino según la voz de Dios, su protector y guía." (*Scivias* <Conoce los caminos del Señor> 3, 8, 21, p. 509).

5   "La Sabiduría estaba en el Altísimo Padre antes que toda creatura, disponiendo en Su consejo cuanto corresponde a cada una de las creaturas que fueron constituidas en el cielo y en la tierra. Ella refulge en Dios como un gran adorno, existiendo en Él como la dignidad más elevada entre las posiciones de las restantes Virtudes, y a Él unida con dulcísimo abrazo en la danza del ardiente amor." (*Scivias* <Conoce los caminos del Señor> 3, 9, 25, p. 538).

6   "Yo, la Caridad [Amor], soy la claridad del Dios Viviente, y la Sabiduría ha realizado conmigo su obra" (*Liber divinorum operum* <El libro de las obras divinas> 3, 3, p. 379).

7   Si bien el texto latino dice "*circumcinctio*", optamos por la lectura de *PL*, "*circumamictio*", por parecernos más apropiada.

8   "[La Caridad] *parecía toda ella, en su figura y en su túnica, un jacinto del color del cielo*: porque el Hijo de Dios encarnado iluminó, a través de Su humanidad, a los hombres fieles y celestiales [...], y los encendió también en la Caridad para que asistieran fielmente a cada uno de los indigentes.. [...] *Dos franjas de su túnica estaban entretejidas de una manera exquisita con oro y maravillosamente adornadas con piedras preciosas*: que son, en la dulzura de Dios, los dos preceptos de la Caridad, dispuestos como admirable don del Dador supremo en cuanto a la primordial buena voluntad –esto es el oro– y a las obras justas –las espléndidas gemas–. *De manera tal que desde cada uno de los hombros de la imagen hasta sus pies descendía una franja, por delante y por detrás*: porque lleva estos preceptos con gran solicitud, el que se refiere a Dios en el hombro derecho y el que atañe al prójimo en el izquierdo, como está escrito:

    A. A. Fraboschi [†], C. I. Avenatti de Palumbo y M. E. Ortiz

te dice: Permanezco contigo por el vínculo de la ley y de los preceptos de Dios. Por lo tanto, consérvame resueltamente y con fortaleza, no como a un campesino sino como a una queridísima amiga, dado que en el inicio del Bautismo me aceptaste y me tuviste en algún crecimiento tuyo, es decir en la disciplina de la sujeción, y en la prelación en la que obedeciste los preceptos de Dios. Pues el Amor es de lo que estoy hecha, y de él nací.

Una vez más, oh padre, la Sabiduría te dice: Sé como un padre de familia, que escucha con dulce mansedumbre las necedades de sus hijos, pero no obstante no abandona su prudencia, como también yo uno en una sola cosa las realidades celestiales y las terrestres para la utilidad del pueblo. Por ello, toca y lava las heridas, y considera a los sencillos y a los que viven bien, y encuentra alegría en una u otra parte, con la ayuda de Dios.

Ahora, oh padre, yo, pequeña forma, veo que tu voluntad opta por el camino de las Virtudes que llegará a ti, de manera tal que con estas Virtudes completarás la molienda del fin de tu cuerpo <*Juan* 12, 24>. *El Que es* <*Éx.* 3, 14; *Apoc.* 1, 4>, y Quien examina todas las cosas <*I Cor.* 2, 10>, tiene tu cuerpo y tu alma en Su salvación.

Ș

'Amarás al Señor tu Dios con todo tu corazón, con toda tu alma, con todas tus fuerzas y con todo tu espíritu; y a tu prójimo como a ti mismo' <*Luc.* 10, 27>." (*Scivias* <Conoce los caminos del Señor> 3, 8, 19, p. 506).

Carta 26r, a Hillino, arzobispo de Tréveris, alrededor del año 1152

Esta carta responde a una del arzobispo –presente en el sínodo de
Tréveris (1147-48),[1] en el que el Papa Eugenio leyó y encomendó
la primera obra, *Scivias* <Conoce los caminos del Señor> de Hildegarda– quien le escribe en tono sumamente elogioso, finalizando con
un pedido de oración.

L a Sabiduría clama diciendo: El tiempo presente es un tiempo escuálido
y afeminado.[2] Ay, ay, Adán fue el nuevo testamento de toda justicia y
la raíz de todo el género humano. Después en el mismo género humano
se sublevó el ánimo viril, que se desplegó en tres muchedumbres, como

---

1   Véase *The Letters of Hildegard of Bingen*. Vol. I. Transl. by Joseph L. Baird and Radd K. Ehrman. New York/Oxford: Oxford University Press, 1994, p. 87, n. 1.

2   *"Nunc squalidum tempus muliebris forme est."* En el *Liber divinorum operum* <El libro de las obras divinas> 3, 5, 7 (p. 416) aparece una expresión equivalente: "[…] *usque ad dies istos, qui quasi in muliebri debilitate a fortitudine sua descenderunt.* […]" ([…] hasta estos días, que declinaron su fortaleza en una debilidad casi femenina. […]). En el parágrafo anterior Hildegarda está hablando de los órdenes de la Iglesia; no es claro si *qui* se refiere a dichos órdenes o a los días, pero sí es evidente el contraste entre la fortaleza propia del varón y la debilidad de la mujer. Y se reitera en el parágrafo 10 (p. 426): *"Nam dies isti muliebris debilitatis uirilem fortitudinem non habent* […]" (En efecto estos días de femenina debilidad carecen de fortaleza viril […]). Esta debilidad femenina tiene aquí un sentido peyorativo, porque se da –y de manera excluyente y no complementaria– en quienes debían mostrar la fortaleza propia del varón. Se trata, pues, de la pérdida de la vitalidad y fortaleza varonil, allí donde y cuando eran debidas. Así por ejemplo, en la historia de la humanidad –la historia de la salvación– Hildegarda distingue una primera etapa que va desde la creación hasta el diluvio, vigorosa en vitalidad y en la vida virtuosa en sus inicios, para luego declinar en la virtud hasta casi perderse la vida en el diluvio. La segunda etapa, llamada la edad viril, transcurre en torno a la Encarnación del Verbo divino y va desde el diluvio hasta la vida de la Iglesia, en el Medioevo. Reconoce su punto más alto en la vida y muerte salvífica del Redentor, pero ya en tiempos de Hildegarda las buenas costumbres se han deteriorado y los hombres han caído en lo que da en llamar una *debilidad femenina*, es decir y nuevamente, la pérdida de la condición viril, de la fortaleza y la fecundidad propias de la *viriditas*, pérdida que afecta a toda la creación: Sin embargo, en la misma obra 2, 1, 43 (p. 329) leemos: *"Creauit hominem, masculum scilicet maioris fortitudinis, feminam uero mollioris roboris faciens* […]" (Creó al hombre, dotando al varón de mayor fortaleza, y de una energía más suave y delicada a la mujer […]), y en el *Liber vite meritorum* <El libro de los merecimientos de la vida> 4, 24 (p. 186): *"Ipse etiam Deus uirum fortem et feminam debilem creauerat, cuius debilitas mundum generauit. Et diuinitas fortis est, caro autem Filii Dei infirma, per quam mundus in priorem uitam recuperatur."* (Dios mismo había creado al varón fuerte, y débil a

    A. A. Fraboschi[†], C. I. Avenatti de Palumbo y M. E. Ortiz

un árbol que se expande en tres ramas. La primera multitud era de tal índole que los hijos de Adán eligieron toda posibilidad a su alcance. En la segunda los hombres se levantaron en la temeridad del homicidio; y en la tercera, hicieron lo que quisieron en cuanto a ídolos y errores similares.[3] Ahora este árbol está seco,

<hr>

la mujer, cuya debilidad engendró al mundo. La Divinidad es fuerte, pero la carne del Hijo de Dios –por la que el mundo es recuperado para su vida primera– es débil.)

3   No es fácil ubicar en la obra de Hildegarda una referencia a este texto. En el *Liber divinorum operum* <El libro de las obras divinas> 2, y desde la visión de los cuatro jinetes del *Apocalipsis* (6, 2-8) y de sus caballos, la abadesa de Bingen representa en el primer caballo, de color blanco –cuyo jinete portaba un arco y le fue dada una corona–, el tiempo que tuvo su inicio en Adán, hasta Noé. El color blanco significa que Adán pecó por ignorancia; Dios castigó su desobediencia, sus descendientes continuaron rebelándose contra su Señor y fueron exterminados con el diluvio, a excepción de aquéllos que fueron salvados en el arca. El segundo caballo, de color rojo –montado por un jinete con una espada para quitar la paz sobre la tierra y que los hombres se mataran entre sí–, corresponde al tiempo que va desde el diluvio hasta la pasión de Cristo, con todas las guerras que tuvo que padecer Israel, incluido el episodio del cautiverio de Babilonia, la conquista por Macedonia y la dominación romana, guerras con las que Dios castigó sus constantes rebeldías y su infidelidad. El tercer caballo es de color negro –su jinete lleva en la mano una balanza– y señala el tiempo que va desde la Pasión, presuntamente hasta la época misma de Hildegarda. El color negro significa la incredulidad, la voluntad de no creer, el desprecio de la fe, la infidelidad. Es el tiempo de los mártires y de las persecuciones contra la Iglesia, sea por parte de los romanos del antiguo Imperio, sea por los emperadores del Sacro Imperio Romano Germánico: Enrique IV y Federico Barbarroja. El cuarto caballo era pálido, como sin color, y el nombre de su jinete era "Muerte": no tenía color porque en ese tiempo toda ley y toda justicia palidecerán y serán tenidas por nada. "Los hombres dirán: No sabemos lo que hacemos, y quienes nos prescribían lo que debíamos hacer no sabían lo que decían. Y así, sin temor ni temblor ante el juicio de Dios, despreciarán todo precepto, y esto también lo harán movidos por el consejo y la seducción del diablo." (Ibíd., 2, 8, p. 276). El mismo tiempo verbal futuro nos dice que éste es el tiempo que vendrá. Otra perspectiva encontramos en la misma obra 3, 2, 4 (p. 357), donde leemos: *"La primera imagen tiene cabeza y pecho como de leopardo, los brazos como de hombre, pero sus manos se asemejan a los pies de un oso* [...]: porque aquel tiempo anterior al diluvio y sin Ley manifestaba, en las costumbres de los hombres, el poder y la fuerza propios de la naturaleza de diversas fieras; ya que los hombres, a causa del diabólico engaño, se habían hundido en todos los vicios, olvidándose de Dios y viviendo de acuerdo al gusto y beneplácito de su voluntad. Así, unas veces trabajaban con sus brazos como los hombres, pero otras, con las obras de sus manos, imitaban la cruel rapacidad de las fieras. [...] *Y viste una túnica de piedra* [...]: porque esos hombres que vivieron en ese tiempo se habían rodeado de la dureza y el peso de los pecados y no se convertían del mal al bien; aunque veían en su conocimiento que llevaban a cabo las obras malas y deshonestas con las que la antigua serpiente se regocija, no querían abandonarlas." Entre estas obras malas y deshonestas Hildegarda cita la relación carnal de los hombres con las bestias, con total olvido de su propia naturaleza, aquélla en la que Dios había formado al hombre. De allí la elección de los animales citados: el leopardo, animal orgulloso y cruel, poderoso y agresivo, pero también un animal bastardo, en tanto se dice que es engendrado por un león y una pantera; y el oso, animal de gran fuerza, que en parte parece humano por su capacidad de adoptar la posición erecta. Un animal bastardo, y otro animal que parece humano son los que simbolizan a los hombres de ese tiempo. Y continúa: *"La otra imagen tiene rostro y manos de hombre, puestas una sobre la otra; pero muestra sus pies de gavilán* para significar aquel tiempo, posterior al diluvio, en el que las costumbres del

de manera tal que el mundo, trastornado, se ve envuelto en muchos peligros. Pues este tiempo mira hacia aquel tiempo en que la primera mujer hizo caer en el engaño al primer varón <*Gén.* 3>. Sin embargo, el varón posee más fuerzas de las que la mujer pudiera obtener. Pero la mujer es fuente de sabiduría y de gozo pleno, que el varón lleva a su plenitud. Ay, ay, este tiempo no es frío ni caliente <*Apoc.* 3, 15-16>, sino tibio. Después de éste vendrá un tiempo que en medio de grandes peligros y en el temor, la injusticia y la ferocidad, ofrecerá hombres fuertes. Luego soplará el error de los errores que andan errantes, como los cuatro vientos que difunden su voz en medio de grandes peligros.[4]

---

hombre se hallaban regidas por la Ley. Y así fue hasta el momento aquel en que la severidad y el rigor de la Ley flaqueaban. [...]. *Viste una túnica como de madera*: porque ese tiempo había traído a sí la vieja Ley, que descuidaba los frutos espirituales. *Desde su parte superior hasta el ombligo la figura se muestra blanca*, porque el tiempo en que vivió Noé –quien reconoció a su Creador y supo que él era un hombre, y construyó el primer lugar sagrado en el que ofreció sacrificios a Dios–, surgió como luminoso hasta Abraham –quien era como el ombligo en cuanto a la fuerza–; y esto fue así porque, a causa de la precipitación de las aguas, los hombres se habían aterrorizado de manera tal que luego, y por algún tiempo, conservaron el temor de Dios con rectitud. *Pero desde el ombligo hasta los muslos es rojiza*, significando el tiempo que va desde Abraham hasta Moisés, tiempo ardiente en razón de la circuncisión: porque como la aurora se adelanta al sol, así Abraham precedió a la humanidad del Hijo de Dios en virtud del signo de la circuncisión, con el que mortificó la lujuria. *Desde los muslos hasta las rodillas es grisácea*, mostrando que el tiempo transcurrido desde Moisés como legislador hasta el exilio en Babilonia avanzó en la dureza y en la severidad de la Ley según la carne, y que también entonces comenzó a inclinarse y a desviarse hacia muchas y diversas vanidades. *Y desde las rodillas hasta la punta de los pies es oscura*, significando el tiempo que se extiende desde el cautiverio de Babilonia hasta el término de la misma Ley, cuando vino el Hijo de Dios, Quien en Sí mismo la llevó a su plena realización. Este tiempo apareció como oscuro por la negligencia y el embotamiento, ya que entonces la Ley misma era considerada como algo humillante; y como agua turbulenta, tenida por nada, tendía a su final según la carne." (Ibíd., 3, 2, 8, pp. 361-63). En cuanto a otras posibles interpretaciones véase C.15, Apéndice I (nuestra edición, p. 83).

4   Este último tiempo es el del Anticristo en cuya descripción, en *Scivias* <Conoce los caminos del Señor> 3, 11 (p. 577), se hace referencia al error y al engaño: "En ese lugar propio de la mujer apareció una monstruosa cabeza renegrida, con ojos de fuego y orejas como las orejas de un asno, y nariz y boca como de león, que con su gran boca bramaba, y afilaba sus dientes de una manera espeluznante, que eran como de hierro y horrendos. Desde esa cabeza hasta sus rodillas la imagen era blanca y roja y estaba como golpeada con gran saña; pero desde las rodillas hasta dos franjas blancas situadas inmediatamente por encima de los talones, aparecía ensangrentada. Y he aquí que la monstruosa cabeza se separó de su lugar con un fragor tan grande que todos los miembros de la imagen de la mujer se sacudían violentamente. Pero además, una gran masa como de estiércol se unió a aquella cabeza, que, elevándose sobre ella como sobre un monte, intentó ascender a lo alto de los cielos. Y de repente vino como el rayo de un trueno, golpeando con tanta fuerza esa cabeza que cayó del monte y entregó su espíritu a la muerte. De pronto una niebla hedionda cubrió todo el monte envolviendo esa cabeza en una inmundicia tal, que las gentes que se encontraban presentes fueron presas del más grande terror; la niebla permaneció cerca del monte durante un breve tiempo. Viendo esto las personas que estaban allí, agitadas por un inmenso temor se decían: Ay, ay, ¿qué es esto? ¿Qué os parece que ha sido esto? ¡Ah,

          A. A. Fraboschi[†], C. I. Avenatti de Palumbo y M. E. Ortiz

Ahora ¡oh Pastor!, escucha lo que te concierne de parte de la Justicia de Dios, porque la gracia de Dios no te constituye en vano en tu cargo. Pero en cuanto comienzas a realizar obras buenas, pronto te fatigas; mas cuando eres llamado a la sinfonía[5] y te pones en oración, al punto te secas.

¡Oh, oh, tú que haces las veces de Cristo!, oye de nuevo: Cierto Rey tenía cierta ciudad en grandes honores, la cual encomendó a tres de sus hombres para que la custodiaran. Al primero le confió la torre; al segundo, la parte llana de la ciudad; y al tercero, el muro de la misma con sus baluartes. Tú has sido puesto en la torre; tu pueblo, en la superficie de la ciudad, y tu clero, sobre el muro con sus baluartes. Por eso, si el muro de la ciudad es asaltado y su planicie arrasada, tú, sin embargo, custodia su torre; y sé un custodio tal que no sea destruida ni arrasada toda la ciudad.

Que el esplendor de la Paloma te enseñe, y la Palabra de Dios no carezca en ti de ciencia. Por eso, ahora vigila <*Apoc.* 3, 2>, y castiga con vara férrea <*Sal.* 2, 9>, y enseña, y unge las heridas de los que te han sido confiados, y vivirás por siempre.

---

pobres de nosotros! ¿Quién nos ayudará? ¿Quién nos salvará? Porque no sabemos cómo fuimos engañados. ¡Oh Dios todopoderoso, ten misericordia de nosotros! Retornemos, volvamos pues prontamente al testimonio del *Evangelio* de Cristo, ya que ¡ay, ay, ay!, amargamente hemos sido embaucados."

5   La referencia puede ser al concierto de las voces del Cielo (ángeles y bienaventurados) y las de la tierra (los religiosos y todo hombre en oración), que alaban al Señor. El texto de la Carta 23 a los prelados de Maguncia lo dice: *Todo espíritu alabe al Señor* <*Sal.* 150, 3-6>. Con estas palabras [...]" (C.23, nuestra edición, §§ 5-7, p. 111-112). Y para abundar en la idea traemos este texto del *Liber vite meritorum* <El libro de los merecimientos de la vida> 5, 77 (p. 257): "Así como Dios es alabado por los ángeles, y así como en esta alabanza se conocen Sus obras –que resuenan en las cítaras, en las músicas y en todas las voces de la alabanza, porque esto es la ley de la actividad propia de los ángeles–, así también debe ser alabado por el hombre, ya que el hombre aparece asimismo bajo dos aspectos, a saber, alabando a Dios, y mostrando en sí las obras buenas: porque Dios es conocido mediante su alabanza, y a través de sus buenas obras se manifiestan en él –en el hombre– las maravillas de Dios. Pues el hombre es angélico por la alabanza y por sus obras santas es hombre. Él mismo es la plenitud de la obra de Dios, porque con la alabanza y con las obras, todas las maravillas de Dios se cumplen en él."

Carta 27r, a Arnoldo, arzobispo de Tréveris, año 1169

Arnoldo –sobrino de Hildegarda–, quien acaba de ser nombrado arzobispo de Tréveris, escribe a la abadesa quejándose en primer lugar del afecto que ella dispensa a Wezelino, hermano de Arnoldo y prior de San Andrés, y a quien acusa de ser, no un verdadero amigo de Hildegarda, sino tan sólo un aprovechado adulador. Pero luego pasa a darle la noticia de su nombramiento, que, según declara, no fue buscado por él; dice vivirlo como una carga, mas confía en Dios para su buen desempeño. Se refiere luego a la sanación que obrara la abadesa en una mujer que se entendía estaba poseída por el demonio, y le pide le envíe el medio que implementó para liberarla de su obsesión. Finalmente, le ruega su oración por él.

Oh tú, eres un árbol plantado por Dios, como dice Pablo: *Todo poder viene de Dios* <*Rom.* 13, 1>, ya que, según la máxima autoridad, toda dignidad y poder ha sido conferido mediante la invocación de Su nombre, por lo que en dicha invocación el árbol adquiere la fecundidad propia del honor de Su nombre. No prestes atención a lo que no es de Dios y a todo lo que se hace con la mano izquierda, para no caer en el pecado de soberbia, al igual que el primer ángel, Satanás, quien, oponiéndose a Dios, quiso robarle furtivamente ese honor que muchas personas arrebatan para sí mismas, sin tener en cuenta los medios empleados para ese fin. Tal actitud es nada a los ojos de Dios, porque *sin Él no se hizo nada* <*Juan* 1, 3>, por lo que Dios destruye todo lo que se aparta de Él.

Por lo tanto, sé solícito para dar testimonio a las personas –en la medida en que con la gracia de Dios puedas hacerlo– a través de los mandamientos de Dios,[1] que son tan exuberantes como las hojas de un árbol. Pues te pesan muchas

---

[1] "Tu Creador te ha dado con gran amor, porque eres Su creatura, el mejor tesoro: un entendimiento vivo. Y te ordenó, a través de las palabras de la Ley establecida por Él, que lo hicieras fructífero en buenas obras y que fueras rico en virtudes, para que por esto tu buen Dador fuera conocido con mayor deseo y más amorosamente. Por lo cual conviene que a toda hora medites de qué manera este don tan grande que recibiste, tornándose provechoso tanto para otros cuanto para ti mismo en las obras de la justicia, irradie de ti el esplendor de la santidad, a fin de que los hombres, estimulados por tu buen ejemplo, honren a Dios con sus alabanzas." (*Scivias* <Conoce

   A. A. Fraboschi [†], C. I. Avenatti de Palumbo y M. E. Ortiz

tribulaciones propias de la carga de tu oficio, tales como la pobreza; ya que las riquezas y el mucho dinero no aman los bienes celestiales.[2] De esta manera, Dios aparta del hombre su propio deseo y voluntad, para que pueda suspirar por la patria celestial. Por lo cual conviene que un hombre pobre ame al pobre y un hombre rico trate con un hombre rico, porque la sabiduría da un anillo al hombre pobre, pero niega un pendiente al rico.

Por tanto, en cuanto a tu oficio sacerdotal, ten presente esto: *No escondí tu justicia dentro de mi corazón: he declarado tu fidelidad y tu salvación. <Sal. 40(39), 11>*. Lo que significa: la Justicia de Dios no se esconde a sí misma, sino que ensancha y extiende sus caminos y no se avergüenza de recorrerlos. Tampoco oculta sus heridas anteponiendo el mal al bien, como por ejemplo hace la Injusticia, cuando dice que la vida es también un infierno, y que se debe caminar en ambas direcciones a la vez. La Justicia no se macera ni se debilita en esta falacia, ni besa a la Injusticia con multiplicidad de palabras, sino que la pisotea bajo sus pies. Del mismo modo, la Verdad no alaba las obras que se realizan al margen de Dios, sino que, como un valiente caballero, se prepara para enfrentarse a ellas en la batalla.

Ahora, deja que la Justicia sea tu escudo, y revístete de su verdad como con una armadura <*Ef.* 6, 14-17>, de modo que aparezcas bien armado ante Dios y no como un fugitivo en compañía de la vanidad, y aprende a saciarte de los pechos de la Justicia. Además, aprende a sanar las heridas de los pecadores arrepentidos con la misericordia, al igual que el Médico supremo os ha dejado un ejemplo saludable para la restauración de la salud de las personas.

Tú, que en virtud de la disposición de Su nombre has sido establecido en el fecundo vigor de ese bendito hombre que no escucha al impío diablo –llamado

---

los caminos del Señor> 3, 10, 9, p. 557). Se señala aquí el don de Dios, el discernimiento, dado al hombre para su propio bien y para el de quienes lo rodean, aquéllos con quienes tiene trato: el valor del testimonio.

2   "En tiempos pasados, algunas generaciones anhelaban en su espíritu las riquezas y los honores del mundo y buscaban signos en el sol y en las estrellas, y decían que tanto ellos como aquéllos en quienes confiaban, eran dioses. ¿De qué les aprovechó esta vanidad? ¿Y dónde están ahora sus riquezas, sus honores y sus tierras? <*Bar.* 3, 16-19>. En el Infierno, ya que sufren los castigos merecidos porque no permanecieron en la presencia del Espíritu Santo, y porque no deseaban los bienes celestiales sino que pedían los bienes materiales y caducos." (*Liber vite meritorum* <El libro de los merecimientos de la vida> 4, 14, p. 181). Contrariamente, "el hombre fiel, permaneciendo en el conocimiento de Dios, tiende a Él en todas sus necesidades, tanto en las espirituales cuanto en las mundanas; y en todas sus acciones, prósperas o adversas, anhela a Dios, porque en ellas despliega sin cesar toda su devoción a Él. Pues así como el hombre ve con sus ojos corporales a todas las creaturas por doquier, así en la fe descubre y ve a Dios en todas partes y Lo conoce a través de las creaturas, porque comprende que Él es su Creador." (*Liber divinorum operum* <El libro de las obras divinas> 1, 2, 15, p. 74).

impío porque no amó bien alguno–, ten cuidado con gloriarte en las riquezas
<*Ecli*. 31, 8>, porque al final el dinero es engañoso ya que se acaba, tanto después
de un año como después de treinta. Más bien regocíjate en el monte Sion, donde
la eterna ayuda del Altísimo está en la eternidad, y donde *todo espíritu alaba al
Señor* <*Sal*. 150, 6>.[3]

Sé una montaña de marfil, desde cuyas ventanas vuelan los dardos del recto
juicio de la justicia contra tus adversarios. Corre también a las alturas de la ley
y la justicia de Dios, como el capricornio,[4] no sea que caigas inerme a causa de
la inestabilidad, y tus hijos se levanten de todos lados de la Iglesia y te reclamen
como sustento el alimento de la justicia. Por eso, aprende la buena doctrina, para
que puedas satisfacerlos.[5]

---

3 "[…] santifícate ante Dios dando parte de tu riqueza para aliviar a quienes se hallan en necesidad […]. Si esto hicieras, esta compasión que tienes hacia quien no posee tesoro alguno, te será
de mayor provecho que si, ascendiendo sobre una gran montaña, tuvieras y exhibieras en tu
soberbia una inmensa riqueza en oro. ¿Cómo? Es mejor para ti dar humildemente una pequeña
cantidad a quienes son tenidos por insignificantes, que poseer con gran deleite el reino de este
mundo: porque entonces y debido al peso de tu soberbia, en la remuneración de Dios te faltaría
la misericordia, ya que no tuviste entrañas de compasión para con el pobre." (*Scivias* <Conoce
los caminos del Señor> 2, 6, 89, p. 298-99). Nótese la soberbia montaña de la riqueza por un
lado, y por otro el monte Sion, la morada del Señor y el lugar de la alabanza.

4 "En la nube luminosa aparecieron el sol y la luna: en el sol había un león, en la luna un capricornio.
El sol brillaba sobre el cielo y en el cielo, en la tierra y bajo la tierra; y surgiendo así avanzaba
y retornaba al declinar. Cuando el sol avanzaba, el león avanzó con él y en él, y se apoderó de
muchas presas; y cuando se retiraba, el león se retiraba con él y en él, dando muchos rugidos a
causa de su alegría. También la luna, en la que se hallaba el capricornio, seguía paso a paso al
sol, avanzando y retornando con el carnero. Y el viento sopló y dijo: "Una mujer parirá un hijo,
y el capricornio luchará contra el aquilón." (*Liber vite meritorum* <El libro de los merecimientos
de la vida> 1, pp. 11-12). El león es un tradicional símbolo de poderío y de soberanía. Pero el
Poder de Dios, que dice relación a Dios Padre, se hace visible en la encarnación de Su Hijo, y
por eso el león es también representativo de Cristo (el León de Judá), cuya doble naturaleza
significa: la divina, en la fortaleza de su parte delantera, y en la parte trasera, más delgada y
débil, la naturaleza humana. El rugido del león es imagen de la predicación del Verbo encarnado,
expandida en el espacio y en el tiempo a través de los apóstoles y sus sucesores, para atraer a Sí
y congregar finalmente al pueblo de Dios. El capricornio –cabra que siempre busca las alturas
del monte– es símbolo de la Iglesia que "una vez vencida la muerte, sigue con gran victoria el
misterio de Dios, avanzando en cuanto a las cosas espirituales y retrocediendo en cuanto a las
mundanas." (Ibíd., 1, 57, p. 35). Sobre el Aquilón, véase C.6, n. 8 (nuestra edición, p. 55) y C.55,
n. 1. (nuestra edición, p. 175).

5 "Porque con Su poder celestial el Espíritu Santo, repartiendo entre los hombres los diversos
rayos de Sus dones, los difunde más luminosos que el sol, e inefablemente distribuidos en la
penetrante mirada de las almas de Sus fieles. Ilumina así su sentido y su entendimiento, de
manera tal que con gran perspicacia entiendan, en cualquier asunto, qué es lo conveniente para
ellos en lo que a Dios se refiere." (*Scivias* <Conoce los caminos del Señor> 3, 6, 34, p. 458).

  A. A. Fraboschi[†], C. I. Avenatti de Palumbo y M. E. Ortiz

Como tú has pedido, he mirado hacia la Luz Verdadera, y apenas pude ver el comienzo de tus buenas obras. Ahora, empero, sé más diligente en la realización de las buenas obras, de manera que después yo pueda escribirte más cosas por la gracia de Dios. Y sé un fiel amigo de tu alma, de manera que llegues a vivir eternamente.

Por último, respecto a la mujer asediada por el demonio[6] sobre la que preguntaste, hemos visto muchos milagros que son imposibles de poner por escrito ahora. Pero hemos sabido que el aliento del diablo se hizo más y más débil, día tras día, hasta que por fin se desvaneció, y la mujer fue liberada de la fatiga y el agotamiento causados por el diablo y de la enfermedad que se había apoderado de ella, y de la cual, en ese momento, ella era inconsciente. Pero ahora ha recuperado sus fuerzas, tanto las del cuerpo cuanto las del alma, gozando de plena salud.[7]

---

6   La referencia es a Sigewiza, una joven noble de Colonia –ciudad donde Hildegarda pronunció una notable predicación contra la herejía cátara, en 1163–, quien desarrolló una fortísima obsesión tenida por diabólica, hecho que prontamente se divulgó, adquiriendo grandes proporciones. En su curación, o liberación, intervinieron primero Gedolfo, el abad de Brauweiler (al norte de Colonia), quien, transcurridos algunos años de inútiles intentos, pidió finalmente –en 1169– la ayuda de Hildegarda, la cual, enferma, se la brindó a través de una carta (véase C.68r, nuestra edición, p. 201). Ante la inutilidad del procedimiento indicado por la abadesa de Bingen, ella misma se hizo cargo del tema, culminando su intervención con éxito. Todo el episodio se halla narrado en *Vita Sanctae Hildegardis Virginis* <Vida de la santa virgen Hildegarda> III, 20-22, pp. 56-65.

7   Véase Carta 158r –respuesta de Hildegarda al Decano de Colonia– año 1169. *Epistolarium* 91a, pp. 353-4 y Carta 68r (nuestra edición, p. 201).

Carta 28, a Arnoldo, arzobispo de Tréveris, entre 1169 y 1170

Cumpliendo la promesa esbozada en la carta anterior, la abadesa de Bingen escribe al arzobispo Arnoldo esta carta, en la que lo exhorta a la humildad.

Oh, siervo de Dios y en familiar amistad con Él, contempla el día que en la primera aurora surge claro y luminoso y así sereno permanece hasta la noche, sin verse turbado por remolino alguno o por tormentas. Mas también existe el día que amanece límpido y claro pero después se vuelve peligroso por las tempestades, por lo que se hace imposible alabar su comienzo, dado que al final se muestra desagradable y gravoso para los hombres. Por lo tanto ten cuidado, no sea que te atribuyas a ti –y como tuyas– las buenas cualidades que posees en tu ánimo o en tus obras. Antes bien, atribúyelas a Dios, de Quien proceden todas las virtudes como las chispas provienen del fuego. Recuerda, también, que eres ceniza y que volverás a ser ceniza <*Gén.* 3, 19; *Job* 34, 15; *Sal.* 103(102), 14>, y, por tanto, da a Dios el honor debido por Sus dones que reconoces en ti. Porque aquél que es consciente de que tiene buenas cualidades, pero las atribuye a sí mismo, es semejante al hombre infiel que adora y rinde culto a las obras de sus propias manos.

Por lo tanto, amado hijo de Dios, cíñete con la verdadera humildad arrojando lejos de ti toda vanagloria, y serás entonces como el luminoso día al que ninguna tormenta oscurece,[1] y en ti el buen comienzo será llevado a su perfección en el buen final: de esta manera no serás semejante al día que tiene un comienzo claro, pero termina tormentoso. Que el fuego del Espíritu Santo nunca se extinga en ti, de manera tal que, perseverando con alegría en Su misterio, puedas llegar a la suprema bienaventuranza.

---

1   "He habitado en las alturas con el Creador, y con Él he descendido a la tierra, y así habito en todos sus confines. Por lo que no puedo decir mentirosamente palabras como de paso, como si dijera: soy esto y esto, cuando no lo soy; porque si esto dijera, no sería el sol que debe iluminar las tinieblas. Pues con Dios atravieso todas las tinieblas, por lo que ninguna tempestad podrá sacudirme y trastornarme, porque estoy con Dios en la plenitud de Su bondad." Son palabras de la Humildad, con las que responde a la Soberbia (*Liber vite meritorum* <El libro de los merecimientos de la vida> 3, 4, p. 126).

     A. A. Fraboschi [†], C. I. Avenatti de Palumbo y M. E. Ortiz

Finalmente, oh siervo de Dios, con toda la devoción de mi corazón encomiendo a tus oraciones a mi amado hijo, el abad de San Eucario, quien me llama Madre, aunque soy indigna. Ruega por él a Dios todopoderoso, para que lleve a buen término las buenas intenciones de su corazón, y para que llegue a ser tal en la vida presente, que merezca alcanzar los bienaventurados gozos de la vida eterna. Yo también gustosamente rezaré por él, en la medida de mis posibilidades y con la ayuda de mi Dios. Y te suplico, por el amor de Dios, que también a mí te dignes recordarme ante el Señor.

Carta 30, a Eberhardo, obispo de Bamberg, año 1157

La abadesa de Bingen escribe esta breve esquela al obispo de Bamberg para pedirle ayuda en favor de Gertrudis, viuda del conde Germán de Stahleck, hermana del rey Conrado III, tía de Federico Barbarroja y ahora monja. Gertrudis y su esposo acudieron en ayuda de Hildegarda en su monasterio de San Ruperto, y la agradecida abadesa solicita a Eberhardo un monasterio mejor que aquél en que actualmente mora Gertrudis y sus otras compañeras.

Cierto hombre se levantó en la mañana y plantó una viña. Luego, por múltiples motivos, puso sus ojos en caminos ajenos, y así se acabó su interés y su empeño.

Ahora, padre de familia, mira a tu hija Gertrudis que, como peregrina, fue llamada desde su tierra, como Abraham que salió de su tierra. Entregó <*Gén.* 12, 1-5> todo lo que tenía y compró una perla <*Mat.* 13, 45-6>. Ahora, pues, su pensamiento se ve sofocado por muchas preocupaciones como la uva en la prensa de vino. Ayúdala cuanto puedas por amor a Aquél Quien fue antes del principio y Quien todo lo ha llenado de misericordia, de tal modo que en esta hija la viña no sea destruida.

 A. A. Fraboschi [†], C. I. Avenatti de Palumbo y M. E. Ortiz

Carta 31r, a Eberhardo, obispo de Bamberg, entre 1163 y 1164

Hildegarda desarrolla un verdadero tratado teológico en respuesta al obispo Eberardo de Bamberg, que le ha solicitado le exponga lo ella ve bajo la luz de la revelación divina, acerca de la siguiente sentencia: *"La eternidad subsiste en el Padre; la igualdad, en el Hijo y la conexión entre eternidad e igualdad, en el Espíritu Santo"*. Esta aprovecha a exhortarlo a que no desperdicie la enseñanza, sino que la use para nutrir a su pueblo; y le vierte una larga exposición acerca de los atributos de cada una de las personas divinas.

Quien es <*Éx.* 3,14; *Apoc.* 1,4> y a quien nada se le oculta dice: Oh Pastor, no hagas correr en dulce arroyo los bálsamos del perfume, que ha brotado para que sea ofrecido a los espíritus simples, que no tienen [otros] pechos de materna misericordia de donde mamar. Los que no tienen estas cosas, desfallecen. Ofrece, por tanto, tu antorcha real, para que no sean dispersados por la adversidad y levántate a la Luz Viviente.

Ahora, oh Padre, yo, pobrecilla, contemplé la luz verdadera y, según lo que allí vi y oí en verdadera visión, lo que pediste que te expusiera así [ha sido] expuesto, no con palabras mías sino con las de la verdadera Luz, la cual nunca falla, y de este modo las transmito:

En el Padre subsiste la eternidad. Esto es así: a la eternidad del Padre nada puede serle quitado ni añadido, porque la eternidad permanece a semejanza de la rueda, que no comienza ni tiene fin.[1] Así en el Padre está la eternidad antes que toda creatura, porque la eternidad fue desde siempre y para siempre. ¿Y qué es la eternidad? Es Dios. Mas la eternidad no es eternidad sino en la vida perfecta.

---

1   "En la ciencia del verdadero amor [*caritatis*], que es Dios, la forma del mundo existe girando sin desintegrarse, algo maravilloso para la naturaleza humana. Ni es consumida por la vejez ni se acrecienta por novedad alguna sino que, tal como fue creada por Dios al comienzo, así perdurará hasta el fin de los tiempos. Pues, en Su presciencia y en Su obrar, la Divinidad es como una **rueda** íntegra e indivisa, porque no tiene inicio ni fin ni puede ser abarcada y comprehendida por persona alguna, porque es sin tiempo. Y como el círculo contiene cuanto está oculto en su interior, así la santa Divinidad abraza infinitamente todas las cosas y se eleva sobre ellas, porque nadie podrá dividirla en Su poder ni superarla, ni llevarla a Su fin." *(Liber divinorum operum* <El libro de las obras divinas> 1, 2, 2; p. 66).

Por eso Dios vive en la eternidad. Pero la vida no procede de la mortalidad, sino que la vida está en la vida. El árbol, en efecto, no florece sino a partir de su propia vitalidad, y la piedra no existe sin su humedad, ni creatura alguna [existe] sin su propia fuerza de vida. La misma eternidad que vive, no lo hace sin su capacidad intrínseca de generar la vida.

¿De qué modo? El Verbo del Padre, en su actividad propia, profirió a toda creatura, y así el Padre no está ocioso en Su poderosísima energía. De ahí que Dios es llamado Padre, porque de Él proceden todas las cosas. Y por esto también la eternidad subsiste en el Padre, porque Él mismo fue Padre antes del principio, y eterno antes del comienzo de Sus esplendorosas obras, que aparecieron todas en la presciencia de Su eternidad. Pero lo que permanece en el Padre no está de la misma manera como la causa está en el hombre, la cual algunas veces es dudosa, otras pasada, otras futura, a veces nueva y otras vieja, sino que lo que está en el Padre es siempre estable.

El Padre es la clara luz y esa luz tiene resplandor, y ese resplandor tiene fuego, y son una sola cosa. Quien esto no cree, no ve a Dios, porque quiere quitarle lo que es, y Dios no puede ser dividido. Pero las obras que Dios creó, cuando el hombre las divide, pierden la integridad de las propiedades que corresponden a sus nombres, como las habían tenido antes [de la división].

La paternidad es la clara luz de la que nacen todas las cosas y que a todas circunda, porque proceden de Su propia energía. Pues también esa misma energía hizo al hombre y hacia él dirigió el soplo de la vida. Pero también el hombre tiene en sí mismo energía para producir un efecto eficaz. ¿De qué modo? Así como la carne procede de la carne, así también el bien procede de aquéllo que es bueno y se difunde en buena fama, y por el buen ejemplo se acrecienta en otro hombre. Estas fuerzas se encuentran carnal y espiritualmente en el hombre, porque lo uno procede de lo otro. El hombre naturalmente ama mucho sus obras, porque las realiza a partir de su ciencia. Así también Dios quiere que Su energía se manifieste a través de toda clase de cosas, porque son Su obra.

Y el resplandor da ojos, y aquel resplandor es el Hijo, Quien ha dado ojos cuando dijo: *Hágase* <*Gén.* 1>. Entonces todas las cosas aparecieron corporalmente en el Ojo Viviente. Y el fuego que es Dios, penetra estos dos términos, porque no sería posible que la luz careciera de resplandor. Y si en éstos no hubiera fuego, la claridad no irradiaría, ni el esplendor brillaría: pues en el fuego se ocultan la llama y la luz; de otro modo, no habría fuego.

La igualdad corresponde al Hijo. ¿De qué modo? Todas las creaturas estuvieron en el Padre antes de la eviternidad, ordenándolas Él mismo en Sí mismo;

    A. A. Fraboschi[†], C. I. Avenatti de Palumbo y M. E. Ortiz

después, el Hijo las puso por obra. ¿Cómo? Como hace el hombre, que concibe en sí mismo la idea de grandes obras, que luego profiere con su palabra, y de ahí que aquéllas proceden de su buen decir.

El Padre dispone, el Hijo pone por obra. Porque el Padre ordenó todas las cosas en Sí mismo, y el Hijo las realizó. La luz procede de la luz que existía en el principio, eternamente, antes de la eviternidad. Y esta luz es el Hijo, cuyo resplandor procede del Padre y por Quien todas las creaturas han sido hechas. Y el Hijo, que antes no se había manifestado en forma corporal, también vistió la túnica del hombre. Así Dios vio todas Sus obras ante Sí como luz; y cuando dijo: *Hágase*, cada una de ellas, según su género, se vistió de su ropaje.

Entonces Dios se inclinó hacia Su obra, y así, en cierto sentido, esta igualdad con el hombre también subiste en el Hijo de Dios, porque Él mismo se revistió de humanidad, así como las obras de Dios se revistieron de sus cuerpos. En efecto, Dios conoció de antemano todas Sus obras, las cuales ejecutó; por eso, se volvió hacia el hombre en la humildad de la humanidad, porque la divinidad es tan perfecta que, si no hubiera revestido la humanidad, no habría podido perdonar en el hombre nada que se opusiera al bien, porque *todas las cosas fueron hechas por Él y sin Él nada se hizo* <Juan 1,3>. Todas las cosas perceptibles por la vista, el tacto o el gusto fueron hechas por Él mismo, y a todas las previó en función de alguna necesidad del hombre: algunas, a saber, para el abrazo de la caridad, otras para el temor, otras para la ciencia, otras para la disciplina, otras para la previsión de cualquier tipo de circunstancias.

Y sin Él no se hizo nada <Juan 1,3>. Esta "nada" es la soberbia.[2] Aquélla es la actitud de quien piensa en sí mismo y en nadie confía. Pues ella misma quiere lo que Dios no quiere, y para esto, siempre toma en cuenta lo que ella misma establece; y es tenebrosa, porque la luz de la verdad la rechaza, y porque comenzó lo que no podía llevar a término, de donde se sigue que no es nada, porque no ha sido hecha ni creada por Dios. Ella misma tuvo origen en el primer ángel, cuando este miró su [propio] fulgor y dio comienzo a su reputación; y no vio de quién provenía ese mismo brillo, sino que se dijo a sí mismo: Quiero ser el Señor y no quiero que haya otro. Así, su gloria se disipó y fue hecho príncipe de la Gehena.

---

2   "Y como Lucifer, con su voluntad perversa, se alzara hacia la nada –porque fue nada lo que quiso e intentó crear–, cayó hacia la nada y no pudo levantarse, porque bajo él no había sino un abismo sin fondo. [...] Pues cuando se extendió hacia la nada, el propósito e inicio de su extenderse produjo el mal, y al punto este mal, sin luz ni esplendor en sí mismo, ardió a causa de la envidia que experimentaba ante Dios, girando y dando vueltas sobre sí mismo como una rueda, y mostró en su seno tinieblas abrasadoras." (*Causae et curae* <Las causas y los remedios de las enfermedades> 1, p. 1, línea 25- p. 2, línea 7).

Entonces Dios otorgó la gloria de aquél a otro hijo suyo,[3] el cual fue creado con tan robusta fuerza que todas las creaturas lo asumen [como señor]; y también, que ha sido constituido con tanto poder, que por nada perdiera aquella gloria.[4] Pero, en virtud de aquella maldición por la cual el diablo rechazó a Dios, la necedad del hombre deseó ser semejante a Dios en honor; es decir, [quiso ser] lo que Dios es. Pero, con todo, no dejó de lado aquel amor que sabía que Dios era. Por ende, la realidad del diablo es absolutamente tenebrosa, porque no quiso que Dios tuviera gloria. Adán, en cambio, quiso que Dios tuviera gloria, pero deseó tenerla en plano de igualdad con él. Por lo cual, es perfecto en su realidad, porque algo de luz hay en él, pero al mismo tiempo está colmado de múltiples miserias.

En el Espíritu Santo radica la conexión entre la eternidad y la igualdad. El Espíritu Santo es fuego, pero no un fuego extinguible, que a veces se muestra ardiente y otras veces se apaga. Pues el mismo Espíritu Santo se derrama y conecta la eternidad con la igualdad, de tal manera que son una misma cosa, como el hombre que sujeta un manojo –ya que si el manojo no estuviera atado no sería un manojo, sino que se desparramaría–; y también, como un artesano que funde las propiedades de dos metales en una, por el fuego, de donde resulta como una espada versátil, que se blande en todas la direcciones. El Espíritu Santo manifiesta la eternidad, enciende la igualdad, de manera tal que son una sola cosa. El Espíritu Santo es fuego y es esta vida en la eternidad y la igualdad; porque Dios vive. El sol, en efecto, es claro y su luz resplandece, y en él arde el fuego que ilumina a todo el mundo: y todo se muestra como una sola cosa. Pero cualquier cosa en la cual no hay energía alguna, está muerta; como el leño que ha sido cortado del árbol está seco, porque no tiene energía vital.

El Espíritu Santo, es pues, el principio que consolida y vivifica. Porque sin el Espíritu Santo, la eternidad no sería eternidad, ni la igualdad sería igualdad.

---

3 El hombre.

4 "Pero viste que aquel gran esplendor que les había sido arrebatado a los ángeles rebeldes cuando se extinguieron, retornaba inmediatamente al Ser Quien se sentaba en el trono: es decir que el diáfano y gran fulgor que el diablo perdió a causa de su soberbia y su contumacia, cuando el germen de la muerte penetró en él y en todos sus secuaces –porque Lucifer tenía una luz más pura que la de los otros ángeles– volvió a Dios Padre, guardado en Su misterio, porque la gloria de Su esplendor no debía quedar vacía, sino que Dios la conservó para otra creatura luminosa. [...] Pues Yo, Dios celestial, conservé la noble luz que se separó del diablo por su maldad ocultándola cuidadosamente junto a Mí, y la di al lodo de la tierra que formé a Mi imagen y semejanza, como un hombre hace cuando muere su hijo, cuya herencia no puede pasar a sus descendientes porque no tiene hijos; el padre toma la herencia y en su espíritu la dispone para otro hijo suyo aún no nacido, para dársela cuando hubiere nacido." (*Scivias* <Conoce los caminos del Señor> 3, 1, 16, pp. 344-45).

 A. A. Fraboschi [†], C. I. Avenatti de Palumbo y M. E. Ortiz

El Espíritu Santo está en ambas realidades y son una sola cosa en la divinidad, es decir que Dios es uno.

La racionalidad, por tanto, tiene tres fuerzas, a saber, sonido, palabra y soplo. El Hijo es en el Padre como el verbo al sonido; el Espíritu Santo es, en uno y en otro, como el soplo al sonido y al verbo.[5] Y estas tres personas, como se ha dicho antes, son un solo Dios. La eternidad conviene al Padre, porque nada [hubo] antes que Él, puesto que la eternidad no tuvo comienzo, a diferencia de las obras de Dios, que sí tienen principio. Al Hijo conviene la igualdad, dado que el Hijo nunca se alejó del Padre, ni el Padre se vio privado del Hijo. Pero al Espíritu Santo corresponde la conexión, por la cual el Hijo siempre permanece en el Padre y el Padre en el Hijo, puesto que el Espíritu Santo es vida ardiente, y son uno.

Y está escrito: *El Espíritu del Señor llenó el orbe de la tierra* <Sab 1,7>. Es decir: ninguna creatura visible ni invisible carece de vida espiritual y con respecto a aquéllas que el hombre no conoce, su intelecto busca hasta conocerlas. En efecto, de la savia vital provienen la flores; y de las flores, los frutos de los árboles frutales. Hasta las nubes tienen su curso. La luna y las estrellas arden con fuego; los árboles, por su vigor fecundo, hacen brotar las flores; hay agua que inunda, ríos que manan y viento para refrescar. Así, la tierra exuda su humedad.

Por tanto, todas las creaturas tienen lo que se ve y lo que no se ve. Lo que se ve es débil y lo que no se ve es fuerte y vital. Esto busca conocer el intelecto del hombre porque no lo ve. Estas son las fuerzas de las obras del Espíritu Santo.

Y éste es el que contiene todas las cosas <Sab 1,7>. ¿Quién es éste? El hombre contiene todas las cosas. ¿De qué modo? Dominando, usando, mandando. Esto le corresponde a él porque Dios se lo otorgó.

Tiene conocimiento de la voz <Sab 1,7>. Esto es la racionalidad, que se expresa en la palabra. La voz es el cuerpo, la racionalidad es el alma, el calor del aire es el fuego y los tres son uno. Porque la racionalidad, cuando manda, está creando por la voz que es oída, y todas sus obras se llevan a cabo; y por esto Él acude a crear: porque según lo que mande, así será. Por eso ninguna de las obras de Dios es vana.

En efecto, si alguien tiene una vasija llena de dinero, tendrá por ello un gran gozo, pero si en su recipiente nada hubiere, lo juzgará de muy poco valor. En todas las obras viciosas hay vanidad. Evitan, por tanto, el fuego del Espíritu Santo. Entonces, por sugestión del diablo, viene a ellas el placer de pecar. Pero cuando un hombre se da cuenta de que sus obras perversas han de ser tenidas por nada y se aparta de ellas, es semejante al hijo pródigo, que después de pasar

---

5   Sobre la racionalidad, véase C.15, texto y n. 11 (nuestra edición, p. 76) y C.11, n. 1 (nuestra edición, p.69).

hambre recordó los panes de su padre y dijo: *Padre, pequé contra el cielo y ante ti* <*Luc.* 15,18>. Contra el cielo, porque soy celestial por mi racionalidad, y ante ti porque sé que eres Dios. Entonces repudia al diablo y elige de nuevo a su Señor.

Por ello, todos los vicios del diablo quedan confundidos y todas las armonías celestes se asombran, porque lo que primero consideraban como barro en la inutilidad, después lo estiman como columna de nube de principal utilidad, y lo que tuvieron por cosas viles, después lo eligen como bello, puesto que todos los vicios del diablo son reputados como inútiles. En efecto, en las mismas obras perversas no hay beneficio, sino que la utilidad radica solo en las buenas obras. Estas son las obras del Espíritu Santo.

Ahora, oh pastor y padre del pueblo, Dios te conceda que llegues a aquella luz donde recibas la ciencia de la verdadera felicidad.

  A. A. Fraboschi[†], C. I. Avenatti de Palumbo y M. E. Ortiz

Carta 32r, a Enrique, obispo de Beauvais, entre 1148 y 1162

Ésta es la respuesta de Hildegarda a Enrique, quien le escribió una carta encomendándose a su oración de intercesión y de reparación por los pecados por él cometidos. Enrique le había solicitado una respuesta por escrito, pidiéndole consejo, admonición, consuelo o lo que Hildegarda considerase apropiado a su caso, pero sin especificarle ni relatarle cuáles eran sus circunstancias.

L a Luz Viviente me manifestó estas cosas, y dijo: Di a aquel hombre: Vi algo así como la hermosa forma de una Virtud, que fue la Pura Ciencia o Conocimiento de Dios.[1] Su cara estaba muy iluminada, y sus ojos como jacinto,[2] y sus mismos vestidos como un manto de seda. Tenía también sobre sus hombros un manto episcopal parecido al sardónice[3] <*Éx.* 28,12; 28, 28>. Ella invitó a una bellísima amiga del Rey, es decir al Amor,[4] diciendo: Ven conmigo. – Y yendo juntas ambas llamaban a la puerta de tu corazón, diciendo: Queremos vivir contigo. Por lo tanto, guárdate de oponerte a nosotras, antes bien sé fuerte para resistir a los vicios, a los asuntos mundanos y a las mudanzas de aquellos vientos que ascienden en remolinos como una mala humareda, y como el agua que vuela en las tempestades. Éstas son las inquietudes del espíritu de los hombres presos de la Ira[5] y otras pasiones similares. En medio

---

1   Como Ciencia o Conocimiento de Dios aparece en *Ordo Virtutum* <El drama de las Virtudes> escena I, v. 62 (en: HILDEGARDIS BINGENSIS. *Opera Minora*, p. 507), dirigiéndose al Alma: "Tú no conoces, ni ves, ni gustas a Quien te ha creado."

2   El jacinto es una piedra preciosa mencionada por Hildegarda en su *Física* (IV, 2. PL 197, 1250C-51C) con gran aprecio, como remedio para los ojos que se encuentran nublados en su visión, pero también para quienes están afectados de insania, o bien de angustia y dolor del corazón. O sea que el jacinto está vinculado a la salud de la mirada, en su conocimiento y contemplación de la Verdad; a la racionalidad, en la conducción de la conducta humana de acuerdo con la buena ciencia; y al recto amor del corazón, pacificado en la segura dirección de su esperanza.

3   Véase, con referencia al sardónice, C.41r, n. 6 (nuestra edición, p. 157).

4   El término latino es *caritas*. Véase C.85r/a, n. 2 (nuestra edición, p. 253).

5   En *Liber vite meritorum* <El libro de los merecimientos de la vida> 1, 11 (p. 18) dice la Ira: "Yo arrojo bajo mis pies y pisoteo todo lo que me daña. ¿Por qué habría de soportar una injuria? Lo que alguno no quiera que yo le haga, que tampoco me lo haga <*Tob.* 4, 16>. Porque hiero con la espada y con palos golpeo cuando alguien me ha causado daño." En la mención de la espada

del tedio no guardes silencio, sino que tu voz sea como una tuba que resuena en las ceremonias de la Iglesia, y que tus ojos estén puros en la Ciencia, de modo que no seas perezoso para quitarte el polvo indigno de tu carga.[6] Pues estás lleno de las gotas de la noche <*Cant.* 5, 2>. – Mas la Soberbia[7] con persuasión te ha dicho así: No te limpies. – Pero nosotras no queremos esto. En cambio, queremos que te purifiques de toda cosa oscura, y que no te asustes ante las muchas cosas terribles de tus enemigos, que no hablan ni bien, ni rectamente de ti. Oh soldado, guárdanos contigo y danos cobijo en tu corazón, y con nosotras te conduciremos al palacio del Rey.[8]

---

y de los palos Hildegarda significa que la ira no está ausente de nobles ni de siervos: en otras palabras, puede anidar en todo ser humano, bajo nobles pretextos, insanos impulsos o bajas pasiones.

6   Acerca del tedio, fatiga o cansancio que inmoviliza en la acción y en el silencio, véase C.85r/a, texto y n. 19 (nuestra edición, p. 258). Por eso Hildegarda propone aquí combatir el tedio saliendo del silencio y de la inacción.

7   Sobre la Soberbia, véase C.85r/b, n. 13 (nuestra edición, p. 261).

8   Sobre las Virtudes y su interacción con el hombre, véase C.59, n. 5 (nuestra edición, p. 185).

       A. A. Fraboschi[†], C. I. Avenatti de Palumbo y M. E. Ortiz

Carta 33, a Gero, obispo de Halberstadt, entre 1160 y 1170

En esta carta la abadesa de Bingen responde a la inquietud del obispo por el destino eterno de una persona fallecida. No se ha conservado la carta del obispo.

En una visión verdadera vi y oí estas palabras que provenían de la Sabiduría –dichas para información de las gentes–, por Su benevolencia y por los méritos de este justo, que se cuenta entre los bienaventurados y los justos, es decir, los santos.

Y la Sabiduría dice acerca de esto: que los vientos se eleven a través de los cuatro elementos y resuenen entre los pueblos alabando esto que en la voz clamante de la oración los ha precedido. En efecto, cuando los justos –en los que no se había encontrado rastro de faltas reprochables por infidelidad o por engaño contra Dios y contra Su justicia– hayan atravesado la peregrinación de dolores y hayan llegado a la beatitud, la gracia de Dios, con justicia y con razón, debe ser alabada en ellos.[1] Este justo, pues, tuvo suspiros que, reflejados por el ojo de los Querubines,[2] ascendieron al trono de Dios.

---

1   "Pero el mismo Hijo de Dios vendrá al final de los tiempos como justo Juez para juzgar a los vivos y a los muertos: a los vivos, esto es a quienes vivieron llevando a cabo las obras de la fe; y a los muertos, es decir a quienes realizaron las obras de la muerte a causa de su infidelidad. [...] Quienes cumplieron obras buenas y justas irán a una claridad de vida mayor que la del sol que brilla en este mundo, iluminadas sus almas por la gracia de Dios; por lo que también los ángeles alabarán a Dios porque estos hombres realizaron tan grandes obras que los envuelven gloriosamente, como un hombre revestido con un precioso ropaje." (*Explanatio Symboli S. Athanasii* <Explicación del Credo Atanasiano>. En: Hildegardis Bingensis. *Opera Minora*, vv. 479-97, p. 126). Y en el *Liber vite meritorum* <El libro de los merecimientos de la vida> 1, 40 (p. 29) leemos: "Pues Dios conoce las obras de los santos y no las echa al olvido, sino que en Su secreto designio prepara para ellos eterna recompensa, y las despliega en infinitas alabanzas para Su gloria."

2   En *Scivias* <Conoce los caminos del Señor> 1, 6 (p. 101), hablando de los coros angélicos, dice Hildegarda que los Querubines "aparecían llenos de ojos y de alas: en cada ojo había un espejo y en el espejo un rostro de hombre, y habían elevado sus alas hacia la celestial altura"; y más adelante añade: "representan la ciencia de Dios en la que, viendo los misterios de los secretos celestiales, alientan sus deseos según la voluntad de Dios; y así, con la purísima claridad de la profundidad de su ciencia, prevén en ella de manera prodigiosa a quienes conocen

al Dios verdadero y dirigen la esforzada intención de los deseos de su corazón –como las alas de la elevación buena y justa– a Quien está por encima de todos, amando así los bienes eternos más que lo que apetecen los bienes caducos. Lo cual también muestran por la elevación de sus deseos." (Ibíd., 1, 6, 9, p. 106). Los múltiples ojos de los Querubines significan su clarividencia, la capacidad de conocer la Verdad divina de un modo superior y más pleno que los restantes ángeles. Su conocimiento de Dios es una contemplación iluminada y amorosa, simbolizada por las alas que indican la dirección de los deseos hacia esa Verdad como Bien supremo, y la diligencia en el cumplimiento de la Voluntad divina, en la realización de Sus misterios. *En cada ojo un espejo y en el espejo un rostro de hombre*: en continuidad con la tradición, dicho rostro puede ser el del Verbo divino, que la abadesa de Bingen representa siempre como Verbo encarnado según el designio eterno del Padre, el misterioso secreto celestial por excelencia que los Querubines conocen en virtud de la iluminación divina, reflejándolo como en un espejo. Pero puede ser también el rostro de los hombres *que conocen al Dios verdadero y dirigen la esforzada intención de los deseos de su corazón a Quien está por encima de todos*, rostro que los Querubines reconocen de manera prodigiosa. Éste sería el caso en la presente carta.

          A. A. Fraboschi[†], C. I. Avenatti de Palumbo y M. E. Ortiz

Carta 35r, a Germán, obispo de Constanza, entre 1148-66

El obispo Germán, a quien ha llegado la fama de que goza Hildegarda, le ha escrito pidiéndole sus oraciones, y dejando entrever que, en el desempeño de sus obligaciones como obispo, mal puede él juzgar la conducta del prójimo cuando él mismo se encuentra falente. La abadesa de Bingen le dirige una fuerte reprensión por el mal desempeño de su ministerio.

Dice la Justísima Luz: acusa, oh hombre, a tu espíritu, que disipa el consejo de los antiguos prelados, a quienes no tocó el ventoso espíritu de las cosas vanas. ¡Oh, hombre!, ¿en cuánto te estimas, que no te sonrojas al ir de aquí para allá en las tinieblas por el gusto de tus obras? Pues aquella revelación a la cual nada se oculta manifiesta, por medio del Ojo Viviente, que el arco del celo de Dios[1] <*Apoc.* 6, 2> amenaza la temeridad de los hombres. ¿Por qué no ves dónde está el *dinero de la iniquidad* <*Luc.* 16, 9>, en el cual te excusas?[2] Muchos operarios vienen para presentar sus causas y buscan el camino estrecho y angosto <*Mat.* 7, 14>. Tú, en cambio, mueves los labios con los soplos jactanciosos de las costumbres de tu corazón, y los llevas a la indignación.

Por lo tanto, dirígete de las tinieblas a los caminos rectos e ilumina el sentido de tu corazón, para que el Padre de todos no te diga: ¿Por qué motivo trepas con necedad la columna que no has construido?[3] Pues ya oscurece el día para aquél

---

1 "*Y he aquí un caballo blanco, y el que lo montaba tenía un arco* […] <*Apoc.* 6, 2>. […] El tiempo primero duró desde la expulsión de Adán hasta el diluvio, en el que Dios en la ira de Su arco sumergió a toda la gente —excepto a aquellos que fueron salvados en el arca— bajo las aguas que caían fluyendo a borbotones y que resonaron como un trueno." (*Liber divinorum operum* <El libro de las obras divinas> 2, 1, 8, p. 274).

2 En una época plena de conflictos entre el emperador Federico Barbarroja y el Papado, el obispo Germán era enteramente leal al emperador y no reaccionó cuando éste nombró al antipapa Pascual III (sucediendo a otros dos: Víctor IV y Calixto III) contra el legítimo sumo pontífice Alejandro III. La frase de Hildegarda, y más aun el transcurso de la misiva, constituyen una acusación de venalidad contra el obispo.

3 En *Liber vite meritorum* <El libro de los merecimientos de la vida> aparece mencionada la columna en la presentación de dos virtudes, de las que, a juzgar por la misiva de la abadesa, carece el obispo. En ese contexto, podríamos entender que la referencia es a cualquiera de ellas,

que no se ejercita en las vías del sendero recto, que tú evitas. Ponte en seguida de pie, entonces, y camina por los rectos senderos antes de que el sol se ponga para ti y antes de que tus días se apaguen.

---

o a las tres. Así, el Amor Celestial dice al Amor Mundano: "Yo empero soy la columna de la música celestial, y estoy atenta a todos los gozos de la vida. No repudio la vida, pero conculco todos sus males, como también te desprecio a ti. Pues soy el espejo de todas las virtudes, en el que todo hombre fiel se contemplará con toda claridad. Tú, empero, corres en el oscuro camino de la noche, y tus manos obran la traición." (Ibíd., 1, 2, p. 13). La Verdad dice a la Mentira: "Yo empero soy la columna en todos los caminos del Señor <*Éx*. 13, 21-22>, soy la trompeta de la Justicia de Dios que resuena con buen sonido, y llevo cuenta de todas Sus obras: cuáles son y cuántas, y las manifiesto con la verdad." (Ibíd. 2, 8, p. 78) Y en *Scivias* <Conoce los caminos del Señor> 3, 8, 1, p. 479 la Humildad se presenta diciendo: "Yo soy la columna de los espíritus humildes y la que mata los corazones soberbios. Comencé en el lugar más bajo y ascendí a lo más alto de los Cielos. Lucifer se irguió hacia las alturas por encima de sí mismo y se precipitó hacia el abismo por debajo de sí. Quien quiera imitarme, deseoso de ser mi hijo: si anhela abrazarme como a madre, realizando cumplidamente mi obra en mí, éste parta de los cimientos y pacientemente ascienda hacia lo alto."

    A. A. Fraboschi[†], C. I. Avenatti de Palumbo y M. E. Ortiz

Carta 36, a Germán, obispo de Constanza, entre 1148 y 1166

Ésta es la segunda carta de Hildegarda al obispo Germán. La anterior es la respuesta incisiva y dura –en su denuncia de la conducta ambiciosa y llena de vanidades del obispo– a una misiva de Germán, quien le comenta lo difícil que le resulta gobernar con moderación y justicia la vida de otros, cuando aún no ha logrado hacerlo con su propia vida. En esta carta la abadesa de Bingen lo exhorta al cumplimiento de sus deberes, esto es, al cuidado de aquéllos que le han sido confiados.

La Luz Viviente, que manifiesta Sus milagros, dice: Tú, que según tu vocación eres padre y pastor en el cuidado de las almas, extiende tu brazo para que el enemigo no plante cizaña en tu campo <*Mat.* 13, 25>.

Vela pues por aquel jardín que el don divino ha plantado, y cuida que sus plantas aromáticas no se marchiten. Por el contrario, corta toda la podredumbre que haya en ellas, y arrójala afuera, porque sofoca y ahoga su utilidad. De esta manera harás que reverdezcan. Pues cuando el sol esconde sus rayos, también el mundo deja de alegrarse.

Y yo digo: No oscurezcas tu jardín con el cansancio del silencio sino que, en la Luz Verdadera, acusa y reprime con discernimiento aquéllo que debe ser reprendido.[1] Ilumina tu templo con benevolencia, y quema mirra en tu incensario, de manera tal que su humo ascienda hacia el palacio del Dios Viviente. Y tú vivirás eternamente.

---

1   Véase C.16r (nuestra edición, p. 95).

Carta 37r, a Enrique, obispo de Lieja, entre 1148 y 1153

En esta carta dirigida al obispo Enrique de Lieja –quien le ha escrito pidiéndole su oración y consuelo espiritual, acongojado como se encuentra por su gran inestabilidad de cuerpo y de espíritu, y por los muchos pecados con los que dice haber ofendido a Dios–, la abadesa de Bingen alude a los males de su tiempo,[1] y en ese contexto exhorta al obispo al cumplimiento de sus obligaciones en el cuidado de las almas. Con ello entiende procurarle el firme anclaje que evitará la fluctuación que padece Enrique, al mismo tiempo que le da la esperanza de la misericordia divina.

L a Luz Viviente dice: Los caminos de las Escrituras se dirigen hacia el monte elevado <*Is.* 2, 2-3; *Miq.* 4, 2>,[2] donde crecen flores y preciosísimas hierbas aromáticas <*Cant.* 4> y donde sopla un suavísimo viento, suscitando en ellos una fragancia intensa, y donde las rosas y los lirios[3] exhiben espléndidos rostros. Este monte no había aparecido debido a las sombras del tenebroso aire subsistente, porque el Hijo del Altísimo todavía no había iluminado el mundo. Entonces el mismo sol[4] vino desde la aurora iluminando este monte, y todos los pueblos vieron sus plantas aromáticas.[5] El día se ha embellecido mucho, y ha surgido un dulce rumor.[6]

---

1   Con intermitencias, la relación entre el Papado y el Imperio es muy conflictiva, y los obispos fluctúan en su acogerse al favor del Papa, o bien del emperador. Por otra parte, el desorden en las costumbres del clero es muy grande, con el consiguiente deterioro de la atención al pueblo, dándose así un ambiente propicio para el avance de la herejía de los cátaros.

2   El monte elevado es la Iglesia, pero también la Jerusalén celestial. Véase C.6, n. 4 (nuestra edición, p. 54).

3   Las rosas y los lirios son las órdenes monásticas femeninas y masculinas constituidas para vivir según los consejos evangélicos. Véase C.6, n. 12 (nuestra edición, p. 56).

4   "El sol significa a Mi Hijo, Quien salió de Mi corazón e iluminó al mundo cuando nació de la Virgen al fin de los tiempos, como el sol naciente derrama su luz sobre el mundo cuando surge al finalizar la noche." (*Scivias* <Conoce los caminos del Señor> 2, 5, p. 176).

5   Véase *Hebr.* 12, 18-24.

6   Reminiscencia de *Sal.* 19(18), 2-4.

        A. A. Fraboschi[†], C. I. Avenatti de Palumbo y M. E. Ortiz

Pero ahora, oh pastores, hay que llorar y lamentarse, porque en nuestro tiempo este monte se ha cubierto de negrísimas nubes, de modo tal que ya el buen olor *<II Cor.* 2, 15> no emana de él.[7] Pero tú, oh Enrique, sé un pastor bueno y de nobles costumbres. Y así como el águila mira hacia el sol, así también acuérdate y considera, toda vez que puedas, hacer volver a la patria a los perezosos y a los peregrinos y llevar alguna luz a este monte, a fin de que viva tu alma, y para que oigas aquella voz amantísima del sumo juez: ¡Bien, siervo bueno y fiel! <*Mat.* 25, 21; 23>, y tu alma brille en aquel lugar como el soldado refulge en el combate, mientras sus compañeros se alegran con él, porque resultó victorioso.

Por lo tanto tú, oh guía del pueblo, lucha en pos de la buena victoria, y de tal modo corrige a los que yerran y lava de la podredumbre a las bellas perlas, preparándolas para el Rey supremo, que tu espíritu, constantemente y con diligencia, anhele hacer volver a estas perlas a ese monte, tal como las estableció originariamente el don de Dios. Ahora que Dios te proteja y libre tu alma de la pena eterna.

❧

---

7   El lamento de la Iglesia: "Quienes me cuidaban y me alimentaban, o sea los sacerdotes, que debían encender mi rostro como la aurora y hacer que mi túnica resplandeciera como una luz fulgente, que mi manto brillara como las piedras preciosas y mis zapatos irradiaran su claridad, ensuciaron mi rostro con polvo, desgarraron mi túnica, oscurecieron mi manto y mancharon mis zapatos. Todos los que debían embellecerme me descuidaron y me abandonaron. Pues ensucian mi rostro porque toman y reciben el cuerpo y la sangre de mi Esposo en medio de la gran corrupción de sus costumbres lascivas y la gran inmundicia de sus fornicaciones y adulterios, y la avariciosa rapiña con que venden y compran lo que es impropio; se rodean y envuelven con tanta suciedad como un niño puesto en el barro entre los puercos." (Carta 149r –al sacerdote Werner–, año 1170. *Epistolarium* 91a, p. 334).

Carta 38r, a Daniel, obispo de Praga, entre 1153 y 1154

Esta carta es una muy seria advertencia al obispo Daniel, quien le escribiera mostrándose atribulado por los asuntos de la vida secular en los que se encuentra inmerso.[1] La consideración de la abadesa gira en torno al tema de la desobediencia de Adán y la obediencia de Noé, uva de la que brotó la Sabiduría y luego la salvación de los hombres.

La Voz de la vida y de la salvación dice: ¿Qué es esto, que el hombre coma y no quiera saber qué es la uva,[2] la que de diverso modo la tierra produjo después de la destrucción del pueblo <*Gén.* 7>, cuando Dios limpió y cribó la tierra de una manera diferente de aquélla en la que el primer hombre se burlara [de Dios] <*Gén.* 3>?

Esto sucede porque el hombre es débil por la mudanza de sus costumbres y por sus tiempos de luz y penumbras. Pues el hombre algunas veces se levanta un poco en la prosperidad y otras cae un poco en el peligro. En ambos casos el hombre no examina los abrazos de la hija del Rey, a saber la Justicia y la Verdad, sino que amputa la corona de su cabeza cuando el pastor huye <*Juan* 10, 12> sin defender a la Iglesia de Cristo,[3] porque no tiene su arma en la fortaleza sino que se entretiene en sus costumbres, como un niño desenfrenado que ninguna preocupación tiene. El hombre que hace esto, desea así comer y vivir por voluntad propia, al modo como la naturaleza humana pide alimentarse, y no ve con la agudeza de su ojo dónde se encuentra el discernimiento que la Sabiduría

---

1   Entre otras dificultades, era partidario de Federico Barbarroja, en medio de la conflictiva relación de éste con el Papado. Véase *The Letters of Hildegard of Bingen.* Vol. I. Transl. by Joseph L. Baird and Radd K. Ehrman. New York/Oxford: Oxford University Press, 1994, p. 106.

2   Como se dice más adelante en el texto, la uva es imagen del discernimiento, discernimiento del bien –el reconocimiento del señorío de Dios y de la obediencia a Él debida– y del mal –el desconocimiento de la Ley divina y la consiguiente desobediencia–. Sobre el discernimiento véase C.15r, n. 42 (nuestra edición, p. 91), también C.57, n. 2 (nuestra edición, § 1, p. 179); C.8, n. 3 (nuestra edición, § 3, p. 61).

3   Acerca de la hija del Rey, esto es, la Iglesia, y la actitud de quienes dan por tierra con su corona y no la defienden, véase C.8, y principalmente n. 2 (nuestra edición, p. 60). La diferencia con esta carta está dada porque allí se menciona a la Justicia como la hija del Rey, en tanto que aquí, Justicia y Verdad son los abrazos de la Iglesia.

      A. A. Fraboschi[†], C. I. Avenatti de Palumbo y M. E. Ortiz

produjo, y que se entiende en esta uva <*Ecli*. 51, 18-19>. Pues cuando Adán en el inicio del mundo se burló de la obediencia <*Gén*. 3>,[4] los tiempos de los tiempos perecieron hasta el derramamiento de las aguas, cuando Dios limpió la tierra de la horrible iniquidad y le dio otra fuerza, cuando Noé ofreció en el vino el nobilísimo germen de la obediencia <*Gén*. 7-9>, del que Adán se sustrajo por la simpleza de sus costumbres, como un niño caprichoso. Pero en Noé la tierra produjo el vigor de la uva, donde también después de él la Sabiduría se levanta para la salvación.[5]

Ahora, oh tú, hombre que giras en torno a tus costumbres por las anchas calles de tus fluctuaciones, y no fijas con vehemencia tu consideración en lo que es medicina para ti y para otro, elévate mirando hacia el sol con justa moderación, y no huyas de la luz, rechazándola a causa de la gravedad de tu iniquidad, para que no te avergüences cuando el sumo Rey examine tus obras en tu alforja.[6] Y vivirás eternamente.

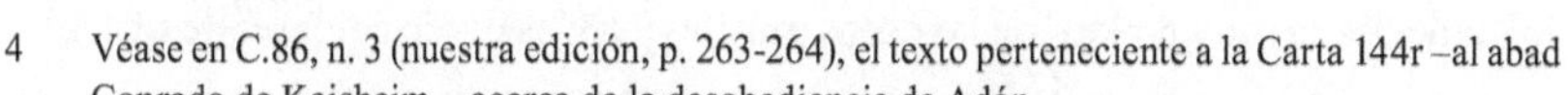

---

4   Véase en C.86, n. 3 (nuestra edición, p. 263-264), el texto perteneciente a la Carta 144r –al abad Conrado de Kaisheim–, acerca de la desobediencia de Adán.

5   "Porque yo fui oprimido y pisoteado en la pasión de la Cruz como la uva es prensada en el lagar, para que comáis Mi cuerpo y bebáis Mi sangre. Así, en la presciencia de Su ojo clarividente, lo anunció el Señor del cielo y de la tierra, en aquel comienzo en el que Adán se separó de la vida y recibió la muerte. Entonces Mi Padre celestial previó esto: que en el fin de los tiempos, a través de Mí, Su Hijo –Quien encarnado de la Virgen me opondría y resistiría al diablo con las poderosísimas fuerzas de la justicia–, Él vencería al antiguo seductor y liberaría al género humano con la protección del auxilio divino." (*Scivias* <Conoce los caminos del Señor> 2, 5, 44, p. 213). Y también: "La sangre de Mi Hijo brotó de Su costado, como la uva surge de la vid. Pero así como la uva es pisada con los pies y prensada en el lagar, dando entonces un vino dulcísimo y muy vigoroso para fortalecer la sangre en el hombre, así también cuando Mi Unigénito, en el sudor de la angustia, fue quebrantado con golpes y azotes y oprimido en el madero de la cruz, de Sus heridas manó la más perfecta y preciosísima sangre, bañando a los pueblos creyentes con salubérrima redención." (Ibíd., 2, 6, 28, p. 257). Sobre las diversas etapas aludidas, véase C.15r, Apéndice I (nuestra edición, p. 83).

6   "Que nadie desespere por el peso de sus pecados, porque si desespera de Mi misericordia no renacerá a la vida. Pero quien lucha contra la desesperación y finalmente la reduce a la nada, ése será liberado, porque haciéndose fuerte ha vencido con gallardía. Por el contrario, quien por la arrogancia de su espíritu no busca el remedio para su salud, para éste no habrá socorro alguno, porque mientras podía hallarme no quiso buscarme. Por consiguiente el hombre, mientras aún tiene tiempo, no se descuide, antes bien busque el alivio de una confesión pura y sincera, como en el Evangelio Mi Hijo le ordenó al leproso diciéndole: "Ve y muéstrate al sacerdote y presenta tu ofrenda como lo prescribió Moisés, para que sirva de testimonio" <*Mat*. 8, 4>. [...] Comparece ante el sacerdote, que es ministro Mío, con una confesión pura y honesta, y presenta con un corazón piadoso y dispuesto la ofrenda de un arrepentimiento y una compunción verdaderos." (*Scivias* <Conoce los caminos del Señor> 2, 6, 86-87, p. 297).

Carta 39r, a Odo de Soissons, entre 1148 y 1149 (?)

Hildegarda escribe a Odo en respuesta a su carta. En la carta de
Odo, llena de imágenes, él se encomienda a sus oraciones y consejos,
y solicita a Hildegarda que le escriba sobre sus visiones.

En la verdadera visión de los misterios de Dios te escribo, viendo, oyendo
y sabiendo de una única forma.[1] Tú, oh hombre, eres semejante a una
nube que avanza y retrocede, y que es poco luminosa en esta o en
aquella otra parte. Y es por esa nube que el sol con frecuencia queda
oculto, y así en cuanto a esto, cuando ilumina, se espera que sea por más tiempo.
Está escrito: *Pues he aquí que quienes se alejan de Ti perecerán* <*Sal.* 73(72), 27>.
Es decir que quienes tienen el día de la buena ciencia,[2] pero ponen su mirada en
la inadecuada indagación[3] de las cosas inútiles y en las diversas clases de tinieblas
que no buscan auxilio en la racionalidad sino que son vanas, se secan y no tienen
el fecundo y lozano vigor en Dios. Pues Adán, refulgiendo pleno de la santidad
de su inocencia, fue sorprendido en su prevaricación, de manera tal que pereció
en la desobediencia de los preceptos de Dios; y así le fue quitada la diadema de
la Inocencia, es decir, de la bellísima hija del Rey.

Vuelve ahora tu espíritu hacia las cosas buenas y mira hacia la fuente de agua
que brota <*Juan.* 4, 14>, y no andes tras asuntos diversos en casa ajena <*Prov.* 5,
10>, pues todo asunto que no sea útil, seca, porque no ha sido puesto por Dios

---

1   Esto es, por la manifestación e instrucción recibidas de la Luz Viviente: "Y desde aquel fuego
viviente escuché una Voz que me decía: 'Oh tú, que eres mísera tierra, y que por tu condición
de mujer ignoras la enseñanza de los maestros según la carne –esto es, la lectura de los textos
en la interpretación de los filósofos–, y solamente has sido tocada por Mi Luz, que te toca en
tu interior abrasándote como un sol ardiente: Anuncia y explica y escribe estos misterios Míos
que tú ves y oyes en mística visión. No seas tímida, antes bien, di lo que entiendes en el espíritu,
tal como Yo lo hablo a través de ti, hasta que se avergüencen quienes debían manifestar a Mi
pueblo la rectitud, pero por el desenfreno de sus costumbres rehúsan proclamar públicamente
la justicia que han conocido, porque no quieren apartarse de sus malos deseos, a los que se
adhieren como si fueran sus maestros, que los hacen huir del rostro de Dios, a un punto tal que
se avergüenzan de decir la verdad." (*Scivias* <Conoce los caminos del Señor> 2, 1, pp. 111-12).

2   Como viene hablando del sol y su luminosidad, debe entenderse *la luz de la buena ciencia*.

3   En el texto, "suscitationem"; por el sentido se prefiere "sciscitationem" *R* (Riesenkodex).

<*Mat.* 15, 13>. Que tu espíritu esté puro en Dios, hambriento de la justicia de Dios, y en el camino recto, y Dios te recibirá.

Por eso, los trabajos que por Dios comenzaste, y los que haces, te sean suficientes. Pero, en cuanto puedas, dirige tu espíritu y tus pensamientos hacia Dios. Yo también elevaré siempre mis oraciones a Dios por ti.

Carta 40r, a Odo de Soissons, entre 1148 y 1149

Es la respuesta a una consulta del por entonces maestro de teología en París, Odo de Soissons, acerca de una tesis del maestro Gilberto Porretano: que existe diferencia real entre la esencia divina y sus atributos: "Muchos sostienen que la paternidad y la divinidad [son atributos de Dios pero] no son Dios mismo. No tardes en exponernos y transmitirnos lo que sepas de esto desde las alturas celestiales."[1]–, discutida en las escuelas y cuya lectura y aceptación –hasta tanto no fuese corregida– fue prohibida en el concilio de Reims, en 1148.

Yo, pobrecilla forma, en el humo de los aromas del monte <*Cant.* 8, 14> excelso digo: el sol desciende con su luz y aclara muchas controversias sobre la variación de pasajes [escriturísticos]. Y así en tu enseñanza, oh maestro, difundes a veces entre grandes y pequeños los muchos arroyuelos que tienes [conocidos] en la Sagrada Escritura. Pero yo experimento gran temblor a causa de mi humilde forma.

Ahora oye: un Rey se sentó en su trono e hizo construir ante sí grandes columnas, muy engalanadas con hermosos adornos, erigidas sobre bases de marfil,[2] y que llevaban con gran honor todos los trajes del Rey y los mostraban por doquier. Entonces al Rey le plugo levantar del suelo una pequeña pluma[3]

---

1   Carta 40 –de Odo de Soissons a Hildegarda–, años 1148-49. *Epistolarium* 91, p. 103.

2   El texto latino dice *"erecta sunt"*, concordando con *"ornamenta"*; porque tanto *"que"* (*quae*, referido a columnas) como *"supra"* quedan como sin sentido, suponemos un error, y reemplazamos con *"erectae sunt"*, que concuerda con *que* (*quae*) y guarda congruencia con *"gestabant"* y *"ostendebant"*, en la misma frase.

3   La imagen de la pluma, aparece perfilada con tres hermosas historias que ilustran tres cartas de la santa: al papa Eugenio III (C.2, nuestra edición, § 2, p. 46), a Odo de Soissons (esta carta) y a Guiberto de Gembloux (C.103r. *Epistolarium* 91a, p. 260). En la primera la pequeña pluma es tocada por el poderoso Rey de un riquísimo palacio, quien teniendo ante sí fabulosos tesoros repara no obstante en una pequeña, insignificante pluma: "Pero al Rey le agradó tocar una pequeña pluma para que volara en medio de las maravillas de su palacio, y un poderoso viento la sostuvo para que no cayera." En la segunda historia, la de esta Carta, el Rey no sólo repara en la pluma sino que se inclina hacia el suelo para levantarla: "Le plugo levantar del suelo una pequeña pluma y le ordenó que volara como él quería." En la tercera, y ya sin la alegoría del Rey, es Hildegarda quien dice: "Pero tiendo mis manos hacia Dios, porque Él me sostendrá como a una pluma que carece de todo peso propio y vuela a través del viento." La pluma denota fuerza

        A. A. Fraboschi[†], C. I. Avenatti de Palumbo y M. E. Ortiz

y le ordenó que volara como él quería. Pero la pluma no vuela por sí misma, sino que el aire la lleva. Así, tampoco yo he sido imbuida de la humana ciencia ni de poderosas fuerzas, y no sobreabundo en cuanto a la salud del cuerpo, sino que me sostengo y me apoyo en la ayuda de Dios.

Y te digo: oí que cierto hombre de caudalosa ciencia me preguntaba si la paternidad del Padre Supremo y la divinidad de Dios no es Dios. Y a mí, tan insignificante, me rogó que acerca de esto, con el mayor cuidado y prontitud elevara mis ojos hacia la Verdadera Luz. Y vi y aprendí, viéndolo en la Luz Verdadera y no buscando por mí misma en mí –pues el hombre no tiene capacidad para hablar acerca de Dios de la misma manera como puede hablar de la humanidad del hombre, o del color de la obra hecha por la mano del hombre–, que la paternidad y la divinidad es Dios.

Por tanto, en la secreta palabra de la sabiduría la Luz Viviente dice: Dios es pleno e íntegro y sin comienzo en el tiempo, y por esto no puede ser dividido por una palabra o frase como sí puede serlo el hombre; pues Dios es la totalidad y no hay otra cosa, y por esta razón nada puede serle sustraído ni añadido. Porque también la paternidad y la divinidad es Aquél *Que es*, como se ha dicho: *Yo soy El que soy* <*Éx.* 3,14>. Y *El que es* <*Apoc.* 4, 8>, tiene la plenitud del ser <*Col.* 1,19>. ¿De qué manera? Obrando, creando, perfeccionando.

Quienquiera pues que dice que la paternidad y la divinidad no es Dios, ése está nombrando un punto sin el círculo;[4] y si quiere tener un punto sin un círculo, está negando a Aquél *Que es* eterno. Y quienquiera que niega que la paternidad y la divinidad es Dios, niega a Dios, porque quiere que haya un vacío en Dios, cosa que no existe, sino que Dios es plenitud, y lo que está en Dios es Dios. Dios no puede ser desmenuzado ni explicado a la manera del hombre, porque en Dios nada hay que no sea Dios. Y porque la creatura tiene un comienzo, por eso la racionalidad del hombre descubre a Dios a través de los nombres, como también ella misma está llena de nombres en cuanto a lo que le es propio.

---

y debilidad, poder y humildad: la debilidad y la humildad de la abadesa, la fuerza y el poder de Dios.

4   En la segunda parte del siglo XII, en el *Liber XXIV philosophorum* (El libro de los veinticuatro filósofos), el comentario a la sentencia XVIII dirá: "Esta definición se sigue de la segunda <Dios es una esfera infinita cuyo centro se halla en todas partes y su circunferencia en ninguna> porque, dado que Dios es por entero carente de dimensión, y es al mismo tiempo de dimensión infinita, no puede haber límite en la esfera de su esencia. Por lo tanto, no puede haber en el límite un punto que no tenga en torno a sí una circunferencia." (*El libro de los veinticuatro filósofos*. Ed. de Paolo Lucentini. Texto latino y trad. de Cristina Serna y Jaume Pòrtulas. Madrid: Siruela, 2000, pp. 78-79) Es decir que no hay límite, porque los innumerables puntos de la esfera infinita son los innumerables centros de infinitas circunferencias.

Ahora nuevamente escucha, oh hombre, a la pobrecilla forma que en el Espíritu te dice: Dios quiere que hagas rectos tus caminos, que te sometas a Él y que seas también piedra viva en la piedra angular. Y no serás borrado del libro de la vida <*Apoc.* 3, 5>.

 A. A. Fraboschi[†], C. I. Avenatti de Palumbo y M. E. Ortiz

Carta 41r, a Gunther, obispo de Speyer, entre 1153 y 1154

Esta carta es la respuesta de la abadesa al pedido de oraciones del obispo Gunther, muy cercano a Federico Barbarroja, a quien acompañó en sus campañas en Italia, que marcaron un momento fuerte en los enfrentamientos entre el Papado y el emperador. En su carta, Hildegarda advierte al obispo sobre esa adhesión a Federico y lo invita a convertir su corazón, planteándole la elección entre los dos caminos.

La Luz de la inspiración suprema te dice, oh hombre: Por la mala costumbre de tus obras no cortes, separándola de ti, la advertencia del Espíritu Santo que se eleva dentro de ti, porque Dios te pide aquello a lo que de ordinario [Él] se dedica, a reconducir a la oveja perdida *<Mat.* 18, 12; *Luc.* 15, 4>,[1] cuando limpia los crímenes de los hombres, allí mismo donde el antiguo engañador fue confundido <*Prov.* 3, 34>, cuando lo venció el fortísimo guerrero <*Jer.* 20, 11>.[2] Dios te observa a través de ventanas porque es bueno y misericordioso.[3] De esto ningún hombre se burla por opinión alguna de su voluntad.

---

1   "Porque Dios resistió la obra de la iniquidad con Su bondad suprema, es decir, enviando al mundo a Su Hijo, Quien en Su cuerpo y con la más grande humildad llevó de vuelta a los cielos a Su oveja perdida. ¿Cómo fue esto? Porque la sangre que brotó de Su cuerpo, apareciendo en los arcanos celestiales apenas había manado de Sus heridas abiertas, imploró la salvación de las almas." (*Scivias* <Conoce los caminos del Señor> 2, 6, 3, pp. 234-35).

2   "Pero Yo, Quien desde el inicio de la creación soy un fuerte guerrero <*Is.* 42, 13>, abatiré por completo a la antigua serpiente luego de que haya llevado a cabo sus obras, y la destruiré totalmente junto con la desobediencia, que engendró. Pues el diablo es el padre de la desobediencia, y todos los que, acatando el consejo de la desobediencia, desprecian los preceptos de Dios, mientras así permanecen, son miembros del diablo. Todas estas cosas, juntamente con el antiguo seductor, serán destruidas y reducidas a la nada, y así aparecerá íntegro el poder de la Divinidad, porque ha vencido a Su enemigo. También lo derrota en el hombre, cuando desea y procura la conversión de los publicanos y de los pecadores dondequiera que nuevamente los levanta y los reanima: porque la abundante misericordia de Dios jamás se secará, ni se mudará por vicisitud alguna, sino que siempre permanece estable en sí misma, ya que Dios es aquella vida que jamás comenzó a vivir, y que nada semejante a Sí encuentra, y que jamás tendrá fin." (*Liber vite meritorum* <El libro de los merecimientos de la vida> 5, 39, p. 245).

3   "Yo, Quien juzgo todas las cosas, soy justo y sincero en Mis juicios, y también clemente, porque examino todos los pecados de acuerdo con la naturaleza de los mismos. Por eso ayudo misericordiosamente al que se arrepiente y hace penitencia, pero ante el impenitente declaro

Oye: no quieras apartar de ti este motivo de advertencia de Dios, no sea que Dios te golpee con Sus flagelos ya que, en Su celo, Dios quiere echar por tierra esta causa irreconciliable: que Sus amigos se ríen de Él en Su presencia, a través de sus aliados. Por lo que vibra el arco de Su admonición, demostrando que nadie puede resistírsele.

Ahora tú, oh hombre, que estás envuelto en una grande y negra penumbra, levántate pronto después de tu ruina y edifica en las realidades celestiales, de manera que aquellos que están oscuros y sórdidos enrojezcan de vergüenza ante tu exaltación, cuando te levantes de aquella negrura en la que ahora yaces, tal que tu alma apenas vive a causa de tus obras, a no ser porque tanto miras hacia la otra vida, casi como por figura, que la intención brilla en ti como aurora de luz.

Tu espíritu se zarandea y se sacude en medio de grandes tormentos, allí donde tu robusta naturaleza te aflige con tortuosos deseos. Evita este humor. Oye, hombre: Cierto varón tenía una tierra que mostraba una gran fuerza vital cuando el arado la roturó, de manera tal que con una gran cantidad de brotes produjo cada fruto que en ella se había sembrado. Entonces agradó a este hombre hacer en aquella tierra un huerto aromático, para que en él crecieran hierbas de suavísima fragancia, para curar las heridas y cicatrices. Y entonces aquella tierra se hizo mejor de lo que antes había sido.

Ahora tú, oh, hombre, elige cuál de estas dos partes[4] te es más útil. En efecto, el fundamento de la Jerusalén celestial ha sido puesto primero a partir de estas piedras, que en muchos casos estaban heridas y sucias en las cicatrices de sus vicios, las cuales, en lo sucesivo, ahogaron sus crímenes en la penitencia.[5] El Hacedor del mundo puso primeramente este fundamento de piedras *<1 Rey.(3 Rey.) 7,*

Mi juicio, quitando en quien roba, la injusticia que no establecí, y segando en quien mata, el mal que no desarrollé: porque Yo no puse lo que es injusto, y no sembré lo que es malo, pero reprendo estas cosas mediante Mis juicios verdaderos." (*Liber vite meritorum* <El libro de los merecimienos de la vida> 5, 61, p. 253).

4   "Oh hombre, si vuelves tus ojos hacia los dos caminos, esto es hacia el bien y hacia el mal, entonces aprenderás y comprenderás tanto las grandes cosas cuanto las pequeñas. ¿Cómo? Por la fe conoces al único Dios en Su divinidad y en Su humanidad, y también ves en el mal las obras diabólicas. Y cuando de este modo hayas conocido los caminos justos y los injustos, entonces Yo te diré: ¿Qué camino deseas tomar? Porque si deseas ir por el buen camino y si fielmente escuchas Mis palabras, con oración asidua y sincera reza a Dios para que te socorra y no te abandone." (*Scivias* <Conoce los caminos del Señor> 1, 4, 30, p. 88).

5   "Dios hace estas vasijas de arcilla –nosotros–, que a veces resplandecen como las estrellas por Sus milagros, y que sin embargo no son capaces de abandonar sus pecados, a no ser en cuanto por la gracia de Dios sean defendidas y preservadas de ellos. En efecto, tampoco Pedro, quien ardientemente prometió que jamás había de negar al Hijo de Dios, estuvo seguro, y así muchos otros santos que cayeron en pecado, quienes sin embargo después se hicieron de mayor pro-

　　　A. A. Fraboschi[†], C. I. Avenatti de Palumbo y M. E. Ortiz

9-10> rugosas y sin pulir, y estas piedras sostienen toda la ciudad de Dios. Por eso, huye de la lascivia de este mundo que naufraga en la impureza, y sé semejante al sardónice[6] y al topacio[7] <*Apoc.* 21, 20; *Éx.* 28, 17>, y, veloz como el ciervo, sorbe con tu lengua de la fuente purísima <*Sal.* 42(41).2>. Y vive por siempre.

࿐

vecho y más perfectos de lo que hubieran sido, de no haber caído. (Carta 103r – a Guiberto de Gembloux–, año 1175. *Epistolarium* 91a, p. 260).

6   Sobre el sardónice la abadesa de Bingen trata en la *Physica* IV, 1. PL 197, 1252D-1253A y dice: "El sardónice es cálido, y a lo largo de los días crece hasta alcanzar su justa medida, desde pasada la hora sexta (el mediodía) hasta apenas pasada la hora nona (las tres de la tarde). Recibe así el calor del sol que brilla en toda su pureza [...]. Tiene virtudes útiles en su naturaleza, y fortalece los cinco sentidos del cuerpo humano, siendo para ellos como un remedio, porque ha nacido en la pureza del sol, cuando ninguna fealdad aparece en su claridad. Pues cuando el hombre lo lleva consigo, lo pone sobre su piel desnuda o, a menudo, en su boca de manera tal que toque su respiración cuando expira e inspira [...], entonces su entendimiento, su conocimiento y todos los sentidos de su cuerpo son fortalecidos, y así la gran ira, la estupidez y la indisciplina se alejan de ese hombre, y a causa de su pureza el diablo lo odia y huye de él. Y si el varón o la mujer, debido a su naturaleza, arde con fuerza en el deseo de la carne, si es varón ponga el sardónice en su ingle, y si es mujer, sobre su ombligo; y tendrán remedio en cuanto a su excesiva sensualidad."

7   En la Carta 113r –a unos monjes de Hagenhe–, anterior a 1173. *Epistolarium* 91a, p. 283, el topacio hace referencia a aquellos que escogiendo la mejor parte <*Luc.* 10, 42> renuncian al mundo; en este caso, a lo mundano. Del topacio dice Hildegarda en su *Physica* IV, 1. PL 197, 1253B-1256C: "El topacio surge en el ardor del sol, alrededor de la hora nona del día –poco antes de la hora nona–, porque debido al calor del día y a las variaciones del aire el sol es entonces sumamente puro y cálido. El topacio tiene entonces en sí un poco de aire y de agua: es lúcido y límpido, y esa claridad lo asemeja al agua, y su color es más semejante al oro que al amarillo. Rechaza el calor y el veneno y no los soporta, como tampoco el mar puede tolerar en sí maldad alguna. [...]. Pues el topacio es una poderosísima piedra que ha recibido de Dios esta fuerza: que cuando el sol declina crece, apartando del hombre los ultrajes [del demonio]." La fuerza y el poder del topacio representan la constancia de quien actúa con justicia por amor a Dios, sacrificando sus propios intereses para no ofenderlo.

Carta 42, a Godofredo, obispo de Utrecht, alrededor del año 1163

Esta carta constituye una advertencia al obispo de Utrecht (1156-1177) acerca de los cismas y divisiones que estaban asolando a la Iglesia,[1] y una exhortación a conservarse en la fidelidad a la Esposa de Cristo.

---

[1] En 1153 el Papa cisterciense Eugenio III (1145-1153) firmó el tratado de Constanza con el rey de Alemania Federico Barbarroja, ofreciéndole la coronación imperial a cambio de protección contra los enemigos: los rebeldes romanos –encabezados por el clérigo Arnaldo de Brescia– y los normandos. Era, de alguna manera, caer nuevamente en la situación de protectorado que provenía de la época de Carlomagno, y no fue un buen acuerdo. Sus consecuencias las padecieron los pontífices que le sucedieron: el Papa Anastasio (1153-1154) quien, a pesar del rechazo de su antecesor Eugenio III, confirió el cargo de arzobispo de Magdeburgo –uno de los cargos más codiciados– al obispo Wichmann, protegido del emperador (que había ejercido grandes presiones al respecto). También el Papa inglés Adriano IV (1154-1159), quien el 18 de junio de 1155 (un mes después de la captura y ejecución de Arnaldo de Brescia) coronó a Federico Barbarroja, el cual había bajado de Alemania a Roma en 1154. Pero luego, ante el poder cobrado por el emperador, el Papa y la curia firmaron un concordato con el rey Guillermo I de Sicilia (Benevento, 1156), por el que se aseguraba al Papa el homenaje del rey normando, a cambio del reconocimiento papal de su título de rey, que así quedaba legitimado. Por otra parte, el papado apoyó a ciudades del norte de Italia que eran hostiles al emperador –Milán particularmente–. Federico Barbarroja reaccionó con gran violencia y finalmente sometió a Milán en 1158. Exigió entonces a los obispos italianos un juramento de fidelidad que por cierto no correspondía, lo que hizo que Adriano considerara la posibilidad de excomulgarlo, pero murió antes de concretar la sanción, cosa que sí hizo su sucesor, Alejandro III (1159-1181); contra éste el emperador sostuvo al antipapa Víctor IV –apoyado por el conjunto de los prelados alemanes–, a cuya muerte eligió a Pascual III y luego a Calixto III, hasta que se reconcilió finalmente con el Papa en 1177 –la paz de Venecia–, luego de sufrir serias derrotas en Italia, ante la Liga Lombarda. También podemos citar la herejía de los cátaros, que no es propiamente un cisma pero sí una muy fuerte división. En el siglo XII encontramos ya instalados a los cátaros, y a los poderes religiosos y políticos dedicados a combatirlos, esto es, neutralizarlos y exterminarlos. San Bernardo de Claraval fue uno de sus más acérrimos enemigos. Sin embargo, sus prédicas no fueron suficientes, porque se había establecido una tácita alianza entre algunos señores nobles y las iglesias cátaras, que en la segunda mitad del siglo cobraron mayor organicidad. Así, en 1167, en el pueblo fortificado de Saint-Felix del Lauragais y por iniciativa de la iglesia de Tolosa, tuvo lugar una asamblea pública general de las iglesias de Europa, presidida por el obispo bogomilo Nicetas de Constantinopla, en la que se designaron nuevos obispos. Pero ya en 1163 un religioso de la Renania, Eckbert de Schönau, daba noticia de comunidades –en Bonn y en Maguncia– gobernadas por un obispo o archicátaro. La diferencia más grave con respecto a la Iglesia Católica era la concepción cátara de Cristo, a Quien veían como el Hijo de Dios o bien como un enviado Suyo cuya aparición en cuerpo humano era sólo una apariencia. Dos argumentos esgrimían en favor de esta afirmación: uno, que dado el carácter diabólico de la carne, era imposible que el Verbo divino se hubiera encarnado en un cuerpo humano, quedando así sujeto al poder del demonio; otro, que la misión

 A. A. Fraboschi[†], C. I. Avenatti de Palumbo y M. E. Ortiz

La Serena Luz dice: la Luz[2] da vida; la oscuridad, cismas, y el tiempo de la noche, tristeza. El hombre que desea tener vida evite los cismas, que surgen cuando no se desea a Dios, no se tiende a Él ni se Le dice: 'Tú me hiciste', como si Dios no existiera. Pero quien hace esto, busca mientras tanto, como en un círculo, la prosperidad del siglo. Y ¿quién se la dará? Nadie, a no ser porque en el correr de los tiempos a veces surge la prosperidad, porque Dios hizo al hombre, y a veces dicha prosperidad se desvanece, porque el hombre duda de Dios. Pero también es conveniente entristecerse en el tiempo de la noche, porque cuando el hombre por la naturaleza de su deseo y voluntad se envuelve en el pecado, como en una negra[3] noche, con frecuencia la tristeza lo rodea, porque ninguna esperanza tiene de gozarse con sus obras.

Por eso, oh soldado de Cristo, sométete a la ley de Dios, en la medida en que la comprendas, y ten en tu mano la vara de la corrección según los preceptos de la ley de Dios, de modo que vivas para siempre. Huye de estas tempestades nocturnas porque Dios así lo quiere, y observa a aquellos animales llenos de ojos por doquier <*Ez.* 1, 18>[4], de manera tal que en todos tus asuntos pongas en Dios tu mirada, para que seas llamado hijo amado de Dios.

---

que el Padre había confiado a Su Hijo al enviarlo al mundo no era la de morir en la cruz, sino la de anunciar la buena nueva de la salvación en virtud del amor del Padre y del sacramento de la consolación por el Espíritu. Este rechazo de la realidad de la naturaleza humana de Cristo, o bien de la presencia de Su persona divina encarnada, llevó a la negación del sacramento de la Eucaristía ya que, en uno y otro caso, la transubstanciación del pan y del vino en el Cuerpo y la Sangre del Señor Jesucristo perdían sentido, y con ello el sacramento dejaba de existir.

2   El texto dice "*Lex*", pero en nota aparece la lectura "*Lux*" fort. recte *PI*, que preferimos, por la contraposición con *tenebre*.

3   En el texto, "*nigrum*"; en nota se da "*nigram*" *PI*, lectura que preferimos por su concordancia con"*noctem*".

4   En efecto, en *Ez.* 1, 18 y 10, 12 aparecen los querubines, seres tetramorfos (hombre, toro, león y águila) dotados de cuatro alas y sobre ruedas llenas de ojos; en *Apoc.* 4, 6-9 encontramos a los cuatro vivientes (figuras semejantes al león, al toro, al hombre y al águila) también llenos de ojos. En ambos casos se trata de seres próximos a la gloria de Dios, a Quien tributan alabanza en el conocimiento y contemplación de Su belleza. Es decir que la imagen llena de ojos por todos lados es una imagen que habla de sabiduría, de visión gozosa. Como lo dice el *Sal.* 111(110), 10: "El temor de Dios es el inicio de la sabiduría, todos los que lo experimentan tienen un conocimiento verdadero."

Carta 43r, a Godofredo, obispo de Utrecht, anterior a 1173

Responde la abadesa de Bingen al pedido de oración que le formulara Godofredo, obispo de Utrecht, exhortándolo a desempeñar con justicia y honestidad de vida las obligaciones de su cargo, rigiendo así la vida del pueblo que le ha sido confiado.

Oh hombre, tú has sido elegido y llamado por Dios para que lo imites obrando según Su voluntad, porque Dios edifica, rige y unge todas las cosas.

Pues Dios omnipotente creó el mundo por su Verbo y también lo rige y todo lo santifica por el agua, lavando los pecados de los hombres. Porque Dios creó todas las creaturas y las gobernó, e introdujo al hombre con todas las creaturas, como un alfarero hace sus vasijas hermosas por medio del fuego.[1] Pero luego el luminoso día declinó hacia una noche oscura a raíz de la caída de Adán por su desobediencia <*Gén.* 3>, y por eso los hombres vivieron en el pecado y en el olvido, como si Dios no existiera.[2] Entonces Dios inundó toda la tierra por medio de las aguas del diluvio a causa de los pecados criminales de los hombres <*Gén.* 7>,[3] y así surgieron los santos, la ley y los

---

1   "Pues cuando Dios creó a Adán, el esplendor de la Divinidad refulgió en torno a la masa de barro de la que había sido formado, y así aquel barro, recibida su forma, se mostró exteriormente con sus miembros delineados, pero vacío por dentro. Entonces Dios creó, en su interior y de esa misma masa de barro, el corazón, el pulmón, el estómago, las vísceras y el cerebro, los ojos, la lengua y los restantes órganos interiores." (*Causae et curae* <Las causas y los remedios de las enfermedades> 2, p. 42, líneas 15-18).

2   "Yo di a Adán la ley en el árbol, cuando él Me veía en la inocencia de su corazón. Pero él, al asentir a la palabra de la astuta serpiente, Me despreció, cosa que fue de tanto daño que jamás el ojo mortal podrá volver a verme mientras viva en este mundo perecedero. Porque Adán transgredió Mi precepto, él juntamente con su estirpe estuvo sin ley hasta llegar aquel tiempo que anunció la nobleza de Mi Hijo." (*Scivias* <Conoce los caminos del Señor> 2, 3, 18, p. 145).

3   "La advertencia del Espíritu Santo apareció en Noé cuando el género humano se había encaminado presuroso hacia su muerte, por lo que levanté el arca por encima de las aguas del diluvio, ya que antes de los siglos preví que, después de aquella malvada estirpe que enteramente se había manchado en la más negra iniquidad, debía surgir una nueva progenie. Pues luego de que Adán murió, su descendencia, ignorando que Yo soy Dios, andaba errante diciendo: '¿Quién es Dios? ¿Quién es Dios?' Entonces todo mal afloraba en ellos, de manera tal que la antigua serpiente, liberado su poder, se deslizó entre ellos persuadiéndolos para que hicieran su voluntad; pues

   A. A. Fraboschi[†], C. I. Avenatti de Palumbo y M. E. Ortiz

profetas.[4] En los últimos tiempos vino el Hijo de Dios,[5] porque no convenía que se hiciese presente en un tiempo vacío en el que no encontrara justicia alguna, como tampoco el hombre fue creado antes que toda creatura lo anunciara. Sin embargo, el Hijo de Dios vino para redimir a todo el mundo por la obediencia, la crismación del bautismo y la penitencia.

Ahora tú, pastor, vela para que no estés en un tiempo pueril, que no conoce a Dios;[6] antes bien permanece en el tiempo de los justos y los santos y en la revelación de los profetas, y en tus obras abraza la justicia; así como Dios previó todas las cosas antes de realizarlas, rige a tu pueblo según Su voluntad.

Tú también, como representante de Cristo, presta ayuda a tu pueblo, para que no seas como la trompeta que suena pero no obra. Sé, en cambio, el buen olor <*II Cor.* 2, 15> de las virtudes para que vivas para siempre y di: *Te ensalzaré, Dios mío, mi Rey, y bendeciré Tu nombre por siempre jamás* <*Sal.* 145(144), 1>.[7] Pues cuando comprendes que ocupas la sede del obispo, alaba a Dios en todos tus caminos y exáltalo en las buenas obras, y medita Sus preceptos repitiéndolos incansablemente a tu pueblo; bésalo por la fe y abrázalo en las buenas obras. Muestra a tu Dios en tu misma forma de vida, y en Sus juicios ensálzalo como Rey justo, de modo que rijas rectamente a tu pueblo y lo unjas con la misericordia; y no arrastres tras de ti una acusación funesta, es decir, no recibas regalos para administrar justicia <*Mat.* 6, 1>. E invoca Su nombre para que obres con temor de Dios en todas las cosas, porque es el Rey <*Sal.* 47(46), 8 y otros>. Harás esto todos los días de tu vida mientras vives en este mundo, hasta que luego vivas eternamente por los siglos de los siglos.

❧

---

estaba libre de la sujeción de una atadura, ya que antes del diluvio no se hallaba amenazada por la advertencia del Espíritu Santo, como la intimidé en Noé, en quien surgió una nueva estirpe, cuando instruí a Mi pueblo de una manera tal que jamás podrá olvidarse de aquella lección." (Ibíd., 2, 3, 19, pp. 145-46).

4   "La edificación de la justicia surgió con Noé, con Abraham la circuncisión, la promulgación de la Ley con Moisés, la profecía con los profetas." (*Liber divinorum operum* <El libro de las obras divinas> 3, 5, 5, p. 413).

5   "Fue necesario que el Hijo de Dios viniera al fin de los tiempos, porque la antigua serpiente había profanado a toda la humanidad con el engaño, el escarnio y la blasfemia; por esto también era necesario que la presencia del cuerpo humano del mismo Unigénito de Dios llevara a cabo Su obra." (Ibíd., 3, 5, 6, p. 415).

6   Véase *Mat.* 11, 16-19.

7   Véase C.27r, n. 1 (nuestra edición, p. 126).

Carta 45r, a Conrado, obispo de Worms, anterior a 1173

Esta carta es la respuesta a otra no muy explícita del obispo Conrado, quien solicita la ayuda de la Luz Viviente, según manifiesta a la abadesa de Bingen. Sin embargo, en el último párrafo de su misiva, Conrado le advierte que parte del contenido omitido en su carta le será narrado por el mensajero.

Tú eres la autoridad que se sienta en la cátedra de Cristo, sosteniendo una férrea vara en tus manos para regir a tus ovejas <*Sal.* 2, 9>. Pero dirige tu mirada al Sol de Justicia[1] <*Mal.* 4, 2> y a la multitud de estrellas, que significan las clases de las virtudes, de manera tal que no carezcas del alimento de vida <*Juan* 6, 27>, porque buen pastor es el que siempre florece en las buenas obras y apacienta sus ovejas en el justo verdor. Que Él te conceda esto, Él, Quien fue el primero en hablar, y toda creatura salió de Su Palabra[2] <*Gén.* 1>, y Quien en el último día hará sonar la trompeta, para resucitar así a todos los hijos de los hombres[3] <*I Cor.* 15, 52>.

Los hombres, pues, que viven con justicia son tabernáculo de Dios, porque Dios habita en ellos <*Ez.* 37, 27; *Apoc.* 21, 2>. Cada hombre, en efecto, es una obra de Dios en la que Él tiene su morada <*Juan* 14, 23>, puesto que envió a cada uno de ellos un alma ardiente, que con su racionalidad[4] vuela por toda la extensión de su cuerpo, y así abraza todo el espacio de los muros de su casa.[5]

---

1   Véase C.76r (nuestra edición, § 1, p. 216).

2   Véase C.15r (nuestra edición, § 1, p. 76). También C.21, n. 1 (nuestra edición, p. 105).

3   Véase C.15r, Apéndice II (nuestra edición, p. 92).

4   Véase C.15r, n. 11 (nuestra edición, p. 79).

5   "El alma es la señora de la casa de su cuerpo, casa en la que Dios ha formado todas las habitaciones de las que ella debía tomar posesión; y nadie puede verla, como tampoco ella puede ver a Dios en tanto permanece en el cuerpo, a no ser en la medida en que lo ve y lo reconoce por la fe. Ella actúa en el hombre juntamente con todas las creaturas que han tenido su origen en Dios; o sea, de modo tal que, como la abeja construye en su celda el panal de miel, así también el hombre lleva a cabo su obra –como un panal– con la ciencia del alma, que es como el líquido que lo llena. Y porque ha sido enviada por Dios, derrama en el corazón y recoge en el pecho los pensamientos que luego pasan a la cabeza y a todos los miembros del hombre. Penetra en los ojos, ya que son sus ventanas, a través de las cuales conoce a las creaturas: porque llena de racionalidad, con una sola palabra discierne sus capacidades y energías. A partir de aquí

 A. A. Fraboschi[†], C. I. Avenatti de Palumbo y M. E. Ortiz

Pero también quien en virtud de los preceptos de Dios fue justificado en sus obras –en las que no descuidó la Ley de Dios–, edifica la Jerusalén Celestial[6] <*Hebr.* 12, 22>. Pero quien obra según la carne y no según el espíritu <*Rom.* 8, 4 y 13>, caerá [fuera] de esa santa edificación.[7] Ahora bien, quien se sustrae al deseo de su propia voluntad, embellece el edificio celestial con perlas, con piedras preciosas y con oro del mejor.

Así que tú, haz contigo tal como lo harías con una piedra preciosa, para que embellezcas la Jerusalén eterna.

el hombre realiza sus obras para satisfacer toda necesidad suya, según la voluntad de sus pensamientos; porque cuando el viento de la ciencia del alma se mueve en el cerebro, desciende desde el cerebro a los pensamientos del ánimo, y así se cumple la obra de la voluntad. El alma, con su ciencia, siembra lo que la obra de los pensamientos acaba y que luego es cocido por el fuego del alma y convertido en el sabor gracias al cual es sabiamente aprobado. El alma también lleva el alimento de la comida y la bebida al interior del hombre, para reconfortar y robustecer su carne. Pues en virtud de sus fuerzas lo organiza, disponiendo cómo el hombre debe crecer y subsistir convenientemente en todas las partes de su cuerpo, y llena con sus energías las vísceras del hombre. Pues el alma no es carne ni sangre, pero llena a una y otra de manera tal que las hace vivir consigo, porque ha sido creada racional por Dios, Quien insufló la vida al primer hombre que formó. Por esto el alma y la carne son una única obra en dos naturalezas. El alma introduce en el cuerpo del hombre: en el acto de pensar, el aire; en la unión y consolidación de sus partes, el calor; el fuego en el sostenerlo y sustentarlo; en el difundirse por el cuerpo, el agua; y la fecundidad en el germinar, como se estableció desde la disposición primera; y está por doquier, por encima y por debajo, alrededor del cuerpo y dentro de él. Y así es el hombre." (*Liber divinorum operum* <El libro de las obras divinas> 1, 4, 103, pp. 246-47).

6   "La santa Divinidad tenía diez dracmas, esto es, diez órdenes de jerarquías celestiales, entre los ángeles y el hombre. Pero perdió una dracma cuando el hombre, por haber seguido la seducción diabólica antes que el mandato divino, cayó en la muerte. Por lo que la Divinidad encendió una luminosísima antorcha: Cristo, verdadero Dios y verdadero hombre, espléndido Sol de Justicia, [...] y así encontró Su dracma, o sea el hombre que había perdido. Entonces convocó a sus amigas –esto es, las justas disposiciones que rigen los asuntos del mundo– y a sus vecinas –las virtudes espirituales–, diciendo: Felicitadme con gozosa alabanza, y edificad la Jerusalén celestial con piedras vivas, porque encontré al hombre, quien había perecido por el engaño del diablo." (*Scivias* <Conoce los caminos del Señor> 3, 2, 20, p. 366). Véase también C.6, n. 2 (nuestra edición, p. 54).

7   "Pero cuando un Hombre inmaculado y puro se ofreció a Sí mismo como sacrificio a Dios con Su sangre y con Su muerte, todos los pueblos fueron purificados en Él. Por eso conozcan y entiendan los hombres que el hombre no es justificado por las obras de la Ley carnal, cuando la cumplen según la carne; pues la sangre y la ceniza de los animales no pudieron justificarlos ni liberarlos <*Hebr.* 9, 13-14>, pero en el Hijo de Dios está la justicia de la verdad, que les muestra el camino de la salvación <*Rom.* 3, 21-26>. [...]. Por lo cual, crean los fieles sinceramente en Él, Quien es el Camino y la Verdad <*Juan* 14, 6> –Camino en la confianza, y en la creencia, Verdad–, para que así sean justificados por las obras de la fe <*Sant.* 2, 24> cumplidas por amor al mismo Hijo de Dios, y no por las obras presentadas con amargura por quienes no quieren llevarlas a cabo. (*Liber vite meritorum* <El libro de los merecimientos de la vida> 2, 25, pp. 84-85).

Carta 46, al abad Wolfardo de Albona, entre 1153 y 1154

Esta carta parece la respuesta a otra del abad, en la que expresaría sus dudas sobre la doctrina de la transubstanciación. Hildegarda se dirige a Wolfardo en tono de reconvención primero, y de aliento al final.

La Serena Luz que da a rumiar las palabras, dice: ¡Oh hombre! Tú tienes confianza al razonar en el Hijo de Dios. Sin embargo, dudas en partir aquel alimento que tú mismo quieres comer, según te dicta tu espíritu. ¿De qué manera y por qué razón das vueltas, cribando toda clase de cosas y explorando por doquier dónde encontrar aquella realidad que se realiza en la ceremonia litúrgica?[1] ¿Por qué haces esto? Dios edifica en cualquier causa que actúe recta y justamente. Sal, pues, a la luz, y vivirás por siempre. Pues Dios tiene para Sí el holocausto en Sus materiales. Bienaventurado aquél que siempre conserva presente a Dios en todas sus causas, porque el diablo jamás podrá engañarlo. Vive pues, oh hombre, y sé victorioso en el mundo de las sombras.

---

[1] "Cuando la oblación de pan y vino ha sido ofrecida sobre el altar dedicado a Mi Nombre en memoria de Mi Hijo, Yo el Todopoderoso, iluminándola milagrosamente con Mi poder y con Mi gloria, la transformo en el cuerpo y la sangre de Mi Unigénito. ¿Cómo? Por el mismo milagro por el cual Mi Hijo recibió un cuerpo de la Virgen; por ese mismo milagro también esta ofrenda se convierte en Su cuerpo y Su sangre en la consagración." (*Scivias* <Conoce los caminos del Señor> 2, 6, 36, p. 264). Y aún más: "Este pan es la carne de Mi Hijo, a la que ninguna oscuridad sume en las tinieblas de los pecados, ni mancha alguna empaña con iniquidades. Así, quienes dignamente La reciban serán bañados y penetrados en cuerpo y alma por una luz celestial, y purificados de las manchas de su sordidez interior. No haya duda alguna en cuanto a esta sacratísima carne: porque Quien ni de la carne ni del hueso formó al primer hombre, Éste puede así llevar a cabo este sacramento." (Ibíd., 2, 6, 24, p. 253). Este último texto arroja luz sobre la frase "Dios tiene para Sí el holocausto en Sus materiales". A lo que también aporta el que sigue: "Pues cuando Mi Unigénito estaba en el mundo con Su cuerpo, éste fue sustentado por el trigo y el vino como alimento de Su carne y de Su sangre; por lo que también ahora, en el altar, Su carne y Su sangre son consagradas en la ofrenda del trigo y el vino, a fin de que por ella los hombres fieles sean reconfortados en el alma y en el cuerpo." (Ibíd., 2, 6, 18, p. 246).

 A. A. Fraboschi [†], C. I. Avenatti de Palumbo y M. E. Ortiz

Carta 47, al prior Federico de Albona, entre 1153 y 1154

Esta carta es una seria advertencia acerca de la variabilidad de los estados anímicos, mudanza para la que Hildegarda da el remedio seguro: la humilde confianza en Dios y en Su ayuda, siempre suplicada.

El que es <*Éx.* 3, 14; *Apoc.* 1, 4> dice: Un rey vio la escalera oscurecida en el aire malsano de los cambios. Y el sol refulgió, y aquella oscuridad se disipó. Y esto agradó al rey, y dijo: Esta escalera se evade en la fatiga, pues a veces trepa hasta lo escarpado y a veces se envuelve en tinieblas.

Así es tu espíritu, oh hombre. Cuando te examinas a ti mismo asciendes hasta Mí con alegre gozo, y una vez más en tiempos de nociva pestilencia cultivas la enfermedad que sucumbe, como si no debieras buscar con ahínco la causa de la salvación. Es imposible que la ceniza permanezca inmóvil. Mírame, y pide siempre el ungüento medicinal, tanto en el día soleado como en la tempestad, y vivirás eternamente. Cultiva la ley pura, huye de la duda, y Dios te salvará.

Carta 48r, al monje Godofredo de Alpirsbach, entre 1152 y 1153

Si bien en tono de consuelo, Hildegarda responde en forma bastante dura a la humilde petición de Godofredo, sacerdote y monje benedictino, que se ha dirigido a ella como a quien "ve que ve las cosas pasadas, presentes y futuras", creyendo, por lo que ha oído de otros, que ella goza del don de revelaciones y del espíritu de la divina consolación, y pidiéndole que lo aconseje con amabilidad y no con duros reproches. Hildegarda sacude su molicie llamándolo a la vigilancia, le advierte que el espíritu del mal tiene interés en su desidia, y lo exhorta a merecer la luz y el consuelo divinos, que se derraman con abundancia sobre los que combaten valerosamente. Se trata, por tanto, de una nueva carta en la línea de la propagación de los ideales de la reforma gregoriana –en lo concerniente a la observancia monástica– que Hildegarda promueve.

La Luz Viviente dice: Oh hombre, de Mí fluyen arroyos para revigorizar tu espíritu. Pero tu espíritu está aprisionado y angustiado por la inestabilidad de tus costumbres en la tenebrosidad del viento que se dispersa. Y los pensamientos que ocultas en tu mente a veces te engañan, y a veces el gusto de tu propia obra te corrompe. Sin embargo, el rostro de tus deseos se vuelve hacia Mí buscando el gozo de la elevación que aún no puedes alcanzar en tu obra. Muy buenos son los deseos que edifican una torre en las alturas de la suavidad del buen aroma. De ahí que los ángeles de Dios se regocijan por las obras realizadas por el dedo de Dios [los hombres], las cuales Lo saborean, destruyendo el alimento de la desidia de los pecadores.

Ahora tú, oh soldado, sé fuerte en el combate mientras vives en tu cuerpo, porque tu enemigo no se fatiga ni flaquea en la lucha. Que tus obras sean tales que el dulcísimo Padre se regocije contigo y que Su Palabra ilumine tu alma, y que el Amor ardiente derrame sobre ti el ungüento de la salud y el fecundo vigor de la flor de la sabiduría.

 A. A. Fraboschi [†], C. I. Avenatti de Palumbo y M. E. Ortiz

Carta 49r, a una abadesa de Altena, anterior a 1173

Esta breve esquela es la respuesta a una abadesa que, al parecer, reiteradamente ha esperado recibir cartas de Hildegarda, a quien declara amar y venerar, sin que aquello sucediera.

Oh tú, que en el fulgor de la saltarina fuente <*Juan* 4, 14> eres maestra, haciendo las veces de Cristo, oye: *He aquí que venció el León de la tribu de Judá, la Raíz de David* <*Apoc.* 5, 5>. Esto significa: el Hijo, esplendor de la Santa Divinidad, es como la raíz de la fortaleza.[1] Pues rugió como un león <*Apoc.* 10, 3> cuando arrojó al infierno a los que imitan al primer ángel en su caída <II *Pedr.* 2, 4>, de modo que allí apartó de Sí toda injusticia, triturándola con sus fauces:[2] y así es la raíz de la fortaleza. Pero a todos los que Lo confiesan con fe y Lo tocan con su buen obrar, los atrae a Sí, y de este modo todo lo vence, como un león. Escucha entonces mi admonición.

---

1   En *"radix"* se sigue la lectura de Riesenkodex: *post* radix *add.* *"fortitudinis"*, en congruencia con el texto que sigue inmediatamente.

2   Sólo en la letra: *"frendentibus dentibus"*, es reminiscencia del *Sal.* 35(34), 16.

Carta 50r, a la abadesa Sofía de Altwick, entre 1164 y 1170

La abadesa Sofía de Altwick cree haber recibido, por inspiración divina, la moción de abandonar la dura carga que le significa su tarea de gobierno en una comunidad que, a juzgar por la respuesta de la abadesa de Bingen, no siempre es edificante, y retirarse en soledad a una pequeña celda para continuar allí su vida de religiosa. Pero, temerosa de que no sea ésa la voluntad de Dios, escribe a Hildegarda, a quien pide consulte con la Luz Viviente su deseo, y le encarece una pronta respuesta.

En la verdadera visión de los misterios de Dios oí estas palabras: Oh hija, formada del costado del varón, y figura moldeada por el obrar divino <*Gén.* 2, 21-22>, ¿por qué desfalleces de modo tal que tu espíritu vuela en las fluctuaciones de las nubes a las que la tempestad envuelve, tanto que por momentos la luz brilla y de nuevo al punto se oscurece? Así está tu espíritu a causa del estrépito de aquellas costumbres que no brillan ante Dios. Pero tú dices: Quiero reposar y buscar un lugar donde mi corazón tenga nido, para que así también mi alma allí descanse.

Oh hija, no es provechoso ante Dios que te deshagas de tu carga y abandones el rebaño de Dios, ya que tienes aquella luz por la que, iluminándolo, puedas conducirlo hacia la pastura. Ahora refrénate a ti misma, para que tu espíritu no arda por esta dulzura que mucho te perjudica en la alternativa de una vida en soledad y aislada.[1] ¡Ánimo!, tú mantente, porque la gracia de Dios te quiere. Guárdate, por tanto, para que no te apartes de ella en la divagación de tu espíritu. Dios te ayude para que vigiles con pureza de conciencia.

---

1   En "*in uicissitudine singularis uite*" se sigue la lectura indicada en app. comp: 13 secularis singularis (*Hm R Wr*), porque en la carta 50, de la abadesa Sofía, no se habla de contactos con la vida secular o mundana, de donde no resulta contextualmente comprensible la aparición de "*secularis vite*". En cambio "*singularis vite*" es la alternativa lógica a la vida en comunidad que Sofía deseaba abandonar, buscando la paz de una vida solitaria, en una celda aislada.

     A. A. Fraboschi[†], C. I. Avenatti de Palumbo y M. E. Ortiz

Carta 52r, a la comunidad religiosa de Andernach, entre 1148 y 1150

Esta es la respuesta a una epístola enviada por la abadesa Tengswich de Andernach, quien critica ciertas disposiciones de Hildegarda como priora de la comunidad de religiosas en San Disibodo: por un lado, que admita solamente a mujeres de la nobleza y, por otra parte, que promueva en los días de fiesta el uso de vestidos de seda, adornos preciosos –coronas con piedras, anillos de oro– y el cabello suelto.

La Fuente Viva dice: Que la mujer permanezca oculta en el interior de su aposento, de manera tal que conserve gran modestia, porque la serpiente insufló en ella los grandes peligros de una horrible lascivia. ¿Cómo es esto? La belleza de la mujer brilló y resplandeció en la raíz primera; en ella fue formado aquello en lo que toda creatura se oculta[1]. ¿Cómo sucedió? En parte por ser una obra maestra del dedo de Dios, y en parte por su belleza celestial.

¡Oh, qué cosa admirable eres, tú que pusiste en el sol tu fundamento y desde allí dominaste la tierra! Por lo que el apóstol Pablo, quien voló hacia lo más alto y en la tierra guardó silencio para no revelar lo que había sido escondido, [dijo]: La mujer que está sujeta a la potestad viril de su marido <*Ef.* 5, 24>, unida a él en la primera costilla, debe guardar gran modestia <*I Tim.* 2, 9>, y no debe hacer o pregonar el elogio de la vasija de su propio esposo en lugar ajeno, que no le pertenece. Y sea así según aquella palabra que el Señor de la tierra dijo, para irrisión del demonio: *Lo que Dios ha unido, el hombre no lo separe* <*Mat.* 19, 6>.

Escucha: la tierra rezuma el fresco verdor de la hierba, hasta que el invierno la vence. Y el invierno se lleva la belleza de aquella flor y oculta su lozanía, y no puede luego mostrarse como si aún no se hubiera secado, porque el invierno le quitó su verdor.[2] Por esto la mujer no debe envanecerse por su cabellera ni ador-

---

1   Eva es la madre del género humano: tal era su misión primera en la Providencia Divina, con una maternidad física que debía respetar su integridad corporal, modalidad que el pecado frustró. Sin embargo, la maternidad con dichas características encontrará su perfecta realización en la virgen María.

2   La referencia es a la fresca flor de la virginidad, a la integridad de la doncella, a la libertad de la virgen, que resultan vulneradas por el frío avasallante del invierno –el varón– que penetra y hiere, quedando una flor desflorada, una integridad perdida, una sujeción al varón.

narse, ni enorgullecerse por una corona y algún otro adorno de oro, a no ser por la voluntad de su esposo y para complacerle, en la justa medida.

Pero esto no atañe a la virgen: ella se encuentra en la simplicidad y la integridad del glorioso paraíso, que jamás aparecerá árido sino que siempre permanecerá en la plenitud de la fuerza vital de la flor en la rama. La virgen no tiene el precepto de ocultar la lozanía de sus cabellos pero por su propia voluntad y debido a su gran humildad se oculta, porque el hombre esconde la belleza de su alma para que el gavilán no se la arrebate a causa de la soberbia.

Las vírgenes[3] están unidas a la santidad en el Espíritu Santo y en la aurora de la virginidad. Por eso es apropiado que se lleguen al sumo sacerdote como holocausto consagrado a Dios. Por lo cual, al ver que su espíritu está consolidado en la urdimbre de su castidad, y considerando también quién es Aquél a Quien se ha unido, como está escrito: *Con Su nombre y el nombre de Su Padre escritos en sus frentes* <Apoc. 14, 1>, y también: *Seguirán al Cordero a dondequiera que Él vaya* <Apoc. 14, 4>, es lícito –por la permisión y la revelación en la mística espiración del dedo de Dios– que la virgen lleve un vestido blanco, claro símbolo de sus desposorios con Cristo.

Dios también tiene una mirada escrutadora y atenta sobre cada persona, de manera tal que el orden inferior no ascienda y se ubique por encima del orden superior, como hicieron Satanás y el primer hombre, quienes quisieron volar a una altura mayor que aquella en la que habían sido puestos. ¿Y qué hombre reúne todo su ganado, es decir, bueyes, asnos, ovejas, cabras, en un solo establo de manera que no contiendan entre sí? Por eso también debe haber discreción en esto, para que las diversas personas reunidas en un solo rebaño no se destruyan por la soberbia de la exaltación ni por la ignominia de la humillación, y principalmente para que la nobleza del carácter no se deteriore cuando a causa del odio se destrocen entre sí, cuando el orden más alto cae sobre el inferior y el inferior asciende sobre el superior. Porque Dios hace distinción entre quienes habitan en la tierra como también entre los habitantes del cielo, donde hay ángeles, arcángeles, tronos, dominaciones, querubines y serafines. Y todos estos son amados por Dios, aunque no tienen igual nombre.[4] La soberbia ama en los príncipes y en los nobles la apariencia de su grandeza, y los odia cuando matan dicha apariencia. Y escrito está: *Dios no rechaza a los poderosos, porque también Él es poderoso* <Job 36, 5>. Pero Él no ama las apariencias sino las obras que tienen su gusto en Él, como dice el Hijo

---

3   No se trata aquí de la virginidad simplemente tal, sino de la virginidad consagrada a Dios.

4   "no tienen igual nombre": esto es, rango.

    A. A. Fraboschi[†], C. I. Avenatti de Palumbo y M. E. Ortiz

de Dios: *Mi alimento es hacer la voluntad de Mi Padre* <*Juan* 4, 34>. Donde está la humildad, allí Cristo siempre está convidado. Y por eso es necesario discernir a aquellos hombres que más apetecen la vanagloria que la humildad, aunque ven que éstas [las obras] son superiores a aquéllas [las apariencias]. La oveja enferma sea arrojada afuera, para que no se contamine todo el rebaño.

Dios infunde a los hombres el buen conocimiento, para que su nombre no sea borrado del libro de los vivos <*Apoc.* 3, 5; *Sal.* 69, 29>. Bueno es, pues, no que el hombre se apodere de una montaña que no podrá mover, sino que permanezca en el valle aprendiendo poco a poco lo que puede comprender.[5]

Estas cosas han sido dichas por la Luz Viviente y no por el hombre. Quien oye, vea y crea de dónde son y de dónde vienen.

---

5   En sus términos latinos, este párrafo juega con la idea del conocimiento como un tomar algo, asirlo, captarlo, comprenderlo; sólo con este sobreentendido adquiere su pleno sentido.

Carta 53r, al canónigo Udalrico de Augsburgo, anterior a 1170

La abadesa de Bingen exhorta a Udalrico a procurar, con todas sus fuerzas y con la ayuda del Espíritu Santo, un ánimo estable.

El que es la vida <*Juan* 11, 25> me manifiesta Sus palabras diciendo: Hombre, eres semejante al agua que se agita en la tormenta, y que luego reposa nuevamente en la quietud. La Victoria[1] te dice: De buen grado me acercaría a ti, pero te apartas de mí cuando ocultas el rostro de tu espíritu y te vuelves vacilante, pues no tienes la seguridad de las plumas que vuelan hacia lo alto, toda vez que no te abrazas con fuerza al Desprecio del Mundo.[2]

---

1   La Divina Victoria es una de las fuerzas divinas que trabajan en el hombre y con él para su salvación, y así se presenta: "Yo soy la Victoria, guerrera veloz y valiente, yo combato con una piedra, y pisoteo a la antigua serpiente." (*Ordo Virtutum* <El drama de las Virtudes>, escena II, vv.196-97. En: HILDEGARDIS BINGENSIS. *Opera Minora*, p. 514). En el *Liber vite meritorum* <El libro de los merecimientos de la vida> 1, 10 (p. 17) la Divina Victoria responde a la Flojedad de Ánimo: "Tú, hablando contra Dios en tu primer engaño, escogiste extraviarte, y no quisiste imitar Su justicia. Así, en tu vagabundeo, con tu tremenda ofuscación fuiste al exilio, y mudando la inclinación [la de Lucifer, que ya no confronta directamente con Dios sino a través del hombre, y la del hombre, que ya no se inclina en obediencia hacia Su Creador sino que se vuelve sobre sí mismo, siguiendo su propia voluntad, que termina siendo la del diablo, su señor] engañaste al hombre, porque en ti no hay probidad alguna. Pero yo tengo la espada de las fortísimas virtudes de Dios, con la que corto y separo toda injusticia. Por eso con la misma espada desenvainada te heriré en la mejilla. Me endureceré contra ti porque eres ceniza en la ceniza, y las cosas que deseas y que reúnes para ti son pocas y pequeñas. Pues no quiero la vida que yace en la ceniza ni la vacuidad de las vanidades de este mundo, sino que deseo llegar a la fuente que brota y fluye <*Juan* 4, 14>. Yo peleo contra la antigua serpiente y destruyo los frutos de su botín con el misterio de las *Escrituras* de Dios, con las que siempre lucho contra los ataques de las flechas del diablo. Y así permaneceré siempre en el Dios verdadero."

2   Así presenta Hildegarda al Desprecio del Mundo: "Porque contra las artes diabólicas y entre el secreto poder de Dios y Su edificación espiritual, está en el espíritu de los hombres la rueda de Su Misericordia casi como suspendida en el aire, y gira tocando a veces el poder de la justicia de Dios y otras confirmando Su obra en ellos. En dicha rueda aparece, visible hasta el pecho –el lugar de su fortaleza–, la perfección cristiana en el Desprecio del Mundo: pues esta virtud, confiando en Dios en medio de la dureza del terrible combate, con la penetrante mirada de su admonición exhorta a los hombres que viven mundanamente en el mundo a que, rechazando lo terrenal, imiten el ejemplo del Hijo de Dios –Quien los precedió–, elevando hacia Él sus suspiros, animosamente y con perseverante amor." (*Scivias* <Conoce los caminos del Señor> 3, 10, 21, p. 564). En el *Liber vite meritorum* <El libro de los merecimientos de la vida> 4, 14 (p. 181) y respondiendo al Deseo Desordenado e Insaciable, o Avidez, esta virtud dice: "Tú eres un

        A. A. Fraboschi[†], C. I. Avenatti de Palumbo y M. E. Ortiz

¡Oh soldado! Pronto te llegará la resurrección, si te sacudes el polvo de la ceniza <*Is.* 52,2; *Mat.* 10, 14; *Luc.* 9, 5; *Hech.* 13, 51> mientras dices: Si no puedo estar al sol, quiero al menos apartarme del fango de la corrupción y purificar mis vestiduras de la vicisitud de las costumbres de este mundo.[3] Entonces la Paloma te dará el ungüento, y lavará tu herida. Ahora levántate, y vive por toda la eternidad.

஺

lazo siniestro, que dispones y regulas aquellas cosas materiales que, juntamente con diversos recursos y bienes, forman parte del placer carnal. Pues en otro tiempo algunas generaciones anhelaban en su espíritu las riquezas y los honores del mundo, y buscaban signos en el sol y en las estrellas, y decían que tanto ellos como aquellos en quienes confiaban, eran dioses. ¿En qué les aprovechó esta vanidad? ¿Y dónde están ahora sus riquezas, sus honores y sus tierras? <*Bar.* 3, 16-19>. En el Infierno, ya que sufren los castigos merecidos porque no permanecieron en la presencia del Espíritu Santo, y porque no deseaban los bienes celestiales sino que pedían los bienes materiales y caducos. Pero yo estoy en la presencia del Espíritu Santo, y en el carro de los preceptos de Dios hago un círculo, y recorro Sus caminos por doquier; Lo invoco como Padre, destruyo los deseos carnales de mi propia voluntad y me manifiesto en todas partes. Si me encuentro afligido y abrumado por los deseos carnales, al punto me despierto vigilante en virtud del temor de Dios y de la rueda de fuego del Espíritu Santo. Cuando los pueblos me honran a causa del nombre del Señor y cuando quieren entregarme todos sus bienes, esto lo tengo por nada; solamente busco sustentarme con moderación, y digo: Estas cosas me apartan del rostro de Dios, por lo que mucho me avergüenzo. Cuando el pecado me llama tentándome, le doy esta respuesta: Tú no me has creado, ni puedes liberarme del mal; por eso desprecio tu engaño. Pues cuando la llama ígnea del Espíritu Santo me enciende, todo lo mundano que hay en mí es consumido, y así recorro todas las regiones celestiales en el divino carro."

3   En *Scivias* <Conoce los caminos del Señor> 3, 3, 9 (p. 383) la Divina Victoria aparece descripta con toda su vestidura y armamento. Leemos: "*Con la mano derecha sujetaba la lanza*: esto es que el hombre, con su confianza puesta en Dios, sea audaz para vencer toda la inmundicia del diablo, haciéndolo con la poderosísima paz del Señor, la cual es la verdadera justicia contra la lucha extremadamente vil entre el diablo y el hombre, que difícilmente podría el hombre concluir en victoria sin la ayuda de Dios."

Carta 54, al preboste Andrés de Averbode, anterior a 1166

Es una carta de aliento dirigida al preboste Andrés, quien al parecer está pasando un momento de crisis y desánimo. Hildegarda le indica cuál es su dificultad, y le invita a superarla.

La Secreta Luz dice: Tú fuiste amedrentado, como abatido por el viento, y duermes bajo el fecundo árbol de tu espíritu. Sin embargo, el hombre que tiene el vigor interior de su corazón, construye en lo alto del muro. El pastor que apacienta el rebaño sin contar con la ayuda interior en las necesidades de sus ovejas sino que cansado huye, no saca provecho de su cuidado pastoral. Por eso se asemeja a la oveja y no al pastor.

Tú eres como un hombre agitándose en las aguas, que con dificultad es salvado para que no se hunda, a fin de que en todo lugar atiendas a la prudencia; pero desfalleces en fuerzas, no así en la voluntad. Por eso la gracia de Dios te ilumina.

 A. A. Fraboschi[†], C. I. Avenatti de Palumbo y M. E. Ortiz

CARTA 55R, A UN ABAD
DE AVERBODE, anterior a 1166

Esta carta es la respuesta de Hildegarda a un abad de un monasterio cisterciense en Averbode, quien le escribe encomendándose a sus oraciones, ya que se reconoce pecador. Sin embargo, en su carta la abadesa aborda muy específicamente el pecado de murmuración, lo que permite suponer una situación conocida en cuanto al estado de la comunidad, o bien una información adicional que no consta en la misiva del abad. Sólo en la parte final de su carta se refiere al motivo del escrito del abad.

L os dardos que vienen a propósito de la incredulidad y la afrenta de palabras maliciosas son peligrosos como el viento, que de repente viene al corazón del hombre.[1] Y ese viento es la tempestad del primer ángel, por el cual él mismo despreció a Dios. Por otra parte, frecuentemente veo en la felicidad del hombre al cual Dios ama mucho, que éstas [palabras maliciosas] casi se le echan encima, porque el enemigo conoce su felicidad y con esta tempestad quiere oprimirlo, para que caiga con él.[2] Pero no logra arrebatarlo del seno de Dios. Sin embargo, la angustia y la tribulación le salen al encuentro por parte de los elementos,[3] aunque en la justa medida, porque Dios lo observa.[4] Así

---

1   El peligroso viento al que se refiere Hildegarda es el viento del norte, el viento Föhn, un viento cálido y seco originado en la ladera norte de los Alpes, de devastador efecto para la salud: dolor de cabeza, náuseas, insomnio, trastornos emocionales, debilidad, cuyas consecuencias padeció la abadesa durante toda su vida. El norte, por otra parte, es la morada del demonio (véase *Is.* 14, 13-14). Véase C.6, n. 8 (nuestra edición, p. 55).

2   "El demonio, llevado por la misma malignidad por la que se había apartado de Dios, actuó como para vencerlo en esta su obra, atrayendo hacia sí la obra de Dios, que es el hombre." (*Liber divinorum operum* <El libro de las obras divinas> 1, 1, 14, pp. 56-57). El hombre es tan sólo el campo de batalla: "Y oí que la antigua serpiente decía para sus adentros: 'Prepararé todo el poder de mis fuerzas para la defensa, y lucharé cuanto pueda contra mis enemigos.' Y escupió de su boca una espuma cargada de muchas inmundicias y de toda clase de vicios en medio de los hombres; y burlándose de ellos con gran irrisión dijo: 'Bah!, yo volveré funestos, oscuros y horribles en sus tinieblas a quienes se llaman soles por sus obras luminosas'." (*Liber vite meritorum* <El libro de los merecimientos de la vida> 1, p. 12).

3   Véase *Col.* 2.

4   Véase *Job* 1, 12, donde la "justa medida" es la vida, que sólo Dios puede dar y quitar.

como, por otra parte, la Iglesia ha recibido el nuevo nacimiento de la nueva prole en la sangre de Cristo,[5] así era necesaria y fue conveniente la dote del Espíritu Santo, es decir que el agua se uniera a la sangre de Cristo <*I Juan* 5, 6-8>, porque todavía hay corrupción en la sangre de todo hombre.[6]

❧

---

5   Véase C.8, n. 1 (nuestra edición, p. 60).

6   "Pero por su gran vanidad el hombre, alejándose de Mí en virtud de la persuasión del diablo, cae en los dolorosos afanes de los pecados, porque nacido de la frágil naturaleza de Adán abandonó el gozoso conocimiento del bien que de ningún modo lo hubiera dañado. [...] Por lo que, a causa de la fragilidad que le viene desde Adán y del consejo del insidioso demonio, jamás puede estar sin el contagio del pecado." (*Liber divinorum operum* <El libro de las obras divinas> 2, 1, 23, p. 291).

        A. A. Fraboschi[†], C. I. Avenatti de Palumbo y M. E. Ortiz

Carta 56, al abad de San Miguel, en Bamberg, entre 1169 y 1170

Esta carta constituye una seria advertencia al abad Helmrich sobre el cumplimiento de sus deberes, por difíciles y fatigosos que sean.

En ardiente advertencia se predestinó que este pueblo deba oír de viva voz lo que en la oscuridad de los misterios de Dios será extraído de la piedra abrasadora.[1] Algunas veces te veo como la aurora, brillante en tu intención; sin embargo, de vez en cuando veo también que tienes trabajo y angustia en ti mismo y en otros, de modo tal que por eso estás tan duramente atormentado, que casi ignoras lo que puedes hacer.

Pero ahora oye al nobilísimo Padre de familias que te amonesta: Vigila diligentemente y levántate a la luz, para que puedas llevar Su vara honestamente durante la jornada. En efecto, si el hombre exterior algunas veces se ve atormentado por el castigo de Dios, el interior tanto más fortalecido se levanta <*Ef.* 3, 16> a partir de la poderosísima fuerza que quiere sostenerte en la envolvente rueda de Su gracia.[2]

---

1   Podría ser una alusión a *Is.* 6, 6 y 9, referidos a la vocación de Isaías, cuya boca es purificada con una piedrecilla (*calculus*) ardiente tomada del altar por un ángel, para purificar los labios del profeta, quien entonces recibe la misión de hablar al pueblo en nombre de Dios.

2   En Hildegarda la rueda aparece en diversos contextos y con significaciones variadas. Así, por dar sólo algunos ejemplos, en el *Liber divinorum operum* <El libro de las obras divinas> 1, 2, 2 (p. 66), en el seno de la Trinidad Santísima aparece una rueda en cuyo centro hay una figura humana. El texto dice: "En la ciencia del verdadero amor [*caritatis*], que es Dios, la forma del mundo existe girando sin desintegrarse, algo maravilloso para la naturaleza humana. Ni es consumida por la vejez ni se acrecienta por novedad alguna sino que, tal como fue creada por Dios al comienzo, así perdurará hasta el fin de los tiempos. Pues en Su presciencia y en Su obrar la Divinidad es como una **rueda** íntegra e indivisa, porque no tiene inicio ni fin ni puede ser abarcada y comprehendida por persona alguna, porque es sin tiempo. Y como el círculo contiene cuanto está oculto en su interior, así la santa Divinidad abraza infinitamente todas las cosas y se eleva sobre ellas, porque nadie podrá dividirla en Su poder ni superarla, ni llevarla a Su fin.". Como puede verse, la imagen circular de la rueda, que inicialmente y en su movimiento significa al mundo, termina señalando a Quien lo contiene, esto es, a la Divinidad. En *Scivias* <Conoce los caminos del Señor> 3, 13, 3 (p. 617), en la celebración de los ciudadanos del Cielo, leemos: "Vosotros, antiguos santos, profetizasteis la salvación de las almas peregrinas que habían sido arrojadas a la muerte; vosotros, que girasteis como **ruedas**, anunciando de manera admirable

los misterios del monte que toca el cielo [...]". Hay aquí la mención explícita del hombre que gira como rueda: son los profetas, que conocen los ocultos misterios de la Divinidad (el monte que toca el cielo). La rueda recuerda aquéllas llenas de ojos de los Querubines, signo del altísimo conocimiento que tienen de Dios <*Ez*. 1, 18>. En el *Liber vite meritorum* <El libro de los merecimientos de la vida> 6, 6 (p. 266), refiriéndose a los hombres que se han salvado después del Juicio Final, anuncia: "Entonces el bienaventurado, purificado en estos elementos [los elementos del mundo en los que ha tenido lugar su expiación], se asemejará al dorado círculo de una **rueda**; y su carne y su espíritu serán entonces ardientes, y se le abrirá el secreto recinto de los misterios ocultos." Y en un *racconto* de la historia de la Humanidad, el Verbo encarnado dice: "Puse en movimiento Mi **rueda** mientras recuperaba a los hijos que se habían vuelto extraños. [...] También establecí un punto en medio de Mi **rueda**, por el que conocí de antemano que el pueblo espiritual habría de vivir sin la vestidura del mundo [los religiosos y su hábito]. Así completé el movimiento de Mi **rueda** contra la astucia de la antigua serpiente, que Me desconoció, porque Mi silenciosa encarnación le fue ocultada." (Ibíd., 6, 32, p. 287). Aquí la rueda y su movimiento son símbolos del poder redentor del Mesías. Pero si hasta este punto la simbología de la rueda se presenta como positiva, hay otros textos en los que obedece al signo contrario: "Y como Lucifer, con su voluntad perversa, se alzara hacia la nada –porque fue nada lo que quiso e intentó crear–, cayó hacia la nada y no pudo levantarse, porque bajo él no había sino un abismo sin fondo. [...] Pues cuando se extendió hacia la nada, el propósito e inicio de su extenderse produjo el mal, y al punto este mal, sin luz ni esplendor en sí mismo, ardió a causa de la envidia que experimentaba ante Dios, girando y dando vueltas sobre sí mismo como una **rueda**, y mostró en su seno tinieblas abrasadoras." (*Causae et curae* <Las causas y los remedios de las enfermedades> 1, p. 1, línea 25-p. 2, línea 7). Porque fuera de Dios y de Su voluntad creadora no hay ser ni existir ni bien alguno, por eso Lucifer sólo pudo "producir" la nada, la ausencia de ser, el mal, ese oscuro torbellino –la rueda– amenazador.

         A. A. Fraboschi[†], C. I. Avenatti de Palumbo y M. E. Ortiz

Carta 57, al abad de San Miguel, en Bamberg, entre 1169 y 1170

Mediante un diálogo entre Virtudes, Fuerzas divinas, la priora aconseja al abad Helmrich acerca de cómo debe acompañar y guiar a los miembros de su comunidad.

En la Serena Luz oí estas palabras: la Sabiduría y el Discernimiento se dijeron el uno al otro: ¿A quién buscaremos para que nos ayude? Y se respondieron: A la Templanza. Pero también la Misericordia, por nuestro ministerio, anunciará la salvación a los pueblos. Y tomaron asiento. Entonces la Sabiduría dijo: ¿Qué haremos, pues hay guerras y más guerras entre los hijos de los hombres? Y el Discernimiento respondió: Cuando los hijos de los hombres luchan entre sí en las calles y en las plazas, de manera tal que quieren darse muerte los unos a los otros, entonces ciega sus ojos con la luz del sol, y yo lo haré con la nube. Y enseñémoles que Dios los constituyó primero en la forma de vida propia de los ángeles, y luego los hizo corpóreos. ¿Por qué entonces sofocan sus almas de esta manera, cuando tienen tan grandes merecimientos? Tú dales el escudo del sol, y yo, de la nube, los férreos brazales y otras piezas de armadura tan pesadas que ya no podrán moverse. Entonces dijo la Templanza: Y yo extenderé una red ante su camino para que, estorbados e impedidos por ella no puedan recorrer los senderos de la injusticia, si quisieran hacerlo. Pero la Misericordia dijo: Yo anuncio que la Sabiduría estableció el cielo y la tierra en gran gloria[1], y que el Discernimiento, teniendo en cuenta la belleza de la mirada, ha diferenciado bien todas las cosas para que sean vistas y conocidas[2], y que la

---

1   "Esta virtud [la Sabiduría], que estaba en el Altísimo Padre antes de la Creación, dispuso de acuerdo con el designio de Aquél, todos los talentos de las creaturas constituidas en el cielo y en la tierra [...].Siempre rige y custodia bajo su escudo a los que quieren seguirla, y mucho los ama, pues perseveran en ella. [...] *Su cabeza, como un fulgor, irradia tanta luz, que no puedes contemplarla plenamente:* porque la Divinidad es dulce y admirable para toda creatura; todo lo ve y lo considera, tal como el ojo humano juzga las cosas que están frente a él." (*Scivias* <Conoce los caminos del Señor>, 9, 25).

2   En *El libro de los merecimientos de la vida* leemos: "RESPUESTA DEL DISCERNIMIENTO [a la Desmesura]: [...] Yo en cambio voy por los senderos de la luna y del sol; atiendo toda la disposición de Dios, y con esto crezco en la honestidad de las costumbres, y todo ello lo valoro plenamente en el amor. Pues soy príncipe en el Palacio del Rey, y conozco todos Sus secretos, y a ninguno de ellos dejo en el vacío sino que los abrazo y los amo, y con ellos resplandezco como un rayo

Templanza convierte lo dulce y suave, y lo fuerte y áspero, en alimento bueno y nutritivo, tal que pueda ser comido y digerido. Pero tengo también una espada que blando hacia todos lados, con la que corto y destruyo todo lo áspero que hiere y desgarra a los hombres; y toda región montañosa que no pueden traspasar, la aplano y la hago llana, de tal manera que los más pequeños y los grandes, los fuertes y los débiles pueden atravesarla y soportar la travesía.[3]

Ahora, oh padre diligente y solícito, entiende las razones que se te han dado, y manifiesta a tus hijos prontamente, con misericordia y con gran veneración, los soberanos juicios y los preceptos de Dios. Cuando ellos den comienzo a la guerra de las malas obras y quieran cumplirlas en las calles de su voluntad, entonces ciega los ojos de sus malas intenciones con el sol de la justicia y con la nube de la corrección disciplinaria, porque por el espíritu son celestiales y son imagen de Cristo por el cuerpo: no permitas que destruyan sus almas, que tienen gran merecimiento en el cielo. Muéstrales el escudo defensivo del sol de la justicia; y, de la nube de la disciplina, muéstrales los brazales y la armadura de la obediencia, de los que difícilmente pueden librarse y prescindir, debido al peso de sus pecados. Pero también extiende ante ellos la red de la corrección, impulsándolos a caminar por el recto camino: porque Dios ha establecido el cielo y la tierra en gran gloria, y con tal equilibrio y proporción ha dispuesto lo placentero y lo dificultoso, que es posible soportar ambos. Imita la Misericordia que todo lo allana, para que puedan superarlo. Pero también discierne los tiempos, y considera la debilidad de los cuerpos de tus hijos según la palabra de Dios, cuando dice: *Misericordia quiero y no sacrificio* <Mat. 9, 13; 12, 7>, y como también dijo el Apóstol: *Hay quienes necesitan leche y no alimento sólido* <Heb. 5, 12 ss.>. Úngelos con óleo, para que no caigan a causa de la amargura, ni anden errantes por la ignorancia.

---

de sol." (*Liber Vite Meritorum* <El libro de los merecimientos de la vida> 2, 14). Y también en *El libro de las obras divinas*: "En el momento en el que Yo, Dios, formo al hombre, creo en él la ciencia viviente del bien y del mal, de manera tal que pueda evitar el mal e imitarme en el bien a Mí, su Padre, Quien le di como semejanza Mía el discernimiento del bien y del mal, para que con aquella ciencia pueda conocer y discernir a todas las creaturas, y conociéndolas tenga poder sobre ellas, después de Mí. Pero por su gran vanidad el hombre, alejándose de Mí en virtud de la persuasión del diablo, cae en los dolorosos afanes de los pecados, porque nacido de la frágil naturaleza de Adán, abandonó el gozoso conocimiento del bien, que de ningún modo lo hubiera dañado." (*Liber divinorum operum* <El libro de las obras divinas> 2, 1, 23, p. 291).

3   Acerca de la acción de la Misericordia: "Respuesta de la Misericordia [a la Dureza del Corazón]: […] Pero yo estoy en el aire y el rocío, soy suavísimo césped en toda su lozana frescura, y mis entrañas están repletas para prestar ayuda a todos. […] Con mis ojos percibo todas las cosas necesarias y me hago uno con ellas, y a todos los que están quebrantados recojo y llevo a la salud: porque soy ungüento para sus dolores." (*Liber Vite Meritorum* <El libro de los merecimientos de la vida> 1, 8).

                     A. A. Fraboschi[†], C. I. Avenatti de Palumbo y M. E. Ortiz

Y ahora tú, oh querido hijo de Dios, mira con cuidado para que tu templo resplandezca con benevolencia, y que en las mudanzas de las nubes tu espíritu no dé vueltas de aquí para allá como en la zozobra de las guerras, antes bien pon tu corazón en la purísima Fuente y abrázala en el dulcísimo Amor.

Carta 58, al prior Dimo de Bamberg, entre 1169 y 1170

Se trata de una carta de admonición, presentada en términos alegóricos.

En una visión verdadera vi y oí estas palabras: La Vida vive[1] y vence a la muerte, como el pequeño David venció a Goliat <*I Sam.*(*I Rey.*) 17, 49>. La montaña pone sus ojos en lo alto, mientras que el valle yace en el suelo, y algunas veces desde su fecundo vigor hace crecer flores, pero muchas más produce hierbas inútiles, abrojos y espinas.

Ahora tú, hombre, entiende. Dos hombres estaban sentados en una casa, uno de ellos era un guerrero y el otro un esclavo. Llegaron a esa casa dos jóvenes bellas y sabias, golpearon a la puerta y dijeron a los dos hombres: En lejanas regiones hemos oído hablar de vuestra reputación, la cual no es buena, porque en muchas ocasiones habéis hablado contra del Rey.[2] Y el Rey dijo de vosotros: ¿Quiénes son estos miserables? ¿Y quién soy yo? Por eso, prestad ahora atención a nuestro consejo para alcanzar la victoria. Yo, la Humildad,[3] he visto la vida en la encarnación del Hijo de Dios y puse la muerte bajo mis pies. Ahora bien, la montaña son las obras de la Obediencia, y la Benevolencia[4] es el valle lleno de flores, al que a menudo los abrojos y las espinas golpean por las muchas tormentas de los vicios. En la casa de tu corazón, oh hombre, habita un guerrero, esto es, la Obediencia, y un esclavo, o sea, la Soberbia,[5] y a la puerta de tu espíritu

---

1   El texto dice "*uidet*", pero por el sentido optamos por "*uiuet*" *PI.*

2   Muy probablemente "Rey" está dicho por "Dios". Véase C.26r (nuestra edición, § 5, p. 125); C.32r (nuestra edición, p. 139); C.3 (nuestra edición, § 3, p. 49); C.8 (nuestra edición, § 2, p. 60).

3   Véase las palabras de la Humildad en C.35r, n. 3 (nuestra edición, p. 143).

4   Por el contexto, puede pensarse que Benevolencia está homologada con Amor. En *Liber vite meritorum* <El libro de los merecimientos de la vida> 1, 70 y hablando de la Dureza del Corazón, leemos: "Este vicio endurece de tal manera a los hombres que no quieren conocer la imagen de Dios ni reconocerla en los otros hombres, pues al no tener en sí benignidad alguna, carecen absolutamente de misericordia y de benevolencia."

5   Acerca de la Obediencia véase C.25r, n. 4 (nuestra edición, p. 120), C.59, n. 15 (nuestra edición, p. 187) y C.85r/a, n. 16 (nuestra edición, p. 257).

        A. A. Fraboschi[†], C. I. Avenatti de Palumbo y M. E. Ortiz

llaman, pues, el Amor y la Obediencia[6] para disuadirte de realizar todo el mal del que eres capaz.

Entonces, pues, discierne en qué aventajaría el guerrero al esclavo, para que la belleza de la Obediencia no termine bajo los pies del esclavo, porque la Soberbia dice: Es imposible romper aquellos vínculos con los que yo ligo a los hombres. Tú respóndele, oyendo al Amor que te dice: En el cielo me senté virgen y en la tierra fui acariciado y besado, y la Soberbia se juramentó contra mí y quiso volar sobre los astros, pero la arrojé al abismo.[7] Ahora, pues, conmigo pon al esclavo bajo tus pies. Sostente en mí con Amor, oh hijo, y abraza a la Humildad como señora, y jamás serás confundido ni morirás con la muerte <*Gén.* 2, 17>.

---

6   Véase C.25r (nuestra edición, §§ 2-3, p. 120).

7   Véase C.85r/a, n. 10 (nuestra edición, p. 256). Si bien en el texto la respuesta a la Soberbia es del Amor, al final del párrafo leemos "abraza a la Humildad como señora", y allí encontramos plenamente el sentido de la referencia a la nota 10.

Carta 59, a la congregación de monjes de San Miguel, en Bamberg, entre 1169 y 1170

En esta carta la abadesa de Bingen exhorta a una congregación de monjes[1] a obedecer a su superior.

En la purísima y muy clara Fuente vi y oí estas palabras: Un hombre fue a su jardín para ver si las flores florecían y si las plantas aromáticas estaban creciendo. Y dijo: *Bajé al jardín de las nueces, a ver los frutos de los valles, y a mirar si las viñas habían florecido, y los granados reverdecido* <Cant 6, 10>. *Vuelve, vuelve, oh Sunamita: vuelve, vuelve, para que podamos contemplarte* <Cant 7, 1(6, 12)>.

Éste es el significado de este pasaje: el Hijo de Dios descendió del corazón del Padre para revestirse de carne en la amargura de la naturaleza humana, y en aquella amargura tuvo que soportar muchos dolores sin haber pecado,[2] y así vio los frutos de los valles cuando se cumplió en Él la profecía <*Sal.* 22(21)>. Después el rocío descendió del cielo y los apóstoles florecieron <*Os.* 14, 6> cuando oyeron el precepto de Dios, y lo llevaron a cabo, como se les dijo: Vayan por todo el mundo a predicar <*Marc.* 16, 15>. Y entonces Él miró para ver si las viñas habían florecido.[3] Luego también el ardiente sol se vertió en algunos de ellos,

---

1 Siguiendo la lectura de *W Z*, la edición crítica aporta que se trata de la Congregación de San Miguel, en Bamberg.

2 "Él, Quien vivió en el mundo sin mancha de pecado, irradió la muy luminosa bienaventuranza de Su enseñanza y de Su salvación en las tinieblas de la infidelidad; pero rechazado por un pueblo incrédulo y conducido a Su pasión, derramó Su preciosísima sangre y probó en Su cuerpo la oscuridad de la muerte. Venciendo así al diablo liberó del infierno a Sus elegidos, que habían sido allí arrojados y retenidos; y alcanzándolos con Su redención los condujo misericordiosísimamente a la herencia que habían perdido en Adán." (*Scivias* <Conoce los caminos del Señor> 2, 1, 13, p. 119).

3 "*Pero a cuantos Lo recibieron les dio el poder de llegar a ser hijos de Dios*: [...] Porque Lo reconocieron como su Dios y su Creador, y Lo abrazaron en el amor, y en la fe Lo besaron; y porque con diligencia y prudentemente procuraron saber por Él todo cuanto era Suyo: por eso el rocío del Espíritu Santo cayó sobre ellos de manera tal que toda la Iglesia comenzó a germinar a partir de ellos, y a producir el fruto de los gozos celestiales. Por lo cual les fue dado ser hijos de Dios mediante la virtud de la verdadera fe." (*Liber divinorum operum* <El libro de las obras divinas> 2, 1, 44, p. 333).

 A. A. Fraboschi[†], C. I. Avenatti de Palumbo y M. E. Ortiz

quienes derramaron su sangre a causa de su amor por Dios se hicieron mártires: y así, en ellos, las granadas reverdecieron. De esta manera, a través de una vida diferente de la que habían recibido en el primer Adán, ellos se convirtieron, y otra nueva raza de hombres apareció,[4] la cual no existía antes del nacimiento de aquel Hombre, cuando se dijo a la humanidad: *Vuelve, vuelve, oh Sunamita*. Y así todos los adornos, o sea la alabanza de los ángeles, se han levantado en la Iglesia como en una armonía celestial, cuando de nuevo se dice: *Vuelve, vuelve, para que podamos contemplarte*. Porque todas las Virtudes celestiales[5] miraban con asombro el rostro de la Iglesia, la cual en su virginidad vio claramente,[6] y escuchó con nitidez a los publicanos y pecadores,[7] y en su verdadera viudez habló. ¿Qué significa esto? Cuando Dios nació, se abrieron los ojos de la Iglesia[8] en virginal naturaleza, y oyó claramente el llamado[9] de los pecadores y penitentes, y en verdadera viudez exclamó con un grito, como está escrito: *Muchas aguas no podrán apagar el amor, ni lo ahogarán los ríos* <Cant. 8, 7>; porque las flores virginales dejaron la rueda ardiente[10] en la naturaleza carnal, caminando tras

---

4   "Porque el Unigénito de Dios, siendo la Vida, se ofreció a Sí mismo para padecer por la redención del género humano en el altar de la cruz, donde también, como verdaderamente lo oíste de la Voz que resonaba desde los secretos celestiales, escogió para Sí como esposa a la Iglesia, para que fuera madre de los pueblos creyentes restituyéndoles la salud, esto es, hasta enviarlos hacia los cielos, sin mancha, en virtud de la regeneración espiritual." (*Scivias* <Conoce los caminos del Señor> 2, 6, 3, p. 235). La Iglesia, madre de una nueva raza de hombres.

5   Las Virtudes son, para Hildegarda, fuerzas, energías divinas, verdaderos poderes divinos que trabajan con el hombre para su santificación: "Nosotras las Virtudes en Dios estamos | y en Dios permanecemos; | al Rey de reyes servimos | y el mal del bien separamos. | Pues en la primera batalla aparecimos, | en ella nos elevamos victoriosas | mientras caía aquél que quiso volar | por encima de sí mismo. | Y así también ahora sirvamos | ayudando a quienes nos invocan | y pisoteando las artes diabólicas, | y a quienes han querido imitarnos | guiemos hacia las mansiones de la bienaventuranza." (Ibíd., 3, 13, 9, p. 621).

6   "Porque ninguna perfidia puede oscurecer su mirada, que con gran devoción mantiene fija en las realidades celestiales: ninguna persuasión del diabólico engaño, ni el error del pueblo que claudica, ni las tempestades difundidas por diversos lugares de la tierra, donde los hombres insensatos se destruyen cruelmente, en la furia de su incredulidad." (Ibíd., 2, 3, 7, p. 139).

7   Siguiendo a Z, "*in*" omitido, de donde "*publicanis et peccatoribus*" pasa a ser el complemento régimen de "*audiuit*".

8   Véase C.8, n. 1 (nuestra edición, p. 60). Tan eterno como es el designio de la encarnación en el tiempo del Verbo divino, es el designio de la puesta en existencia de Su Esposa, en ese tiempo. De allí que, "cuando Dios nació, se abrieron los ojos de la Iglesia", esto es que también entonces la Iglesia, misteriosamente unida a su divino Esposo, nació.

9   Se sigue esta lectura: "*inuocatione*" *litt. in S. lin. W* "*uocatione*" *PI*.

10   En *Causae et curae* <Las causas y los remedios de las enfermedades> 1, p. 2, líneas 3-12 y en relación con la caída de Lucifer, se mencionan dos ruedas: la rueda ardiente o rueda del mal, y la rueda íntegra y plena, la rueda del bien, esto es, Dios: "Pues cuando él [Lucifer] se proyectó

el ejemplo del Cordero en los pasos de la virginidad, y haciendo abandono de la pompa, las riquezas y las preocupaciones de este mundo.[11] Y ninguna de las tentaciones mundanas, ninguna de las muchas aguas, podrán destruir el amor divino en ellas. Por lo que también está escrito: *Se ensanchará tu corazón, cuando las muchedumbres del mar se vuelvan a ti, y las riquezas de las naciones vengan a ti. Multitud de camellos te cubrirá, dromedarios de Madián y de Efa* <Is. 60, 5-6>.

Oh Jerusalén, tu corazón se ensanchará con innumerables ornamentos cuando la poderosísima fuerza del sol de la virginidad se extienda sobre ti –al igual que el mar aventaja y supera a todas las otras aguas– y cuando el pueblo sencillo, podado por la espada recta de la palabra de Dios, renuncie a este mundo con sus grandes crímenes y prevaricaciones,[12] como un camello cargado con la lascivia y los vicios propios de los dromedarios <Jer. 2, 23>.

Ahora, pues, escuchad y entended, oh amadísimos hijos de Jerusalén, que habéis sido llamados y como palomas os sentáis en el hueco de la pared <Cant. 2, 14>, revestidos con la túnica de Cristo, Quien asumió aquello que antes no tenía cuando se revistió de la humanidad, permaneciendo no obstante todo en su divinidad.[13] Por lo tanto, caminad detrás de Aquél Que dijo: *No como Yo quiero,*

---

hacia la nada, el comienzo mismo de ése su proyectarse produjo el mal y de inmediato este mal, privado de claridad y de luz en sí mismo, se inflamó a causa de la envidia que sentía por Dios, girando y volviendo a girar como una rueda, y mostró en sí ardientes tinieblas. Y así el mal se alejó del bien, y el bien no tocó al mal, ni el mal tocó al bien. Dios empero permaneció íntegro como una rueda y padre en la bondad: porque Su paternidad está llena de Su bondad; y así Su paternidad es sumamente justa, benévola, firme y fortísima, y a partir de esta plenitud se considera como una rueda."

11   "Porque la virginidad es tan gloriosa ante Dios, por eso quienes voluntariamente la ofrecieron a Dios consérvenla con prudencia [...] Pues son amadísimos imitadores de Mi Hijo cuando de tal manera se ofrecen a Dios, que no están atados por el compromiso conyugal ni abrumados por el cuidado mundano; cuando rechazan la unión carnal para no someterse a ella con todo el requerimiento de su carne sino que, porque así lo desean, se unen a la gloriosa inocencia del inocente Cordero." (*Scivias* <Conoce los caminos del Señor> 2, 5, 9, p. 183).

12   "También allí, en la Iglesia, se encuentra el pueblo seglar mediante el cual ella misma debe ser llevada a la plenitud, porque allí concurren los reyes y los jefes militares, los nobles y los gobernantes con sus súbditos, y también otros ricos y pobres y mendigos que conviven con el resto del pueblo. Por todos estos la Iglesia se engalana en gran manera: porque cuando los seglares observan fielmente la Ley que Dios estableció para ellos, adornan a la Iglesia misma pues abrazan a Dios con muchos abrazos, como cuando obedecen a sus maestros con sincera humildad y devoción y por amor a Dios mortifican su cuerpo con limosnas, vigilias y continencia; y también guardando la viudez, y con las demás obras buenas que son del agrado de Dios. Por lo que estos que custodian de acuerdo con Mi voluntad la Ley que les ha sido prescripta, son sumamente dignos de Mi amor." (Ibíd., 2, 5, 23, p. 195).

13   "Y así como antes de recibir la carne estaba en el Padre indivisiblemente, así también después de asumir la humanidad permanecería inseparablemente en Él, porque al igual que el hombre

       A. A. Fraboschi[†], C. I. Avenatti de Palumbo y M. E. Ortiz

sino como Tú lo quieres, Padre[14] <*Mat.* 26, 39>. Y así, ligados por el dorado hilo de la obediencia, sed Sus imitadores en el espejo de vuestro superior: porque así como el hombre ve su rostro en un espejo, así vosotros veis el rostro de Dios en vuestro maestro. Y bendecidlo diciendo: Señor y Maestro, seguiremos el ejemplo que nos diste.

¿Acaso no veis ni reflexionáis sobre el primer ángel perdido, quien no quiso honrar a su Señor y Maestro sino que pretendió exaltarse por encima de Él? Pero la mano de aquel Señor lo arrojó al abismo. Por consiguiente, tened ahora cuidado para no ser castigados por esta misma acusación: porque no miráis con rectitud y emitís juicios injustos sobre vuestro maestro.[15] Incluso si vuestro superior, en su enojo, os amenaza con la vara del castigo, humillaos ante él con humilde devoción diciendo: Padre, padre, no podemos soportar esto, por lo que te rogamos que nos perdones. Y luego, con la cabeza gacha, humildemente buscad el consejo de otros maestros, y hacedlo con gran discreción y disciplina, para que no seáis acusados ante el Señor y Maestro celestial.[16]

---

no puede existir sin la corriente vital que recorre sus vísceras, tampoco y en manera alguna podía separarse del Padre Su única Palabra." (Ibíd., 2, 1, 3, p. 114).

14   *"Quienquiera que haya cumplido la voluntad de Mi Padre Quien está en los cielos, ése es Mi hermano, Mi hermana y Mi madre* <*Mat.* 12, 50>. Todo hombre sustentado por la gracia de Dios, que con recta intención haya llevado a cabo la voluntad de Mi Padre [...] de manera tal que, rechazando la condición de naturaleza caída en que nació, vuele hacia Dios con el hombre interior: éste, imitando a Dios en una vida diferente de aquella en la que fue concebido, y contemplándolo siempre con perfecta veneración, es Mi hermano. Tendiendo asidua y fielmente a Dios en el abrazo del amor, en esta devoción suya es Mi hermana. Y ascendiendo hacia Mi Padre con el deseo y la voluntad de la perfección en todas sus obras, y llevándolo frecuentemente en el corazón y en el cuerpo, es Mi madre: porque así Me engendra, cuando por todo su amoroso deseo de santidad florezco en Mi Padre a través de la plenitud de las bienaventuradas virtudes." (*Liber divinorum operum* <El libro de las obras divinas> 2, 1, 46, pp. 338-39).

15   La advertencia de Dios al religioso desobediente, que en su soberbia olvida la humildad y cultiva la envidia: "Por eso, obra con el silencio de la humildad y no te ensalces con soberbia, porque será tenido en nada quien, rechazando la compañía santificadora de aquellos que Me aman con el obsequio de su obediencia, aborde con enardecida jactancia lo que desdeña cumplir con suave mansedumbre. Si vieras a alguien más celebrado que tú, ten cuidado, no sea que ensalzándote en el deseo de tu corazón, te coloques por encima de él diciendo: 'Quiero ser superior a él, o como él.' Si de este modo te hubieras encumbrado, ¿acaso podrás ser un siervo fiel, cuando provocas la ira del Señor al oponerte a Él? Pero si hubieras entendido que alguien tiene recursos más sólidos que los que tú tienes, y si entonces por envidia lo denigraras, no transitas por un camino recto sino que avanzas por los desvíos. Por tanto, aplícate a servir a Dios con humildad, y no te embriagues con la soberbia, ni mediante una vanidosa simulación te eleves por encima de aquél que brilla con un deseo de la vida eterna mayor que tu ardor. (*Scivias* <Conoce los caminos del Señor> 2, 5, 31, pp. 201-02).

16   Véase Carta 113r –a los monjes– , antes de 1170. *Epistolarium* 91a, pp. 280-84 .

Oh amadísimos hijos, ved ahora con qué amoroso celo fuisteis primero plantados, y cuidad de no llevaros los unos a los otros por mal camino. Que Dios os cuente entre aquella multitud dorada y que el sol ardiente del Espíritu Santo os arraigue en medio de toda clase de bienes.

&

A. A. Fraboschi [†], C. I. Avenatti de Palumbo y M. E. Ortiz

Carta 61r, a la abadesa Lucarda de Bamberg, posterior a 1157

Esta carta es la respuesta de Hildegarda a una abadesa que quería dejar su cargo y las obligaciones inherentes al mismo, y pasar a formar parte de la comunidad de Hildegarda como una monja más. La abadesa de Bingen la exhorta a permanecer en su puesto, y a cumplir las tareas propias del mismo.

Oh madre, delinque el hombre que no cava ni hace dar fruto al campo que tiene en plenitud su capacidad de fructificar, porque no trabaja a favor del beneficio para el padre de familia <*Mat.* 20, 1>. Pues ¿quién dio su disposición al buey y al asno? Evidentemente Dios los ha creado para servir a los hombres.[1] ¿Por qué pues el hombre no trabaja por su propia utilidad, siendo que todo él es obra de Dios, y dado que Dios no lo hizo ocioso?[2] Dios, en efecto, hizo al hombre semejante al firmamento, que lleva al sol, la luna y las estrellas para iluminar todo lo creado[3] y para manifestar los

---

1   Véase C.15r, n. 4 (nuestra edición, p. 77).

2   "Por eso, siendo Dios racional, ¿cómo podría ser que no obrase, cuando toda Su obra florece a través del hombre, a quien hizo a Su imagen y semejanza, y a todas las creaturas –según su medida– significó en el hombre? Pues desde toda la eternidad fue voluntad de Dios hacer Su obra, esto es, el hombre; y cuando la acabó, le dio todas las creaturas para que trabajara con ellas, como el mismo Dios lo había hecho con él." (*Liber divinorum operum* <El libro de las obras divinas> 1, 1, 2, p. 49).

3   "El alma, que es vida gracias a la vida que es Dios, y es el soplo del Espíritu de Dios, no tiene término en su vivir como sucede con el cuerpo humano, sino que vivifica y sustenta al cuerpo con sus fuerzas, como lo hace el firmamento en cuanto a los astros, juntamente con aquel punto suyo que es la tierra, a la que la Palabra de Dios, colocándola de manera inamovible en el centro del firmamento, afianzó e iluminó. Por consiguiente el alma, que enviada por Dios desciende al cuerpo de manera invisible y ocultamente, torna al hombre capaz de conocer a Dios a través de la fe, de mirar el cielo y de llevar a cabo obras celestiales." (Ibíd., 1, 4, 49, p. 183). Para abundar, y subrayando la idea del mundo como proyección del hombre, quien es su centro –y no a la inversa, el hombre como imagen en pequeño del mundo, un microcosmos–, leemos: "Pues el firmamento es como la cabeza del hombre; el sol, la luna y las estrellas son como sus ojos; el aire, como el oído; los vientos, como el olfato; el rocío es como el gusto; los lados del mundo como sus brazos y como el tacto. Y las otras creaturas que están en el mundo son como el vientre. Pero la tierra es como el corazón porque, de la misma manera que el corazón contiene y mantiene unidas las partes superiores y las inferiores del cuerpo, así también la tierra es firme para aquellas aguas que fluyen sobre ella, pero para las que son subterráneas es un obstáculo, a fin de que no surjan

tiempos de los tiempos. Pero si todas estas cosas se cubrieran de negras nubes, la creatura temería su fin.

Hija de Dios, conoce que tú eres este campo, porque a causa de tu benevolencia tienes con todos un abrazo, de manera tal que todos ellos pueden comprender y acoger tus palabras y tus obras. Por eso no rehúses trabajar con la gente, ni vagando a causa del ocio caigas en pecado, porque muchas veces las hierbas inútiles crecen en la ociosidad. Proponte también mostrar el firmamento, para no esconder la luz de tu racionalidad en la negrura de los pecados a causa del engaño del diablo, como si apenas vivieras. En todas estas cosas sujeta a tus hijas en la disciplina, porque del mismo modo que el niño teme que la vara lo golpee, así también el maestro debe ser temido por todos. Pero no temas afligirlas, antes bien aumenta con estos trabajos tus premios en la vida eterna, de manera tal los soplos del Espíritu Santo fluyan hacia ti.

----

e irrumpan violentamente, contrariando la justa medida." (*Causae et curae* <Las causas y los remedios de las enfermedades> I, p. 10, línea 33-p. 11, línea 4).

 A. A. Fraboschi[†], C. I. Avenatti de Palumbo y M. E. Ortiz

Carta 62r, a la monja Gertrudis, posterior a 1161

Pocos años antes la abadesa de Bingen había escrito al obispo Eberhardo de Bamberg a favor de Gertrudis –hermana del rey Conrado III, tía de Federico Barbarroja, viuda del conde Germán de Stahleck y una de las benefactoras del monasterio de San Ruperto– y sus monjas, para que les otorgara un monasterio mejor de aquel en el que se encontraban, pedido que el obispo atendió.[1] Gertrudis escribe ahora una carta llena de tiernos sentimientos hacia Hildegarda, lamentándose de no haber vuelto a verla. La abadesa le contesta consolándola y alentándola en la vida religiosa que ha emprendido.

O h hija de Dios, en el puro conocimiento de la fe escucha estas palabras dirigidas a ti: *Se oyó la voz de la tórtola en nuestra tierra* <*Cant.* 2, 3>. Se trata del Hijo de Dios, Quien contrariamente a la ley de la carne nació de la tierra íntegra de la carne de María Virgen. Brotaron las flores de todas las virtudes y adornos de todos los colores, que tenían el suave olor de las virtudes <*Ecli.* 39, 19>. Surgió pues el jardín de estas virtudes en el hijo pródigo que vuelto en sí, corrió hacia su padre, es decir, el Padre omnipotente, para confesar sus pecados; y Él lo recibió con el beso de la humanidad de Su Hijo <*Luc.* 15, 11-32>.[2]

Entonces se oye la voz de la tórtola,[3] cuando por amor a Dios, con nuestra propia voluntad hemos abandonado el mundo, como también la tórtola, entre

---

1   Véase *The Letters of Hildegard of Bingen*. Vol. I. Transl. by Joseph L. Baird and Radd K. Ehrman. New York/Oxford: Oxford University Press, 1994, C.30, p. 93.

2   "El Espíritu Santo tocó la carne de la Virgen con Su suave calor –sin incendiarla con el movimiento carnal del varón–, como el rocío cae suavemente sobre la hierba, de manera tal que la flor, esto es el Hijo de Dios, asumiera la forma humana en la carne de la Virgen; y también por amor al hombre cargó sobre Sí con gran paciencia sus pecados. Pues en Su circuncisión significó que el hombre debía ser purificado en virtud del Bautismo; y en Su pasión y en Su muerte, que debía ser redimido de sus pecados; y en Su ascensión mostró que debía incorporarlo al Reino de los Cielos. Y de este modo se completará el número de los bienaventurados hasta que llegue el tiempo tremendo del juicio." (*Liber Divinorum Operum* <El libro de las obras divinas> 3, 4, 3, p. 389).

3   "La tórtola es cálida y seca, de fortaleza viril; no es temerosa, y por esto gustosamente está sola. Siempre tiene como cierta seriedad, y tampoco busca la alegría, por lo que no tiene mucha

todas las demás aves, permanece sola cuando ha perdido a su compañero. Esto es también lo que tú hiciste, queridísima hija, cuando abandonaste la pompa de este mundo. ¡Oh, qué hermosas fueron tus sandalias, hija del rey, <*Cant.* 7, 1> cuando por amor a Dios entraste por el camino difícil y angosto de la vida espiritual! Por eso, alégrate, oh hija de Sion <*Zac.* 2, 10>, porque en medio de tu corazón habita el Espíritu Santo <*Rom.* 8, 9; *I Cor.* 3, 16>. Considera pues que tu Consolador te estableció *como lirio entre espinas* <*Cant.* 2, 2> cuando, poseyendo las pompas y riquezas de este mundo, que el Hijo de Dios ha llamado espinas <*Luc.* 8, 14>, elegiste la vida espiritual. Como rosa plantada en Jericó <*Ecli.* 24, 18> tú brillabas también en los sufrimientos de tu vida monástica.[4]

Ahora me gozo en ti, porque lo que he oído y deseado en cuanto a ti se ha realizado perfectamente en ti; y tú alégrate conmigo. Yo aspiro con verdadero deseo que seas como un muro de piedras preciosas y adornado con perlas <*Apoc.* 21, 18-21> en la presencia de Dios, y participes de las alabanzas de todo el ejército celestial. *Gózate*, pues, *y alégrate* <*Lam.* 4, 21> en tu Dios, porque vivirás eternamente.

---

vitalidad. Y porque no tiene humedad ni orienta su vida hacia cosas diversas, la hiel no puede acrecentarse en ella, como sucede en el hombre. En quien tiene una voluntad buena no puede aumentar la bilis, sino que disminuye. Y teniendo un espíritu celestial, no se realzará por encima de la medida conveniente, antes bien empalidece; pero la bilis aumenta en quien tiene mala voluntad." (*Physica* 6, 30, p. 307).

4   "*in passionibus conversionis tue…*": para los antiguos monjes, *conversio* era sinónimo de "vida monástica". La alusión a los sufrimientos bien puede referirse al primer monasterio donde estuvo Gertrudis, y que motivó el pedido de Hildegarda al obispo Eberhardo de Bamberg.

      A. A. Fraboschi [†], C. I. Avenatti de Palumbo y M. E. Ortiz

Carta 63, a una congregación de monjas en Bamberg, entre 1157 y 1170

Es una carta de aliento a una congregación de monjas.

El bien y el mal, y también la desobediencia están en la presciencia de Dios[1] <*Hech.* 2, 23; *I Pedr.* 1, 2). Dios perfeccionó el bien, destruyó el mal aplastándolo y corrigió la desobediencia. Mas haya en vosotras abundancia de esa bienaventurada felicidad que es Dios, puesto que desdeñasteis la pompa secular y por eso también rechazasteis la perversidad del olvido de Dios. En vosotras, en cambio, esté siempre ese calor del verano que hace

---

1   Sobre la presciencia de Dios en general: "En verdad, todas las cosas que Dios hizo las tuvo en Su presciencia antes del inicio del tiempo. Pues en la pura y santa Divinidad aparecieron juntamente las cosas visibles y las invisibles, sin momento ni tiempo, antes de la eviternidad, como los árboles u otras creaturas que están próximos al agua se reflejan en ella, aunque no estén físicamente en ella; sin embargo, toda su figura aparece allí. Pero cuando Dios dijo: Hágase, al punto fueron revestidas de una figura material aquellas cosas que Su presciencia contemplaba antes de la eviternidad, cuando no tenían cuerpo. Pues así como todas las cosas que están ante un espejo se reflejan en él, así también aparecieron en la santa Divinidad todas Sus obras sin la duración de los tiempos. ¿Y cómo podría Dios carecer de la presciencia de Sus obras cuando toda Su obra, luego que ha sido revestida de un cuerpo, es completa en la actividad que le es propia, porque la santa Divinidad misma la conoció de antemano teniéndola presente con Su sabiduría, Su conocimiento y Su gobierno? De la misma manera que un rayo de luz muestra cada forma de una creatura a través de la sombra, así la pura presciencia de Dios veía toda la forma de las creaturas antes de que tuvieran cuerpo, porque la obra que Dios había de hacer comenzó a brillar en Su presciencia antes de materializarse según esta semejanza, como el hombre mira el esplendor del sol antes de poder contemplar su realidad misma." (*Liber divinorum operum* <El libro de las obras divinas> 1, 1, 6(7), pp. 52-53). Y en *Liber vite meritorum* <El libro de los merecimientos de la vida> 6, 32 (p. 286): "Pues soy [el Verbo de Dios] la fuerza de la Divinidad por la que Dios hizo todas las cosas, discerniendo unas de otras y aprobándolas. También soy el espejo de la presciencia de todas las cosas, y clamé con fortísima energía, Palabra que resuena –esto es el Hágase–, y por la que todo comenzó." Y más específicamente en cuanto al obrar humano, donde se dan el bien y el mal y la desobediencia: "Que en los mismos penosos trabajos que soportáis por Mi causa perseveréis sin desfallecer hasta el buen fin, como también Yo perseveré en Mi dolor hasta morir por vosotros. Porque yo fui oprimido y pisoteado en la pasión de la cruz como la uva es prensada en el lagar, para que comáis Mi cuerpo y bebáis Mi sangre, como en la presciencia de Su ojo clarividente lo anunció el Señor del cielo y de la tierra, en aquel comienzo en el que Adán se separó de la vida y recibió la muerte, cuando Mi Padre celestial previó esto: que en el fin de los tiempos, a través de Mí, Su Hijo –Quien encarnado de la Virgen me opondría y resistiría al diablo con las poderosísimas fuerzas de la justicia–, Él vencería al antiguo seductor y liberaría al género humano con la protección del auxilio divino." (*Scivias* <Conoce los caminos del Señor> 2, 5, 44, p. 213).

nacer las rosas y los lirios y flores de otras especies del Espíritu Santo,[2] de modo que no crezcan en vosotras hierbas inútiles, que son las costumbres perversas que hacen brotar la inclinación a la soberbia y a la vanidad.

Ahora, en cambio, permaneced en aquel abrazo que progresa de virtud en virtud <*Sal.* 84(83), 8> de manera que, cuando llaméis a la puerta del Esposo, os reciba con gozo <*Mat.* 25, 11-12>.

---

2   "Pero Yo sembraré en aquel campo rosas y lirios y diferentes clases de las mejores flores de virtudes, y lo regaré asiduamente con la inspiración del Espíritu Santo, y desarraigando lo que es inútil quitaré de él todo lo malo, de manera tal que mirando a su alrededor las cuidaré en cuanto al fresco vigor y la floración de este campo depurado e intacto." (Ibíd., 3, 10, 7, p. 554). Véase también C.6, n. 12 (nuestra edición, p. 56); Carta 106r –a Guiberto de Gembloux–, año 1176; *Epistolarium* 91a, pp. 265-68.

     A. A. Fraboschi [†], C. I. Avenatti de Palumbo y M. E. Ortiz

Carta 64, a la abadesa Ricarda de Bassum, entre 1151 y 1152

Como ya se ha comentado en epístolas anteriores,[1] Ricarda von Stade fue secretaria de Hildegarda en San Ruperto. Por influencias familiares, asumió el cargo de abadesa en Bassum, hecho que la visionaria lamentó muchísimo y al que se opuso de manera tajante, no sólo debido a la inexperiencia de Ricarda, sino también por la pérdida de una inestimable y querida hija espiritual. En esta misiva, Hildegarda le escribe a la joven, quien ya se ha trasladado al nuevo convento.

Hija, escucha a tu madre en el Espíritu, que te dice: mi dolor asciende. El dolor me quita la gran confianza y el consuelo que tenía en el hombre. Desde ahora diré: *Mejor es acogerse a Yahvé que confiar en príncipes* <*Sal.* 118(117), 9>. Esto significa que el hombre ha de poner los ojos en Aquél Que está vivo en lo alto, sin el velo del amor secular y de la frágil confianza, que posee por breve tiempo la humedad aérea de la tierra.[2] Así, el hombre que mira hacia Dios es como el águila que dirige la vista al sol. Por ello, que el hombre no dependa de otro de elevada condición, que finalmente declina como se marchita la flor. Tal es la trasgresión que cometí a causa del amor de una persona noble.

Ahora te digo: todas las veces que pequé de este modo, Dios me mostró aquel pecado en algunas angustias y dolores, al igual que ahora sucede contigo, tal como tú misma lo sabes.

Ahora te digo de nuevo: ¡Ay de mí, madre, ay de mí, hija! *¿Por qué me abandonaste* <*Sal.* 22(21),2> como a una huérfana? Amé la nobleza de tus costumbres, tu sabiduría y tu castidad, tu alma y toda tu vida, hasta el punto que muchos dijeron: ¿Qué haces?

Ahora que se golpeen el pecho conmigo todos los que tienen un dolor semejante al mío, los que poseyeron en el amor de Dios tal caridad en su corazón y

---

1   Véase C.12, C.13r y C.18r de nuestra edición (pp. 71, 73 y 100, respectivamente).

2   Pues la humedad desaparece rápidamente de la tierra, así como una fe débil se extingue con facilidad.

en su espíritu hacia una persona, como yo la tuve contigo; y que de repente les fue quitada, como tú fuiste separada de mí.

Que el ángel de Dios te preceda, que el Hijo de Dios te proteja y Su madre te custodie. Recuerda a tu pobre madre Hildegarda, a fin de que no se extinga tu felicidad.

„

     A. A. Fraboschi[†], C. I. Avenatti de Palumbo y M. E. Ortiz

Carta 65, a un monje
de Bischofsberg, anterior a 1170

Carta de advertencia a un monje, con una frase un tanto críptica por las múltiples interpretaciones posibles ("Pero que no haya en ti la rapiña en lo que se ofrezca en sacrificio, porque Dios te lo dará cuando Él quiera"), y que deja suponer una carta anterior o bien una conversación con dicho monje.

El que conoce lo secreto, dice: Tu espíritu se asemeja al soplo del viento por la inquietud de tu corazón, así como el sol a veces aparece y a veces se oculta en la tempestad. Pero que no haya en ti la rapiña en lo que se ofrezca en sacrificio <*Is.* 61, 8; *Marc.* 7, 11-13>, porque Dios te lo dará cuando Él quiera.

Cuídate de no ser fugitivo de la gracia divina, pues ella no desea perderte.[1]

---

1   "Si Me amas, oh hombre, te abrazo y te confortaré con el calor del Espíritu Santo. Cuando fijes en Mí tu mirada con tu buena voluntad, y con tu fe Me conozcas, entonces Yo estaré contigo." (*Scivias* <Conoce los caminos del Señor> 3, 11, 28, p. 593).

Carta 66r, al Superior de Bonn, anterior a 1173

Hildegarda advierte al Superior acerca de su conducta, lábil y afincada en criterios y seguridades mundanas, y le propone tomar conciencia de su debilidad y miseria, para de ahí en más invocar a Dios y apoyarse tan sólo en Él.

Oh hombre, que amas el mundo <*II Tim.* 4, 9> y te inclinas a él:[1] en la sujeción de tus costumbres eres como la tempestad, que raras veces es serena y tampoco es, con frecuencia, peligrosa.

Pues así ocurre: a menudo te apartas de la consolación en tus asuntos, y en toda circunstancia te ves oprimido, a veces por el tedio y la tristeza, a veces por la duda. Sal, pues, a la luz e invoca al Dios de Israel <*Jon.* 1, 6>, diciendo: *Pruébame, Señor, y tiéntame; quema mis riñones y mi corazón* <*Sal.* 26(25), 2>. Es decir: pruébame, Señor, mediante la fe y la esperanza, a fin de que la fe sea para mí un ojo para ver,[2] y la esperanza un espejo de la vida.[3] Y tiéntame en la buena obediencia como a Abraham <*Gén.* 22>, hasta el punto de obrar contra mi voluntad, de modo que abandone mi voluntad por causa Tuya y me introduzca en Tus preceptos, para llegar a ser un querido amigo Tuyo. Y por esto incendia mis riñones, desbordados por los pecados con los que he sido concebido, y no permitas que me seduzcan –pues actúo en mi propia contra–, sino que siempre arda en el fuego del Espíritu Santo y anhele día tras día Tu justicia, y que me eleve de virtud en virtud <*Sal.* 84(83), 8>.

Mas tu espíritu, oh hombre, también se parece a una nube, que no lleva granizo ni lluvia, sino que se disipa por la luz del sol. Pues a causa de la seguridad de las palabras y costumbres ligeras no adviertes que la ira es como nube con granizo,

---

1 Sobre el Amor Mundano véase C.17, n. 1 (nuestra edición, p. 97).

2 "Así como el hombre ve con sus ojos corporales a todas las creaturas por doquier, así en la fe descubre y ve al Dios vivo en todas partes y Lo conoce a través de las creaturas, porque comprende que Él es su Creador." (*Liber divinorum operum* <El libro de las obras divinas> 1, 2, 15, p. 74).

3 "Dichoso es pues quien, confiando en Mí, pone su esperanza y el inicio y el fin de sus obras no en sí mismo, sino en Mí. Quien esto hace no caerá [de la vida]" (*Scivias* <Conoce los caminos del Señor> 2, 5, 32, p. 203). La esperanza es un espejo de la vida: de la vida de cada día, pero en tanto vivida en función de la Vida bienaventurada y eterna.

 A. A. Fraboschi [†], C. I. Avenatti de Palumbo y M. E. Ortiz

y la disputa como la lluvia. En cambio, por tus buenas obras [temporales] claudicas del deseo de las realidades celestiales.[4] Así, pues, purifica tu deseo con el temor de Dios en el buen obrar, y de este modo besa a Dios diciendo: *Inclina, Señor, Tu oído, y óyeme, pues soy débil y menesteroso* <*Sal.* 86(85), 1>. Pues cuando por el beso del amor de Dios realizas buenas obras tocando a Dios,[5] de inmediato Él inclina su oído hacia tu deseo y tu plegaria, y la lleva a cabo. Así también resuena la palabra en el oído, ya que te encuentras en extrema debilidad y requieres ayuda, y también en suma pobreza, pues no te es posible alcanzar lo bueno. Pero que Dios realice todo esto en ti.

ૐ

---

4   En el *Liber vite meritorum* <El libro de los merecimientos de la vida> 4, 10 (pp. 178-79) aparece el Deseo Celestial, respondiendo a la Preocupación por las Cosas Terrenales, y dice: "Oh predadora de almas, ¿qué dices? Tu espíritu es insidioso y engañador porque no confías en Dios, Quien provee todo lo necesario: pues así como el cuerpo no puede vivir sin el alma, así tampoco crece fruto alguno de la tierra sin la gracia de Dios. Observa los huesos de los muertos que yacen en los sepulcros, y considera qué hacen. Pues nada hacen, sino yacer en la putrefacción. Así tampoco tú haces algo, sino que vives despreocupadamente, porque quieres vivir sin la gracia de Dios, y ni deseas ni buscas a Dios en todos tus cuidados y preocupaciones. Pero yo habito en los lugares altísimos, y todo lo encuentro en las creaturas con la gracia de Dios, porque soy vida y fecundo vigor en todas las obras buenas, y enjoyado ornato de todas las virtudes. También soy el gozoso deleite y el entrañable conocimiento del amor de Dios y la realización de todo Su deseo, porque hago todo lo que Dios quiere; y con las alas de la buena voluntad vuelo sobre las estrellas del cielo, de manera tal que cumplo la voluntad de Dios en cuanto a todos Sus preceptos."

5   "Tocar a Dios" es una expresión que reúne en sí varios sentidos: se trata de llegar a Dios, de tocar a Su puerta y de conmover Su corazón.

Carta 67, al sacerdote Bertoldo de Bonn, anterior a 1170

Aparentemente Bertoldo habría escrito a la abadesa de Bingen consultándole sobre un amigo suyo. Esta carta es la respuesta de Hildegarda, una advertencia que lo invita a discernir y actuar en consecuencia, como la mejor actitud hacia el amigo.

Dios previó todas las obras de Su dedo <*Sal.* 8, 4>, vivientes y completas, y las ha establecido en Su gloria. Pero que por alguna parte de ellas Dios te infunda Su claridad de manera tal que puedas huir de las tinieblas por el vaivén de las tormentas.

Este hombre con quien tienes amistad ha sido herido en la necedad de su alma como por una ignorancia infantil, de manera tal que en algún momento escucha tu admonición y nuevamente en otro momento deja de escucharla.[1] Tú que eres vicario de Cristo, procúrale la vara del castigo a través de la admonición, porque sus días son áridos sin el lozano vigor de la esperanza de sosiego y paz espiritual. Ahora, vive eternamente y en tu alma sé espejo de la verdad.

---

1   Parece ser la actitud de la persona desesperanzada que, al carecer del vigor y la estabilidad que da la esperanza, fluctúa en sus apreciaciones y actitudes, como envolviéndose en un tenebroso torbellino: "Ningún gozo tengo en las buenas obras, ni consolación alguna en los pecados, ni bien alguno en creatura alguna." (Palabras de la Desesperación. *Liber vite meritorum* <El libro de los merecimientos de la vida> 3, 13, p. 133). A lo que la Esperanza responde: "Nadie que desea llevar a cabo algún bien pone ante sí la perdición, porque Dios es el bien supremo, y no deja sin recompensa las buenas obras de nadie. Pues yo me siento en el trono de Dios con el buen deseo, y con la fe abrazo todas Sus obras, y en la realización de las buenas obras atraigo toda la tierra hacia mí. Tú no haces esto, maldad mortal e infernal, porque no confías en bien alguno de Dios. ¿Y en qué te aprovechará esto? Muchos castigos pones a veces delante de ti que no verás, y así pierdes la vida con pueril necedad." (Ibíd., 3, 14, pp. 133-34).

        A. A. Fraboschi[†], C. I. Avenatti de Palumbo y M. E. Ortiz

CARTA 68R, AL ABAD GEDOLFO, DE BRAUWEILER, alrededor de 1169

Ofrece indicaciones acerca de cómo liberar a una mujer de Colonia, Sigewiza, asediada durante siete años por un demonio. La mujer había sido enviada a la abadía de Brauweiler con el fin de ser curada por los méritos de San Nicolás. Durante su estadía allí, el espíritu maligno declaró que no iba a salir hasta que pidieran consejo a una anciana (*vetula*), que vivía en el alto Rhin. El superior de la comunidad decidió entonces solicitar ayuda a Hildegarda, quien no tardó en contestar.

Al abad Gedolfo de la iglesia de Brauweiler, Hildegarda.[1] Dado que estoy postrada desde hace tiempo con una larga y seria enfermedad, flagelo divino, tengo apenas un poco de fuerza para responder a vuestro pedido. Así pues, lo que estoy a punto de escribir no procede de mí, sino de Él, *Quien es* <*Éx.* 3,14>: hay distintos géneros de espíritus malignos, pero el demonio este acerca del cual me consultan tiene unas artes que se reflejan en las costumbres de los hombres a modo de vicios. Es por eso que habita totalmente a gusto entre los hombres y no siente ningún respeto por la cruz del Señor, las reliquias de los santos y demás cosas que conciernen al servicio de Dios, antes bien, se burla de ellas y no les otorga mucha importancia. Más aun, no solo no estima estas cosas sino que incluso pretende huir de ellas, por así decir, como un hombre estúpido y descuidado[2] que desprecia los consejos y advertencias que los sabios profirieron para él. Es por todo esto que resulta más difícil de expulsar que cualquier otro demonio; no puede, pues, ser alejado sino con muchos ayunos, penitencias, oraciones, limosnas y, además, con la orden de Dios.[3] Por consiguiente, prestad atención a esta repuesta que no viene del

---

1　La edición crítica de *Epistolarium*, a cargo de Van Acker, menciona sólo el encabezado de esta carta y remite directamente a la edición de *Vita Sanctae Hildegardis Virginis* <Vida de la santa virgen Hildegarda>. Cura et studio Monika Klaes. Turnhout: Brepols, 1993. (CCCM 126). Hemos hecho la traducción sobre el texto latino de la epístola que se encuentra en esta última obra.

2　Juego de palabras intraducible al español: "*negligit*" (no otorga mucha importancia) "*negligens*" (descuidado).

3　La priora profundiza aún más este tema del "asedio" del demonio en textos recopilados por uno de sus biógrafos, Guiberto de Gembloux (Ver una selección de su obra editada por Monika Klaes en *Vita Sanctae Hildegardis Virginis* <Vida de la santa virgen Hildegarda>, pp. 93-106).

hombre sino de *Aquél mismo que vive* <*Apoc.* 1, 18>. Escoged siete sacerdotes de buena reputación certificada por el mérito de sus vidas, [escogedlos] en el nombre y según el orden de Abel, Noé, Abraham, Melquisedec, Jacob y Aarón, quienes ofrecieron sacrificio al Dios Viviente; el séptimo en nombre de Cristo, que se ofreció a sí mismo [como sacrificio] a Dios Padre en la cruz. [Después], con previos ayunos, penitencias, oraciones, limosnas, y celebraciones de misas, con humilde intención y [vistiendo] el hábito sacerdotal con estola [incluida], que se acerquen a la que sufre, y rodeándola, que cada uno de ellos sostenga una vara en su mano en representación de aquella vara con la que Moisés, por mandato divino, golpeó Egipto, el Mar Rojo y la piedra, a fin de que Dios muestre allí Sus milagros por medio de esa vara y de este modo Él Se glorifique a Sí mismo una vez que el nefasto huésped sea expulsado con esas varas. Los siete sacerdotes serán, pues, tanto una representación de los siete dones del Espíritu Santo como del Espíritu de Dios, Que en el principio *se movía sobre las aguas* <*Gén.* 1, 2> y *Que insufló en la boca del hombre el aliento de vida* <*Gén.* 2, 7>, [Ése que] exhala al espíritu inmundo del hombre atormentado. Así, en primer lugar, Que aquél que representa a Abel, sosteniendo la vara en sus manos, diga: Oye, espíritu maligno y estúpido, a pesar de que habitas en este ser humano, escucha estas palabras que no provienen de hombre alguno sino de Aquél *Que es* <*Éx.* 3,14> y *Que vive* <*Apoc.* 1, 18>, etc.[...][4] así pues, por orden de Dios sal ya mismo.[5] Escucha a *Aquél Que es* <*Éx.* 3,14> cuando dice: Yo, Que soy El Que no tiene comienzo, Aquél del Cual todas las cosas proceden; Yo, Que soy el Anciano de días, te digo: Por medio de Mí mismo soy el Día, aquél que nunca procede del sol sino por el cual el sol asciende. Yo también soy la Razón, aquélla que no suena por otra sino ésa por la que toda racionalidad profiere mis antiguos [milagros], los cuales nunca fallan; y dispuse especialmente los alientos para la alabanza, porque tengo la voz como la de los truenos, con la cual muevo todo el universo en el sonido viviente de todas las creaturas.

Luego, que tanto el sacerdote mencionado como los seis restantes la golpeen suavemente con sus varas en la cabeza, en la espalda, en el pecho, en el ombligo, en los riñones, en las rodillas y en los pies y digan: Ahora mismo, tú, Satanás y

---

4   Lo que sigue aparece en el margen del manuscrito de Berlín (B fol. 21ʳ), que trae Peter Dronke en "Problemata Hildegardiana", *Mittellateinisches Jahrbuch*. 1981; 16, pp. 97-131, en particular, pp. 127-29. Véase la mencionada edición de Klaes mencionada en C.68r n. 2 (nuestra edición, p. 201).

5   El adjetivo *"extritus"*, que hemos vertido por la expresión "ya mismo" significa literalmente pisoteado. El sentido completo de la expresión *"extritas fuge"* es el de reforzar la alusión a la orden de Dios.

espíritu maligno que atormentas y oprimes a este ser humano, a esta forma de mujer, por Aquél Que vive, Que ha revelado estas palabras a los hombres simples por medio de una doctrina sencilla y humana, te dice –y para ti esto es un mandato y Él en persona ahora te lo manda– que, en Su nombre, te vayas de esta persona que está aquí presente y a la que tú atormentaste por mucho tiempo y en la cual aún permaneces. Y por eso, con esta vara, por mandato del Primer Principio, a saber, del Principio mismo, no vuelvas a dañarla.

[Y digan:] Conjurado y condenado también por el sacrificio, las plegarias y la ayuda de Abel, en cuyo nombre te golpeamos.

Y que la golpeen otra vez como antes se indicó.

[Y digan:] Conjurado y condenado también por el sacrificio, las plegarias y la ayuda de Noé, en cuyo nombre te golpeamos.

Y que la golpeen otra vez.

[Y digan:] Conjurado y condenado también por el sacrificio, las plegarias y la ayuda de Abraham, en cuyo nombre te golpeamos.

Y que la golpeen otra vez como antes se indicó.

[Y digan:] Conjurado y condenado también por el sacrificio, las plegarias y la ayuda de Melquisedec, en cuyo nombre te golpeamos.

Y que la golpeen otra vez como antes se indicó.

[Y digan:] Conjurado y condenado también por el sacrificio, las plegarias y la ayuda de Jacob, en cuyo nombre te golpeamos.

Y que la golpeen otra vez como antes se indicó.

[Y digan:] Conjurado y condenado también por el sacrificio, las plegarias y la ayuda de Aarón, en cuyo nombre te golpeamos.

Y que la golpeen otra vez como antes se indicó.

[Y digan:] Conjurado y condenado también por el sacrificio, las plegarias y la ayuda del Sumo Sacerdote, el Hijo de Dios, por El Que todos los sacerdotes han ofrecido sacrificios y ofrecen sacrificio aún, en Cuyo nombre y poder te golpeamos.

Y que la golpeen otra vez.

[Y digan:] Ya que tú has confundido a esta mujer con una [confusión] semejante a aquella por la que como plomo *te precipitaste del cielo* <*Luc.* 10,18>, sal de esta persona confundida y no vuelvas a dañarla.

Pero, la altitud a la que la altitud nunca tocó,

y la profundidad a la que la profundidad nunca llenó,

y la anchura que nunca la anchura comprendió,

la libera de tu cautiverio,

de tu estupidez e iniquidad,

de todas tus artes,

a fin de que tú, [espíritu] confundido, te alejes de ella,

de modo tal que no te sienta

ni te conozca

y que al igual que estás proscripto del cielo,

que así el Espíritu Santo te proscriba de ella,

y que así como tú eres extraño a toda felicidad,

que así seas extraño a ella,

y que así como nunca buscas a Dios,

que así nunca busques llegarte hasta ella.

Aléjate, aléjate, pues, aléjate de ella, diablo, conjurado junto con todos los espíritus aéreos, malignos.

Por el poder de la Eternidad que creó todas las cosas y que hizo al hombre,

por la bondad del Salvador de la humanidad, que liberó a todos los hombres,

por el Amor ardiente que labró para el hombre una vida sin fin,

por la Pasión que se consumó en el leño de la santa cruz,

por la Resurrección de la vida,

por aquella Fuerza que arrojó al diablo desde el cielo al infierno y liberó al hombre de su poder,

así, tú, que has confundido a esta mujer con una [confusión] semejante a aquella por la que como plomo te precipitaste del cielo, sal de esta persona confundida y no vuelvas a dañarla en su alma ni en ninguna parte de su cuerpo, te lo ordena el Omnipotente, Que la hizo y la creó.

Amén.

Si [el espíritu maligno] aún no fuera expulsado, que el segundo sacerdote junto con los demás sigan el mismo procedimiento, en orden, hasta que Dios los auxilie.[6]

---

6   Según cuenta otro de los biógrafos de la visionaria, Teodorico de Echternach, se realizó el procedimiento correspondiente y la mujer se vio liberada del espíritu; sin embargo el alivio resultó breve, pues inmediatamente el demonio volvió a asediarla, exigiendo la presencia de Hildegarda. Mediante una carta de recomendación del abad Gedolfo, Sigewiza viajó hacia el monasterio de la santa y se recuperó en forma definitiva (*Vita Sanctae Hildegardis Virginis* <Vida de la santa virgen Hildegarda> III, 20-22, pp. 56-65). Véase también C.27r (nuestra edición, p. 126).

 A. A. Fraboschi[†], C. I. Avenatti de Palumbo y M. E. Ortiz

Carta 70r, a cinco abades de Burgundia, anterior a 1157

En esta carta, la visionaria responde a cinco abades cistercienses que le habían consultado acerca de una mujer estéril. Les hablará también sobre la penitencia y la misericordia.

¡Oh, varones, que por la gracia de Dios sois llamados en el Señor al cuidado pastoral! Aprended del primer llamado a Adán, cuando Dios le dijo: ¿Dónde estás? <*Gén.* 3, 9> al haber prevaricado por la desobediencia. Pues su nombre era entonces como la tierra tenebrosa, y Dios lo vistió sabiendo que por causa de aquél habría de asumir las vestiduras de la condición humana. Y fue con la clara voz de la Misericordia que volvió a llamarlo cuando el hijo pródigo volvió en sí diciendo: ¡Cuántos jornaleros de mi padre tienen pan de sobra, y yo, aquí, me muero de hambre! <*Luc.* 15, 17>. Y su padre regocijado lo recibió.

Ahora es conveniente que vosotros, maestros, descubráis en la claridad de la primera mirada, que Dios volvió a llamar a Adán por otra vía, a saber, por el beso a la humanidad en el ternero cebado,[1] diciendo: El hombre había perecido a causa del pecado, mas por la penitencia lo atraeré nuevamente.

Subid al monte excelso, pero construid altares en el valle y permaneced allí por largo tiempo. Cuando miréis a lo alto en busca de Dios subiréis el monte. Entonces, con profunda humildad, tened presente que el Hijo de Dios llevó en Su humanidad a todo el hombre; y en todas vuestras obras, ya sea para con vosotros mismos o para con los demás, observad la humildad y perseverad por mucho tiempo en ella.

Cuidad, pues, que vuestro espíritu no se parezca a la negra montaña donde, por el arte de los herreros, se fabrican los objetos de bronce al calor de las brasas. Allí los deseos desordenados redundan en malas disposiciones, sea en el pensar, en el querer o en el obrar cosas inútiles, que no favorecen la santidad sino que provocan la herida de la lascivia. Soldados de Dios, huid de esas cosas y contemplad aquella luz que apenas gustáis, y encaminaos prontamente hacia la santidad, pues no sabéis cuándo os llegará el fin.

---

1   Otra alusión a la parábola del hijo pródigo.

Pues Dios le otorgó al hombre la racionalidad. En efecto, el hombre es racional por la palabra de Dios; la creatura irracional, en cambio, es como un sonido solamente. Así Dios constituyó en el hombre a toda creatura. Y dio a la racionalidad dos alas: el ala derecha significa el conocimiento del bien, la izquierda empero, la ciencia del mal; con éstas el hombre es como un ave.[2] Pero también el hombre es como el día y como la noche. Cuando en el hombre el día sujeta y doblega a la noche, el hombre es llamado un buen soldado, porque vence al mal con la fortaleza del guerrero. Por eso vosotros, oh hijos de Dios, militad con Cristo durante el día, y en la tranquilidad del espíritu huid de la niebla que ensombrece el día; apartaos también de las nocturnas insidias que a través de la voluntad propia y con arrogancia incitan al exceso, y sed el día que en la mañana es tocado suavemente por el rocío, y que luego se templa en apacible equilibrio, de manera tal que con discernimiento verifiquéis todas las cosas y rectamente proveáis las buenas para vosotros y para los demás.

Por lo tanto, habitad en las cuevas de la paloma con pura sencillez, a fin de que vuestra voz de alabanza y salvación tenga lugar en el tabernáculo de los justos. Pues Dios puso en la razón una voz vital mediante un soplo de vida, esto es la voz de la alabanza, con la cual la buena ciencia ve y conoce a Dios a través de la fe. Esa misma voz suena cual trompeta sonora en virtud de las buenas obras. Pues esa voz cuenta con el abrazo de la Caridad, y de igual modo también con la Humildad reúne a los mansos y con la Misericordia cura las heridas. Además la Caridad fluye con el torrente de agua del Espíritu Santo, es decir con la Paz de la Bondad divina.[3] Y también la Humildad prepara un huerto con toda clase de frutos de la gracia de Dios, rodeado por todo el verdor de los dones divinos. Por su parte, la Misericordia derrama bálsamo para todas las necesidades que aquejan al hombre. Esta voz de la Caridad suena en armonía con todas las alabanzas de salvación. Por medio de la Humildad, resuena en lo alto, donde Dios ve, y donde lucha victoriosa contra la Soberbia. Y esta voz, por la Misericordia, clama con lágrimas y con alegría, ya que atrae hacia sí a los pobres y maltrechos, y porque de esa forma reclama el auxilio del Espíritu, que todo lo llena de buenas obras. Y

---

2   Acerca de la racionalidad, véase C.15, texto y n. 11 (nuestra edición, p. 76) y C.11, n. 1 (nuestra edición, p.69).

3   Véase también una visión de *Liber divinorum operum* <El libro de las obras divinas> 3,3, donde Hildegarda describe a tres doncellas – la Caridad, la Humildad y la Paz– en una fuente de agua –el Espíritu de Dios–.

                    A. A. Fraboschi[†], C. I. Avenatti de Palumbo y M. E. Ortiz

ciertamente la misma resuena en los tabernáculos, donde los santos irradian luz a través de tales construcciones, que habían preparado para sí en este mundo.[4]

Mas vosotros, oh hijos de Dios, uníos al coro de los buenos, donde están los justos, y Dios os recibirá según vuestro deseo, y viviréis eternamente.

En cuanto a vuestra petición para que la ayuda de Dios haga fértil a la esposa, eso corresponde a la voluntad y la potestad de Dios, pues Él sabe en qué caso conceder y en qué caso denegar la prole, ya que no juzga según la mirada de los hombres, sino de acuerdo con Su juicio interior. Por mi parte, tal como lo pedís, imploraré a Dios por ella, mas Él hará lo que piadosa y misericordiosamente haya dispuesto que sea hecho desde ese momento.

---

4   Sobre la voz de la alabanza, véase también C.26r, n. 5 (nuestra edición, p. 125) y C.77r (nuestra edición, p. 218).

<h1 style="text-align:center">Carta 71, a un abad de Busendorf,
alrededor del año 1150 (?)</h1>

Es una carta en que Hildegarda procura dar ánimo a un abad.

La Luz en la Luz te dice: Sé un siervo bueno en tu espíritu, estate atento en cuanto a los buenos deseos, y en asemejarte al águila,[1] que dirige su mirada hacia el sol con más gusto que hacia la sombra de la oscuridad. Tampoco languidezcas por la pereza al hacer las obras buenas,[2] antes bien, con gran fortaleza de espíritu mantén el arado en mano, a fin de que tu rebaño paste donde es debido <*Juan* 21, 17; *I Pedr.* 5, 2> según la posibilidad que con la ayuda de Dios tienes. Velozmente corre con el águila que dirige su mirada hacia la luz, para que no te detenga el cansancio. Huye asimismo de la negrura de la Impiedad,[3] así como Dios discierne en materia de buena voluntad. Dios, en efecto, quiere tenerte en Su cementerio de santificación. Vive, pues, ahora eternamente.

---

1   Con referencia al águila, véase C.1 (nuestra edición, § 6, p. 44); C.3, n. 10 (nuestra edición, p. 49). También C.86, n. 2 (nuestra edición, p. 263).

2   Sobre la pereza y el hastío véase C.85r/a, nn. 19-20 (nuestra edición, p. 258).

3   *Liber vite meritorum* <El libro de los merecimientos de la vida> 2, 5. **PALABRAS DE LA IMPIEDAD**. "No quiero obedecer ni a Dios, ni al hombre. Pues si obedeciera a otro, me ordenaría hacer lo que considerara provechoso para él y no miraría mi conveniencia, sino que me diría: '¡Vete!' Pero esto no sucederá. Porque si alguien me injuria, le devolveré la ofensa centuplicada, y dispondré mis asuntos de manera tal que nadie osará hacerme frente. No quiero yacer bajo los pies de nadie. Haré cualquier cosa que me produzca utilidad, como lo hace todo aquél que no es tonto. Aunque Dios quiere que haga lo que Le place, yo no lo haré a no ser que me acarree algún bien."

     A. A. Fraboschi [†], C. I. Avenatti de Palumbo y M. E. Ortiz

Carta 72r, a un abad de Busendorf, alrededor del año 1150 (?)

En esta carta Hildegarda responde a una misiva del abad, muy perturbado por los grandes peligros que advierte en su monasterio, sin especificar cuáles son. La abadesa, desde una visión, le advierte que parte del mal reside en su propio corazón, y lo exhorta a trabajar bien en el gobierno de su comunidad.

En una visión de esas que mi alma ve frecuentemente en estado de vigilia, diviso una tormenta en tu monasterio,[1] como una alternancia y sucesión de nubes brillantes, negras y con furia de tempestad, y el monasterio mismo está totalmente convulsionado. Pero en tu alma veo tres colores: primero, el negro de la malicia y la iracundia; segundo, el del humo, esto es el del gusto por lo inútil; tercero, uno semejante a la rutilante aurora de la benevolencia y del suspiro que anhela a Dios. Mas veo también que en algunos hombres de tu convulsionada comunidad una luz gloriosa asciende hacia Dios, y gracias a ellos Dios sustenta con Su auxilio todo el edificio.

Pero tú, pastor probo, dirige tu mirada hacia ese campo que fue bendecido por Dios en la plenitud de sus frutos y sobre el que ha venido una nube negra que lo hiere en toda su extensión y vuelve su fruto peor de lo que antes era <*Mat.* 27, 64>. Ésta representa el tedio y la malignidad que hay en el corazón de aquél que conoce el bien y puede llevarlo a cabo, pero de una manera u otra, sea con el tedio, sea con la malignidad, ocupa su espíritu y así se hace incapaz de buenas obras.

Huye de estas cosas, hijo de Dios, e inspirado por el fuego del Espíritu Santo trabaja en este fructífero campo, antes que llegue ese día en el que ya no puedas trabajar más.

---

1   Sobre el tema de la tormenta en un monasterio, véase C.83r (nuestra edición, § 1, p. 240).

Carta 73, a una congregación de monjas de San Jorge, en Clusin, entre 1161 y 1163 (?)

Esta carta constituye una admonición de la abadesa de Bingen dirigida a una comunidad de monjas que presenta conductas más propias de la vida mundana que de la vida monástica.

Encontré la voluntad de Dios, el lugar de su morada y su grandeza en el sacrificio de este pueblo. Y entonces tenían alas de felicidad y de bienaventuranza, pero ahora se ha derramado sobre ellos el veneno mortal del áspid <*Deut.* 32, 33; *Sal.* 13, 3; 140(139), 4; *Rom.* 3, 13>. Y oí la admonición del Espíritu de Dios para que os amoneste y corrija, como está escrito: *Id al pueblo que tenéis enfrente, y en seguida encontraréis un asna atada y un pollino con ella. Desatadlos y traédmelos. Y si alguien os preguntara algo, decid: "El Señor los necesita, pero en seguida los devolverá"* <*Mat.* 21, 2-3>. Y también, de otro modo, se dice: *Os aseguro que no os conozco* <*Mat.* 25, 12>.

Oh, ay de la irrisión y ay del error de aquellos que pretenden decir que no es mala la desobediencia de la discordia que se levantó contra el cielo y cayó al infierno de manera tal que desordenó y trastornó todos los elementos.[1] Oh, floración de la vara, oíd lo que está escrito: *Regocíjate, estéril, la que no das hijos. Rompe en gritos de júbilo la que no conoces los dolores del parto, porque más son los hijos de la abandonada que los de la que tiene marido* <*Gál.* 4, 27; *Is.* 54, 1>. Y escucha otra vez lo que se dijo: *Levántate, resplandece, Jerusalén, porque llega tu luz y la gloria del Señor amanece sobre ti* <*Is.* 60, 1>.

---

1.   "Los cuales elementos del mundo, si alguna vez y al margen de todo orden –de acuerdo al juicio de Dios– proyectaran sus aterradoras acciones sobre el mundo y sobre los hombres, los expondrían a muchos peligros. [...] Pues los elementos están sujetos al hombre, y a veces ejercen su actividad de acuerdo a la forma como son afectados por las acciones de los hombres. Porque cuando los hombres se agreden unos a otros con guerras, con atrocidades, con odio y envidia y con acciones hostiles, entonces los elementos se vuelcan hacia uno y otro modo contrario al que les corresponde, sea de calor o de frío, o bien con grandes desbordes e inundaciones. Y esto acontece a partir de la disposición primera de Dios, porque Dios creó los elementos de manera tal que obraran de acuerdo a las acciones de los hombres, puesto que son afectados por aquellas acciones: así que el hombre actúa con ellos y en ellos." (*Causae et curae* <Las causas y los remedios de las enfermedades> 2, p. 57, líneas 9-23). El título –tremendo– de este texto es: "La venganza de Dios".

        A. A. Fraboschi[†], C. I. Avenatti de Palumbo y M. E. Ortiz

Y por eso, huid del veneno mortal del áspid, porque andar en la vanidad *<Job* 31, 5> y revolcarse en el veneno no conviene a vuestra forma de vida, en la que estáis abrazadas a Dios. Que ahora encontréis la salvación en el cuerno de salvación por el que David ascendió a la humanidad del Salvador[2] por la cual fue amonestado de modo que hizo penitencia de sus pecados *<II Sam.(II Rey.)* 12, 1-25; *Sal.* 18(17), 3>. Ahora, corred rápidamente hacia Mí y traedme el ternero del sacrificio.

⁊⦿

---

2   La referencia es a Cristo como perteneciente a la estirpe de David. Si bien Cristo desciende de David, cronológicamente hablando, es David, como el pueblo todo de Israel, quien asciende hacia el cumplimiento de la promesa, hacia la plenitud de la salvación, hacia el Mesías anunciado.

Carta 74r, al abad Kuno de San Disibodo, anterior a 1155

Esta carta responde a una que el abad dirigiera a Hildegarda, tal vez buscando una recomposición de la relación que se había tornado intolerable, a partir del momento de la decisión de la religiosa de abandonar San Disibodo para fundar su monasterio de San Ruperto.[1] La respuesta de la abadesa de Bingen es muy dura, pero puede suponerse que con ella busca la conversión de este hombre a quien vaticina una muerte muy próxima (Kuno murió en junio de 1155). Pero, como para no negar su buena voluntad, Hildegarda le envía las letras de una antífona, un responsorio y una secuencia que se incluirán posteriormente en *La armoniosa música de las revelaciones celestiales*.[2]

¡Qué insensato es aquel hombre que no se corrige a sí mismo, sino que busca qué hay en el corazón ajeno y, con el mismo ímpetu de las aguas que descienden precipitadamente, no disimula aquellas faltas que en él descubre! <*Mat.* 7, 3-5> Quien esto hace, que escuche la siguiente respuesta del Señor: Hombre, ¿por qué duermes en medio del sonido del gusto[3] de las buenas obras que, en presencia de Dios, resuenan como una sinfonía?[4] ¿Y por qué no rechazas la petulancia de la lascivia mediante el escrutinio de la casa de tu corazón? Pero en Mis mejillas Me golpeas <*Job* 16, 11> cuando rechazas a Mis miembros por sus heridas,[5] cuando no Me ves trayendo a la oveja perdida de vuelta al rebaño <*Luc.* 15, 4-6>. Y por esto Me responderás

---

1   Véase C.75 (nuestra edición, p. 214) y C.78r, n. 1 (nuestra edición, p. 229).

2   Estas tres piezas aparecen indicadas en la edición latina, y a ella nos hemos atenido; en la edición de Joseph L. Baird y Radd K. Ehrman se proporciona la versión inglesa de Barbara Newman (*The Letters of Hildegard of Bingen*. Vol. I. Transl. by Joseph L. Baird and Radd K. Ehrman. New York/Oxford: Oxford University Press, 1994, n. 1, p. 162).

3   Es ésta una típica construcción hildegardiana, que asocia entre sí sensaciones que no parecieran posibles de tal sociedad: "el sonido del gusto". ¿Será tal vez una alusión al "paladear una comida"?

4   "Pues Dios conoce las obras de los santos y no las echa al olvido, sino que en Su secreto designio prepara para ellos eterna recompensa, y las despliega en infinitas alabanzas para Su gloria." (*Liber Vite Meritorum* <El libro de los merecimientos de la vida> 1, 40, p. 29).

5   Véase C.5, n. 6 (nuestra edición, p. 52) y C.41r, n. 1 (nuestra edición, p. 155).

desde la casa de tu corazón y desde la ciudad que levanté y que purifiqué en la sangre del Cordero.[6] ¿Por qué no tienes miedo de abatir y destruir al hombre que no creaste? Tú no lo unges, de modo que ni lo cubres ni lo proteges; sino que lo corriges en exceso.[7] Ahora está llegando el tiempo de tu partida de este mundo; pero Dios, Quien te ha creado, no quiere que te pierdas. Por lo tanto, medita estas cosas.

Por otra parte, en cuanto a lo que solicitaste, oh padre, que yo escribiera para ti, si es que algo había visto y entendido acerca del bienaventurado Disibodo –bajo cuyo patrocinio estás–, esto es lo que sobre él, en una visión del espíritu, oí, vi y comprendí:

"Oh, maravilla digna de admiración... como te levantaste al principio."[8] Y
"Oh, fecundidad del dedo de Dios... que se apodere de ti."[9] Pero también
"Oh, obispo de la ciudad verdadera,... son imitados de esa manera."[10]

Pero tú, padre, que pediste estas cosas a una pobrecilla forma, hazte también tal ante la mirada de Dios, que, cuando el tiempo de este siglo se haya acabado para ti, tu tiempo se prolongue felizmente por toda la eternidad, de manera que puedas aparecer en la salvación de los justos.

---

6   Véase C.8, n. 1 (nuestra edición, p. 60).

7   Hasta aquí llegan las gravísimas acusaciones que Dios, a través de la palabra de Hildegarda, formula al abad Kuno: por sus pecados personales, y por aquellos que se siguen del incumplimiento de sus deberes como abad, según lo pide la *Regla* de San Benito.

8   *Symphonia armonie celestium revelationum* <La armoniosa música de las revelaciones celestiales>, V, *De sanctis patronis*, 41: *O mirum admirandum* (Antiphona de Sancto Disibodo), vv. 1 y 10. En: HILDEGARDIS BINGENSIS. *Opera Minora*, p. 427.

9   Ibíd., 42: *O uiriditas digiti Dei* (Responsorium de Sancto Disibodo), vv. 1 y 12. HILDEGARDIS BINGENSIS. *Opera Minora*, p. 427.

10   Ibíd, 45: *O presul, vere ciuitatis* (Sequentia de Sancto Disibodo), vv. 1 y 49. HILDEGARDIS BINGENSIS. *Opera Minora*, pp. 431-32.

Carta 75, a un abad de San disibodo, alrededor del año 1155 (?)

Es imposible determinar si esta carta fue dirigida al abad Kuno de San Disibodo o a su sucesor Helengario. La carta detalla el tratamiento que Hildegarda recibió cuando volvió a San Disibodo para negociar sobre la propiedad, que ella sentía que pertenecía en derecho a su propio monasterio recientemente establecido; pero este asunto se prologó largo tiempo y fue discutido con ambos abades. En aras de la simplicidad Van Aker se inclina por el Abad Kuno como destinatario de la carta; de allí su datación "alrededor de 1155", año de la muerte de Kuno. Se puede captar cómo se resintieron con Hildegarda los monjes de su anterior monasterio, a través de su descripción –si bien, exagerada– del trato que recibió durante su visita. Se nota también, sin embargo, su aparente necesidad de justificar su partida.

Oh tú que eres padre en persona –y cuán gratamente lo digo–, para que seas padre también en las obras. Vine a aquel lugar[1] donde Dios te dio el poder para que hagas Sus veces.[2] Y algunos de entre la turba de tus hermanos rugían sobre mí <*Sal.* 22(21), 14; 17> como sobre una ave negrísima, o incluso como sobre una horrible bestia; y tensaban sus arcos contra mí <*Sal.* 11(10), 1-2>, para que yo huyera de ellos. Pero en verdad estoy segura de que Dios, en Sus misterios, me sacó de aquel lugar, puesto que mi alma había sido conmovida de tal modo con Sus palabras y Sus milagros, que casi hubiera muerto antes de tiempo, si hubiese permanecido en aquel lugar.[3]

1   Es decir, al monasterio de San Disibodo.

2   Véase la *Regla de San Benito* 2, 1-3.

3   Hildegarda se refiere a los episodios que tuvieron lugar cuando anunció su salida de San Disibodo para fundar el monasterio de San Ruperto, según el mandato divino. En su *Explanatio Symboli Sancti Athanasii* <Explicación del Credo Atanasiano>, dirigida a sus religiosas, dice: "Pero más tarde, en virtud de la advertencia de Dios, me dirigí al monte de San Disibodo, del que me había separado con autorización, e hice este pedido ante quienes allí vivían: que nuestro lugar, y las tierras recibidas como limosnas para el mismo, no quedaran sujetas y manejadas por ellos sino que estuvieran desligadas de ellos, buscando sin embargo en la disposición de este beneficio la salvación de nuestras almas y el cuidado del cumplimiento de la Regla. Según lo que percibí en una visión verdadera dije al padre, esto es, al abad de aquel lugar: La Serena Luz dice: Tú eres el padre del preboste y de la salud de las almas de la mística plantación de Mis hijas. La limosna

Ahora, haya salud y bendición <*Rom.* 1, 7; *I Cor.* 1, 3; *II Cor.* 1, 2; *Gál.* 1, 3, etc.> para aquellos que allí me recibieron con devoción, pero sobre aquellos otros que en ese lugar menearon la cabeza contra mí <*Lam.* 2, 15; *Sal.* 22(21), 8; 109(108), 25>, Dios extienda Su gracia, según Su misericordia.

¡Ay, ay, oh madre mía,[4] con lúgubre disgusto me recibiste <*Jer.* 15, 10>!

∾

---

de ellas no te pertenece, ni a tus hermanos, pero vuestro lugar sea su refugio. Si, no obstante, quisierais perseverar en vuestros perversos discursos, rechinando los dientes contra nosotras, seréis semejantes a los amalecitas [cfr. *I Sam.* (*I Rey.*) 30, 1-2] y a Antíoco, de quien está escrito que saqueó el templo del Señor [cfr. *I Mac.* 1, 21-24]. Porque si algunos de entre vosotros, en su malignidad, hubieran dicho: Queremos disminuir sus propiedades, entonces Yo, Quien soy [*Éx.* 3, 14], digo que sois los peores ladrones. Pero si habéis intentado quitarles el pastor de la medicina espiritual, entonces nuevamente digo que sois semejantes a los hijos de Belial y que en esto no miráis la justicia de Dios [cfr. *I Sam.* (*I Rey.*) 2, 12], por lo que también la justicia de Dios os destruirá [cfr. *Sal.* 52(51), 7]." (En: Hildegardis Bingensis. *Opera Minora*, vv. 11-29, pp. 109-10).

4   "madre mía": el monasterio de San Disibodo.

Carta 76r, al abad Helengario de San Disibodo, alrededor de 1170

Esta carta es la respuesta de Hildegarda al abad sucesor de Kuno, con quien tantas dificultades tuviera con motivo del abandono de su casa madre para fundar el monasterio de San Ruperto. Helengario le escribe sumamente afligido por el estado en que se encuentran los monjes de San Disibodo, faltos del entusiasmo con que abrazaron la vida monástica: "La madre de Jesús no está allí, y tampoco Jesús mismo, ni se llaman Sus discípulos."[1] Pero también se pregunta sobre su propio fervor y su conducta. La abadesa de Bingen trabaja –y con severidad– ambos temas en su carta.

En una visión espiritual recibida de Dios oí estas palabras: Muy necesario es al hombre que quiere encontrar su alma en los deseos del mismo Dios, que pierda las malas obras de la carne <*Mat.* 10, 39; *Luc.* 9, 24; *Juan* 12, 25> y tenga la bienaventurada ciencia acerca de cómo vivir,[2] de tal modo que su alma sea señora y la carne, esclava, según lo que el Salmista dice: *Dichoso el hombre a quien Tú eduques, Señor, y al que instruyas con Tu Ley* <*Sal.* 94(93), 12>. ¿Y quién es este hombre? Aquél que a su cuerpo tiene como esclava y a su alma como dilectísima señora. Pues quien en la impiedad es tan feroz como el oso[3] y rechazando aquella ferocidad suspira anhelante hacia el Sol de la justicia <*Mal.* 4, 2> –Quien es piadoso y clemente–, éste agrada a Dios de modo tal que Dios lo constituye sobre Sus preceptos, dándole una vara de hierro <*Sal.* 2, 9> en sus manos para conducir a sus ovejas al monte de mirra <*Cant.* 4, 6>.

---

1   Carta 76 –del abad Helengario a Hildegarda–, alrededor de 1170. *Epistolarium* 91, p. 163-164.

2   Véase C.11, n. 2 (nuestra edición, p. 69); C.15r, n. 11 y 27 (nuestra edición, pp. 79 y 85-86 respectivamente).

3   En tiempos de Hildegarda y en Alemania el oso era uno de los animales más temidos por su ferocidad. Pero también simboliza al mal, como vemos en Chevalier, Jean; Gheerbrant, Alain. *Diccionario de los símbolos* (6ª ed. Barcelona: Herder, 1999, p. 1107) leemos en v. **Oso**: "En Europa, el soplo misterioso del oso emana de las cavernas. Es pues una expresión de la oscuridad, de las tinieblas: [...]" (p. 790). De allí la contraposición, en nuestro texto, con "el Sol de la justicia". Véase también C.3, n. 9 (nuestra edición, p. 49).

 A. A. Fraboschi [†], C. I. Avenatti de Palumbo y M. E. Ortiz

Ahora escucha y aprende, para que te avergüences de gustar en tu alma estas cosas, porque[4] a veces tienes las costumbres del oso –que a menudo ocultamente murmura para sus adentros[5]–, y también algunas veces las costumbres del asno, de tal modo que no eres prudente en tus cosas sino que te agotas. Pero también en algunas otras cosas eres inútil y por eso, en tu impiedad, a veces no puedes llevar a cabo la malicia del oso. Del mismo modo tienes las costumbres de algunas aves que no se cuentan ni entre las más fuertes ni entre las más humildes, de tal modo que las más fuertes las vencen y las más humildes no pueden molestarlas.

A estas costumbres el noble Padre de familia responde: Ay, ay, no quiero esta mudanza de tus costumbres, tal que tu espíritu rezonga acerca de mi justicia y así no buscas la recta respuesta sobre estas cosas, sino que escondes en ti cierta murmuración al modo del gruñido del oso. Pero como tienes buen discernimiento, entonces oras un poco, y después nuevamente tienes tristeza y cansancio, de tal manera que no llevas a término tu oración sino que gustosamente tomas el camino que tu cuerpo desea y no te alejas de él de manera total y tajante. Mas también algunas veces tus deseos ascienden hacia Mí en algo que no es del todo santo en la obra, pero que yace como en la suposición de la fe. Alguna vez escogí a tales hombres durante la mudanza de sus costumbres, para oír el sonido de su intelecto, qué consideran y examinan en sí mismos; sin embargo, cuando se tuvieron por inútiles también desfallecieron. Pero ahora que tu espíritu no se burle de la obra que Dios hace, porque desconoces cuándo Su espada te herirá mortalmente.

Mas yo, pobrecilla forma de mujer, veo en ti un fuego muy negro encendido y atizado contra nosotros,[6] pero en la buena ciencia olvídalo, no sea que la gracia de Dios y Su bendición se aparten de ti en el tiempo de tu oficio. Ama pues la justicia de Dios para que seas amado por Dios, y fielmente cree en Sus maravillas, para que recibas los premios eternos.

---

4   El texto dice *"qui"*, pero por el sentido preferimos la lectura indicada en app. comp. (*R*), *"quia"*.

5   "[Porque los hombres a veces] gruñen como el oso encolerizado, [...] diciendo por lo bajo que por amor a Dios el hombre sufre la tribulación corporal, en virtud de la cual, como en la paciencia el cordero y en la cautela de la serpiente, le muestra que ha sido castigado y purificado de sus pecados." (*Liber divinorum operum* <El libro de las obras divinas> 1, 3, 9, p. 126).

6   La mala voluntad entre los monjes de San Disibodo seguía existiendo, y a la muerte de Volmar, quien además de desempeñarse como secretario de Hildegarda, tenía a su cargo la atención religiosa del monasterio y su comunidad, el abad Helengario pretendió negar un nuevo asesor para la abadía, pero Hildegarda reclamó su derecho, fundada en el texto del convenio finalmente firmado con el ya fallecido abad Kuno –su más tenaz opositor– y que en 1158 el arzobispo Arnoldo de Maguncia revalidara, otorgando también a las monjas el derecho a elegir a su abadesa.

Carta 77r, al abad Helengario de San Disibodo, alrededor de 1170

Esta carta –más que una carta, un duro sermón dirigido a la comunidad de San Disibodo– responde a una del abad Helengario de dicho monasterio, quien deseando limar las asperezas existentes entre dicho monasterio y el de San Ruperto –que Hildegarda fundara y dirigía–, le pide que escriba la vida de San Disibodo. La abadesa de Bingen lo hará, pero ahora su respuesta es ésta.

Cuando la creación apareció en virtud del mandato de Dios, muchísimas estrellas que por entonces, innumerables, estaban en la luz, cayeron con Lucifer <*Is.* 14, 12>, y la noche de la muerte fue dispuesta para aquellos que habían caído.[1] Pero los planetas,[2] o sea los

---

[1] "Lucifer, quien a causa de su soberbia fue arrojado de la gloria celestial, en el momento inicial de su creación era tan grande y de tal perfección que no sintió que algo faltara a su belleza ni a su fuerza y poder: es entonces que la soberbia hizo presa de él. Al descubrir un lugar donde pensó que podría vivir y queriendo manifestar allí su belleza y su poder, se dijo: Quiero brillar allá así como Él brilla aquí. A lo que todos sus seguidores asintieron diciendo: Nosotros también queremos lo que tú quieres. [...] Pero el celo y la ira de Dios, extendiéndose como una nube de oscuro fuego, lo abatió con todos los suyos, de manera tal que quienes habían sido creados fulgurantes se transformaron en seres quemados por el fuego, y en lugar de ser luz clara y serena vinieron a ser negrura." (*Scivias* <Conoce los caminos del Señor> 1, 2, 2, pp. 14-15). Y en *Liber divinorum operum* <El libro de las obras divinas> 1, 1, 7(8), p. 53) leemos: "Pero había una innumerable multitud de ángeles que quisieron ser por sí mismos [*a seipsis*]; porque viendo su luz tan grande y gloriosa en la plenitud de su fulguración, olvidaron a su Creador. Y antes de que hubiesen comenzado a alabarlo pensaron que el resplandor de su propia belleza era tan grande que nadie podría resistirlo, por lo que también querían opacar a Dios. Pero como vieran que jamás podrían realizar los prodigios que Él obraba, lo aborrecieron, y los que debían alabar a Dios mentirosamente decían que en su propia gran luz elegirían otro dios. Por lo que cayeron en las tinieblas, reducidos a una impotencia tal que nada pueden hacer en ninguna creatura, a no ser que su Creador se los permita. Pues aunque Dios había adornado al primero entre los ángeles, llamado Lucifer, con todo el ornato de las creaturas –el que había dado a toda la creación– para que de allí toda su cohorte recibiera su luz, él, yendo en sentido contrario, se hizo más horrible que todo el horror, porque la santa Divinidad en Su celo lo arrojó a un lugar sin luz alguna."

[2] Distingue Hildegarda estrellas de mayor o menor magnitud; las primeras podrían ser el sol, la luna y los planetas. Como se verá más adelante, los planetas no significan solamente a los ángeles fieles. En *Scivias* <Conoce los caminos del Señor> 1, 3 (p. 40), en la descripción de la visión, encontramos la referencia a unas antorchas –otro nombre con el que la abadesa de Bingen se refiere a las estrellas–: "Después de esto vi una construcción inmensa, esférica y sombreada, con forma de huevo: estrecha en la parte superior, en el medio más amplia y comprimida en la

A. A. Fraboschi[†], C. I. Avenatti de Palumbo y M. E. Ortiz

ángeles de la justicia que son una llama de fuego, permanecieron con Dios y se encargaban del inextinguible fuego que es la vida.[3] Pero el fuego tiene una llama que el viento mueve, tal que la misma llama aparece flameando.[4] Así la palabra está en la voz, y la palabra es oída,[5] y el fuego tiene una llama, y para Dios es la alabanza, y el viento mueve la llama, y para Dios es la alabanza; así también en la voz está la palabra, y para Dios es la alabanza, y la palabra es oída y para Dios es la alabanza. Por lo cual toda creatura es alabanza de Dios *<Sal.* 149(148)>.

---

parte inferior. Por afuera, rodeando su circunferencia, había un fuego luminoso con una a modo de piel oscura por debajo. En ese fuego había un globo de rojo fuego encendido tan grande que iluminaba todo el conjunto, y sobre él **tres pequeñas antorchas** ordenadamente dispuestas hacia arriba, cuyo fuego sostenía el globo para que no cayera. [...] Debajo de esa piel había un éter purísimo –que no tenía debajo de sí piel alguna–, en el que también vi un globo de fuego incandescente y de gran magnitud, sobre el cual había **dos pequeñas antorchas** claramente dispuestas en dirección ascendente, que contenían al globo para que no pudiera exceder la medida y el límite de su curso." Esto significa que "en Dios Padre [el Fuego] está Su inefable Unigénito [el Globo rojo], el Sol de Justicia que brilla con el fulgor de Su amor ardiente, con tanta gloria que ilumina a toda creatura con la claridad de Su luz." (*Scivias* <Conoce los caminos del Señor> 1, 3, 4, p. 43). Las tres antorchas o estrellas serían figura de la Trinidad, "por cuya disposición el Hijo de Dios descendió del cielo a la tierra [...] para manifestar los misterios divinos a los hombres –dotados de alma y cuerpo– quienes, glorificándolo con la obediencia a Su clara luz, rechazaron entonces todos sus malvados errores, porque celebraron en Él al verdadero Hijo de Dios nacido de María, la verdadera Virgen, cuando les fue anunciado por el ángel y cuando el hombre, también él alma y cuerpo, Lo recibió con gozo fiel." (ibíd.) El otro globo "representa a la invicta Iglesia, que en su fe muestra la pureza de su inocente y gloriosa claridad; [...] las dos antorchas o estrellas manifiestan que los dos testamentos procedentes de lo alto, el Antiguo y el Nuevo, la conducen hacia los divinos preceptos de los secretos celestiales y la encauzan, para que no se disperse arrojándose con precipitación a la gran variedad de costumbres ajenas a dichos preceptos, ya que ambos Testamentos le muestran la bienaventuranza de la herencia celestial." (*Scivias* <Conoce los caminos del Señor> 1, 3, 11, p. 46).

3   "Dios no es un fuego escondido ni un fuego callado y silencioso, sino que es un fuego operante. [...] También según Su juicio *hace de sus ministros o servidores llama de fuego <Hebr.* 1, 7>". (*Liber vite meritorum* <El libro de los merecimientos de la vida> 1, 25, p. 23). Estos ministros o servidores de la Voluntad divina muy bien podrían ser los profetas, quienes escuchan los designios de Dios y los anuncian al pueblo antes de su ejecución –muchas veces condicionada a la respuesta del pueblo–. Son llamados llamas de fuego, por el dinamismo, el poder y la absoluta trascendencia de la Divinidad Cuya voz son.

4   Véase C.21, n. 1 (nuestra edición, p. 105).

5   "En la palabra hay sonido, sentido operante y aliento. Tiene sonido para ser escuchada, sentido para ser entendida, aliento para ser pronunciada. En el sonido advierte al Padre, Quien con inefable poder hace manifiestas todas las cosas; en el sentido operante, al Hijo, admirablemente engendrado por el Padre [Quien hace visibles todas esas cosas en la obra creadora]; en el aliento al Espíritu Santo, Quien arde en ellos con dulce suavidad. Pero donde no se escucha el sonido, allí el sentido no obra ni se eleva el aliento, por lo que tampoco allí se entiende la palabra; así tampoco el Padre, el Hijo y el Espíritu Santo están separados entre sí, sino que llevan a cabo Su obra de manera unánime." (*Scivias* <Conoce los caminos del Señor> 2, 2, 7, p. 129).

Quien no teme, no ama,[6] y quien no alaba, no trabaja.[7] Y el temor es un fuego, y el amor se dilata como la llama. Y así la creación es alabanza, y el hombre es trabajo.[8] Pero si la creación no existiera, el hombre desconocería el obrar. Sin embargo, la creación apareció por el mandato de Dios y éste fue el designio de Dios, porque hizo al hombre a imagen y semejanza Suya <*Gén.* 1, 26-27>.

Pero cuando las estrellas que sucumbieron no alabaron a Dios <*Dan.* 3, 63> ni narraron Sus obras, la noche de la muerte fue promulgada para ellas, porque desdeñaron la vida y porque no quisieron las obras de Dios, por lo que también fueron tenidas en nada <*Sab.* 9, 6>. Entonces Dios tuvo en Sí mismo este magno designio: que ninguna hostilidad ni oposición de los que caen prevaleciera sobre Su poderosa fuerza,[9] y previó que en la naturaleza femenina haría una obra tal,[10] que ni los ángeles, ni el hombre, ni ninguna otra creatura podría llevarla a cabo.[11] Pues habiendo formado Dios al hombre, los ángeles caídos se acercaron al hombre con una falaz suposición –como también ellos mismos eran mentirosos–, y así el hombre se hizo mortal.

Entonces Dios previó en Abel los planetas que habían permanecido con Él –alabanza de los ángeles y de los hombres–, y en él puso el fundamento sacerdotal del oficio sacerdotal[12] y de Su templo, a causa de lo cual también la muerte lo alcanzó en el cuerpo <*Gén.* 4, 8>. Pero desde Abel hasta Noé todos los hijos de

---

6   Véase C.20r, n. 6 (nuestra edición, p. 104) y C.85r/a, n. 4 (nuestra edición, p. 254). En *Liber vite meritorum* <El libro de los merecimientos de la vida> 3, 8 (p. 129), en la respuesta del Temor de Dios a la Vanagloria, leemos: "También suspiro por el amor de Dios, temo Su juicio y me complazco con Su recompensa. ¿Y cómo podré merecer el hacerme partícipe de los gozos celestiales? Huyendo de la hedionda suciedad del pecado, abandonando la pompa del mundo, precaviéndome para que no se desarrollen en mí con ardor los renuevos de la carne, y poniendo atención para no permanecer voluntaria y gustosamente en los pecados."

7   "Así como Dios es alabado por los ángeles, y así como en esta alabanza se conocen Sus obras –que resuenan en las cítaras, en las músicas y en todas las voces de la alabanza, porque esto es la ley de la actividad propia de los ángeles–, así también debe ser alabado por el hombre, ya que el hombre aparece asimismo bajo dos aspectos, a saber, alabando a Dios, y mostrando en sí las obras buenas: porque Dios es conocido mediante su alabanza, y a través de sus buenas obras se manifiestan en él –en el hombre– las maravillas de Dios. Pues el hombre es angélico por la alabanza, y por sus obras santas es hombre. Él mismo es la plenitud de la obra de Dios, porque con la alabanza y con las obras, todas las maravillas de Dios se cumplen en él." (*Liber vite meritorum* <El libro de los merecimientos de la vida> 5, 77, p. 257).

8   Véase C.61r, n. 2 (nuestra edición, p. 189).

9   Véase el primer texto citado en C.38r, n. 5 (nuestra edición, p. 149).

10   Véase C.62r, n. 2 (nuestra edición, p. 191).

11   Véase C. 85r/a, n. 7 (nuestra edición, p. 255).

12   Véase C.15r, n. 6 (nuestra edición, p. 78).

 A. A. Fraboschi [†], C. I. Avenatti de Palumbo y M. E. Ortiz

los hombres, casi como los lactantes cuando están mamando <*Deut.* 33, 19>, dormitaban en cuanto a la recta ciencia. Pero Noé, por orden de Dios, edificó el arca <*Gén.* 6, 14 ss.>, en la cual Dios prefiguró que había preservado al hombre como parte de Su alabanza, como lo había hecho con los ángeles.[13] Mas Abraham había hecho una gran obra de obediencia, obediencia que hirió el cuello de la antigua serpiente <*Apoc.* 12, 9; 20, 2> por la circuncisión <*Gén.* 17, 26>, en virtud de la cual Dios la derrotó porque había derramado la lujuria en el hombre,[14] lujuria que la Virgen aplastó con sus pies cuando colocó al Unicornio[15] en su seno, Quien por el antiguo designio revistió la carne en el útero de la Virgen. Moisés también escribió la Ley <*Éx.* 24> que manifiesta la obediencia por la mortificación de la carne, Ley en la que el seductor –que hirió a la carne– fue confundido, y cuya mentira, con la que había engañado al hombre por medio de la soberbia, llegó a su fin a través de la mortificación de la carne de los fieles.

Pero también Abraham y Moisés eran como dos planetas de la encarnación del Hijo de Dios, como de algún modo también los planetas vienen a ser como la llama del fuego. Pues Abraham anticipó a Cristo <*Gén.* 14, 18ss; *Hebr.* 7, 1ss>, pero Moisés hizo Sus obras en las creaturas, o sea ofreciendo bueyes y ovejas y también machos cabríos, y prefigurando en la oblación de la carne de la creatura la oblación del Hijo de Dios.[16] Esto sucedió cuando la Virgen capturó al Unicornio

---

13   Véase C.15r, n. 7 (nuestra edición, p. 78).

14   Véase C.15r, Apéndice I, n. 36 (nuestra edición, p. 83).

15   El unicornio es un animal fabuloso, con cuerpo de caballo según algunos, o parecido a la cabra según otros, y con un solo cuerno en su cabeza. Está dotado de gran fuerza, esquiva a los otros animales y a los hombres y es sumamente difícil de capturar, a no ser con una estratagema: poner en su camino a una doncella virgen, pura y dulce; el animal se acerca a ella con ternura, apoya la cabeza en su regazo y descansa. Entonces, el cazador lo atrapa. En la Carta 15r dice Hildegarda: "Entonces el Unicornio vino y durmió en el seno de la Virgen, cuando el Verbo de Dios se hizo carne <*Juan* 1, 14> y completó la construcción celestial en su totalidad." Véase C.15, Apéndice I (nuestra edición, § 1, p. 83).

16   "La gracia de Dios procuró la sumisión del pueblo por la acción del Espíritu Santo, ya que la caída de Adán había traído la muerte a las almas de los justos. Y fue por esto que el dedo de Dios –esto es, el Espíritu Santo– escribió la Ley por medio de Moisés: <*Éx.* 31, 18> porque la carne mancillada no podía liberar a la carne mancillada, pues ella misma había sido vulnerada. Por eso el Señor, a través de la Ley, ordenó a Moisés que los hombres Le sacrificaran machos cabríos y toros en señal de sumisión, de manera que por este misterio aprendieran a obedecer, para que más tarde a sí mismos se ofrecieran en sacrificio a Dios mortificando su naturaleza, del mismo modo como Le sacrificaban animales. Pero cuando un Hombre inmaculado y puro se ofreció a Sí mismo como sacrificio a Dios con Su sangre y con Su muerte, todos los pueblos fueron purificados en Él. Por eso conozcan y entiendan los hombres que el hombre no es justificado por las obras de la Ley carnal, cuando la cumplen según la carne; pues la sangre y la ceniza de los animales no pudieron justificarlos ni liberarlos, <*Hebr.* 9, 13-14> pero en el Hijo de Dios está la justicia de la verdad, que les muestra el camino de la salvación. <*Rom.* 3, 21-26>

y cuando Dios hizo la torre de marfil <*Cant.* 7, 4>, según convino, obra pura y virginal en la que la realización del gran Designio es perfecta: Dios es hombre. Pues porque la mujer, habiendo prestado atención a la palabra de la serpiente, sumió en tinieblas a todo el mundo, la muerte entró a ella, y se hizo débil como un infante, y toda creatura, a causa de su irreflexiva flaqueza, se debilitó en cuanto a su fortaleza y su honestidad.

Pero Dios ordenó en ella Su gran Designio, a saber tantos milagros que ni el ángel, ni el hombre, ni todas las creaturas pueden comprender, esto es que la Virgen, en la luz del Sol del antiguo designio,[17] cambió[18] en bien la caída de la mujer. Y esto hizo Dios para la confusión del diablo, quien había engañado a la mujer, desconociendo él mismo lo que habría de acontecer en ella, como tampoco conoció rectamente a Dios, por lo que también fue rechazado[19] de toda felicidad.

Pues Dios, por su mandato, hizo a las creaturas con sus actividades propias anteriores al hombre, para que sirvieran al hombre.[20] Pero después creó al hombre y le confió Sus obras, de tal modo que si eligiera las cosas buenas, Dios lo ayudará, pero si consintiera con el mal, el demonio desde el Aquilón[21] le pondrá[22] insidias: porque el hombre con sus dos alas, a saber, la de la ciencia del bien y la del mal, es racional. Pero la palabra no es sin voz, ni la voz es racional[23] sin la palabra. Algunas veces se oye la voz, y no se reconoce en ella racionalidad alguna, pero la palabra con la voz da a conocer todas las cosas útiles e inútiles. Así tampoco existe racionalidad sin conocimiento, del mismo modo como el hombre no puede existir sin sus vísceras.

[...]. Por lo cual crean los fieles sinceramente en Él, Quien es el Camino y la Verdad –Camino en la confianza, y en la creencia, Verdad <*Juan* 14, 6>–, para que así sean justificados por las obras de la fe <*Sant.* 2, 24> cumplidas por amor al mismo Hijo de Dios, y no por las obras presentadas con amargura por quienes no quieren llevarlas a cabo." (*Liber Vite Meritorum* <El libro de los merecimientos de la vida> 2, 25, pp. 84-85).

17   "Pero también en la tierra apareció un fulgor semejante a la aurora, en el que se derramó la llama de manera admirable, pero sin separarse de aquel luminoso fuego. Y así se encendió la Voluntad Suprema en ese fulgor de la aurora. [...]. Y entonces vi surgir, en ese fulgor de la mencionada alborada, un hombre resplandeciente que irradiaba su clara luz hacia las tinieblas; fue rechazado por ellas [...]." (*Scivias* <Conoce los caminos del Señor> 2, 1, p. 111).

18   El texto latino dice *"iterauit"*; por el sentido preferimos *"mutauit"* PI.

19   *"sepultus"* en el texto latino. Optamos por *"repulsus"* PI.

20   Véase C.11, n. 2 (nuestra edición, p. 69) y C.15r, n. 11 (nuestra edición, p. 79).

21   Véase C.3, n. 1 (nuestra edición, p. 48) y C.6, n. 8 (nuestra edición, p. 55).

22   El texto latino dice *"ponit"*; por congruencia con la frase anterior preferimos *"ponet"* PI.

23   *"rationaliter"* en el texto latino; por el sentido preferimos *"rationalis"* PI. En cuanto al significado del texto, véase *supra*, n. 5.

       A. A. Fraboschi[†], C. I. Avenatti de Palumbo y M. E. Ortiz

Pero es necesario decir de qué modo el hombre comienza a obrar. Primero mama la leche, después laboriosamente trae hacia sí un alimento blando, pero en su tercera edad come con los dientes, y conociendo lo que quiere lo elige para sí y deja de lado lo que no quiere, y entonces está en la juventud. Y después avanza hacia la edad de la senectud, de tal manera que sus entrañas están plenas de todo conocimiento, y después ya no siente la leche ni las dos primeras edades, sino que el cambio de edad lo llena de conocimiento, de tal modo que conoce la verdad.

Así la lactancia fue antes del diluvio, pero en Noé el alimento blando, con Abraham la masticación y la elección de la comida. Pero en Moisés todas las obras pueriles llegaron a su fin, cuando por la oblación de la carne de la creatura preanunció la verdad y tocó al Hijo de Dios, en Quien todas las cosas primeras llegaban a su fin y eran cambiadas en mejores, cuando el mismo Varón, en la plenitud de Su edad, enseñaba la verdad y la sabiduría.

Mas la edad de la doncella algunas veces transcurre en la lujuria, esto es, cuando se precipita en la vanidad de su lascivia y, si es virgen, muchas veces lo manifiesta en sus movimientos y en sus costumbres; si no es virgen, no podrá ocultarlo por muchísimas señales. Si la virgen dirige su mirada hacia el cielo, de manera tal que abandona verdaderamente el mundo, imita al Hijo de Dios y está atenta a Dios, Quien dijo a la serpiente que su cabeza sería aplastada por la mujer. Porque su inicio fue malvado, por eso la Virgen –esto es, aquella que engendró al Hijo de Dios– debió aplastarla con los pies <*Gén.* 3, 15>.

Pues por el Hijo de Dios ha surgido un nuevo tiempo mediante el agua de la recuperación.[24] Él también reunió en sí los dos planetas que adornaban Su encarnación, a saber las vírgenes y los monjes,[25] que antes de Su nacimiento no aparecieron, sino que surgieron con Su nacimiento, mostrándolo de la misma manera como la estrella matutina anuncia al sol <*Ecli.* 50, 6>; de donde los signos y los milagros resplandecieron entonces más plenamente que antes, porque Él mismo a través de Su humanidad tocó la tierra; y lo que la voz de los profetas era antes, esto ahora el Hijo de Dios obraba por Sí mismo plenamente, como está escrito: *La más hermosa forma entre los hijos de los hombres* <*Sal.* 45(44), 3>. Y así como el mismo oculto Hijo de Dios vino ocultamente al mundo, así también

---

24   "En la Iglesia se difunde el sacramento de la Trinidad verdadera <*Mat.* 28, 19>, como un manto que protege a los pueblos fieles con los cuales se eleva; edificio hecho de piedras vivas <*I Pedr.* 2, 5> blanqueadas en la fuente del purísimo Bautismo, como también la Iglesia misma lo proclama: que es necesario para la salvación que en la bendición conciba a sus hijos, y que los dé a luz en la purificación bautismal, mediante la regeneración del Espíritu y del agua." (*Scivias* <Conoce los caminos del Señor> 2, 3, 10, p. 140).

25   Véase C.6, n. 12 (nuestra edición, p. 56).

unió a Sí una naturaleza que no era la Suya:[26] por eso los hombres abandonan el mundo y su pompa. Pero de la misma manera que la estrella Lo mostró a las personas devotas <*Mat.* 2, 9> y tal como a partir de esas mismas personas todo el mundo era iluminado, así también la Iglesia era adornada primeramente por las vírgenes y los monjes, por lo que toda la gente hablaba de ellos como de ángeles, como también de ellos el profeta había exclamado: *¿Quiénes son estos que vuelan como nubes, y como las palomas a sus nidos?*[27] <*Is.* 60, 8>. Y con el mismo espíritu con el que esto fue proclamado, también se dijo: *He aquí una Virgen concebirá, y dará a luz un hijo, y Su nombre será Emmanuel* <*Is.* 7, 14>.

Así, a través de los signos, el Hijo de Dios se ha manifestado poco a poco en todas las creaturas; porque la sabiduría no es precipitada, sino que diligentemente prevé que en todas sus ordenaciones no haya defecto alguno, cosa que el hombre necio no hace: según lo que de repente piensa, de repente obra. Y de allí que muchas veces su obra no es reconocida como buena, como también sucedió en el primer ángel, quien en la estimación de su honor cayó hacia el lago tenebroso como en un abrir y cerrar de ojos, por lo que perdió todos sus ornamentos y se condenó a sí mismo a un fuego negro e inextinguible.

Pero los planetas antes mencionados con sus significaciones corrieron con gran honor y con la reverencia de su vida hasta el tiempo de cierto tirano,[28] que escogió abrazar el consejo de la antigua serpiente <*Apoc.* 12, 9>. Y entonces vino el tiempo mujeril casi similar al de la primera caída,[29] de manera tal que toda justicia ha quedado debilitada de acuerdo con la debilidad de la mujer. Y este tiempo, con tal comportamiento, descenderá de prisa sobre el justo medio de la justicia; pero el elefante[30] con grandes quebrantos y tribulaciones llamará a la justicia, haciendo que surja otro tiempo, y así vendrá el tiempo provechoso de las guerras oportunas y de la justicia.

---

26   "En el mundo estaba, cuando se puso la regia vestidura de la carne de la Virgen, desde que la santa Divinidad se reclinó en el vientre de aquélla: porque se hizo hombre en una naturaleza extraña [a Su propia naturaleza divina], y no [lo hizo] como los otros hombres, ya que Su carne fue animada por el fuego de la santa Divinidad. [...] Así pues el Verbo vistió la carne, o sea que el Verbo y la carne son una sola cosa, no de manera tal que el uno se transmute en el otro y viceversa, sino que son una sola cosa en la unidad de la persona." (*Liber divinorum operum* <El libro de las obras divinas> 1, 4, 105, pp. 257-63).

27   Véase C.11, n. 8 (nuestra edición, p. 70).

28   Véase C.15r, n. 31 (nuestra edición, p. 86).

29   Véase C.23, n. 9 (nuestra edición, p. 115).

30   Véase la referencia al elefante en C.85r/a, n. 5 (nuestra edición, p. 254).

    A. A. Fraboschi[†], C. I. Avenatti de Palumbo y M. E. Ortiz

Pero ahora, estas cosas han sido dichas para advertencia de la población de este lugar: cómo había comenzado su vida religiosa, cómo es su estado actual, y cuál ha de ser su futuro. Pues este lugar surgió en el sol ardiente con tanta fortaleza de su población espiritual –como muerta para este siglo–, y también con tanta simpleza, que no pudieron acoger al pueblo secular con amor para la plenitud de la visión de Dios, no salieron al encuentro de cada uno según su condición, sino que permanecieron inflexiblemente en el rigor de su forma de vida. Pues primeramente fueron como el fuego y no fueron de un lugar a otro con la llama; eran duros para con otra gente porque dirigían su mirada hacia el cielo, como el águila. Después se encaminaron presurosos hacia la mejor parte, y corrieron como el ciervo a las fuentes de las aguas <*Sal.* 42(41), 2> ascendiendo de virtud en virtud <*Sal.* 84(83), 8>, y resplandecían en la luz del amor a Dios y a los hombres. Y porque ardían en el amor de Dios, por eso eran una alabanza a Dios en medio del pueblo, de la misma manera que un planeta es una llama del fuego.

Entonces muchos, alabándolas, hablaban de estas poblaciones como de piedras preciosas: topacio, esmeralda, zafiro <*Ez.* 28, 13> y jacinto <*Apoc.* 21, 19-20>, porque se dispusieron para mejor parte, y porque ascendieron de virtud en virtud y se extendieron en el divino amor hacia el pueblo, y porque a través de la vida activa en cuanto a la hospitalidad y a las limosnas para todos también miraban al monte Sion, por lo que también fueron llamados por todos hijas de Sion <*Cant.* 3, 11>. Pero también por la obediencia en la mortificación de la carne trabajaban con Abraham, y abandonando con Moisés la pompa del siglo en el suave olor de la Regla, a causa de la humildad de la encarnación de Cristo se hicieron útiles para el mundo.[31]

Pero después una pálida nube de vanagloria y soberbia ascendió sobre el fuego de sus buenas obras, al modo como la nube oscurece al sol de manera tal que apenas se ve, y por eso vinieron sobre éstos algunas tempestades que los abatieron; pero nuevamente se levantaron un poquito, tal que a causa de la pálida nube de vanagloria y soberbia allí apenas se advertía el fuego, que es la disciplina y la vida recta de la Regla.

De donde también tanto en lo que hace a las costumbres espirituales cuanto a las costumbres seculares declinaban, y esto aproximadamente hasta ahora. Pero ahora han sido puestos de rodillas, porque se encuentran carentes en una y otra parte del orden y disposición de la sabiduría. Pues el cielo está rectamente

---

31   En este párrafo Hildegarda vincula una síntesis de la primera época de la historia de la comunidad de San Disibodo con cuanto ha venido diciendo, también a modo de síntesis, sobre la historia del designio de Dios sobre los hombres, a través de sus enviados, o planetas.

ordenado para la alabanza, y la tierra ha sido rectamente establecida para obrar la justicia. El cielo y la tierra son como el alma y el cuerpo, y la tierra desea lo que no alaba, y entre ambos hay esta lucha, aunque sean instrumentos de Dios. Pues el cuerpo a causa del gusto de la carne apetece el pecado,[32] pero el alma lo impide en todos los sentidos y por todas partes, y sin embargo son un instrumento único de Dios.[33]

Pero éstos a quienes se dirige este sermón dicen que la pompa del siglo y el tema de su vida monástica son una sola cosa; mas esto no está en la sabiduría. Pues ellos quieren que esto sea así, pero así no puede ser de ninguna manera. Por lo cual se inclinaron hasta las rodillas como lo habían hecho los samaritanos, quienes no quisieron tener la Ley y adoraron a un Dios ajeno <*Os.* 10, 5>. De donde estos monjes han sido obnubilados por estas obras como por una pálida nube, tal que el ardiente sol de la buena intención de la Regla no aparece en ellos. Y por esto caen sobre ellos grandes tempestades de injurias: porque son siervos de aquellos a quienes debieron señorear honorablemente a causa del servicio de Dios. Pero los sirven, porque aquéllos no ven en éstos el ardiente sol.[34] Pues el hombre ha sido creado, y tiene las obras; pero las Virtudes son la alabanza, y el hombre las trabaja hacia la derecha en el Espíritu Santo, pero hacia la izquierda tiende con la diabólica turba hacia el aquilón.

Escuchad pues: La Ignominia, que es enemiga de las Virtudes, deambula entre vosotros con un pie —semejante al pie del carnero—, cuando estáis de rodi-

---

32 "EL LAMENTO DEL ALMA ATRIBULADA: Oh pesado trabajo y dura carga | que llevo revestida en esta vida; | es demasiado difícil para mí | luchar contra la carne mía. LAS VIRTUDES AL ALMA INFELIZ: Oh alma, creada por la voluntad de Dios, | oh feliz instrumento, ¿por qué estás tan indefensa | ante aquél que Dios destruyó | en la naturaleza virgen? | A través de nosotras debes vencer al Diablo. [...] EL ALMA: Dios creó el mundo; | yo no Le hago injuria alguna, | pero deseo disfrutarlo." (*Ordo Virtutum* <El drama de las Virtudes> escena I, vv. 37-45 y 63-66. En: HILDEGARDIS BINGENSIS. *Opera Minora*, pp. 506-08).

33 Véase C.11, n. 3 (nuestra edición, pp. 69-70). En *Liber divinorum operum* <El libro de las obras divinas> 1, 4, 22 (p. 155) y acerca de la unidad de alma y cuerpo leemos: "El movimiento del alma racional y la actividad del cuerpo con sus cinco sentidos, o sea todo el hombre, tienen una medida proporcionada: porque el alma no mueve al cuerpo más allá de lo que él puede obrar, y tampoco el cuerpo obra más allá de la moción que recibe del alma; ni los diferentes sentidos del hombre actúan separadamente entre sí sino que con gran fuerza se mantienen unidos y esclarecen al hombre entero, tanto en lo superior cuanto en lo inferior, en relación con todo bien."

34 La referencia parece ser, a grandes rasgos, a la relación entre el poder espiritual y el poder temporal. Los nobles señores, o bien las autoridades políticas debieran, en un orden rectamente constituido y guardado, respetar y apoyar a los monasterios y sus monjes; pero en la subversión de valores, no pocas veces monasterios y monjes se plegaban a las directivas de los laicos de alguna manera poderosos, en la espera de sus favores. Ausente está el fervor del amor a Dios, y el cumplimiento de la Regla.

   A. A. Fraboschi[†], C. I. Avenatti de Palumbo y M. E. Ortiz

llas. Pero mirad al buen soldado e imitad a quien, cuando ha caído ante de sus enemigos sobre sus rodillas, se defiende sin embargo con la espada y así muchas veces, recuperadas sus fuerzas, se levanta con honor. Y así esforzaos para hacer caer a vuestros enemigos bajo vuestra espada. Pues vuestra espada es la obediencia y los preceptos de la Regla, pero vuestros enemigos son la desobediencia y la negligencia en cuanto a los preceptos de la Regla, y también la soberbia y el olvido de vuestra vida religiosa, por quienes de este modo habéis sido vencidos, tal que también apenas os sostenéis sobre vuestras rodillas.

Sin embargo el tiempo de la aflicción y de la destrucción, o sea de aquel peso con el que la uva es prensada en el lagar, todavía no ha venido, pero no obstante éste es un tiempo sumamente vil.[35] Por lo cual, dirigid vuestra mirada hacia los tiempos primeros y considerad cuán honorables habían sido, y defendeos de vuestros enemigos, porque Dios no rehúsa ayudaros. Pues el tiempo de la buena intención y de la vida religiosa alguna vez vendrá y mirará hacia la primera aurora, y quienes entonces se apartaron del mundo por amor de Dios, anhelarán a Dios y así perseverarán en el bien. Y entonces, en el Espíritu Santo, se dirá de ellos con la clara voz del pueblo: *Se oyó la voz de la tórtola en nuestra tierra* <*Cant*. 2, 12>, que es la voz de los eremitas y peregrinos de este mundo, que elevando su mirada hacia el cielo con tanta fuerza, quieren recorrer el camino estrecho que se dirige al cielo. Y todas estas cosas llevadas a cabo y pretéritas, que fueron ya prósperas ya adversas, examinan, para encontrar el modo de sustraerse al violento e impetuoso halcón, como la paloma huye de él, cuando lo ha visto reflejado en el espejo del agua.

Ahora nuevamente escuchad: Entre vosotros, no obstante, hay alguna luz brillante y ardiente, pero aún con cierta mudanza; brillante ciertamente en vuestra buena voluntad, ardiente empero en el temor de Dios, sin embargo con alguna loca dispersión. Guardaos de la negra pestilencia contraria a Dios y a los hombres, pestilencia que es el corazón del diablo, porque con éstos, que se encuentran en esos pecados, el diablo, con la fortaleza de toda su voluntad, arroja sus dardos.

Así pues yo, mísera y paupérrima forma, en la misteriosa visión por la que desde mi infancia he sido instruida por Dios,[36] vi y oí estas palabras en medio de grandes enfermedades, y se me ordenó que las revelara de viva voz en vuestra presencia. Pero vosotros no las despreciéis ni las rechacéis, para que no perezcáis sobre la tierra. Antes bien, que el Espíritu Santo perfeccione Su edificio en

---

35   Véase C.15r, n. 31 (nuestra edición, p. 86) y C.23, n. 9 (nuestra edición, p. 115).
36   Véase C.23, n. 1 (nuestra edición, p. 109).

vosotros y os conduzca a buen fin, porque vuestro lugar está en esa bendición por la que el Señor, sacándoos de entre la gente común, os congregó a Su servicio, como lo hizo desde el inicio, porque siempre preservó para Sí algunos pueblos como herencia <*I Rey.*(*III Rey.*) 8, 51-53>. Estad atentos y guardaos también de la Ignominia, para que no deambule entre vosotros con los dos pies, porque si esto sucediera, Dios os derribaría con una peligrosa venganza, cosa que aún no os ha sucedido. Por eso también en todos vuestros peligros tuvisteis Su defensa. Pero cuando hubierais llevado a cabo plenamente vuestra voluntad en vuestras obras,[37] casi como si no debierais poner en Dios vuestra mirada, entonces el daño vendrá sobre vosotros y las cosas adversas que os han sido predichas se os presentarán.

---

37   El texto dice "*plenis operibus*". Optamos por "*plenis*" om. *R*.

 A. A. Fraboschi[†], C. I. Avenatti de Palumbo y M. E. Ortiz

Carta 78r, a la congregación de monjes de San Disibodo, entre 1150 y 1155

Esta carta es respuesta a una misiva del prior Adalberto, de San Disibodo, quien recuerda largamente –y con cierto tono de reproche– a Hildegarda su formación entre ellos y cómo se habían opuesto a que los dejara.[1] Pero, admirado por los prodigios que Dios ha obrado en ella, le echa en cara que a otros envíe las revelaciones y advertencias recibidas de Dios, y no a ellos, y le pide palabras de consolación para la comunidad. La abadesa de Bingen responde con un sermón de severa advertencia a la comunidad, que ha perdido su orientación y su fervor primeros.

En verdadera visión escuché una Voz que, contra las injurias que no sólo los religiosos sino también los seculares profieren contra la Justicia, decía esto: Oh Justicia,[2] tú eres peregrina y extranjera <*I Pedr.* 2, 11> en la ciudad de aquellos que para sí componen y eligen las parábolas

---

1   En 1150, y en obediencia al mandato divino, Hildegarda se aboca a la fundación de su propio monasterio, en San Ruperto, circunstancia que le trajo muchos problemas con su anterior convento, que no quería dejarla marchar por motivos de conveniencia económica, y de prestigio, como nos lo dice ella misma, desde la visión recibida: "Durante un tiempo no veía luz alguna a causa de las tinieblas de mis ojos, y el peso de mi cuerpo me oprimía de tal manera que, no pudiendo levantarme, yacía presa de los dolores más intensos. Esto me sucedió porque no manifesté la visión que me había sido mostrada: que debía trasladarme con mis hijas desde el lugar donde había sido ofrecida a Dios hacia otro lugar. Así permanecí hasta que nombré el lugar en que ahora me encuentro, y al instante recuperé la vista y me sentí aliviada, pero aún no enteramente libre de la enfermedad. Pero mi abad y los hermanos y el pueblo del lugar, cuando vieron este cambio se preguntaron sorprendidos qué sería esto, que queríamos irnos de campos y viñedos fértiles y de aquel lugar ameno a lugares áridos y sin comodidad alguna. Y a fin de que esto no sucediera, se pusieron de acuerdo para oponérsenos." (*Vita Sanctae Hildegardis Virginis* <Vida de la santa virgen Hildegarda 2, 5, p. 27). El arzobispo Enrique de Maguncia aprobó la fundación; el abad de San Disibodo, Kuno, si bien aparentemente acató la disposición del arzobispo, insistió ante la religiosa para que cambiara de actitud, aunque finalmente hubo de ceder..., pero las dificultades continuaron.

2   La Justicia es una de las fuerzas o energías divinas, que trabajan con el hombre para su salvación y la gloria de Dios. En *Scivias* <Conoce los caminos del Señor> 3, 9, 2 (pp. 519-20) dice la Justicia a las demás Virtudes: "Levantémonos todas rápidamente, porque Lucifer esparce sus tinieblas por todo el mundo. Edifiquemos torres y reforcémoslas con celestiales defensas, ya

acerca de la obediencia a su propia voluntad, y no anhelan tus misterios ni tu amistad, tú que eres la purpurada amiga del Rey. Por eso clamas a causa de aquella suerte en la que no reposa justicia alguna, y en medio del dolor dices: Siento mucha vergüenza, de manera que escondo mi rostro bajo el manto, para que los que me contrarían no me vean. – Pero ellos mismos dicen: Todo lo nuestro es de provecho para todos. – Por lo que, oh Justicia, tienes un gran celo, de manera tal que es reo de juicio quien se te opone y resiste.[3]

Y de nuevo en tu dolor dices: ¿De dónde vine? Del seno del Padre. Y todas las regiones [de la tierra] están reunidas conmigo. Pero también yo estaba presente cuando se pusieron todas las leyes de los pueblos y todas las normas de conducta de las generaciones. Y así las columnas de la nube <*Éx.* 33, 9> fueron erigidas

que el diablo es el adversario y el oponente de los elegidos de Dios. Así como al principio quiso e intentó excederse en su claridad, así también ahora lo quiere y lo intenta en su tenebrosidad. Pues soplando y esparciéndola extiende su malicia y su iniquidad, y no quiere dejar de hacerlo. Contra esto nosotras, la milicia celestial, estamos dispuestas a vencerlo en su malicia y su iniquidad; de otra manera los hombres, a causa de su hostilidad, no podrían salvarse en este mundo. Y así como el diablo en el primer momento de su creación intentó oponerse a la Divinidad, así también su imitador, el Anticristo, intentará enfrentarse a la Encarnación del Señor en los últimos días. Lucifer cayó en el inicio de los tiempos, el Anticristo también se derrumbará al fin de los mismos. Entonces se conocerá Quién es el verdadero Dios, y se verá Quién es el que jamás cayó. Pero así como Lucifer tuvo como secuaces a los demonios, quienes lo siguieron desde la altura del Cielo en la caída de la condenación, así también tiene en la tierra hombres que lo siguen en la ruina de la perdición. Pero nosotras, las Virtudes, nos hemos erigido contra sus astucias y perversiones –que como soplos emite hacia el mundo para absorber y devorar a las almas–, de manera tal que reduciremos todas sus artes a la nada en el alma de los justos, hasta que en todo se muestre confundido y derrotado. Por lo que también Dios será conocido gracias a nosotras, porque no debe quedar oculto sino manifestarse, pues Él es justo en todas las cosas." Sobre la Justicia, véase también C.27r (nuestra edición, §§ 3, 4 y 6, pp. 127-128).

3   Otra dificultad que encontró la abadesa de Bingen, y que presenta como una grave ofensa contra la Justicia, fue la intención del abad Kuno de retraer del monasterio de Rupertsberg a Volmar, el secretario de la abadesa y asesor espiritual de las religiosas. En una carta dirigida a sus monjas en 1170 y recordando su lucha de entonces, Hildegarda escribe –y con esto queda absolutamente claro el sentido del texto al que ilustra esta nota–: "Y de acuerdo a lo que conocí en una visión verdadera, dije al padre, esto es al abad de aquel lugar [San Disibodo]: La Serena Luz dice: Sé el padre de nuestro proyecto y de la salvación de las almas de mis hijas en esta plantación mística. Su dote no te pertenece, ni a ti ni a tus hermanos, pero vuestro monasterio debe ser el refugio de ellas. Mas si con vuestros discursos adversos queréis perseverar en vuestro enojo, rechinando los dientes contra nosotras, seréis semejantes a los amalecitas <*1 Sam.*(*1 Rey.*) 30, 1> y a Antíoco, de quien se ha escrito que saqueó el templo del Señor <*1 Mac.* 1, 21-24; 6, 12>. Porque si algunos de vosotros malignamente dijerais: Queremos menguar sus propiedades, entonces Yo, Quien soy, digo que sois ladrones de lo peor. Pero si intentarais quitarles el pastor de la medicina espiritual, entonces nuevamente os digo que sois como *los hijos de Belial* <*1 Sam.*(*1 Rey.*) 2, 12; 10, 27> y no miráis en esto la justicia de Dios, por lo que la justicia de Dios os destruirá." (Carta 195r –a la congregación de sus religiosas–, año 1170, *app. comp. post* districtionis *add.* Et secundum quod [...]. *Epistolarium* 91a, p. 446).

         A. A. Fraboschi[†], C. I. Avenatti de Palumbo y M. E. Ortiz

en mí. Pero ahora soy el tedio de aquellos que en su primera raíz tuvieron su origen en mí. Por lo tanto antes que dolerme en éstos, suspiro a causa de la ignorancia de los pueblos y, como las aguas que se desbordan, así mi tronante rugido es como el sonido de las muchas aguas <*Apoc.* 1, 15; *Ez.* 43, 2> a causa de la excesiva necedad de los hombres en el chismerío de sus costumbres y en el estrépito de su deshonestidad. Ay, ay, oh águilas[4] que en mí transitasteis por el fuego del Espíritu Santo y por el agua de la recuperación como aurora rutilante y como brillante gema, ahora dormís y sois como animales atontados, que a veces avanzan y a veces caminan hacia atrás, y a veces deambulando se entremezclan los unos con los otros.

Pero también desde este monte de los hijos de Dios vi estas cosas en un misterioso soplo: Vi un monte muy alto, en cuyo vértice estaba sentado un Varón de gran tamaño que en ambas manos tenía la ley de Dios como escrita en un papel, como se lee acerca de Moisés <*Éx.* 24, 12; 15-18 y 32, 15-16>. Y bajo los pies de este Varón una muchedumbre de hombres era circuncidada con la circuncisión espiritual,[5] todos los cuales recibieron los documentos de la ley misma con gozo y suspiros diciendo: Oh Señor Dios nuestro, ¿cuándo iremos a Ti? Con gusto te obedeceremos. – Pero, no obstante, de vez en cuando se vieron envueltos en algún torbellino, y a veces hubo entre ellos muchos pecados que, sin embargo, con muchas lágrimas lavaron en la aspersión de la sangre de Cristo Jesús. Pues cuando el hombre yacía en medio de tan grandes crímenes, dado que por sí mismo

---

4   Sobre el águila y su simbolismo véase C.3, n. 10 (nuestra edición, p. 49) y C.86, n. 2 (nuestra edición, p. 263). Esta primera parte de la admonición de Hildegarda parece dirigida a la comunidad de San Disibodo.

5   En *Scivias* <Conoce los caminos del Señor> 2, 3, 29 (pp. 152-53) aparece la referencia a la circuncisión espiritual: "Yo di a los varones de la estirpe de Abraham el precepto de la circuncisión de un solo miembro, pero en Mi Hijo prescribí la circuncisión de todos sus miembros a los varones y a las mujeres de todos los pueblos. ¿Cómo? La circuncisión del Bautismo surgió en el Bautismo de Mi Hijo, y así será y durará hasta el último día, y después de éste su santidad permanecerá eternamente y no tendrá fin. Y quienes han sido circuncidados en el baño bautismal, en verdad serán salvados si guardaron fielmente este Bautismo con sus justas obras; porque sea el hombre joven, sea mayor, Yo lo acogeré si ha guardado Mi alianza que ha pactado conmigo: creyendo en Mí y confesándome en la verdadera Trinidad, por sí mismo o por otros que hablaron por él, al modo como un niño o un mudo que no puede hablar dicen lo suyo por boca ajena. Y no lo destruiré para siempre, como sí lo haré con aquél que se niegue a recibir esta fuente con la obra de la fe, como nuevamente se ha escrito en el Evangelio a través de la enseñanza de Mi Hijo." En la misma obra 3, 3, 9 (p. 383) y analizando la vestimenta de la Divina Victoria, se refiere a los guanteletes de hierro, que usa "a fin de huir de las obras del diablo gracias a la circuncisión del espíritu <*Rom.* 2, 28> y a la fe recta, de manera tal que crea en Dios, evadiendo así las celadas del crudelísimo enemigo." De acuerdo con este texto, esta muchedumbre a los pies del Varón del monte serían todos los bautizados.

y sin fuerza alguna no podía levantarse de ellos, dijo Dios: Quiero levantar al hombre por Mí mismo y nuevamente plantarlo en las vísceras de Mi Misericordia, de manera tal que subsista y permanezca en el espejo de la confesión quien por sí mismo no ha podido arrancarse de las vísceras del diablo. Pero yo, pobrecilla, aunque muchos pecados viera en éstos, sin embargo no vi en ellos la Soberbia que por obstinación desprecia a los pecadores, lapidándolos.

Y bajo los pies de este Hombre divisé otra multitud de estos hombres, circundados por una blanca nube y con bellos rostros, que estaban mirando al cielo. Sin embargo, a veces aumentaron su petulancia con la indagación de muchas cosas inútiles[6] –como la grasa del toro– de manera tal que, cuando elevaban su mirada al cielo, tensando sus arcos arrojaron flechas contra el cielo y golpearon contra el cielo con pesados garrotes de plomo; y así *pusieron contra el cielo su boca, y su lengua se paseó por la tierra* <Sal. 73(72), 9>.[7] Por lo que los truenos

---

6   "Oh vosotros que queréis perseverar en la rectitud, bajo el Sol cuyos caminos recorren las ovejas dichosas: arrojad del conocimiento de vuestro corazón la indagación en torno a aquellas cosas ocultas que en [el ámbito de] la sabiduría por excelencia son inútiles, y con las que quisisteis elevaros hacia una vana excelsitud mientras que fuisteis sumergidos en un foso profundo en el que no habita honor alguno, sino [tan sólo] aquel horrible deseo que ignora a Dios. Y cuando hayáis hecho esto, seguid para vuestra salud el camino de la Verdad, donde en vuestro corazón encontraréis la novedad de un cielo resplandeciente, y tendréis en vuestro espíritu la novedad de un soplo vivificante." (*Scivias* <Conoce los caminos del Señor> 1, 4, 12, p. 75).

7   Puede haber aquí una alusión muy directa a la carta del prior Adalberto, o también una referencia más amplia a una situación de la época, a los sacerdotes –y en algunos casos aún a los religiosos–, representativos de la cultura escolástica, enfrentada en el siglo XII con la cultura monástica. En el primer caso, la alusión es al párrafo en el que, luego de congratularse por los dones concedidos a Hildegarda –a pesar de haberse opuesto a su traslado a San Ruperto– dice: "Por qué Dios hizo esto no podemos indagarlo ni saberlo; pero no queriendo esto y queriéndolo sufrimos en medio de gran perturbación. Pues nosotros esperábamos que la salvación de nuestro monasterio fuera puesta en vos, pero Dios lo dispuso de manera diferente a nuestra voluntad. Pero ahora, dado que no podemos oponernos a la voluntad de Dios, cedimos y nos alegramos con vos [...]. (Carta 78 –del prior Adalberto de San Disibodo–, entre 1150 y 1155. *Epistolarium* 91, pp. 175-76). En el segundo caso tenemos que la cultura escolástica se dedica al cultivo de las artes liberales, apreciadas por sí mismas, aunque la culminación de los estudios continúe siendo la teología. Cuando de la temática religiosa se trata, los maestros ya no miran sólo a la comprensión del texto sagrado y a su interpretación; están reflexionando sobre la fe, quieren edificar la ciencia sobre Dios, la inteligencia de la fe. Y así poco a poco van introduciendo conceptos tomados de la filosofía, o más bien de diversas filosofías, conceptos que deberán elaborar, pulir y matizar a la luz de las verdades de la fe para aplicarlos en la construcción sistemática del edificio del saber teológico. La cultura monástica –de inspiración fundamentalmente benedictina (Montecassino, Cluny, Fulda, San Gall y otros)–, es una cultura ciertamente letrada, cuyas manifestaciones todas giran en torno a un único libro: la *Sagrada Escritura*, y para un único fin: seguir a Cristo para la unión con Dios. Con la *Biblia* se reza, se medita, se contempla, se trabaja. Todo otro libro (los comentarios de los Padres de la Iglesia), todo otro conocimiento (las artes liberales) tiene sentido en función del acceso y la mejor comprensión del libro sagrado. El saber más alto

        A. A. Fraboschi[†], C. I. Avenatti de Palumbo y M. E. Ortiz

vinieron sobre ellos y cayó sobre ellos el granizo, y muchas nubes los cubrieron. Y murmuraban diciendo por qué los rodeaban tales miserias.[8]

Y la Gracia de Dios[9] les respondió así: Yo os reuní para una gran felicidad, pero en vuestra temeridad me rechazáis cuando decís, quién podría tocaros o qué palabra podría venceros o qué colinas o qué leños golpearos, como también los hijos de Israel descuidaron a Dios cuando Él mismo, a través de la bendición de Abraham, elevó el cuerno de la bendición sobre ellos <*Luc.* 1, 69> y los levantó a Su seno en virtud de la alegría de Su honor. Pero ellos murmuraban de mala fe, y temerariamente se oponían y resistían a Dios y se alejaron de la santidad por el derramamiento de la sangre de Cristo. Entonces la bendición retrocedió y se desvaneció en ellos, que fueron declinando hasta caer en la muerte. Y Dios, alejándose de los sacrificios y de los holocaustos de ellos, edificó otra ciudad: la Iglesia, hasta tanto todas las aguas de los pozos sean llevadas al valle de las negras

---

en esta cultura es la teología, conocimiento iluminado por la fe que versa sobre el objeto más excelso: Dios. La reacción monástica ante la cultura urbana era inevitable, y no son pocas las veces que Hildegarda se refiere a los sacerdotes en muy duros términos que nos dejan entrever, en la crítica formulada a los ministros de Dios, también su posición adherente a la desconfianza reinante hacia la cultura escolástica. Véase C.15r (nuestra edición, p. 76).

8   En el contexto y dada la fecha, en la mención de tormentas y granizo puede haber una referencia a la famosa polémica entre San Bernardo y Abelardo, que se enfrentaron con motivo de temas teológicos (e incluso filosóficos) en el Concilio de Sens (1140), bajo la mirada del Papa Inocencio II. San Bernardo aparece como el campeón de la fe tradicional, en tanto que Abelardo se presenta como el adalid de una razón que quiere independizarse de –pero no oponerse a– la fe. Abelardo resultó condenado por el Concilio. También están las impugnaciones y las condenaciones promovidas por San Bernardo y por Guillermo de Saint-Thierry contra Gilberto de Poitiers (1148, Concilio de Reims), Guillermo de Conches y otros y, por otra parte, la creciente herejía de los cátaros, que a muchos cristianos alejó de la Iglesia.

9   En *Scivias* <Conoce los caminos del Señor> 3, 8, 8 (pp. 484-89) la Gracia de Dios dice a los hombres: "Soy la Gracia de Dios, hijitos míos. Escuchadme y entendedme, porque doy la luz del alma a quienes reconocen y comprenden mi exhortación, a los que también guardo en la bienaventuranza para que no retornen a la iniquidad. Y porque no me han despreciado, por esto quiero tocarlos con mi advertencia, para que comiencen a realizar obras buenas –ésos, digo, que me buscan en la simplicidad y pureza de corazón–. [...] Pues yo soy la columna de la firme estabilidad, que jamás falto a quien me busca. Porque quien me abraza y se une a mí de manera íntima y fielmente, jamás irá a la perdición. Pero quien me ha echado al olvido en su espíritu y llenándose de soberbia se eleva sobre mí –esto es que confía más en sí mismo que en mí y por eso desdeña confiar en mí, porque tiene por nada la Gracia de Dios, ya que en su ánimo soy como un remolino–; ése [...], no a causa de la gravedad de los pecados cometidos sino por su soberbia, riéndose de mí dice: '¿Qué es la Gracia de Dios?. A éste yo, derribándolo, lo mataré; y no quiero levantarlo en la elección [de mi amor], porque ha muerto para la felicidad eterna." Y más adelante: "En los corazones heridos y gimientes de los fieles [la Gracia de Dios] sobreabunda a veces con mucho fruto, pero a veces se contrae en el espíritu vicioso y endurecido de los pecadores, a causa de su aridez." (Ibíd., 3, 8, 25, p. 514).

nubes.[10] Y entonces todas las águilas se congregarán como en un solo rebaño
<*Jer.* 12, 3> sobre la rueda que gira,[11] porque ellas mismas estaban primero en
la bendición.

Pero también vi otra multitud de hombres bajo los pies de éstos, ante cuyos
ojos pendía un carnero con espinas de color oro, con olor a mirra y a incienso y
con el rostro fulgurante como un rayo,[12] sobre el que fijaban su mirada. Y de
las manos de aquel Varón de gran tamaño que estaba sentado en la cúspide de
esa montaña, unos arroyuelos fluyeron al pecho de aquellos. Y ellos, con clara
voz, así clamaron al seno de la Sabiduría: En otros tiempos Dios nos reunió en
muchos sacrificios, pero todos nosotros hemos faltado en muchas [de nuestras]
obligaciones. Por lo que fuimos puestos sobre el lagar, diciendo con el profeta:
He pisado yo solo el lagar, y ningún hombre de entre los pueblos está conmigo <*Is.*
63, 3>. Y de nuevo: Cuando la red ha sido arrojada al mar y recogió de él toda
clase de peces, así como los pescadores eligieron los peces buenos y los pusieron
en las vasijas <*Mat.* 13, 47-48>, así la Gracia de Dios elige para la gloria a los que
son humildes de corazón y devotos en el temor del Señor, los que no codician la
rapiña <*Sal.* 62(61), 11>.[13]

Mas ahora la Voz Primera, que os congregó para alabar a Dios, os establezca
en la raíz del bien como a los primeros, que fueron consagrados dentro del templo. Pero tú, oh monte, escucha la admonición de Dios: Dios te ha constituido
como el monte Sinaí para ofrecerle un sacrificio de alabanza <*Sal.* 116, 17 (115,
8)>. Ahora pues vuélvete a tu Dios <*Os.* 14, 2> y sé el candelabro del Rey, de
manera tal que no te avergüences en tu primera raíz, como la derecha de Dios te
ha plantado <*Sal.* 80(79), 16>.[14]

---

10   Podría tratarse del valle de Josafat, según la profecía de Joel, principalmente en la última parte
del cap. 4(3); o bien *Zac.* 14, 4-9. En cualquier caso, la referencia es al fin de la historia.

11   Sobre la rueda, véase C.56, n. 2 (nuestra edición, p. 177).

12   Imagen de Cristo, que en su primera parte, el "carnero", retrotrae a los antiguos sacrificios
ofrecidos por Israel.

13   Esta multitud podrían ser aquellos que, tocados por las misericordiosas aguas del arrepentimiento –que son también las del perdón–, se reconocen pecadores.

14   En este último párrafo vuelve la referencia a la comunidad de San Disibodo. "Oh monte" puede
aludir a dicha comunidad, situada en el monte de San Disibodo, o más directamente al prior
Adalberto, quien motivó esta misiva.

Carta 79, a un monje de San Disibodo, anterior a 1170

Se trata de una breve exhortación de Hildegarda a un monje de su antiguo monasterio de San Disibodo.

Tu boca es celestial y tu espíritu abunda[1] como una nube. Por lo que pueda tu raíz florecer. Y así, adora al Señor tu Dios *<II Rey.(IV Rey.) 17, 36>*, *vístete con la coraza de Dios <Is. 59, 17; Ef. 6, 14; I Tes. 5, 8>*, emprende la lucha contra los vicios de las orgías, huyendo de la lujuria y sin abrazarte a la avaricia. Entonces Dios, a Quien invocas en secreto, te recibirá en Su amor.

---

1   El término latino es *"floret"*, difícil de aplicar a una nube. Pero el verbo admite la acepción "abundar", y entendiendo que la nube puede abundar en benéfica lluvia, dicha acepción concordaría con la referencia a la raíz en la frase siguiente, donde también nos permitimos una interpretación, porque el verbo que hemos traducido como "florecer" es *"ascendat"*. Curiosamente, el texto sería más claro si fuera el espíritu que asciende –*ascendit*– como una nube, y la raíz quien pudiera florecer –*floreat*–.

Carta 80r, al monje Morardo de San Disibodo, anterior a 1173

En la carta que el monje le dirige a la abadesa, éste alaba su santidad y pide que las religiosas de la comunidad de San Ruperto recen por él. También hace mención, ya al final, de ciertos asuntos que trataron en privado, acerca de los cuales no brinda más detalles. La respuesta llega en forma de parábola.

Querido hijo, escucha esta parábola que contemplé en una verdadera visión: Cierta noble y bella señora tenía un cuarto con decorados de oro, que habitaba junto a dos doncellas de hermoso rostro. Al ver a esta mujer, muchos alababan sus facciones y deseaban vivir con ella. Ella les decía: Os concederé los favores que os agradan, pero[1] en nada aprovecha a vosotros ni a mí que estemos juntos. No deseo entregar mi nobleza y mi belleza a las zorras o a los perros para ser objeto de burla. Por otra parte, una mujer arrugada, de rostro rojo y negro, ansiaba parecerse a esa señora y, sin mérito, poseer su nobleza y belleza. Esta mujer arrugada se pasea sobre los montes, y anda por todas las regiones y lugares en busca de alabanza y honor. Pero nadie se los da, e incluso todos comentan: Esta mujer inquieta y descarriada es del diablo, y todos deberían rechazarla.

También cierta mujer comerciante que reunía toda clase de objetos agradables de ver, se preocupaba por poner al alcance de la vista y el oído de los hombres aquellas cosas desconocidas y admirables. Luego expuso a la luz solar un cristal hermoso y de extrema pureza que se encendió de tal manera bajo la acción del sol, que arrojó luz sobre todas las cosas, por lo cual también ella misma puso un límite a todos sus conocimientos.

Ahora, hijo mío, presta atención a la primera mujer y a sus doncellas, pero apártate con todo empeño de la mujer arrugada, y ve junto a la mujer comerciante. Pues la primera mujer es el Amor [Caridad][2], con sus niñas: la Benevolencia y

---

1   El texto latino dice *"quia"*, por el sentido suponemos un error, por lo tanto reemplazamos con *pero*, adoptando la elección de la versión inglesa (*The Letters of Hildegard of Bingen*. Vol. I. Transl. by Joseph L. Baird and Radd K. Ehrman. New York/Oxford: Oxford University Press, 1994, p. 177).

2   En latín, *caritas*. Véase C.85r/a, n. 2 (nuestra edición, p. 253) y C.13r, n. 3 (nuestra edición, p. 73).

    A. A. Fraboschi[†], C. I. Avenatti de Palumbo y M. E. Ortiz

la Generosidad. En cambio, la mujer arrugada, la de rostro rojo y negro, es el Amor Mundano[3] en el que los hombres se involucran entregándose torpemente. La mujer comerciante aparece como la Filosofía, que enseña todas las ciencias y que encontró el cristal, la fe, con el cual se llega a Dios.

Pongo en Dios mi confianza de que con ellas tendrás [tu] parte, ya que en el fuego del cristal te fueron concedidos los dones de la pasión y resurrección de Dios, el Señor.

---

3   Sobre el Amor Mundano véase C.17, n. 1 (nuestra edición, p. 97).

Carta 81, al abad Ruthardo de Eberbach, entre 1153 y 1154

Ésta es una carta de advertencia que Hildegarda dirige al abad.

El que es, dice <*Éx.* 3, 14; *Apoc.* 1, 4>: la Serena Luz observa la morada y el almuerzo establecido para cada congregación, que tiene en su ministerio el deber de distribuir el alimento de la restauración en su recta medida, a fin de que la alegría del alma no les falte a los fieles que están unidos a ella. El encargado pastoral debe ofrecer la espada en su vaina a los de espíritu decidido, debe mostrar las flechas dentro del carcaj a los que llevan buenas costumbres y distribuir las aromáticas medicinas al que es digno de benevolencia; los pérfidos tiranos, en cambio, cargan con los flagelos del asesinato. El buen soldado pelea sin temor a la humillación.[1] Y el buen juicio, con esfuerzo, trata de obtener la adecuación al bien común; y las costumbres, de fiesta, están ceñidas en la rectitud junto a todas las virtudes, de manera tal que se hallan ávidas de hacer justicia. Pero ciertos hombres crudelísimos, extraños a la noble madre Misericordia, degüellan a las inocentes ovejas que están en los atrios de la casa del rey. ¡Ay, ay! Los que así deliran por el asesinato, a menos que se arrepientan y hagan penitencia, son extranjeros en la casa del rey porque dispersan las ovejas del Señor.

Sin embargo tú, oh pastor, muestra un rostro favorable frente a la miseria de esos pobres, que son unos pusilánimes, incapaces de tomar el arado de la disciplina.[2] Que los realmente buenos y los que practican la benevolencia estén junto a ti en la armonía del Espíritu Santo. Y no te paralices frente a la luz; que tu intelecto esté atento y no seas engañoso al expresarte, de manera tal que no digas interiormente una cosa distinta de la que resuena exteriormente. Los que así hacen, cubren su rostro en las tinieblas. Pero si después se estremecen de miedo, porque en su corazón no admiten lo que manifiestan en su semblante, son arrebatados de la infidelidad, turbados en el arrepentimiento.

---

1   Véase la figura del soldado en la C.77 (nuestra edición, § 28, p. 218).

2   Véase *Luc.* 9, 62.

     A. A. Fraboschi[†], C. I. Avenatti de Palumbo y M. E. Ortiz

No obstante, ¡oh hombre!, la restauración se realiza en ti con los muslos ceñidos,[3] cuando tienes el verdadero deseo en tus manos, cuando no descuidas el tesoro de la verdadera riqueza. Lo terrenal se adormece ante ti porque no te afecta el naufragio del mundo. En el fin de tu tiempo Dios te resucitará, pues Él te constituyó con gran honor. ¡Oh buen siervo! Lo alabarás y Él mismo te salvará para la eternidad.

---

3   Véase en *Luc.* 12, 35 la parábola de los servidores vigilantes.

Carta 83r, a la congregación de monjes de Eberbach, entre 1165 y 1166

Los monjes de Eberbach han escrito a la abadesa de Bingen pidiendo admonición y consuelo. Hildegarda les responde proponiendo advertencia y fortaleza: advertencia para no olvidar la elección del Señor, y fortaleza ante las tentaciones del demonio.

Los ocultos designios de Dios me mandan que diga esto en la sombra de la visión de Dios: Vosotros habéis ascendido a un monte muy excelso y quisisteis asomaros al valle.[1] Entretanto, sobrevino una formidable tempestad. ¡Ay! ¡Ay! ¡Cuánta languidez que hay en vuestros riñones, como dice el probado siervo David: *Todo el día caminaba afligido, porque mis riñones están llenos de ilusiones, pero no hay salud en mi carne <Sal. 38(37), 7-8>*! Y así, vuestros ojos languidecen a causa de vuestra carencia.

Tened cuidado por lo tanto para que, a causa de la excesiva temeridad de los combates, no arrojéis tras de vosotros aquella felicidad que parece estar en la predestinación de Dios en cuanto a vosotros; ya que cuando Dios hizo el rostro del primer ángel como una primorosa y resplandeciente joya,[2] aquél buscó la temeridad, por lo que su gloria pereció en él, porque no deseó nada bueno. Y Dios plantó en otra viña su claridad.[3] Y como Dios no tiene trato con el mal, proveed

---

1 La comparación con Lucifer –su elevación y su caída y el motivo de esa caída– parecería indicar que por obra de Dios están en lo alto del monte excelso, pero que añoraron el valle, esto es, el mundo, hacia el que quisieron mirar.

2 "El demonio aborrece las piedras preciosas, las odia y las desprecia, porque recuerda que su belleza se manifestaba en él antes de su caída de la gloria que Dios le había dado; y también porque algunas piedras preciosas nacen del fuego en el que él recibe su castigo. Pues por la voluntad de Dios fue vencido por el fuego y precipitado en él, como también es vencido por el fuego del Espíritu Santo cuando los hombres son arrancados de sus fauces por el primer soplo del Santo Espíritu." (*Physica*, PL 197 1247C). El primer soplo del Santo Espíritu se da en el Bautismo, que borra, aventa el pecado original, lo que implica rescatar al hombre del dominio de Satanás y otorgarle la filiación divina.

3 "Pero viste que aquel gran esplendor que les había sido arrebatado a los ángeles rebeldes cuando se extinguieron retornaba inmediatamente al Ser Quien se sentaba en el trono: es decir que el diáfano y gran fulgor que el diablo perdió a causa de su soberbia y su contumacia cuando el germen de la muerte penetró en él y en todos sus secuaces –porque Lucifer tenía una luz más pura que la de los otros ángeles– volvió a Dios Padre, guardado en Su misterio, porque la gloria de Su esplendor no debía quedar vacía, sino que Dios la conservó para otra creatura luminosa. [...]

 A. A. Fraboschi [†], C. I. Avenatti de Palumbo y M. E. Ortiz

para que la gracia especial de Dios no se mueva de vosotros hacia las obras de la antigua serpiente <*Apoc.* 12, 9; 20, 2>, ya que ella, complaciéndose en sí misma, dijo: Obtengo mi deseo en la discordia del pueblo espiritual, y con ellos camino con el cuello erguido <*Job* 15, 26>.

Por lo tanto resistid al diablo, para que la luz de la claridad no se aparte de vosotros, como sucedió con aquél que por su soberbia fue despojado. Mientras tanto, quienes caen y nuevamente se levantan no carecerán de la herencia de la gracia de Dios, pues aunque sean abatidos en el torbellino de la venganza de Dios, sin embargo, Él reedifica en ellos la raíz del primer comienzo del sacrificio propio de la virtud de Dios.

Y a vosotros, que sois plantación de Dios[4] <*Is.* 61, 3> os digo: Acerca de vuestro lugar esto dicen los ocultos designios divinos: Nunca te destruiré, ya que no te opones a Mí con la impía temeridad que no desea ser purificado, como también lo manifiesta la temeridad del arte diabólica, como ya se ha dicho. Pero en la bendición de Abraham <*Gén.* 28, 4; *Gál.* 3, 14> la Luz Viviente te bendice.

Pues Yo, Dios celestial, conservé la noble luz que se separó del diablo por su maldad ocultándola cuidadosamente junto a Mí, y la di al lodo de la tierra que formé a Mi imagen y semejanza, como un hombre hace cuando muere su hijo cuya herencia no puede pasar a sus descendientes porque no tiene hijos; el padre toma la herencia y en su espíritu la dispone para otro hijo suyo aún no nacido, para dársela cuando hubiere nacido." (*Scivias* <Conoce los caminos del Señor> 3, 1, 16, pp. 344-45).

4   El siguiente texto reúne varios elementos de esta carta: "Oh varones espirituales, que decís que avanzáis con firmeza y rectitud, ¿por qué no imitáis las obras del Cordero, Quien fue pacífico, manso, humilde, casto y obediente al mandato de Su Padre, y ha sufrido en cuanto al sacrificio de Su cuerpo por vosotros? Elevaos hacia la compañía de los ángeles, según al principio os plantó el secreto don de Dios. Pues a veces no sabéis lo que hacéis, queriendo ascender al monte que no podéis abarcar, por lo que también a veces caéis al valle, porque comenzáis lo que no podéis acabar. Os inquietáis en vuestro espíritu queriendo ser santos, allí donde no hay méritos, ni la recompensa de la obra buena y justa. Por eso sois como los extraños que quieren tener lo que no pueden tomar. Fortaleced por tanto y confortad vuestros corazones <*Sal.* 27(26), 14; 31(30), 25> y corred por los caminos de Dios, porque la recompensa será dada a quien obre, no a quien mira la obra como quien la ve en un espejo, por lo que también se engaña en su apreciación." (Carta 276 –a la congregación cisterciense–, anterior a 1170 ¿o a 1153? *Epistolarium* 91b, pp. 30-31).

Carta 84r, a un Prior, alrededor de 1169

Esta carta es la respuesta al pedido de un prior cisterciense,[1] que había solicitado a Hildegarda que le enviara su tratado sobre los hermanos legos,[2] con los cuales la Orden de Císter[3] había empezado a tener dificultades. Hildegarda desarrolla un escrito donde interpreta en términos contemporáneos las cuatro bestias del Apocalipsis de San Juan y del profeta Ezequiel, como una alegoría de los cuatro órdenes de la Iglesia.

Yo, pobrecilla, postrada desde hace más de dos años en el lecho de la enfermedad, vi estas cosas, y oí una Voz del cielo que me decía así:

Al pueblo espiritual, que Dios en su presciencia conoció de antemano con portentos de profecía, según su beneplácito, escríbele lo que ves y oyes, comenzando de este modo: Dios, en cierto modo, prefiguró la obra poderosa que se ha realizado en sus santos y elegidos, por medio de los cuatro seres vivientes de los secretos de Dios. Él mismo, en efecto, por medio de esas mismas creaturas y por los demás milagros, manifiesta a los hombres sus

---

1   Los diversos manuscritos señalan distintos nombres al prior destinatario de esta carta. Por eso Van Acker decidió mantener el nombre anónimo. Véase *The Letters of Hildegard of Bingen*. Vol. I. Transl. by Joseph L. Baird and Radd K. Ehrman. New York/Oxford: Oxford University Press, 1994, p. 182.

2   Si "legos" designa genéricamente su estado laical y no clerical, *"conversi"* es el nombre técnico para los hermanos legos dentro de la Orden Cisterciense. Realizaban tareas domésticas y labores en las distintas actividades del monasterio. Sin embargo, la mayoría de las veces fueron enviados a trabajar como granjeros en los terrenos que pertenecían a la comunidad, donde pasaban la mayor parte del tiempo, regresando frecuentemente a la comunidad solo los domingos o en las grandes fiestas. Véase *The Letters of Hildegard of Bingen*. Vol. I. Transl. by Joseph L. Baird and Radd K. Ehrman. New York/Oxford: Oxford University Press, 1994, p. 182.

3   A poco de ser fundada, la Orden del Císter comenzó a incorporar hermanos conversos como ayuda para el trabajo manual y para tratar los asuntos seculares. De hecho, los hacían miembros de buena fe de la comunidad monástica, distintos de los monjes de coro solo en cuanto a las funciones litúrgicas y a algunas cuestiones legales. Sin embargo, los *conversi* ocasionaron varios problemas a la Orden, debido a su irregularidad, su desorden y sus peleas; y comenzaron a influir en las elecciones de los abades por la fuerza de su número. Véase *The Letters of Hildegard of Bingen*. Vol. I. Transl. by Joseph L. Baird and Radd K. Ehrman. New York/Oxford: Oxford University Press, 1994, p. 181-182.

   A. A. Fraboschi[†], C. I. Avenatti de Palumbo y M. E. Ortiz

misterios ocultos, del mismo modo que al profeta Ezequiel y a Juan, su [discípulo] amado, les mostraba, por medio de esos mismos animales, que, de entre el pueblo común, Él quiere separar y congregar un pueblo espiritual. Juan en efecto, dice: *En medio del trono y alrededor de éste [había] cuatro seres vivientes llenos de ojos, por delante y por detrás* <*Apoc.* 4,6>. Lo cual significa: en la fortaleza del poder de Dios, que es Dios y hombre, y en toda la extensión que su potestad abarca, los fieles que meditan los preceptos de Dios y tienen la plenitud de la virtud de la prudencia, deben ser inspirados por los cuatro evangelistas, para que vean cómo se sucederán los hechos[4] y también qué será en los tiempos futuros. Pues Dios es fuego y sus ángeles muchas veces anuncian prodigios a los hombres y los portentos de su trono; son espíritus ardientes que brillan ante Su rostro y que arden de tal modo en Su amor, que no quieren otra cosa que lo que Él mismo quiere.

De estos [ángeles] se dice: *Tú, Quien haces ángeles a tus espíritus y a tus ministros, fuego ardiente* <*Sal.* 104(103), 4>. Que significa: Omnipotente, Tú eres Aquél Que haces que tus mensajeros –o sea, aquellos que son enviados por Ti para la salvación de los hombres– sean espíritus, cuando, una vez que han cumplido su misión, permanecen en Tu presencia en una vida indeficiente; y otra vez [dice]: *haces espíritus a tus enviados*, puesto que son [hechos] mensajeros para cumplir Tus preceptos. Los ángeles, en efecto, son mensajeros, porque reportan a Dios cada una de las mociones de esa inspiración que Dios envía a los hombres.[5] De este modo, son servidores de los hombres, porque recogen y disciernen sus obras, y a causa de las obras humanas que se realizan por el Espíritu, ellos mismos son llamados espíritu y ángeles, porque muchas veces son enviados por el superno Rector [el Espíritu] para que se cumplan sus juicios. Pero a Tus ministros –que en todo lugar sirven a Tus designios– los haces fuego ardiente, cuando arden con Tu amor, y en cuyo ardor también, con infatigable alabanza, una vez más Te sirven, sin ser afectados en esto por el tedio.

Y en efecto, los ministros de Dios, que tienen siempre fija la mirada en Su rostro, arden de continuo como una llama, y en ese mismo resplandor ven Sus

---

4   Esta expresión denota la capacidad de prever los efectos en sus causas, capacidad que atañe a la virtud de la Sabiduría.

5   Véase *Regla de San Benito* 7,13.28; 19,6. (RB 7,13: "Sepa el hombre que Dios lo está mirando en todo momento desde el cielo y que esa mirada de la Divinidad ve en todo lugar sus acciones y que los ángeles le dan cuenta de ellas a cada instante" *(ab angelis omni hora renuntiari)*. RB 7,28: "si los ángeles que se nos han asignado anuncian siempre día y noche nuestras obras al Señor" *(et si ab angelis nobis deputatis cotidie dia noctuque Domino factorum nostorum opera nuntiantur)*; RB 19,6: "meditemos pues, con qué actitud debemos estar en la presencia de la Divinidad y de sus ángeles" *(in conspectu divinitati et angelorum eius esse)*.

milagros, y admirándolos y alabándolos los conocen. Y por esto, también son fuego ardiente y arden por Dios Que es fuego, y no podrían ser encendidos ni extinguidos por otro, sino que, ardiendo inextinguiblemente en amor hacia Él, con alabanza se asombran de Sus nuevos milagros, y en éstos, de nuevo Lo sirven, porque Él mismo, revestido con el manto de la humanidad, los induce a admirar siempre Sus milagros. Pues Dios se ciñó con el manto de Su fortaleza, ya que estableció al hombre como espejo de Su honor y de Sus milagros, para que el hombre luchara contra el diablo y lo venciera y así viviera para siempre en la divina alabanza.

También del mismo modo, Dios hizo espíritus a aquellos que son Sus mensajeros, los que proclaman el mensaje de la salvación a los hijos de la Iglesia, cuando les manda resistir a su carne y servir al espíritu; a quienes, hechos así espirituales de todo corazón, inmediatamente los instituye de nuevo para enseñar más exactamente Sus preceptos a Su pueblo. Así, hace arder en Su amor a aquellos que luchan sirviéndole día y noche, y los transforma en fuego ardiente, para que, hechos fuego, de nuevo transpiren en Su servicio sin tedio. Pues Dios, en Su presciencia, había dispuesto que Sus milagros y las cosas ocultas que están en Sus ángeles también se realizaran en los hombres, por medio de signos, por lo cual también hizo que los ángeles hablaran a los hombres, como ocurrió con Abraham y con Jacob, y del mismo modo también se le habló a Balaam mediante un asno.

Y en efecto, a los espíritus angélicos que Lo sirven alabando y glorificando Su mismo rostro, también los cubre con Sus misterios como con un vestido, ya que del mismo modo son llamados fuego ardiente. Y por estos ígneos ministros que han sido cubiertos por los secretos de Dios como por un vestido se designan a los eremitas, quienes, renunciando a sí mismos viven como si no fueran hombres y huyen del consorcio humano. Pues Dios realiza las grandes obras por medio de Su obra que es el hombre, las cuales predestinó en los espíritus angélicos y destellan ante Él con alabanza y admirable gloria.

Pero además, como ha sido profetizado, *alrededor del trono [había] cuatro seres vivientes llenos de ojos por delante y por detrás* <*Apoc.* 4,6>, que son todas las obras santas que Dios se empeña en realizar en aquellos hombres que vuelven su mirada hacia Él y hacia Su trono: por la fe, [hacia] el este; por la esperanza, [hacia] el sur; por el recuerdo de la caída en que incurrió el primer hombre, se designa el oeste. Los ojos que tienen, por providencia, como por detrás y por delante, se dirigen hacia el aquilón, para que el enemigo del norte no los haga corromper, mediante la ardiente pasión de la soberbia y la llama encendida de la lujuria.[6] Así

---

6   Sobre el significado del viento norte, véase C.6, n. 8 (nuestra edición, p. 55).

                        A. A. Fraboschi[†], C. I. Avenatti de Palumbo y M. E. Ortiz

pues, con todos estos ojos deben anhelar a Dios, para que no se extingan lejos de la fe, ni se separen de la luz ni se acerquen al norte y sean sofocados en la muerte eterna. Ciertamente esto significa *alrededor del trono* <Apoc. 4, 6>, porque el oriente, el sur y el occidente revelan a Dios; pero el norte, totalmente vencido por Él, ha sido sometido como escabel de Sus pies.

Y luego está escrito: *Y el primer ser viviente [es] semejante a un león, y el segundo semejante a un ternero, y el tercero tiene rostro como de hombre y el cuarto ser viviente [es] como un águila que vuela* <Apoc. 4,7>. Lo cual significa: Que este primer animal representa a los hombres con cogulla [los monjes], los primeros que se apartaron de todas las realidades del mundo con la fortaleza del león, por lo cual son asimilados también a aquellos [espíritus] ígneos que han sido cubiertos por los misterios de Dios como por un vestido, y que contemplan siempre el rostro de Dios. El vestido de estos no proviene del mundo, sino que proviene admirablemente de Dios, ya que Dios dispuso que ellos originariamente proclamaran sus misterios por medio de la revelación y la enseñanza. En efecto, su cogulla ha sido prefigurada por los espíritus angélicos, que contemplan todo en el rostro de Dios y no en otro; y su anchura [de la cogulla] se extiende a semejanza de las nubes, ya que también los ángeles han sido contemplados muchas veces en las nubes, y porque, además, el vestido de la inocencia de Adán era casi como una nube luminosa. Y así, estos hombres cubren su cabeza con una capucha, para que, sin desviarse ni a la izquierda, ni a la derecha, marchen ante Él, con fuerza de espíritu, fija su mirada siempre en Dios y sin volverse atrás de las buenas obras.

Todas estas cosas deben ser hechas en la obediencia que el Hijo del hombre reveló por medio de Sí mismo, en la medida que los preceptos de los maestros sean observados con temor de Dios, para que, así como el hombre ante la voz del trueno teme perecer, tanto más tema pecar. Pues tal como el león supera a las demás bestias en fortaleza, del mismo modo también estos [los monjes] superan a los demás hombres en el fortísimo poder de la Divinidad, puesto que, aunque sean hombres, no viven como ellos.

Cuando, pues, el hombre se ofrece a sí mismo a Dios renunciando al mundo, acusa al mundo, ya que éste se vuelve inútil para él en todo, y así eleva su espíritu, como dice Daniel: *Yo miraba en la visión nocturna y he aquí que desde las nubes del cielo venía como un Hijo de Hombre y llegó hasta el Anciano de días* <Dan. 7, 13>. Lo que significa: elevándome en mi espíritu hacia las alturas celestiales observé, por la consideración de muchas adversidades, que todas las maravillas excelsas y divinas que Dios ha realizado en los espíritus angélicos, las prefiguró en los hombres por medio de Su Hijo. Y así, el mismo Hijo llegó hasta el Anciano de días, porque el Hijo de Dios es Dios y Hombre, y así Dios y el Hombre son un solo Dios. Pues Dios se hizo Hombre y este Hombre es Dios. Pero también las obras buenas de los hombres y las alabanzas de los ángeles han sido unidas y son una sola cosa en Dios.

También a los monjes se asocia la muchedumbre de las vírgenes que renuncian al varón, como igualmente al amor de las riquezas y a todo el mundo. Así pues como la virgen debe ser separada de las delicias de este mundo, para que no mame de los pechos de las delicias mundanas, así el orden de los monjes debe renunciar al mundo y no ejercer ningún oficio secular. Y así como la virgen es separada del varón y no está bajo su cuidado y potestad, sino que de ese modo es libre de él, así también el monje que abandona el mundo no debe estar sometido a él, sino que permanece libre de él. La Virginidad además significa el sol, que ilumina el mundo entero, porque Dios unió la Virginidad a Sí mismo, la cual sin concurso de varón dio a luz a Aquél Que, bañado por los rayos de la Divinidad, rige también todas las cosas. Pues el Rey que gobierna sobre todas las cosas es Dios, y la Virginidad ha sido unida a Él, cuando Aquél Que es Dios y Hombre nació de la Virgen. Así, *de pie a su diestra estaba la reina, vestida de oro, envuelta con variedad* <*Sal.* 45(44), 10>, puesto que la Virginidad estuvo de pie rechazando al diablo, por el poder de la Divinidad que brilla en las obras, abrazada totalmente por la multitud de las diversas virtudes. Pues la Divinidad desposó consigo la Virginidad, cuando el primer ángel cayó del lado izquierdo; y entonces también eligió para Sí el pueblo de la salvación en Adán, al cual nombró a su derecha, de cuyo pueblo unió la Virginidad a Sí mismo y de la que produjo su máxima obra; porque así como Dios por Su palabra creó todas las cosas, así también la Virginidad por el calor de la santa Divinidad dio a luz al Hijo de Dios.[7] La Virginidad, pues, no es infecunda, porque la Virgen dio a luz al Dios y Hombre, por quien existen todas las cosas. Pero, de este modo, todas las virtudes del Antiguo y del Nuevo Testamento, que Dios ha obrado en Sus santos, son como vestido decorado con oro; y esta virgen las adquirirá libremente para sí, porque no la ata vínculo con el varón.

Asimismo, la rueda que vio Ezequiel prefiguró la virginidad, porque la virginidad fue anticipada en la ley antes de la encarnación del Hijo de Dios. Después de su encarnación, ella realizó muchos portentos admirables, porque Dios por su intermedio purgaba todo sacrificio expiatorio y ordenaba rectamente cada

---

7   Véase Palabras de la Castidad en *Ordo Virtutum* < El drama de las Virtudes > (II, vv. 144-147): "¡Oh Virginidad! Estás en el tálamo real./ Cuán dulcemente ardes en los abrazos del Rey/ cuando el sol refulge a través de ti,/ de modo que tu noble flor nunca se secará./ Oh noble virgen, jamás te encontrará la sombra en la flor que se agosta."

    A. A. Fraboschi[†], C. I. Avenatti de Palumbo y M. E. Ortiz

institución. Puesto que la Virginidad soportó las cosas antiguas y sostiene las nuevas, también es la misma raíz y fundamento de todo bien, ya que estuvo siempre con Aquél Que es sin principio ni fin. En efecto, la naturaleza del hombre, que se perdió a causa del pecado, por la virginidad revivió para la salvación, cuando otra naturaleza [la divina] quitó los pecados de los hombres.

El segundo animal, semejante a un ternero, representa a los que se dedican al sacrificio divino en la condición clerical, es decir a aquellos que cavan un foso alrededor de la viña del Señor Sebaoth, y arándola totalmente, roturan el campo de los preceptos de Dios; y a éstos también se los llama ángeles del Señor de los ejércitos; los cuales, por ello, deben además ceñirse con el cinturón de la castidad, para que no anden en la vanidad de los placeres carnales sino que aren diligentemente el campo [del Señor]. Practicarán también la circuncisión de la sobriedad ya que por medio de ellos son lavados los pecados de los hombres y esto lo harán con misericordia, puesto que sienten en sí mismos sus faltas.

Y así, estos dos géneros mencionados –los de aquellos hombres representados por el león y por el ternero–, en cierto modo atraen hacia sí otro género de hombres, a quienes ellos mismos llaman *conversos*, muchos de los cuales no se convierten verdaderamente a Dios en sus costumbres, porque prefieren la contrariedad antes que la rectitud y realizan su tarea dando voces temerarias, diciendo acerca de sus prelados: ¿Quiénes son y qué son estos? ¿Y qué fuimos y qué somos [ahora] nosotros? Y puesto que así actúan, son semejantes a los falsos profetas, ya que no juzgan rectamente del modo en que Dios constituyó a su pueblo.

Por tanto, vosotros que teméis a Dios, oíd al Espíritu del Señor que os dice: Quitad de vosotros estas calamidades y purgaos de ellas, antes de los días de las tribulaciones, cuando los enemigos de Dios y vuestros os destierren y os vuelvan al lugar de humildad y pobreza que os conviene, no sea que permanezcáis en tanta anchura como estuvisteis hasta ahora; del mismo modo que Dios –como acostumbra [a obrar]–cambió la ley antigua en vida espiritual y purificó cada una de las anteriores instituciones, para hacerlas más provechosas. Pues Dios concedió a Adán que cultivara la tierra en el paraíso original, a Abel que ofreciera sacrificios, a Noé que edificara, y así [fue] hasta el sumo Sacerdocio que ha tenido origen en la encarnación de Cristo, y que antes prefiguraron Abraham por la circuncisión, y Moisés por la legislación. Pero después el mismo Hijo de Dios llevó todas estas cosas a cumplimiento en Su humanidad, de ahí que también sean comprendidas por los hombres. Y después de la ruina de Adán, Dios prefiguró rectamente Su disposición tanto en los hombres como en los ángeles.

Pero de ninguna manera convenía que el sacerdote cultivara el oficio de agricultor ni el discípulo el oficio de maestro, sino que el agricultor imitara al sacerdote y el discípulo al maestro en el temor de Dios y que le deba una humilde paciencia. El Dios omnipotente es conocido por Sus obras, así como comenzó a obrar en Adán, al cual le encomendó que cultivara la tierra y procreara hombres, ya que también el mismo Dios creó todas las cosas; y como por el sacrificio de Abel, prefiguró a Su Hijo, Que debía ser sacrificado por la redención del pueblo, así también por medio de Noé, que construyó el arca, simbolizó que en el pueblo espiritual debe haber maestros.

Ahora vosotros, maestros, reprended y corregid en vuestra Orden a esos hombres nombrados anteriormente, es decir a los *conversos*, porque la mayor parte de ellos no trabaja ni de día, ni de noche; y así, ni a Dios ni al mundo sirven de manera perfecta. Y hacedlos salir de esta ignorancia, como un buen herbolario purga su huerto de hierbas inútiles; preved entre vosotros mismos, según vuestra Orden, comprendiendo rectamente, no juzgando injustamente. Ya que sería inconveniente que el león, el ternero, el hombre y el águila, en sus significaciones, se opusieran entre sí; sino que cada uno de ellos debe esforzarse por la justicia del otro en la figura de la verdad. Pues el sol ilumina todo el mundo, bien y con eficiencia, junto con la luna y las estrellas. De ahí que también estos que han sido signados por el Hijo del Hombre para la curación de los hombres puedan sanar, ungir y santificar por el bautismo con humilde obediencia. Pues todo sacerdote que ha sido ungido por Dios y llamado sacerdote, puede ungir y curar las llagas de los pecadores con rectitud de juicio, puesto que esta función le fue asignada por Dios; y por lo mismo, que no sea negligente en cumplirla.

Y yo, pobrecilla e indocta forma de mujer, vi una bestia cuyo rostro y piernas delanteras eran semejantes al oso y cuyo restante cuerpo mostraba semejanza de buey, excepto que sus piernas traseras eran semejantes a los pies del asno y que carecía de rabo. Tenía tres cuernos en su cabeza, dos de los cuales, semejantes a los cuernos del toro, estaban junto a las orejas, pero el tercero, que estaba en el medio de la frente, se asemejaba al cuerno de la cabra. El rostro de esta bestia [miraba] al oriente, pero su parte posterior estaba vuelta hacia el occidente.

Lo cual debe entenderse así: Esta bestia cuyo rostro y pies delanteros son semejantes al oso, representa a ciertos hombres que tienen secretamente costumbres bestiales; los cuales ciertamente profieren palabras mansas, pero a juzgar por los vestigios que dejan sus obras, donde deberían ir con rectitud hacia adelante, demuestran la temeridad y la dureza de la perversidad. El resto de su cuerpo guarda semejanza con el buey excepto que sus pies traseros tienen semejanza con

 A. A. Fraboschi[†], C. I. Avenatti de Palumbo y M. E. Ortiz

los pies del asno y que carece de cola, puesto que estos mismos hombres simulan que cargan valientemente el yugo de Dios como el buey, pero sin embargo, en los testimonios que dejan, manifiestan las costumbres del asno, el cual cae bajo el peso que lleva sobre sí. Que no tengan cola demuestra que por sí mismos se apartan de lo que Dios manda, [es decir que se sacrifique la víctima con cola] puesto que el bien que comienzan con humildad y pobreza no lo llevan al fin de la bienaventuranza.

Pero que tenga tres cuernos en la cabeza, dos de los cuales, que guardan semejanza con los cuernos del toro, están junto a las orejas, designa a los hombres en estas tres formas de vidas, según su principal actividad: ya que dos simulan la imagen de los que trabajan en el campo del Señor y suministran la Palabra de Dios que han oído. El tercero, que está en el medio de la frente, se asemeja al cuerno de la cabra, ya que éste simboliza a estos hombres espirituales que, por la fuerza de su confianza, se proponen ascender desde la rusticidad de la cabra, a aquella altura sobre la cual nadie puede permanecer. Y desde esta altura rechazan a las demás personas espirituales, como los fariseos a los publicanos, y los menosprecian como a inútiles, y también se suman a los oficiales en ciertos asuntos de la región, a fin de que por ellos puedan ser tenidos por mejores y más excelentes que los otros dos cuernos; y así también parezca ante los demás que suben la altura de la santidad. Pues también se mezclan en solicitudes mundanas y se apoderan de múltiples riquezas, procurando mediante sus trabajos roturar toda la tierra; y por esta extensión de riquezas toman más de lo que deberían, a semejanza de lo que también hizo aquel joven, al cual dijo el Hijo de Dios que todo lo que tuviera lo vendiera y lo diera a los pobres. Y aquél se alejó entristecido, porque quería tener tanto las riquezas del mundo como la vida eterna, y esto resulta muy difícil. Estos hombres pues, quieren tener tanto el cielo como la tierra, lo que es imposible, porque en el apoderamiento y posesión de riquezas, de ningún modo pueden mantenerse sin la soberbia de la arrogancia y de la voluntad propia. Pues es imposible que el hombre se mantenga en la cima de un monte y no caiga alguna vez, al ser sacudido por la tempestad de los vientos impetuosos. Tampoco tienen ese amor y temor que tienen aquellos que pasan necesidad y tienden su mano al auxilio y la limosna. Por otra parte, se envuelven en la necedad del asno, que consiente en que se lo cargue de pesos y sucumbe bajo los mismos, puesto que quieren tener el yugo de la vida espiritual y la solicitud del mundo, pero no pueden estar en ambos, y por ello, caen como el asno. Por lo cual también el rostro de la misma bestia [mira] al oriente pero su parte posterior está vuelta al occidente porque, si bien parecen atender a la vida espiritual, también se involucran en las cosas seculares, imitando en esto a los ángeles perdidos, quienes confiando en sí mismos cayeron de la gloria celestial.

Y el tercer ser viviente, que tiene rostro como de hombre, representa a los hombres seglares que realizan sus obras con solicitud de cuerpo y alma, y así se elevan a Dios por la buena intención, como volando con alas; porque los buenos deseos se proyectan como los rayos del sol desde el corazón de los justos, por lo cual también éstos parecen como alados.

Pero también se apresuran para cumplir los preceptos de la ley y del sacerdote, y son impulsados por la misericordia a dar limosnas y consideran de qué modo crecer en la tierra y poblarla de hombres mediante la generación de la prole; estos se llaman [a sí mismos] pecadores, y así en la vida secular sienten más la pena que la delicia del gozo carnal y así llegan a sus maestros, o sea a los sacerdotes, mudando su rostro por aquellos pecados que les agradaban y confiesan sus faltas en la penitencia mediante la gracia del Espíritu Santo. Y así son renovados, según está escrito: *Renovarás la faz de la tierra* <*Sal.* 104(103), 30>. Lo cual significa: Oh Dios, en el Espíritu nuevo renovarás la voluntad del hombre que se empeñaba en pecar, para que así sean convertidos de su mal hábito al buen deseo. Por los penitentes, pues, renovarás la faz de la tierra; [es decir,] cuando el hombre siente y se sabe tan envuelto en el pecado –pues nadie puede contenerse de pecar–, y así, haciendo penitencia se convierte por la renovación. Ya que si el hombre no pecara, no debería ser renovado.

Otros también son renovados de un modo distinto, es decir cuando huyen de los pecados por el dolor de la penitencia, de manera que ya no buscan pecar. Y algunos, de otra manera, cuando los pecados que sienten en sí y que podrían realizar, los evitan por amor a la virtud; por donde también así reciben la renovación por el Espíritu Santo. Así como la tierra en tiempo de verano no deja de dar frutos, y en tiempo seco palidece y se seca, pero luego de nuevo vuelve a su verdor, así también Dios dispuso que el hombre se renovara en sí mismo por sus obras. La Escritura, pues, está dividida rectamente en todas las obras del hombre, como también el agua, siendo una, se divide en muchas aguas, del mismo modo como también Dios dividió las aguas en todo el mundo.

Además estos hombres seglares se examinan siempre a sí mismos y consideran qué son y cómo viven y de qué modo se pueden apartar de sus pecados. Y así, viviendo en el temor de Dios, aunque están en la tierra no renuncian a las cosas celestiales. En efecto, se inmolan como sacrificio a Dios cuando Lo adoran, y así brillan al igual que la luna cuando suspiran por Él en lo íntimo de su corazón. Pero cuando caen en pecados, tal como [desciende] la luna, de inmediato por la penitencia resurgen, del mismo modo como el astro lunar, después de su caída,

     A. A. Fraboschi [†], C. I. Avenatti de Palumbo y M. E. Ortiz

reaparece gracias al sol. Estos además duermen *en medio del clero con las alas plateadas de la paloma* <*Sal.* 68(67), 14>, puesto que, para que no pequen, mientras duermen en medio de los maestros alados tienen la simplicidad de la pura ciencia. Y esto hacen cuando declinan los pecados que conciben y descansan de ellos, como el pájaro esconde su cabeza entre las alas para descansar, es decir: amando las cosas celestiales y en lo referente a las cosas terrenas, confesando sus pecados en la penitencia. De donde aquello de que: *Felices [son] los que han muerto en el Señor* <*Apoc.* 14, 13>, porque, si bien en el mundo viven según la ley del mundo, ¡oh, qué gran milagro se da en ellos, que viviendo así y abandonando los pecados por la amargura de la penitencia, continúen siendo hombres! Pero así ellos serán como el ser viviente que tiene rostro de hombre, puesto que, cuando cometan pecados terrenos, se opondrán a ellos por la penitencia y se harán ajenos a ellos, así como también la naturaleza de los animales es ajena a la del hombre. Así que en la ciencia de las buenas obras aparecen plateados, porque tienen las simples costumbres de los niños, que ignoran el pecado, ya que ellos mismos no abrazan el pecado ni quieren alimentarlo. Y como se empeñan en brillar en esta simplicidad, entonces aparecerán *sus [alas] dorsales posteriores, con la palidez del oro*, porque sus [alas] posteriores –que se hallaban robustecidas en los pecados, pues estaban habituados a pecar– ahora, extendidas hacia atrás, demuestran la sabiduría en el temor de Dios, ya que resplandecen doradas en las buenas acciones.

El cuarto ser viviente, semejante al águila que vuela, simboliza a ciertos hombres continentes de sus pecados, que de entre los laicos ya mencionados, se alzan a la continencia, como sucedió con María Magdalena, que arrojando de sí todos sus pecados, los estimó como barro, y así eligió la mejor parte y se estableció en la aurora de la santidad. Pero en el Antiguo Testamento, muchos abandonaban estos pecados por el tedio del mundo y muchos por amor a la justicia se contenían de pecar. Ahora en el nuevo Sol, es decir en Cristo Jesús, son llamados continentes, porque en la simplicidad del niño que no conoce pecado se han vuelto, cuando a estos mismos pecados repudian y cuando en su voluntad los ignoran. De ambas maneras ascienden a las realidades celestiales, puesto que por la buena intención y con el santo deseo aman las cosas de arriba, más que otros que antes no conocieron el mundo; y porque como el águila, que más que otros pájaros, apetece las mayores alturas, así vuelan hacia arriba, ya que se dirigen a la claridad de la vida eterna de la que no pueden ser saciados, y por el ardor del verdadero sol pisotean lo que antes hicieron cuando estaban envueltos en pecados.

También en la poderosa fuerza de la santidad meditan sobre cuántos dolores y cuán graves pesos hay en los pecados que ellos mismos, habiéndolos gustado, cometieron antes; y ahora matan en sí mismos aquellas cosas, [que quedan] como un cadáver mortífero; y atan y hostigan a su cuerpo, como [si fuera] una oveja muerta; y así, mirando con atención en el sol brillante, dejando atrás todos los asuntos seculares que ellos conocían con anterioridad, y estimándolos como polvo, rechazan el temor al infierno por el ardiente amor de Dios, confiando en que deban esperar en la fe y en la esperanza.

Y obran de este modo, como dice Isaías, que: *los Serafines velaban su rostro con sus dos alas* <Is. 6, 2>, las cuales significan la fe y la esperanza, porque por la fe los hombres fieles ven a Dios, y por la esperanza desean los premios eternos. *Y con otras dos [alas] cubrían sus pies* <Is. 6, 2>, que representan la sensibilidad y el intelecto, con los cuales los mismos hombres cubren la desnudez de sus pecados, para que no cumplan los deseos carnales de la propia voluntad. Pero también *con las otras dos [alas] volaban* <Is. 6, 2>, las cuales señalan la caridad para con Dios y con el prójimo, puesto que, así como aman a Dios por sobre todas las cosas, asisten a su prójimo en la necesidad y así vuelan por sobre todas las cosas con el poder de Dios, y de este modo, trascienden toda realidad terrenal y consideran diligentemente cada una de las materias de pecado, dado que se afligen por la abstinencia de ellos. Y así con ardiente deseo adornan la Jerusalén celestial con las piedras preciosas de las buenas obras. Pero en la gozosa vida de los preceptos de Dios tampoco se duermen, sino que siempre, en la renovación del deseo del alma, suenan como trompetas, que son los suspiros ardientes que, en la oscuridad nocturna, elevan a Dios los nacidos en pecado, cuando Lo conocen en el temor y el amor, proclamando que es santo y que Él mismo ha creado todas las cosas y que es santo Quien de ningún modo fue mortal, y que es santo Quien destruyó el infierno y que para ello hizo salir a sus elegidos. Felices por tanto los hombres que nunca dejarán de hacer el bien y de alabar a Dios, y que aún cuando hubieran cesado de obrar, después del fin de su vida, tampoco desistirán en la alabanza de su Creador.

Pero yo, pobrecilla forma [de mujer], débil y enferma desde mi infancia, fui obligada a escribir estas cosas por una mística y verdadera visión, aunque estaba postrada en el lecho por una grave enfermedad. Por orden de Dios y con Su ayuda escribí estas cosas, a fin de manifestarlas a aquellos prelados y maestros que han sido ordenados para el servicio de Dios, para que consideren en ellas, como en un espejo, quiénes son y cuáles deben ser, y para que también las muestren y propaguen a quienes por obediencia a ellos les están sometidos. Y oí la Voz del cielo que decía: nadie desprecie ninguna de estas palabras, y si alguien las despreciare, que la venganza de Dios sobre él caiga.

     A. A. Fraboschi[†], C. I. Avenatti de Palumbo y M. E. Ortiz

Carta 85r/a, al abad Adán de Ebrach, anterior a 1166

El abad Adán, en su carta, hace referencia a un encuentro personal con Hildegarda, que habría tenido tiempo atrás; y deja entrever dificultades con su comunidad, al mismo tiempo que pide la ayuda de las oraciones y consejos de la abadesa de Bingen quien, en su respuesta, trabaja sobre las Virtudes, esas fuerzas, energías divinas que sirven a Dios ayudando al hombre a luchar contra el demonio.[1]

En una verdadera visión del espíritu, despierto el cuerpo, vi como una bellísima niña, cuyo rostro brillaba con tan espléndido fulgor que no podía mirarla acabadamente. Llevaba un manto más blanco que la nieve y más luminoso que las estrellas. Su calzado, además, estaba revestido con purísimo oro. Tenía el sol y la luna en su mano derecha y los abrazaba suavemente. Sobre su pecho había una tabla de marfil en la que aparecía la figura de un hombre, de color zafiro. Y toda creatura llamaba Señora a esta niña. Y ella decía a la figura que apareció en su pecho: *Contigo está el principio en el día de tu poderío, en el esplendor de los santos; desde el útero y antes del Lucero te engendré* <*Sal.* 110(109), 3>.

Y oí una voz que me decía: Esta niña que ves es el Amor [Caridad],[2] que tiene su morada en la eternidad. Pues cuando Dios quiso crear el mundo se inclinó

---

1 En *Scivias* <Conoce los caminos del Señor> 3, 13, 9 (p. 621) leemos: "Nosotras las Virtudes en Dios estamos | y en Dios permanecemos; | al Rey de reyes servimos | y el mal del bien separamos. | Pues en la primera batalla aparecimos, || en ella nos elevamos victoriosas | mientras caía aquél que quiso volar | por encima de sí mismo. | Y así también ahora sirvamos | ayudando a quienes nos invocan | y pisoteando las artes diabólicas; | y a quienes han querido imitarnos | guiemos hacia las mansiones de la bienaventuranza." El término usado para significar el servicio es *militamus*, es decir que el servicio implica lucha, batalla, idea que aparece reforzada por el uso de "Rey de reyes" para designar a Dios, y que es ampliada por la explícita referencia a la batalla contra Lucifer y a la victoria de las Virtudes. El mismo verbo, *militemus*, expresa el servicio de las Virtudes a favor de los hombres ["ayudando a quienes nos invocan"].

2 El texto latino dice *"Caritas"*, Caridad, término que comúnmente se usa para designar el amor espiritual concebido como donación de sí (véase el famoso texto de *I Cor.* 13). El amor espiritual ama al otro en cuanto otro, y se interesa por su bien (dirección centrífuga del amor); el amor sensual se ama a sí mismo en el otro, usándolo para su satisfacción (dirección centrípeta). Sólo el primero merece ser llamado amor (el otro es un remedo del amor, que consiste en la cosificadora unión con el otro para la mera obtención del placer propio). Véase C.13, n. 3 (nuestra

con suavísimo amor y previó todas las cosas necesarias como prepara un padre la herencia de su hijo; y así, con el mayor ardor, dispuso todas Sus obras. Entonces la creación en todas sus especies y formas reconoció a su Creador, porque en el principio el Amor fue la materia de la misma creatura, cuando Dios dijo: *Hágase, y fue hecho* <*Gén.* 1, 3>, porque por el Amor fue hecha toda la creación, como en un abrir y cerrar de ojos.[3]

Con tanto fulgor brilla resplandeciente su rostro que no puedes verla perfectamente, porque muestra el temor de Dios en tan puro saber[4] que el hombre mortal no podrá llevarlo hasta el final. Y tiene un manto más blanco que la nieve y más luminoso que las estrellas, porque en su cándida inocencia y sin fingimiento abraza todas las cosas con las esplendorosas obras de los santos. Además su calzado está revestido como de purísimo oro, porque tienen sus caminos en la mejor parte de la elección divina <*Luc.* 10, 42>. Tiene el sol y la luna en su mano derecha y los abraza suavemente, porque la derecha de Dios abarca a todas las creaturas y porque también se extiende entre los pueblos, en los reinos y en todas las cosas buenas. Por lo que también está escrito: *Dijo el Señor a mi Señor: Siéntate a mi derecha* <*Sal.* 110(109), 1>. En su pecho también hay una tabla de marfil,[5] porque

---

edición, p. 73). En *Scivias* <Conoce los caminos del Señor> 3, 3, 5, (p. 378), en la visión titulada "El edificio de la salvación", aparece el Amor Celestial –una figura femenina– "gloriosamente coronado por el sumo sacerdote Jesucristo, y por los sumos sacerdotes del Antiguo Testamento y por aquellos que dijeron al Hijo de Dios: ¡Ojalá rompieras los Cielos y descendieras! Los cabellos descubiertos, sin velo de mujer en la cabeza y mostrando su blancura, prefiguran que el oficio sacerdotal debe desligarse del vínculo conyugal con el advenimiento de Mi Hijo, Cuya castidad debe ser imitada por Sus sacerdotes con vistas a la salvación: porque deben adherir a Él siempre con perfectísimo amor celestial para arrancar las malvadas costumbres de los hombres del contagio del pecado, siendo ellos mismos la porción de luminosa pureza por el don espiritual de Dios."

3   Véase C.8, texto y n. 4 (nuestra edición, pp. 60 y 62).

4   En *Scivias* <Conoce los caminos del Señor> 1, 1, el Temor de Dios aparece como una figura llena de ojos, imagen que habla de sabiduría, de visión gozosa. Su presencia es insoslayable y necesaria para el amor que hace, de la contemplación, sabiduría. Se trata del temor de perder a Aquél por Quien, de Quien y para Quien es; finalmente, el temor de perder a Aquél a Quien ama. El temor de perder a su Dios. En *Scivias* <Conoce los caminos del Señor> 3, 8, 20, (p. 508) leemos: "*Con muchos ojos por todas partes, y viviendo toda ella en la sabiduría*: porque a través de los ojos del buen entendimiento mira alrededor de sí hacia todas partes, contemplando a Dios en todas sus maravillas, de manera tal de seguir el camino recto en las buenas obras y atravesar con el conocimiento de Dios la confusión diabólica en las malas. Refulge así toda ella en sabiduría, porque despreciando todo cuanto daña mortalmente al espíritu, huye de la muerte, se aparta de la iniquidad y construye sabiamente su morada en la vida."

5   No es fácil la referencia al marfil, pero en la *Physica* VII, 1 (PL 197, 1313A), leemos acerca del elefante que "El elefante tiene el calor del sol y no el de la carne [...]. El elefante es para la honra y el ornato del hombre, como un príncipe actúa y se conduce para el honor de su ciudad.

 A. A. Fraboschi[†], C. I. Avenatti de Palumbo y M. E. Ortiz

en el saber de Dios, la tierra de la integridad siempre florece en la Virgen María, de manera tal que en ella la figura del hombre aparece de color zafiro,[6] porque el Hijo de Dios refulgió en el Amor desde el Anciano de días <*Dan.* 7, 9, 13 y 22>.

Y toda creatura llama Señora a esta niña, porque de ella provino, porque ella, creándolas, fue el principio de todas las cosas, como también la figura en su pecho muestra que Dios vistió la humanidad por causa del hombre.[7] Pues cuando toda la creación fue completada según el mandato de Dios, como Él mismo dijo: *Creced y multiplicaos, y llenad la tierra* <*Gén.* 1, 28> el calor del verdadero sol descendió como el rocío en el útero de la Virgen y de su carne hizo al Hombre,[8] como también formó la carne y la sangre de Adán del barro de la tierra. Y la Virgen Lo engendró permaneciendo en su integridad virginal.

Pero no convenía que el Amor careciera de alas.[9] Pues cuando la creatura al principio comenzó a dar vueltas y en su prisa quiso volar y cayó, las alas del

---

El elefante no es engañoso ni malo, sino fuerte y enérgico en su rectitud." Notas que tienen que ver con la integridad de la tierra de la Virgen María, ornato de la Ciudad de Dios.

6   "Después vi una luz muy clara y serena, y en ella una figura humana de color zafiro, que ardía toda entera en un suavísimo fuego rutilante. Y aquella luz serena se derramaba sobre todo el fuego rutilante, y aquel fuego rutilante penetraba toda aquella luz serena; y la misma serena luz y el mismo fuego rutilante inundaban toda esa figura humana, de manera tal que eran una sola luz en una sola energía de un único poder. [...] Ves *una luz muy clara y serena* que sin mancha de ilusión, defecto o engaño, designa al Padre; en ella *la figura humana de color zafiro*, sin mancha de dureza, envidia o iniquidad significa al Hijo, engendrado por el Padre antes de los tiempos según Su divinidad, pero luego encarnado en el tiempo y en el mundo según Su humanidad; y *ardía toda entera en un suavísimo fuego rutilante*, fuego que, sin mancha de aridez, mortalidad o tenebrosidad señala al Espíritu Santo, cuya luz de claridad verdadera derramó sobre el mundo el mismo Unigénito de Dios, concebido según la carne y nacido de la Virgen en el tiempo." (*Scivias* <Conoce los caminos del Señor> 2, 2, 2, pp. 124-25).

7   "Dame el modo según el cual pueda anunciar –y la forma en que debo hacerlo– Tu divino designio: cómo quisiste que Tu mismo Hijo se encarnara y se hiciera hombre en el tiempo, queriendo esto antes de la existencia de creatura alguna, en Tu simplicidad divina y en el fuego de la paloma, esto es, del Espíritu Santo. Cómo quisiste que Tu Hijo, como una espléndida figura de sol surgiendo admirablemente de la aurora de la virginidad, verdaderamente revistiera la figura humana, habiendo asumido la humanidad en favor del hombre." (*Scivias* <Conoce los caminos del Señor> 3, 1, p. 329).

8   Véase C.62r, n. 2 (nuestra edición, p. 191).

9   Palabras del Amor: "Yo me indignaba en el cielo cuando Lucifer se devoró a sí mismo con odio y soberbia. Pero, ¡oh!, la Humildad no quiso tolerar esto, por lo que fue arrojado a una gran ruina. Y después de que el hombre fue creado, ¡oh la más noble Simiente, y oh dulcísimo Fruto!, el Hijo de Dios se hizo hombre en favor del hombre al final de los tiempos. Y porque Lucifer quiso e intentó desgarrar mi vestido y mi integridad, por eso mismo aparecí como luminosísimo esplendor en Dios y en el hombre. Mas ahora los ciegos y los muertos nombran equívocamente como míos los lupanares, las meretrices y los incestos. Pero tan imposible es que el fango toque el Cielo como es imposible que esta inmundicia pueda tocar y ensuciar mi voluntad. Por consiguiente, juntamente con las otras Virtudes me haré alas con las que aventaré estas cosas

Amor la elevaban. Esto fue la santa Humildad.[10] Pues cuando el horrible juicio de Adán se extravió, la Divinidad miró atentamente que en su caída no pereciera totalmente, sino que Ella misma lo redimiría en la santa Humanidad. Esto es que fueron alas de gran poder, ya que la Humildad –porque era la humanidad del Salvador– elevó al hombre que estaba perdido: porque el Amor creó al hombre, pero la Humildad lo redimió.[11] En verdad, la Esperanza[12] es como el ojo del Amor, pero el Amor Celestial es como su corazón[13] y la Abstinencia[14] es

---

10   Respondiendo a la Soberbia, la Humildad dice de sí misma: "Yo soy la columna de nube. ¿Por qué no habría de sufrir padeciendo cuando alguien me agrede con horrendas injurias, si el Creador descendió del Cielo para atraer al hombre hacia Sí? He habitado en las alturas con el Creador, y con Él he descendido a la tierra, y así habito en todos sus confines." (*Liber vite meritorum* <El libro de los merecimientos de la vida> 3, 4, p. 126). La horrenda injuria primera es la de Lucifer y tras él, el hombre: la Soberbia, cuyo movimiento, en su "No serviré", va de abajo hacia un arriba que pretende sea supremo, absoluto; y acaba en una estrepitosa caída en el abismo. El movimiento de la Humildad, en su actitud de servicio, va desde arriba hacia todo lo abajo que sea necesario, hasta la humillación; y acaba en la gloriosa elevación de su coronación: Lucifer-el hombre *vs.* Cristo Rey y, en Él, el hombre nuevamente.

11   "También el Amor (*Caritas*) trajo al Unigénito de Dios, Quien estaba en los cielos en el seno del Padre, y Lo puso en el vientre de Su madre en la tierra, porque el Amor no desprecia ni a los pecadores ni a los publicanos, sino que empeñosamente procura salvarlos a todos. Por eso, haciendo manar a menudo una fuente de lágrimas de los ojos de los fieles, ablanda la dureza del corazón. En esto la Humildad y el Amor son más luminosos que las otras Virtudes, porque la Humildad y el Amor son como el alma y el cuerpo, que tienen mayor fuerza que las restantes fuerzas del alma y que los miembros del cuerpo. ¿Cómo? La Humildad es como el alma y el Amor, como el cuerpo; y no pueden separarse la una del otro sino que actúan juntamente, como tampoco el alma y el cuerpo pueden separarse sino que se ayudan mutuamente en tanto el hombre vive en su cuerpo." (*Scivias* <Conoce los caminos del Señor> 1, 2, 33, pp. 37-38).

12   En el *Liber vite meritorum* <El libro de los merecimientos de la vida> 3, 14 (p. 133) la Esperanza contesta a la Desesperanza: "Oh fuego diabólico, eres el fuego del pecado, y no sabes, ni consideras cuán grandes bienes hay en Dios. [...] ¿Por qué pones ante ti la perdición, cuando no has sido juzgada? Los espíritus malignos no quieren a Dios, y tú no confías en Él. [...] Por esto nadie que desea llevar a cabo algún bien pone ante sí la perdición, porque Dios es el bien supremo, y no deja sin recompensa las buenas obras de nadie. Pues yo me siento en el trono de Dios con el buen deseo, y con la fe abrazo todas Sus obras, y en la realización de las buenas obras atraigo toda la tierra hacia mí." Y por eso también en *Scivias* <Conoce los caminos del Señor> 3, 8 6 (p. 482) la Esperanza dice: "¡Oh Padre misericordioso, perdona a los pecadores, Tú Quien no abandonaste a los desterrados sino que los cargaste sobre Tus hombros!. Por eso también nosotros, teniendo esperanza en Ti, ya no moriremos."

13   Véase *supra*, n. 2.

14   En *Scivias* <Conoce los caminos del Señor> 3, 6, 1 (p. 435) dice la Abstinencia: "Yo me he derramado en entrañable misericordia, de la que brota un arroyo que en manera alguna quiere ocultar riqueza, ni oro, ni piedras preciosas, ni perlas a los pobres y necesitados que no tienen lo necesario para su subsistencia y por eso lloran. Ahora los consolaré y siempre aliviaré su

                          A. A. Fraboschi[†], C. I. Avenatti de Palumbo y M. E. Ortiz

el lazo que los une. Pero la Fe[15] es como el ojo de la Humildad; la Obediencia,[16] como su corazón; y el Desprecio del Mal,[17] su lazo de unión. El Amor fue en la eternidad, y en el inicio de toda santidad produjo todas las creaturas sin mezcla del mal, y también procreó a Adán y a Eva de la limpia naturaleza de la tierra. Y

pobreza por amor del Hijo de Dios, Quien es suave y manso y distribuye Sus bienes a las almas de los justos, tocando y sanando las heridas de sus pecados por la penitencia."

15   En *Scivias* <Conoce los caminos del Señor> 3, 8, 5 (p. 482) la Fe dice: "El Dios Único debe ser adorado en Tres Personas de una única esencia e igual gloria. Tendré pues fe y confianza en el Señor, y jamás borraré Su nombre de mi corazón." Es la mirada de la Humildad.

16   "Yo no puedo correr por los caminos del mundo a tenor de mi voluntad, ni por influencia de la humana voluntad, y por eso quiero retornar a Dios, el Padre de todos, a Quien el demonio rechazó y no quiso obedecer." (Ibíd., 3, 8, 4, p. 482). Son las palabras de la Obediencia, el corazón de la Humildad. Y en el *Liber vite meritorum* <El libro de los merecimientos de la vida> 3, 10 (pp. 130-31), respondiendo a la Desobediencia: "Yo, que obedezco a Dios, tengo cierta atadura. ¿Pero cuál es, y cómo es? Cuando Dios hizo todas las cosas con Su Palabra <*Sab.* 9, 1>, tal que dijo: *Hágase*, y fueron hechas <*Sal.* 33(32), 9>, yo fui ojo, y vigilé el mandato de Dios. Y así fueron creadas todas las cosas. Pero cuando el primer ángel comenzó a vivir, al punto se opuso a Dios; y yo dije que sus obras no tenían vida, porque quiso ser lo que no era. Intentó morderme y aplastarme, pero no lo logró. Pues yo soy como el sol y la luna y las estrellas y la fuente de las aguas, y soy como la raíz en todas las obras de Dios, del mismo modo que el alma está en el cuerpo. Y como la voluntad en el hombre lleva a cabo lo que él desea, así yo soy en Dios la voluntad, cumpliendo todo lo que Él ha mandado. Pues estuve con Dios en el antiguo consejo; y a través de mí, Dios ordenó todo lo que quiso realizar. A la voz de Su Palabra resoné como una cítara, porque soy Su precepto. Nada toco, nada quiero, nada deseo sino lo que está en Dios, porque de Él provengo y por Él comencé a existir y he crecido: y no quiero a ningún otro Dios."

17   En dos de las obras de Hildegarda aparece esta virtud del Desprecio, pero no del Mal sino del Mundo. Por ser la más explicativa nos remitimos a la referencia del *Liber vite meritorum* <El libro de los merecimientos de la vida> 4, 14 (p. 181) donde, respondiendo al Deseo Insaciable, o Avidez, dice el Desprecio del Mundo: "Pero yo estoy en la presencia del Espíritu Santo, y en el carro de los preceptos de Dios hago un círculo, y recorro Sus caminos por doquier; Lo invoco como Padre, destruyo los deseos carnales de mi propia voluntad y me manifiesto en todas partes. Si me encuentro afligido y abrumado por los deseos carnales, al punto me despierto vigilante en virtud del Temor de Dios y de la rueda de fuego del Espíritu Santo. Cuando los pueblos me honran a causa del nombre del Señor y cuando quieren entregarme todos sus bienes, esto lo tengo por nada; solamente busco sustentarme con moderación, y digo: Estas cosas me apartan del rostro de Dios, por lo que mucho me avergüenzo. Cuando el pecado me llama tentándome, le doy esta respuesta: Tú no me has creado, ni puedes liberarme del mal; por eso desprecio tu engaño. Pues cuando la llama ígnea del Espíritu Santo me enciende, todo lo mundano que hay en mí es consumido, y así recorro todas las regiones celestiales en el divino carro." La referencia al carro de los preceptos de Dios podría ponerse en paralelo con el carro de fuego que arrebató al profeta Elías <*II Rey.*(*IV Rey.*) 2, 11>; este último acentúa la poderosa presencia de la Divinidad, en tanto aquél habla de la creatural sumisión a los divinos mandamientos. El círculo, en este contexto, suele entenderse por todo el orbe de la tierra, puesto que nada queda exceptuado de la obediencia debida a su Creador.

así como estos dos generaron a todos los hijos de los hombres, así también estas dos Virtudes produjeron a todas las demás Virtudes.[18]

Pero ahora estas Virtudes llaman a tu puerta, oh hombre a quien platico estas cosas, y dicen: Oh tabernáculo de este varón, que en la mañana permanece con nosotras, [ahora] ya está fatigado.[19] – Y el Amor te dice: Oh fiel amigo, no queremos que te apartes de tus obligaciones. Pues cuando Dios quiso diseminar en la redondez del cielo a todas las creaturas, abrazamos todas Sus obras y trabajamos con Él. Pero el hombre cayó y lloramos con él y no lo abandonamos, aunque nos había herido en nuestra mejilla. – Y la Humildad especialmente te dice: Ay, ay, en medio de cuán grandes dolores sostengo al hombre. Mas tú dices: Yo quiero huir. Pero tienes que transportar una carga en la viña, y estás de pie sin querer caminar; envuelto en el tedio, diriges tu mirada hacia otro camino. Ciertamente nuestro seguidor no actuará así. Como el pueblo te ama, trabaja con él; pero cuando el rugido del viento sople con las inquietudes de la guerra y de la mudanza de las costumbres de los hombres, mira hacia mí, y en la potente rueda de mis alas te ayudaré.

Sansón, por la necedad de una mujer, perdió su fortísimo poder. Cuida, pues, que no te suceda otro tanto, si respondieras sólo a tu pereza y hastío.[20] También la gloria de Salomón fue destruida por la locura de las mujeres <I Rey.(III Rey.) 11, 1-11>. Ve también con cuidado para que por la mudanza de tus pensamientos no se seque la lozana vitalidad que tienes [como don] de Dios, antes bien observa los ornamentos de oro y piedras preciosas que el Amor y la Humildad tienen en ti. Pero también tú[21] da gloria a Dios por los brazaletes que la Sabiduría te dio y por los que el pueblo acude a ti, y trabaja con el pueblo; y así permanecerás con el sol.

❧

---

18   En *Scivias* <Conoce los caminos del Señor> 3, 8, 2 (p. 481) dice el Amor: "Oh Humildad, que a quienes están como postrados en tierra y contritos elevas hasta las estrellas; oh Humildad, que eres la gloriosísima reina de las Virtudes, cuán fuerte e invencible protección eres por doquier para los tuyos: porque no cae quien te ama con un corazón puro. También yo soy, contigo, una ciertamente valiosa y muy deseable defensa para los míos: porque siendo en verdad grácil y sutil, busco en quienes me rinden culto las aperturas más pequeñas, y por ellas los penetro profundamente." Humildad y Amor, generando todas las Virtudes que defienden y levantan al hombre…

19   La referencia es al cansancio que ha invadido al abad en su cuerpo –tabernáculo– y en su alma, de manera tal que si bien al comienzo de su desempeño como abad trabajaba de acuerdo con las Virtudes mencionadas, ahora quiere dejar sus tareas, lo que implica el abandono de las Virtudes que lo sostenían en las mismas.

20   Por pereza y hastío alude a la condición femenina en el hombre, en aquello que no corresponde. Véase C.26r, n. 2 (nuestra edición, p. 122).

21   El texto dice "*te*", pero por el sentido preferimos la lectura indicada en app. comp. (*R*), "*tu*".

         A. A. Fraboschi [†], C. I. Avenatti de Palumbo y M. E. Ortiz

Carta 85r/b, al abad Adán de Ebrach, anterior a 1166

Continúa la respuesta al abad, por parte de Hildegarda, quien ahora se vale de una alegoría que, de alguna manera, recuerda el diálogo ya no entre Virtudes y Vicios, sino entre las Virtudes y el Diablo, en *Ordo Virtutum* <El drama de las Virtudes>.

El que es <*Éx.* 3, 14; *Apoc.* 1, 4> dice: El sol brilla y emite sus rayos. Pero cierto varón, amigo del sol, tuvo un huerto[1] en el que deseaba sembrar con gran cuidado muchas hierbas aromáticas y muchas flores. Y el sol, con sus rayos de fuego, envió su calor sobre las hierbas y sobre las flores, y el rocío y la lluvia les dieron húmedo vigor.[2] Entonces vinieron a ese jardín, desde el norte,[3] una retorcida figura de pelo negro y horrible rostro, y, procedente del oriente,[4] un bellísimo joven de cabellos claros y rostro perfecto y amable. Y la tortuosa figura dijo a aquel joven: ¿De dónde vienes? – Él le respondió: Vengo desde el oriente al jardín de este varón sabio, porque tuve gran deseo de venir a él. – Y la deforme figura dijo: Escúchame: Un peligroso viento

---

1   Los temas del huerto y del jardín son recurrentes en la obra de la abadesa de Bingen. Véase C.17 (nuestra edición, § 2, p. 97), y C.41 (nuestra edición, § 4, p. 156). También la Carta 106r –al monje Guiberto de Gembloux–, año 1176. *Epistolarium* 91a, pp. 265-68. Véase también *Scivias* <Conoce los caminos del Señor> 1, 2, 32, (pp. 34-35).

2   "*humorem viriditatis*", en el texto. El concepto de *viriditas* puede traducirse como verdor fecundo, lozanía, vigor, vitalidad, fecundidad lozana, y se contrapone a *ariditas*, sequedad, esterilidad. Es uno de los conceptos característicos de Hildegarda a lo largo de toda su obra, con el que se refiere a Dios, a la Vida divina, a la acción creadora de Dios, a la presencia de la fuerza divina en el mundo y en el hombre, a las Virtudes como Fuerzas divinas que trabajan con el hombre, etc. Recordemos que, en abierto contraste con su época, Hildegarda no hace hincapié en el concepto de orden –en virtud del cual la acción creadora de Dios hace del universo un cosmos– sino en el de vida, fuerza, energía: todo cuanto existe es vida. Tampoco subraya la presencia de un principio formal en el hombre, sino que acentúa el principio dinámico y cohesionante, capaz por ello de otorgar unidad, y unidad viva. *Viriditas* tiene que ver con la vida en su manifestación plena y pujante, en el verde de las ramas, en la floración y en la maduración de sus frutos; por eso también tiene que ver con los colores, con el sabor, con los aromas, finalmente con la belleza, y la salud.

3   Acerca del norte, véase C.6, n. 8 (nuestra edición, p. 55). Cfr. *Is.* 14, 13-14; *Jer.* 1, 14-15; *Ez.* 38, 15.

4   La orientación geográfica y la cartografía medieval hacen del Oriente el punto cardinal más importante, ya que es el lugar del inicio de la luz, la aurora del mundo con la creación de la primera pareja humana, y la plenitud de la Revelación con Cristo, el Verbo encarnado. Véase *Luc.* 1, 78.

y granizo, fuego y pestilencia vendrán sobre el jardín y lo secarán. – Pero el joven le respondió: No será así, no será porque no quiero, sino que traeré a este huerto una purísima fuente para regarlo. – Y la tortuosa imagen respondió: Ja, Ja, eso es tan posible como que la langosta atraviese traspasándola una piedra dura. – Y así aquella imagen, con su engaño, trajo el invierno sobre aquel huerto y quiso secar sus hierbas y sus flores. Pero el joven, practicando en sus cítaras, no lo veía. Y cuando finalmente lo vio, con gran voz llamó al sol para que viniera en el signo de Tauro[5] y de nuevo trajera sobre aquel huerto la fresca vitalidad del verano. Y así, tomando un suntuoso cuerno de marfil[6] y un cuerno de ciervo,[7] echó por tierra con ellos aquella tortuosa imagen. Y entonces dijo a aquel varón dueño del huerto: En adelante no deberás confiar en ti de manera tan descuidada, es más, rodearás tu huerto con una muralla tan grande que las oscuras aves [que vienen] en las tormentas[8] no podrán secarlo.

Ahora tú, oh padre, quien por el altísimo llamado estás en el lugar de Cristo, entiende estas palabras que te digo. Escucha entonces: Pues la Gracia de Dios resplandece como el sol y así a veces envía sus dones, a uno en cuanto a la sabiduría, a otro en la lozana vitalidad, a un tercero en la blanda humedad. Pero la sabiduría puede caer en una naturaleza ruda e ignorante, la lozana vitalidad introducirse y perderse en grandes trabajos, y la blanda humedad ir hacia una amarga dureza. Pero tú, varón amigo de la Gracia de Dios, tienes el huerto del pueblo en el que, como representante de Cristo, deseas cuidadosamente plantar muchos buenos deseos y muchas buenas obras. Y la Gracia de Dios, por el poder de sus dones, produce la eficacia de la buena voluntad sobre aquellos deseos y aquellas obras, y los hace reverdecer por el rocío y la lluvia de la fuente de agua viva <*Cant.* 4, 15; *Juan* 4, 11; 7, 38>.

---

5   "Pero cuando el sol asciende más alto, casi hasta el signo de Tauro, [...] otros dos planetas –que raramente se ven y raramente se muestran, a no ser que sean portadores de hechos milagrosos– vienen a su encuentro. Y éstos empujan al sol con gran ímpetu, como el toro, que arremete fuertemente con sus cuernos, y llevan el sol hacia lo alto [...]. (*Causae et curae* <Las causas y los remedios de las enfermedades>1, p. 12, líneas 15-21).

6   Sobre el marfil, véase C.85r/a, n. 5 (nuestra edición, p. 254).

7   Sobre el cuerno de ciervo, en la *Physica* VII, 10 trata del ciervo al que presenta como un animal limpio, que combate a la serpiente y sale victorioso en el combate. Y hacia el final dice: " Raspa una parte del cuerno, añade incienso, y quémalos juntos sobre el fuego. Su olor, procedente de la fuerza que esos cuernos tienen, pone en fuga a los espíritus del aire, reprime las artes mágicas y rechaza los gusanos malos." (PL 197, 1321C).

8   No hemos podido encontrar la referencia a dichas aves, ni cómo podría un muro detenerlas. Tal vez sea tan sólo una metáfora, en alusión a las tormentas con que el demonio conmociona a las almas, y los vicios que traen consigo.

 A. A. Fraboschi[†], C. I. Avenatti de Palumbo y M. E. Ortiz

Mas los Vicios vienen del diablo en la turbación de la Vanagloria[9] y en el estrépito de la Jactanciosa Insolencia[10] que se opone y resiste el justo magisterio; de Dios, empero, proceden las Virtudes que vienen a este pueblo en el Desprecio de lo Mundano,[11] con toda la disposición de la Obediencia[12] en el amor. Y los Vicios preguntan a las Virtudes a qué han venido. Pero ellas responden que de Dios vinieron al pueblo del amigo de Dios, porque tienen el gran deseo de edificar en él un sacrificio de alabanza. Y los Vicios dicen que escuchen estas palabras: Gran ruina, ira y demandas caerán sobre este pueblo causando gran inquietud, de manera tal que estará cansado a la hora de prestar su servicio a Dios. – Y las Virtudes responden: No sucederá así, porque no estaremos ociosas en el bien, la fuente viva manará y defenderá a este pueblo con su misericordia. – Y los Vicios del diablo, con malvada risa, dicen que eso es posible tanto como que la fragilidad de la carne pudiera durar sana y entera, sin arruga. Entonces los Vicios, con sus engaños, introdujeron en este pueblo la fría nube de la ignorancia,[13] así que sus

---

9   La Vanagloria tiene un largo discurso en el *Liber vite meritorum* <El libro de los merecimientos de la vida> 3, 7 (p. 128), en el que toca todos los aspectos que configuran su presentación al mundo, para su aplauso. Así desfilan sabiduría y probidad, ubicación social y poder, la gracia de las artes y el encanto social, alegría y placer. Dueña de una excelencia tal que no hay otra que la iguale –y que según afirma a continuación, ha obtenido por su propio esfuerzo y méritos–, la vanagloria reclama para sí la admiración y la gloria. "Todas mis cosas las dispongo de modo tal que todos cuantos me vean se regocijen con ellas, y que todos los que me oigan me honren por ellas, de manera que también todos se admiren por mi probidad. [...] y si no pidiera, nada me sería dado: pues no hay prosperidad para mí, a no ser la que adquiera gracias a mi sabiduría y mi integridad. No tomo en cuenta si a alguien resulta molesto y gravoso que yo sea sabia y proba, sino que quiero tener mi propia gloria."

10   También en el *Liber vite meritorum* <El libro de los merecimientos de la vida> tiene su lugar la Jactanciosa Insolencia, cuya malicia se descubre mejor en las palabras de la Disciplina, la Virtud que le responde: "Tú, infame, en las desaliñadas y sucias costumbres de los hombres dados a las chanzas eres semejante al viento que sopla en todas direcciones, y en tu inconstancia te asemejas a los gusanos que remueven la tierra revolviéndola. Pues cuando los hombres, a cuyo encuentro sales alegre como el perro acostumbra hacerlo, te ven, simpatizan contigo; y de este modo los persuades para que hagan lo que quieren. Pero profieres palabras vanas y malévolas, con las que hieres los corazones de los hombres; conviertes tus costumbres en ley, y con ellas te apoderas de los hombres." (Ibíd., 1, 4, p. 14).

11   Véase C.85r/a, n. 17 (nuestra edición, p. 257).

12   Véase C.85r/a, n. 16 (nuestra edición, p. 257).

13   Esta ignorancia está íntimamente ligada a la soberbia, según se desprende de la continuación de la frase. En el *Liber vite meritorum* <El libro de los merecimientos de la vida> 3, 3 (p. 125) la Soberbia dice: "Elevo mi voz sobre los montes: ¿quién hay que se me asemeje? Sobre colinas y valles extiendo mi manto, y no quiero que nadie triunfe sobre mí. Sé que nadie me iguala." Recordemos que la soberbia es el apetito desordenado de la propia excelencia y, de manera implícita o explícita, en detrimento y hasta negación del reconocimiento y alabanza de la excelencia de Dios –y aquí se hace presente la crasa y malintencionada ignorancia–, en cualquier ámbito

buenos deseos y sus obras buenas ya son defectuosos, porque confía en sí mismo. Pero las Virtudes, mostrando el servicio de su obediencia en sus alabanzas a Dios, permiten que esto suceda por el justo juicio de Dios, para que los hombres entiendan lo que son. A los cuales,[14] cuando retornan a sí mismos en la humildad de las Virtudes, las mismas Virtudes con el gran celo de su mirada atenta alcanzan y conservan la Gracia de Dios para imprimir en sus espíritus la pasión de Cristo, a fin de que de este modo conduzcan[15] a ese pueblo a su alabanza primera a Dios. Y así, atendiendo a la divinidad y a la humanidad del Hijo de Dios, echan por tierra esos vicios en la contrición. Y dicen a aquél que rige a este pueblo: Advertido por estas cosas, no confíes en tus propias fuerzas, antes bien sé precavido para huir hacia la Gracia de Dios, de manera tal que puedas proteger y advertir a los tuyos de todas formas, para que las diabólicas trampas no los destruyan con diversos vicios, a causa de tu negligencia.

Pero también tú, padre, óyenos: Como la estrella matutina precede a la aurora con su luz, así bríndanos el auxilio del beso amoroso que Dios te dio. Y Dios te dará la vida en la que fijó Su mirada en el primer día.

---

en el que la soberbia se manifieste: "El inicio de la soberbia del hombre es el apartarse de Dios; porque su corazón se aleja de Quien lo creó, porque el inicio de todo pecado es la soberbia." (*Ecli.* 10, 14-15).

14   "*Qui*" en el texto, torna casi imposible la intelección del sentido de las frases que le siguen. Por eso se ha optado por suponer en su lugar un "*Quibus*".

15   "*adducat*" en el texto. Por concordancia con las frases que anteceden se opta por "*adducant*", según app. comp. (*R*).

      A. A. Fraboschi[†], C. I. Avenatti de Palumbo y M. E. Ortiz

Carta 86, al abad Adán de Ebrach, anterior a 1166

Es una carta agradecida, y al mismo tiempo de aliento, en pro de las actitudes misericordiosas que corresponden al sacerdote, monje y abad.

L a Luz Viviente dice estas cosas en sus prodigios: La primera raíz apareció durante el día y floreció en todas las ramas, y estableció dos caminos. Un camino estaba lleno de edificios[1] en los cuales habitaban águilas y otras aves.[2] Pero el otro era un camino muy espacioso, en el que corrían gigantes[3] que luchaban contra aquellas águilas y las demás aves, pero

---

1   Los edificios estrechan el camino. En el texto, se ve la contraposición con el camino espacioso de los gigantes. El camino estrecho y el camino ancho (véase *Mat.* 7, 13-4). Véase también C.41r, n. 4 (nuestra edición, p. 156).

2   El águila ofrece múltiples simbolismos, por su fortaleza y la elevación de su vuelo (el perseverante ascenso hacia Dios), por su capacidad de mirar directamente al sol (la contemplación y el conocimiento de las verdades divinas), por las leyendas sobre su rejuvenecimiento y el modo como éste se lleva a cabo (el renacimiento del cristiano a partir de la conversión del corazón, el abandono del pecado, la penitencia purificadora y la gracia de la vida renovada). Es una de las imágenes de Cristo, pero también es la exhortación al alma que quiere asemejársele. Véase CHARBONNEAU-LASSAY, LOUIS. *El Bestiario de Cristo. El simbolismo animal en la Antigüedad y en la Edad Media*, vol. I, p. 71-87, y MALAXECHEVERRÍA, IGNACIO (ed.). *Bestiario medieval*, pp. 133-37. Por eso en el *Liber divinorum operum* <El libro de las obras divinas> 1, 1, 5(6) (pp. 51-2) leemos: *"En el punto extremo de la curva del ala derecha contemplé una cabeza de águila, que tenía ojos de fuego en los que se reflejaba el esplendor de los ángeles como en un espejo:* […] Pues en el águila están significados los hombres espirituales [los religiosos, los monjes], que por la devoción de su corazón a menudo –como los ángeles– ven a Dios en la contemplación. Por lo cual los espíritus bienaventurados que asiduamente ven a Dios se alegran por las buenas obras de los justos y las manifiestan a Dios en sí mismos." Las otras aves podría interpretarse que son los restantes fieles. En ambos casos las alas indican la libertad y, en ella, la elevación hacia Dios y la habitación en Sus moradas.

3   En el contexto, gigantes serían todas aquellas creaturas que engrandeciéndose a sí mismas, no aceptan su condición de creadas y la consiguiente sujeción y alabanza a su creador. Tal los ángeles caídos: "Pero había una innumerable multitud de ángeles que quisieron ser por sí mismos [*a seipsis*]; porque viendo su luz tan grande y gloriosa en la plenitud de su fulguración, olvidaron a su Creador. Y antes de que hubiesen comenzado a alabarlo pensaron que el resplandor de su propia belleza era tan grande que nadie podría resistirlo, por lo que también querían opacar a Dios. Pero como vieran que jamás podrían poner un límite a los prodigios que Él obraba, lo aborrecieron, y los que debían alabar a Dios mentirosamente decían que en su propia gran claridad elegirían otro dios." (Ibíd., 1, 1, 7(8), p. 53). Y el hombre, cuando cede a la tentación diabólica: "Porque la mano

no podían vencerlas. Entonces el sol salió y avanzó con escudos dorados en su brazo extendido, y luchó contra aquellos gigantes. Pues la caída del primer ángel lo había apartado de la vida <*Is.* 14, 12> y luego la caída de Adán lo dejaba sin la luz del paraíso, y el mismo Adán vagó con todos sus hijos en medio de la sugerencia y persuasión del diablo. Pero el sol brilló en el zafiro y en el topacio, esto es en la misericordia y la caridad que reveló y brindó el Verbo de Dios encarnado. El sol refulgió del mismo modo que había salido desde el principio, y así permaneció de tal modo que absolutamente ninguna sombra de cambio cayó sobre él, como sí había sucedido en el primer ángel y en Adán, y en toda sugerencia del diablo. Y por eso se dijo: Tú eres sacerdote para siempre según el orden de Melquisedec <*Sal.* 110(109), 4>. Por lo tanto debe entenderse en el topacio la misericordia y en el zafiro la caridad,[4] virtudes que este sacerdote revistió como vestidura sacerdotal a favor de los hombres.

Ahora tú, padre, que haces las veces de este sacerdote, que tu alma fluya como lo hizo el agua que manó de la roca por la vara de Moisés <*Éx.* 17, 5-6>, de modo que tus palabras puedan dar la bebida de salvación a los corazones incrédulos, y el día que brilla en tu alma crezca en multitud de virtudes. Te veo solícito en tu alma por el camino que tiende hacia Dios. Pero cuando tu espíritu entre en un torbellino a causa de las vicisitudes de los trabajos tuyos y de otros, entonces la Paloma te inundará [de paz] y te hará sencilla torre[5] ante la mirada de Dios.

---

del Supremo Artífice te formó y te puso en un jardín de delicias; pero su espíritu ardiente engañó al hombre en la falaz opción por la propia voluntad, haciendo suya la soberbia del consejo del malvado engañador, por lo que fue expulsado a causa del gusto de la desobediencia." (Carta 144r –al abad Conrado–, anterior a 1153. *Epistolarium* 91a, pp. 320-21). Y aún: "Pero por su gran vanidad el hombre, alejándose de Mí en virtud de la persuasión del diablo, cae en los dolorosos afanes de los pecados, porque nacido de la frágil naturaleza de Adán abandonó el gozoso conocimiento del bien que de ningún modo lo hubiera dañado." (*Liber divinorum operum* <El libro de las obras divinas> 2, 1, 23, p. 291).

4   En *Scivias* <Conoce los caminos del Señor> 2, 2, visión que trata de la Santísima Trinidad, Cristo aparece como una figura humana de color zafiro, con las palmas dirigidas hacia delante. En la Carta 149r –a Werner de Kircheim–, año 1170. *Epistolarium* 91a, p. 335, leemos que "la largueza en la limosna es como un zafiro". Y en la *Physica* (IV, 6. PL 197, 1253B-1254C) el zafiro se presenta como poderoso remedio contra los males de los ojos (la visión); combate también la turbadora ceguera producida por la cólera y por otras emociones violentas, y favorece el buen entendimiento y la buena ciencia. Es decir que está relacionado con el ver y el conocer, esto es, con la verdad, significadas también por su luminosa transparencia. Verdad que se dona difundiéndose con sobreabundante largueza –es Camino, Verdad y Vida– en el Hijo de Dios, el Verbo encarnado, misericordioso don para la salvación del hombre. Sobre el topacio, véase C.41r, n. 7 (nuestra edición, p. 157).

5   Véase C.26r (nuestra edición, p. 122). En la Carta 113 –a unos monjes–, año 1173. *Epistolarium* 91a, pp. 283-84, leemos: "Y así la Sabiduría edificó entre la gente de este lugar una torre que adornó con perlas, topacio y zafiro, puso en ella centinelas y junto a ella construyó un lagar

                          A. A. Fraboschi[†], C. I. Avenatti de Palumbo y M. E. Ortiz

Oh proveedor, por aquel cuidado que tuviste hacia nosotros vi y comprendí estas cosas acerca de la misericordia y por eso, que la gracia del Espíritu Santo te fortifique y te proteja.

<*Is.* 5, 2>, y dispuso a unos hombres para que exprimieran el vino en el lagar. Luego hizo una casa y mandó que en ella vivieran los otros que tenían a su cuidado todo lo que concernía a sus campos. Pero sobrevino una tempestad violenta que trajo funesta locura, de manera tal que los centinelas que custodiaban el lagar mencionado lanzaban dardos contra la torre, y los otros, que permanecían en la casa arrojaban piedras contra dicha torre, por lo que también los que estaban en la torre tiraban piedras contra ellos. Esta torre significa la grandeza del magisterio, que se embellece con las perlas, esto es, con aquellos que desde su niñez han vivido en la inocencia; y con topacio resplandece, es decir, con aquellos que escogiendo la mejor parte <*Luc.* 10, 42> renuncian al mundo; y está adornado con el zafiro, o sea con aquellos que por el amor de Dios renuncian a las vanidades del mundo y a sí mismos. En esta torre se encuentran los centinelas, que son quienes, en cuanto al magisterio, gobiernan a los que les están sujetos. El lagar manifiesta el oficio de aquellos que, unidos a través de la consagración, se entregan al ministerio de la Pasión de Cristo junto al altar, y cultivan y preservan la viña del Señor de los ejércitos. La casa significa la custodia y la observancia de éstos que no son doctos y que viviendo en el mundo, dejan el mundo y a sí mismos por amor a Dios y trabajan en las cosas necesarias para el cuerpo, conservando sin embargo su vida espiritual. La tempestad denota la temeridad de quienes, permaneciendo en el lagar, arrojan las flechas de su soberbia a sus prelados, temeridad por la que quienes están en la casa desobedecen obstinadamente a dichos prelados, por lo que éstos, llevados a la venganza por la provocación, se muestran inmisericordes en sus palabras para con sus súbditos. Por todas estas cosas la Sabiduría ha establecido las treguas –a modo de moratorias– para la enmienda, al modo como en el *Evangelio* el cuidador de la viña decía a su señor, a propósito de la higuera: Señor, déjala todavía este año, hasta que yo cave a su alrededor y la abone con estiércol <*Luc.* 13, 8>. Cavar en torno a ella significa que el hombre sujeta, renunciándola, su propia voluntad; de otra manera, jamás podría obedecer. Echarle estiércol es colocarse bajo el prelado en humildad y obediencia, pues cuando el hombre se inclina a la obediencia, tiene casi por lodo todos los deseos carnales y aun a sí mismo. Y ahora yo, mísera forma, y débil, os digo a vosotros, hermanos de este monasterio: Que el fuego inextinguible de la vida arda en vosotros y os inunde con su luz de manera tal que podáis permanecer en aquello mismo, como habíais comenzado <*Judit* 4, 14>. Porque cuando en vosotros surja el fructífero tiempo de la corrección y la enmienda <*Hebr.* 9, 10>, las piedras de vuestra torre recuperarán el fulgor que tenían antes." Si bien está dirigida a unos monjes, habla también de la labor del abad, y de la caridad y la misericordia.

Carta 87r/a, a un secretario, monje de Ebrach, anterior a 1166

Se trata de la respuesta de Hildegarda a un monje cisterciense del monasterio de Ebrach, posiblemente secretario del abad,[1] quien conociendo la fama de santidad de la abadesa le pide palabras de consolación y su oración.

Dice la Misteriosa Luz: La tierra que posee la fertilidad para germinar da muchos frutos, pero muchas veces la cizaña y las demás hierbas inútiles se mezclan con ellos <*Mat.* 13, 24-30>. Pero a veces, asciende sobre esta tierra cierta calidez de algún viento cuya virtud propia es que produce la debilidad de las hierbas inútiles, y sin embargo no lastima los frutos útiles.

Ahora escucha: Ciertos hombres, que en la abundancia de su naturaleza son idóneos para algo, frecuentemente, por el placer de la carne, mezclan con esta plenitud de su ciencia ciertas obras inútiles. Pero la advertencia de la gracia de Dios alguna vez los amonesta, o por la contrición del espíritu, o por la tristeza de la debilidad de una enfermedad corporal, y por cosas semejantes, para que eviten las obras malas y hagan las buenas.

Esto entiéndelo como para ti.[2] Y Dios, entonces, derrame sobre ti el rocío del cielo y vivirás para la eternidad.

---

1   En el manuscrito de Wiesbaden se lee: "*Abbatis nothario de <Ebra> Hild.*"

2   Véase C.27r, n. 1 (nuestra edición, p. 126).

    A. A. Fraboschi [†], C. I. Avenatti de Palumbo y M. E. Ortiz

Carta 87r/b, a un secretario, monje de Ebrach, anterior a 1166

Nuevamente la abadesa de Bingen escribe al monje secretario de Ebrach, para alentarlo.

Veo que Dios no te esconde Su rostro <*Is.* 64, 7>, sino que con Sus flagelos[1] te sujeta como Le place. Asimismo veo que a tu alma y al gozo de tu cuerpo vendrá la gran luz de la consolación de Dios,[2] cuando Él lo quiera. Pero Dios vive en tu tabernáculo, y Su gracia no se ha oscurecido en él. Vivirás eternamente, y delante de Dios tu alma será alabada –aunque tengas dudas acerca de esto–, porque el varón victorioso es digno del amor de su señor.

---

1   En *Liber divinorum operum* <El libro de las obras divinas> 1, 2, 30 (p. 92) encontramos una referencia que no deja de resultar interesante, a propósito de la glosa que la abadesa de Bingen hace de las palabras del rey David, "Afligiéndome me castigó el Señor, y no me entregó a la muerte" <*Sal.* 117, 18>, y dice: "Castigándome con sus flagelos me ha castigado a mí, pecador, Aquél Quien es el Señor de todas las cosas; pero, sin embargo, por ese mismo castigo con el que me azota no me ha entregado a la muerte de las penas del infierno, porque amándolo Lo busqué y Le confesé mis pecados; y en esto soy paciente y prudente, cuando conozco que Sus juicios sobre mis culpas son rectos y justos, y diligentemente me aplico a volar hacia Él con las dos alas –esto es la ciencia del bien y la del mal–, tal que con el ala derecha someta a la izquierda hasta que avance por el sendero recto y llano."

2   La referencia es a la resurrección y la vida eterna. "Y porque el alma bienaventurada conocerá la gloria de su gran honor, reclamará su morada para que consigo conozca su gloria. Por lo que también esperará ansiosamente el último día: porque ha sido despojada del vestido que amaba, esto es, de su cuerpo, en el cual –cuando lo haya recuperado– contemplará, juntamente con los ángeles, el rostro glorioso de Dios." (*Liber divinorum operum* <El libro de las obras divinas> 1, 4, 104, p. 247). Y también en *Liber Vite Meritorum* <El libro de los merecimientos de la vida> 2, 36 (p. 91): "Pues las obras de los santos, que ellos llevaron a cabo según la inspiración del Espíritu Santo, resplandecen como el cielo delante de Dios, porque fueron hechas con Dios y en Dios; y así, por sus obras, Dios da a esas almas el alivio y consuelo del descanso, pero aún no el gozo pleno, hasta tanto la totalidad de los pueblos hayan entrado en el último día. Entonces Dios unirá los cuerpos y las almas de los santos con sus obras santas, y así la gloria de sus obras los conducirá ante el rostro de Dios, a Quien entonces verán plenamente." Véase *Apoc.* 22, 3-4.

Carta 88, al limosnero de Ebrach, anterior a 1170

La abadesa de Bingen escribe una carta animando y dando confianza a un monje que a causa de sus pecados parece desesperanzado de la misericordia de Dios.

Tu mente ora y tus deseos arden en la sed de la justicia de Dios, y dices: ¿Dónde estoy y a dónde iré? <*Sal.* 139(138), 7> Pero por una parte con voz lastimera pides medicina para tus pecados, y por otra tu ánimo, dudando y estremeciéndose por la soberbia, queda perplejo a causa del juicio de Dios; y no dices gozoso: Dios, por Su gran misericordia, me recibirá.

Pero no es así. Más bien, cree, confía y espera, porque Dios te ama y te quiere; y te recibirá. Lávate pues, en la confesión y la penitencia, y vivirás eternamente.[1]

---

1   "Oh Dios, aborrezco el conjunto de todos mis pecados, sin importar cómo los llevo a cabo, sabiendo en mi alma que no perdonas a nadie que en sus pecados se Te opone con audaz insolencia: porque precipitaste al Infierno al primer ángel prevaricador, porque al hombre después de su caída enviaste al exilio, y porque según sus merecimientos arrojas toda iniquidad al lugar de su quebranto y destrucción. Pero tengo confianza en esto: que desgarraste el Cielo y vestiste la carne, por lo que a Ti se abandona la parte nuestra que actúa mal y que peca, porque en Tu misericordia la lavas mediante el arrepentimiento y la penitencia. Por eso es que también yo, haciendo penitencia por mis pecados, purificado por Ti viviré." (*Liber vite meritorum* <El libro de los merecimientos de la vida> 4, 38, p. 199).

     A. A. Fraboschi [†], C. I. Avenatti de Palumbo y M. E. Ortiz

Carta 89, al monje Rudegero de ebrach, alrededor de 1153

Esta carta parece responder a dos o tres cuestiones que el monje habría confiado a Hildegarda, pidiendo su ayuda. La primera de ellas se refiere a posibles visiones o sueños proféticos que Rudegero habría tenido con relación al papa Eugenio y su muerte, que efectivamente aconteció en 1153. Sobre esto la abadesa le advierte que no debe pretender conocer los secretos de Dios, en Cuyas manos están los tiempos de los hombres. La segunda cuestión es también acerca del tiempo de la muerte de un religioso, y en su respuesta Hildegarda apunta, no a la determinación del término de la vida, sino al aprovechamiento del tiempo de esa vida. La tercera cuestión se refiere a las dudas de Rudegero sobre la realidad del misterio de la transubstanciación –la transformación del pan y el vino en el cuerpo y la sangre de Cristo– en la Eucaristía. La abadesa responde desde su visión, y vuelve a advertir al monje con respecto a lo que podría considerarse el inmoderado deseo de su conocimiento.

La clara revelación en una visión verdadera, dice: Oh hijo de Dios, en el acto creador por el que eres un hombre, y en la fe expresada por tus buenas obras, considera y entiende que no hay en ti poder alguno a no ser en Dios y por medio de Él. Dios conoce todas las cosas, y a ningún hombre da la plenitud del conocimiento, a no ser que lo prevea como conveniente. Nadie, ya sea en la profecía, o en la inspiración de Dios, o bien en su propia sabiduría, conoce todas las cosas, o puede decir algo, salvo que Dios quiera revelárselo a través de un milagro.[1]

Pero aquella luz que en una visión verdadera vi en tu alma es ésta: que eres un hijo de la salvación, pero aún vives en medio de grandes quebrantos, a veces

---

[1] "Así como no puedes contemplar a la Divinidad con tus ojos mortales, tampoco te es posible comprender Sus secretos con tu entendimiento, a no ser en cuanto Su divina permisión te lo conceda. Pero tú, con ánimo vacilante, te vuelves hacia uno y otro lado, [...] y así la inquietud de tu necedad oprime y angustia tu espíritu, porque anhelas saber lo que no debes saber en tu condición de mortal. Alza tu dedo y toca las nubes. ¿Y ahora qué? No puedes hacerlo. Tampoco aquello, esto es, escrutar lo que no debes saber." (*Scivias* <Conoce los caminos del Señor> 3, 10, 5, p. 550).

por el cansancio y la debilidad de la carne, y por diversos pensamientos, que por momentos te hacen volar hacia lo alto, y por momentos recaen en las preocupaciones del mundo, y a veces te enfrentan con la vanagloria por medio de una admirable revelación, como está escrito: *El Señor conoce los pensamientos de los hombres, que son vanos*[2] <*Sal.* 94(93), 11>. Ten cuidado, por lo tanto, de indagar audazmente en tus pensamientos y sueños sobre cuánto tiempo vas a permanecer en este viaje terrenal y cuándo finalizará, pues Dios no me ha mostrado otros signos relativos al papa Eugenio. Sin embargo, te veo terriblemente obstaculizado, como atado, y por lo tanto, debes soltarte en esta vida. Dios no me ha mostrado nada sobre la longitud –o brevedad– de los días de aquel hermano por el cual me preguntas, ni en lo que respecta a sus años ni a los tiempos; pero aún tiene aquel tiempo que jamás acabará. Pero que corra con ánimo esforzado y vigor, porque es un poco tibio y un poco relajado en asuntos carnales, y se extravía un poquito en sus pensamientos. Que muestre todas estas cosas al sacerdote en la confesión.[3]

En cuanto al cuerpo de Cristo, vi también que aquel Poder que descendió al vientre de la Virgen –de manera tal que la Palabra de Dios se hizo carne verdadera– permanece hasta el día de hoy, como está escrito: *Tú eres Mi Hijo, Yo Te he engendrado hoy* <*Sal.* 2, 7>. Y ese mismo Poder, desde el momento en que la Palabra de Dios se encarnó en la Virgen, se mantendrá hasta el último día. Vi también que ese mismo Poder aparece como un amanecer rojo de fuego sobre

---

2   "La Luz Viviente dice: Oh hombre, de Mí fluyen arroyos para revigorizar tu espíritu. Pero tu espíritu está aprisionado y angustiado por la inestabilidad de tus costumbres en la tenebrosidad del viento que se dispersa. Y los pensamientos que ocultas en tu mente a veces te engañan, y a veces el gusto de tu propia obra te corrompe. Sin embargo, el rostro de tus deseos se vuelve hacia Mí buscando el gozo de la elevación que aún no puedes alcanzar en tu obra. (C.48r, nuestra edición, p. 166).

3   "Si alguno, esforzándose en medio de sus muchas dificultades, no puede oponérseles y superarlas por sí mismo, búsqueme con devotísimo anhelo, y en humildísima declaración muéstreme las heridas de su corazón. ¿Cómo? Enséñemelas en su humilde confesión ante un sacerdote. ¿Por qué así? Porque una confesión verdadera es una segunda resurrección. ¿Cómo? En la caída del viejo Adán pereció el género humano, al que el nuevo Adán resucitó con Su muerte. Por lo que también en la muerte del nuevo Adán surgió la resurrección de las almas; y así el hombre debe confesar sus pecados, cosa que el viejo Adán no hizo cuando ocultó su criminal desobediencia en lugar de confesarla. ¿Cómo? Porque no la confesó arrepintiéndose de ella sino que la encubrió acusando a la mujer. Por lo que también la confesión ha sido puesta para que los hombres, después que hayan caído, puedan levantarse de su caída en virtud de la confesión. Y por eso quienquiera que, por amor a Mí, confiese sus pecados a un sacerdote con una confesión sincera, ése resucita de la muerte a la vida, como también fue rescatada de la muerte aquella que, en el banquete, con lágrimas de arrepentimiento se purificó de la inmundicia de sus pecados ante Mi Hijo." (*Scivias* <Conoce los caminos del Señor> 2, 6, 82, p. 295).

        A. A. Fraboschi[†], C. I. Avenatti de Palumbo y M. E. Ortiz

el altar. Y Aquél Que se hizo carne y sangre en el vientre de la Virgen también hace del pan y del vino, en el altar, Su carne y Su sangre.[4]

Ahora veo también que tú, en la elevación de tus manos, eres como una nube cambiante a causa de la variación de muchos de tus pensamientos, lo cual a veces te hace dudar. Deja estas cosas a un lado y reconoce quién es Aquél Quien lleva a cabo Sus obras en el altar.[5] ¿Y quién hay que pudiera narrar estas maravillas? Cuando con sencillez así lo consideras, te veo puro como el sol, y tu sacrificio es agradable a Dios. Y Él liberará tu alma.

---

4   "Cuando la oblación de pan y vino ha sido ofrecida sobre el altar dedicado a Mi Nombre en memoria de Mi Hijo, Yo el Todopoderoso, iluminándola milagrosamente con Mi poder y con Mi gloria, la transformo en el cuerpo y la sangre de Mi Unigénito. ¿Cómo? Por el mismo milagro por el cual Mi Hijo recibió un cuerpo de la Virgen; por ese mismo milagro también esta ofrenda se convierte en Su cuerpo y Su sangre en la consagración." (Ibíd., 2, 6, 36, p. 264).

5   "Este pan es la carne de Mi Hijo, a la que ninguna oscuridad sume en las tinieblas de los pecados, ni mancha alguna empaña con iniquidades. Así, quienes dignamente La reciban serán bañados y penetrados en cuerpo y alma por una luz celestial, y purificados de las manchas de su sordidez interior. No haya duda alguna en cuanto a esta sacratísima carne: porque Quien ni de la carne ni del hueso formó al primer hombre, Éste puede así llevar a cabo este sacramento." (Ibíd., 2, 6, 24, p. 253).

Carta 90, a un monje de Ebrach, anterior a 1170

Es una breve esquela que procura llevar consolación a un monje, afligido por sus falencias y ansioso por su futuro.

Dios te ha visto y te conoce de antemano <*Rom*. 8, 29> en tus dos partes, o sea, en tu frivolidad por una parte, y por la otra, en la plenitud de tu amor divino. Pero en esta liviandad tu dolor cede un poquito, aunque no te faltará en esta vida el camino de la ansiedad. Por el contrario, en el amor divino tienes, ante la mirada de los hombres, el hecho de que los pueblos no te rechazarán sino que te amarán. Y Dios desea tu alma.

 A. A. Fraboschi[†], C. I. Avenatti de Palumbo y M. E. Ortiz

Subsidio bibliográfico I

1. Fuentes

1.1. Obras de Hildegardis Bingensis (Hildegarda de Bingen)
Ediciones latinas

Acta Inquisitionis de Virtutibus et Miraculis Sanctae Hildegardis. In: Migne, J.-P. (ed.). *Patrologiae cursus completus. Series latina*, 197. Paris: 1882. (S. Hildegardis Abbatissae Opera omnia).

Causae et curae:
Hildegardis. *Causae et curae*. Ed. Paul Kaiser. Leipzig: Teubner Verlag, 1903.

Epistolarium:
Hildegardis Bingensis *Epistolarium*. Ed. Lieven van Acker. Turnhout: Brepols, 1991-93, 2001. (Corpus Christianorum. Continuatio Mediaevalis, 91-91a, 91b). Pars Prima, Epist. 1-90; Pars Secunda, Epist. 91-250r; Pars Tertia, Epist. 251-390. *Epistolae*. In: Migne, J.-P. (ed.). PL 197.

Liber Divinorum Operum:
Hildegardis Bingensis. *Liber Divinorum Operum*. Cura et studio Albert Derolez et Peter Dronke. Turnhout: Brepols, 1996. (CCCM 92). *Liber Divinorum Operum*. In: Migne, J.-P. (ed.). PL 197.

Liber Vitae Meritorum:
Hildegardis *Liber Vitae Meritorum*. Ed. Angela Carlevaris O.S.B. Turnhout: Brepols, 1995. (CCCM 90).

Ordo Virtutum:
Hildegardis Bingensis. *Ordo Virtutum* Edidit Peter Dronke. In: Hildegardis Bingensis. *Opera Minora*. Ediderunt Peter Dronke, Christopher P. Evans, Hugh Feiss, Beverly Mayne Kienzle, Carolyn A. Muessig, Barbara Newman. Turnhout: Brepols, 2007. (CCCM 226).

Physica:
Physica (Liber subtilitatum diversarum naturarum creaturarum). In: Migne, J.-P. (ed.). PL 197.

Regulae S. Benedicti Explanatio:
Hildegardis Bingensis. *De Regula sancti Benedicti*. Edidit Hugh Feiss. In: Hildegardis Bingensis. *Opera Minora*. Ediderunt Peter Dronke, Christopher P. Evans, Hugh Feiss, Beverly Mayne Kienzle, Carolyn A. Muessig, Barbara Newman. Turnhout: Brepols, 2007. (CCCM 226).

Scivias:
> HILDEGARDIS. *Scivias*. Ed. Adelgundis Führkötter O.S.B. collab. Angela Carlevaris O.S.B. Turnhout: Brepols, 1978. (CCCM 43-43a).
> *Scivias*. In: MIGNE, J.-P. (ed.). PL 197.

Symphonia Armonie Celestium Revelationum:
> HILDEGARDIS BINGENSIS. *Symphonia*. Edidit Barbara Newman. In: HILDEGARDIS BINGENSIS. *Opera Minora*. Ediderunt Peter Dronke, Christopher P. Evans, Hugh Feiss, Beverly Mayne Kienzle, Carolyn A. Muessig, Barbara Newman. Turnhout: Brepols, 2007. (CCCM 226).

Vita sanctae Hildegardis:
> *Vita Sanctae Hildegardis Virginis*. Cura et studio Monika Klaes. Turnhout: Brepols, 1993. (CCCM 126).
> *Vita sanctae Hildegardis auctoribus Godefrido et Theodorico monachis*. In: MIGNE, J.-P. (ed.). PL 197.

Expositiones Evangeliorum
Explanatio Symboli S. Athanasii
> En:
> HILDEGARDIS BINGENSIS. *Opera Minora*. Ediderunt Peter Dronke, Christopher P. Evans, Hugh Feiss, Beverly Mayne Kienzle, Carolyn A. Muessig, Barbara Newman. Turnhout: Brepols, 2007. (CCCM 226).

Solutiones quaestionum XXXVIII
Vita S. Disibodi
Vita S. Ruperti
Lingua ignota
Litterae ignotae
> En:
> HILDEGARDIS BINGENSIS. *Opera Minora II*. Ediderunt C. P. Evans, J. Deplogie; S. Moens; M. Embach; K. Gartner. Turnhout: Brepols, 2015. 350 p. (CCCM 226 A). (En prensa)

1.2. Obras de Hildegarda de Bingen (traducciones)

Causae et Curae:
> HILDEGARD VON BINGEN. *Heilkunde*. Das Buch von dem Grund und Wesen und der Heilung der Krankheiten. Nach den Quellen übersetzt und erläutert von Heinrich Schipperges. Salzburg: O. Müller 1957. 6. Aufl. 1992. 332p.
> HILDEGARD OF BINGEN. *On Natural Philosophy and Medicine. Selections from Cause et cure*. Transl. from Latin with Intr., Notes and interpretative essay by Margret Berger. Cambridge: D.S. Brewer, 1999. 166 p.
> HILDEGARD OF BINGEN. *Holistic Healing*. Manfred Pawlik, transl. of Latin text. Patrick Madigan, S.J., transl. of German text. John Kulas, O.S.B., transl. of Foreword.

Mary Palmquist and John Kulas, editors of English text. Collegeville, Minnesota: The Liturgical Press, 1994. 223 p.

Hl. Hildegard. *Heilwissen*. Von den Ursachen und der Behandlung von Krankheiten nach der hl. Hildegard von Bingen. Übersetzt und herausgegeben von Manfred Pawlik. Augsburg: Pattloch 1990. 2. Aufl. 307 S. 3. Aufl. 1997.

Ildegarda di Bingen. *Cause e cure delle infermità*. Con una nota de Angelo Morino. A cura di Paola Calef. Palermo: Sellerio editore, 1997. 340 p. (Le favole mistiche, 6).

Epistolarium:

Hildegard von Bingen. *Briefwechsel*. Nach den ältesten Handschriften übersetzt und nach den Quellen erläutert von Adelgundis Führkötter. Salzburg: O. Müller, 1965. 2 verb. Aufl. 1990. 277 p.

Hildegard von Bingen. *Im Feuer der Taube. Die Briefe*. Erste vollständige Ausgabe. Übersetzt und herausgegeben von Walburga Storch. Augsburg: Pattloch 1997. 639 p.

Saint Hildegard. *The Letters of Hildegard of Bingen*. 3 vol. Transl. by Joseph L. Baird and Radd K. Ehrman. New York/Oxford: Oxford University Press, 1994-2004.

Liber Divinorum Operum:

Hildegard of Bingen's. *Book of Divine Works* with Letters and Songs. Ed. and intr. by Matthew Fox. Santa Fe, New Mexico: Bear & Company, 1987. 408 p.

Hildegard von Bingen. *Das Buch vom Wirken Gottes. Liber divinorum operum*. Erste vollständige Ausgabe. Übers. und herausgegeben von Mechthild Heieck. Augsburg: Pattloch 1998. 464 p.

Hildegarda de Bingen. *Libro de las obras divinas*. Traducción de María Isabel Flisfisch, María Eugenia Góngora y María José Ortúzar. Barcelona: Herder, 2009. 615 p.

Hildegarde de Bingen. *Le Livre des oeuvres divines (Visions)*. Présenté et trad. par Bernard Gorceix. Paris: Albin Michel, 1982. 216 p.

Ildegarda di Bingen. *Il libro delle opere divine*. A cura di Marta Cristiani e Michela Pereira con un saggio introduttivo di Marta Cristiani. Traduzione di Michela Pereira. [edición bilingüe, incluye el texto latino de CCCM]. 2ª ed. Milano: Arnaldo Mondadori, 2003. 1318 p. (I Meridiani. Classici dello Spirito).

Liber Vitae Meritorum:

Hildegard of Bingen. *The Book of the Rewards of Life (Liber Vitae Meritorum)*. Transl. by Bruce W. Hozeski. New York: Oxford University Press, 1997. 290 p.

Hildegard von Bingen. *Der Mensch in der Verantwortung. Das Buch der Lebensverdienste (Liber vitae meritorum)*. Nach den Quellen übersetzt und erläutert von Heinrich Schipperges. Salzburg: O. Müller 1972. 310 p. 2. Aufl. 1985.

Hildegarda de Bingen. *El libro de los merecimientos de la vida*. Introducción, traducción y notas de Azucena Adelina Fraboschi. Buenos Aires: Miño y Dávila, 2011. 448 p.

Ordo Virtutum:

HILDEGARD OF BINGEN. *Ordo Virtutum (The Play of the Virtues).* En DRONKE, P. (ed. y tr.) *Nine medieval Latin plays.* New York: Cambridge University Press, 1994, pp. 147-184.

HILDEGARD OF BINGEN. *Ordo Virtutum,* ed. A.E. Davidson, tr. B. Hozeski; G. Iversen, Kalamazoo: Medieval Institute Publications, 1984.

HILDEGARDA DE BINGEN. *La obra de las virtudes.* En: CASTRO CARIDAD, E. (ed. y tr.) *Dramas escolares latinos (siglos XII y XIII).* Madrid: Akal, 2001, pp. 83-100.

HILDEGARDA DE BINGEN. *Ordo Virtutum. El drama de las Virtudes.* Introducción, traducción y notas de María Esther Ortiz. Buenos Aires: Ágape, 2014. 77p.

HL. HILDEGARD. *Ordo virtutum / Spiel der Kräfte. Das Schau-Spiel vom Tanz der göttlichen Kräfte und der Sehnsucht des Menschen.* Trad. B. Konermann, Augsburg: Pattloch. 1991.

ILDEGARDA DI BINGEN. *Ordo Virtutum. Il cammino di Anima verso la salvezza.* A cura di M. Tabaglio. Testo latino a fronte. Verona: Gabrielli, 1999. 196 p.

Physica:

HILDEGARD OF BINGEN. *Hildegard's healing plants: from her medieval classic Physica.* Transl. by Bruce W. Hozeski. Boston: Beacon Press, 2001. 192 p.

HILDEGARD VON BINGEN. *Heilkraft der Natur - "Physica".* Übers. Marie-Louise Portmann. Augsburg: Pattloch 1997. 551 p.

HILDEGARD VON BINGEN'S. *Physica.* The Complete English Translation of Her Classic Work on Health and Healing. Transl. from the Latin by Priscilla Throop. Rochester, Vermont: Healing Arts Press, 1998. 250 p.

SANTA HILDEGARDA DE BINGEN. *Libro sobre las propiedades naturales de las cosas creadas. I. Libro de la medicina sencilla.* Trad. de Rafael Renedo Hijarrubia. Prólogo de José María Sánchez de Toca y Catalá. España: Akrón, 2009. 399 p.

Regulae S. Benedicti Explanatio:

HILDEGARD OF BINGEN. *Explanation of The Rule of Benedict.* Transl., with intr. & notes, by Hugh Feiss, OSB & with a background essay by Jo Ann McNamara. Ed. revised. Toronto: Peregrina Publishing Co., 2000. 101 p.

HILDEGARDIS BINGENSIS. *Erklärung der Regel des hl. Benedikt.* Übers. Werner Suter. Komm. Maria Assumpta Hönmann. Basel: Basler Hildegard-Gesellschaft 1987. 32 S.

HILDEGARDA DE BINGEN; FEISS, H. (comment.); MERINO SALVADO, C. (trad.); DE PASCUAL, F.R. (trad.). "Explicación de la Regla de San Benito". *Cistercium.* 1996; 48(204): 25-67.

ILDEGARDA DI BINGEN. *Il centro della ruota. Spiegazione della regola di S. Benedetto.* A cura di A. Carlevaris e P. Alloni. Testo latino a fronte. Milano: Mimesis, 1997. 122 p.

Scivias:

HILDEGARD OF BINGEN. *Scivias.* Transl. Mother Columba Hart and Jane Bishop. Intr. by Barbara J. Newman. Preface by Caroline Walker Bynum. New York: Paulist Press, 1990. 545 p.

HILDEGARD VON BINGEN. *Wisse die Wege. Scivias.* Nach dem Originaltext des illuminierten Rupertsberger Kodex der Wiesbadener Landesbibliothek ins Deutsche übertragen und bearbeitet von Maura Böckeler. Salzburg: O. Müller. 9. Aufl. 1996.

HILDEGARDA DE BINGEN. *Scivias: Conoce los caminos*. Trad. de Antonio Castro Zafra y Mónica Castro. Madrid: Trotta, 1999. 508 p.

SAINTE HILDEGARDE. *Scivias ou Les trois livres des visions et révélations*. Trad. par R. Chamonal. Paris: R. Chamonal, Libraire-Editeur, 1909.

Symphonia Armonie Celestium Revelationum:

HILDEGARD DE BINGEN. *Sinfonía de la armonía de las revelaciones celestiales*. Trad. de María Isabel Flisfisch. Intr. y comentarios de María Isabel Flisfisch, María Eugenia Góngora, Ítalo Fuentes, Beatriz Meli y María José Ortúzar. Madrid: Trotta, 2003. 402 p.

HILDEGARD OF BINGEN. *Symphonia*. A Critical Edition of the *Symphonia armonie celestium revelationum* [Symphony of the Harmony of Celestial Revelations]. Intr., transl. and com. by Barbara Newman. 2nd ed. Ithaca, New York: Cornell University Press, 1998. 328 p.

HILDEGARD VON BINGEN. *Lieder*. Nach den Handschriften herausgegeben von Pudentiana Barth OSB, M. Immaculata Ritscher OSB, and Joseph Schmidt-Görg. Salzburg: O. Müller 1969. 328 p. 2. Aufl. 1992

HILDEGARD VON BINGEN. *Symphonia: Gedichte und Gesänge*. Lateinisch und Deutsch von Walter Berschin und Heinrich Schipperges. Gerlingen: Lambert Schneider 1995. 266 p.

HILDEGARDE DE BINGEN. *Symphonie des Harmonies Célestes. Suivi de L'Ordre des Vertus* . Trad. par Rebecca Lenoir et Christophe Carraud. Grenoble: Éditions Jérôme Millon. 2003. 224p.

Vita sanctae Hildegardis:

CIRLOT, VICTORIA (ed.). *Vida y visiones de Hildegard von Bingen*. Madrid: Siruela, 1997. 269 p.

GOTTFRIED VON DISIBODENBERG UND THEODERICH VON ECHTERNACH. *Das Leben der Heiligen Hildegard*. Aus dem Lateinischen übersetzt und kommentiert von Adelgundis Führkötter. Salzburg: O. Müller 1980. 160 p.

SILVAS, ANNA. *Jutta and Hildegard: The Biographical Sources*. Transl. and intr. by Anna Silvas. Pennsylvania: University Press, 1999. 299 p. (Brepols Medieval Women Series)

Subsidio bibliográfico II

2. Estudios sobre Hildegarda de Bingen
Bibliografía general fundamental en otros idiomas

2.1. Libros

BOWIE, FIONA; DAVIES, OLIVER (eds.). *Hildegard of Bingen. Mystical Writings*. Intr. by Fiona Bowie and Oliver Davies and with a new translations by Robert Carver. New York: Crossroad, 1990. 156 p. (Spiritual Classics Series).

BURNETT, CHARLES; DRONKE, PETER (eds.). *Hildegard of Bingen. The Context of Her Thought and Art*. London: Warburg Institute, 1998. 234 p.

BURNETT MCINERNEY, MAUD (ed.). *Hildegard of Bingen. A Book of Essays*. New York: Garland Publishing, Inc., 1998. 257 p.

CIRLOT, VICTORIA. *Hildegard von Bingen y la tradición visionaria de Occidente*. Barcelona: Herder, 2005.

— *Vida y visiones de Hildegard von Bingen*. Madrid: Siruela, 1997. 269 p.

CRAINE, RENATE. *Hildegard. Prophet of the Cosmic Christ*. New York: The Crossroad Publishing Company, 1997. 160 p. [Series "A Spiritual Legacy"]

D'ALESSANDRO, OLGA. *Mistica e filosofia in Ildegarda di Bingen*. Padua: CEDAM, 1966. 89 p.

DAVIDSON, AUDREY EKDAHL (ed.). *The Ordo Virtutum of Hildegard of Bingen*. Critical Studies. Kalamazoo, Michigan: Medieval Institute Publications, Western Michigan University, 1992. 128 p.

DAVIDSON, AUDREY EKDAHL. *Wisdom Which Encircles, Papers on Hildegard of Bingen*. Kalamazoo, Michigan: Medieval Institute Publications, Western Michigan University, 1996. 116 p.

DINZELBACHER, PETER. *Vision und Visionsliteratur im Mittelalter (Monographien zur Geschichte des Mittelalters)*. Stuttgart: Anton Hierseman, 1981. 288 p.

FERRIS, PAUL. *Les remèdes de Santé d'Hildegarde de Bingen*. Allemagne: Marabout, 2010. 185 p.

FIERRO, NANCY. *Hildegard of Bingen and Her Vision of the Feminine*. Kansas City: Sheed & Ward, 1994. 51 p.

FLANAGAN, SABINA. *Hildegard of Bingen, 1098-1179. A Visionary Life*. 2nd edition. London/ New York: Routledge, 1998. 227 p.

— *Secrets of God. Writings of Hildegard of Bingen*. Boston: Shambhala, 1996. 186 p.

FOX, MATTHEW. *Illuminations of Hildegard of Bingen*. Text by Hildegard of Bingen with commentary by Matthew Fox, O.P. Santa Fe, New Mexico: Bear & Company, 1985. 128 p.

FÜHRKÖTTER, ADELGUNDIS (ed.) *Kosmos und Mensch aus der Sicht Hildegards von Bingen*. Mainz: Verlag der Gesellschaft für Mittelrheinische Kirchengeschichte, 1987. 124 p.

Gouguenheim, Sylvain. *La Sibylle du Rhin. Hildegarde de Bingen, abbesse et prophétesse rhénane*. Paris: Publications de la Sorbonne, 1996. 211 p.

Gronau, Eduard. *Hildegard von Bingen 1098-1179. Prophetische Lehrerin der Kirche an der Schwelle und am Ende der Neuzeit*. Stein am Rhein: Christiana, 1985. 448 p.

Haverkamp, Alfred (Hrsg.) *Hildegard von Bingen in ihrem historischen Umfeld*. Internationaler wissenschaftlicher Kongress zum 900 jährigen Jubiläum. 13.-19. September 1998, Bingen am Rhein. Mainz: von Zabern, 2000. 637 p.

Hertzka, Gottfried. *Piccola farmacia di Sant'Ildegarda*. Milano: Editrice Àncora Milano, 1994. 288 p.

King-Lenzmeier, Anne H. *Hildegard of Bingen. An Integrated Vision*. Collegeville (Minnesota): A Michael Glazier Book, The Liturgical Press, 2001. 231 p.

Liebeschütz, Hans. *Das allegorische Weltbild der Heiligen Hildegard von Bingen*. Darmstadt: Wissenschaftl. Buchgesellschaft, 1964. 188 p.

Maddocks, Fiona. *Hildegard of Bingen. The Woman of Her Age*. New York: Doubleday, 2001. 332 p.

Moulinier, Laurence. *Le manuscript perdu á Strasbourg: enquéte sur l'oeuvre scientifique de Hildegarde*. Paris: Publicación de la Sorbona, 1995. 286 p.

Newman, Barbara. *Sister of Wisdom; St. Hildegard's Theology of the Feminine*. 2nd ed.. Berkeley: University of California Press, 1997. 305 p.

Newman, Barbara (ed.). *Voice of the Living Light. Hildegard of Bingen and Her World*. Berkeley: University of California Press, 1998. 278 p.

Pernoud, Régine. *Hildegarde de Bingen. Conscience inspirée du XIIe siècle*. Nouv. éd. France: Éd. Du Rocher, 1995. 221 p.

Schiller, Reinhard. *Le cure miracolose di suor Ildegarda*. Italia, Piemme, 1996. 302 p.

Schipperges, Heinrich. *Hildegard of Bingen. Healing and the Nature of the Cosmos*. 2nd print. Princeton: Markus Wiener Publishers, 1998. 122 p.

— *The World of Hildegard of Bingen. Her Life, Times and Visions*. Transl. by John Cumming. Collegeville, Minnesota: The Liturgical Press, 1998. 160 p.

Strehlow, Wighard. *Spiritual Remedies*. Rochester, Vermont: Healing Arts Press, 2002. 257 p.

Strehlow, Wighard and Hertzka, Gottfried. *Hildegard of Bingen's Medicine*. Transl. from the German by Karin Anderson Strehlow. Santa Fe, New Mexico: Bear & Company, 1988. 161 p.

Strickerschmidt, Hildegard. *Santa Ildegarda. Guarigione del corpo e dell'anima. Salute e forza vitale. Consigli pratici per una vota positiva*. Trad. di Giuseppina Strippoli. Rivarolo Canavese: Centro di Benessere Psicofisico, 1995. 177 p.

Wörman Sur, Carolyn. *The feminine images of God in the visions of Saint Hildegard of Bingen's Scivias*. Lewiston, New York: The Edwin Mellen Press, 1993. 226 p.

Ulrich, Ingeborg. *Hildegard of Bingen. Mystic, Healer, Companion of the Angels*. Collegeville (Minnesota): The Liturgical Press, 1993. 255 p.

2.2. Artículos y colaboraciones:

AHLGREN, GILLIAN. "Visions and Rhetorical Strategy in the Letters of Hildegard of Bingen", 46-63. En: CHEREWATUK, KAREN; WIETHAUS, ULRIKE (eds.). *Dear Sister: Medieval Women and the Epistolary Genre*. Philadelphia: University of Pennsylvania Press, 1993. 232 p.

ALLEN, PRUDENCE. "Hildegard of Bingen's Philosophy of Sex Identity". *Thought*. 1989; 64: 321-41.

— "Two Medieval Views on Woman's Identity: Hildegard of Bingen and Thomas Aquinas". *Studies in Religion/Sciences Religieuses*. 1987; 16(1), 21-36.

BAILLET, L. "Les miniatures du 'Scivias' de Sainte Hildegarde", 49-149. En: *Monuments et Mémoires publiés par l'Académie des Inscriptions et Belles-Lettres*. T. 19, fasc. 1. Paris: 1912.

BARTLETT, A. C. "Commentary, Polemic, and Prophecy in Hildegard of Bingen's Solutiones triginta octo quaestionum. *Viator*. 1992; 23: 153-165.

BARTON, JULIE. "Mutual Interplay: Body and Soul in the Theology of Hildegard of Bingen". *Tjurunga: An Australasian Benedictine Review*. 1994; 46: 3-14.

BERSCHIN, WALTER. "Eine Offiziendichtung in der *Symphonia*. Hildegards von Bingen: Ursula und die Elftausend Jungfrauen (carm. 44)", 157-62. En: BURNETT, CHARLES; DRONKE, PETER (eds.). *Hildegard of Bingen. The Context of Her Thought and Art*. London: Warburg Institute, 1998. 234 p.

BILLY, DENNIS J. "Redemption in Hildegard of Bingen's Scivias". *The American Benedictine Review*. 1997; 48(4): 361-71.

BOLTON HOLLOWAY, JULIA. "The Monastic Context of Hildegard's *Ordo Virtutum*", 63-77. En: DAVIDSON, AUDREY EKDAHL (ed.). *The Ordo Virtutum of Hildegard of Bingen*. Critical Studies. Kalamazoo, Michigan: Medieval Institute Publications, Western Michigan University, 1992. 128 p.

BUMPASS, KATHRYN L. "A Musical Reading of Hildegard's Responsory *Spiritui Sancto*", 155-73. En: BURNETT MCINERNEY, MAUD (ed.). *Hildegard of Bingen. A Book of Essays*. New York: Garland Publishing, Inc., 1998. 257 p.

BURNETT, CHARLES. "Hildegard in England: A Note on Hildegard's Texts in the Library of the Austin Friars in York", 63-4. En: BURNETT, CHARLES; DRONKE, PETER (eds.). *Hildegard of Bingen. The Context of Her Thought and Art*. London: Warburg Institute, 1998. 234 p.

— "Hildegard of Bingen and the Science of the Star", 111-20. En: BURNETT, CHARLES; DRONKE, PETER (eds.). *Hildegard of Bingen. The Context of Her Thought and Art*. London: Warburg Institute, 1998. 234 p.

BURNETT MCINERNEY, MAUD. "Hildegard of Bingen. Prophet and Polymath", xvii-xxvii. En: BURNETT MCINERNEY, MAUD (ed.). *Hildegard of Bingen. A Book of Essays*. New York: Garland Publishing, Inc., 1998. 257 p.

— "Like a Virgin: The Problem of Male Virginity in the *Symphonia*", 133-54. En: BURNETT McINERNEY, MAUD (ed.). *Hildegard of Bingen. A Book of Essays*. New York: Garland Publishing, Inc., 1998. 257 p.

CADDEN, JOAN. "It takes All Kinds: Sexuality and Gender Differences in Hildegard of Bingen's 'Book of Compound Medicine'". *Traditio*. 1984; 40: 149-74.

CARLEVARIS, ANGELA. "Ildegarda e la Patristica", 65-80. En: BURNETT, CHARLES; DRONKE, PETER (eds.). *Hildegard of Bingen. The Context of Her Thought and Art*. London: Warburg Institute, 1998. 234 p.

CAVINESS, MADELINE. "Artist: To See, Hear, and Know All at Once", 110-124. En: NEWMAN, BARBARA (ed.). *Voice of the Living Light. Hildegard of Bingen and Her World*. Berkeley: University of California Press, 1998. 278 p.

— "Gender Symbolism and Text Image Relationships: Hildegard of Bingen's *Scivias*", 71-111. En: BEER, JEANETTE (ed.). *Translation Theory and Practice in the Middle Ages*. Kalamazoo: Medieval Institute Publications, Western Michigan University, 1997. 282 p.

— "Hildegard as the Designer of the Illustrations to her Works", 29-62. En: BURNETT, CHARLES; DRONKE, PETER (eds.). *Hildegard of Bingen. The Context of Her Thought and Art*. London: Warburg Institute, 1998. 234 p.

CHAMBERLAIN, MARCIA KATHLEEN. "Hildegard of Bingen's Causes and Cures: A Radical Feminist Response to the Doctor-Cook Binary", 53-73. En: BURNETT McINERNEY, MAUD (ed.). *Hildegard of Bingen. A Book of Essays*. New York: Garland Publishing, Inc., 1998. 257 p.

CHAUVIN, B. "Hildegarde de Bingen et les Cisterciens: note sur les Epistolae LXX et LXX". *Cîteaux*. 1995; 46(1-2): 159-65.

CLARK BARTLETT, ANNE. "Commentary, Polemic, and Prophecy in Hildegard of Bingen's Solutiones Triginta Octo Quaestionum". *Viator*. 1992; 23: 153-65.

CRAINE, RENATE. "Hildegard of Bingen: 'The Earth Hungers for the Fullness of Justice'". *Cistercian Studies*.1991; 26(2): 120-26.

DAALEMAN, TIMOTHY. "The Medical World of Hildegard of Bingen". *The American Benedictine Review*. 1993; 44(3): 280-89.

D'ALVERNY, MARIE-THÉRÈSE. "Comment les théologiens et les philosophes voient la femme". *Cahiers de la Civilisation médiévele*. 1977; 20: 105-28.

DAVIDSON, AUDREY EKDAHL. "Music and Performance: Hildegard of Bingen's *Ordo Virtutum*", 1-29. En: DAVIDSON, AUDREY EKDAHL (ed.). *The Ordo Virtutum of Hildegard of Bingen*. Critical Studies. Kalamazoo, Michigan: Medieval Institute Publications, Western Michigan University, 1992. 128 p.

DAVIDSON, CLIFFORD. "The *Ordo Virtutum*: A Note on Production", 111-22. En: DAVIDSON, AUDREY EKDAHL (ed.). *The Ordo Virtutum of Hildegard of Bingen*. Critical Studies. Kalamazoo, Michigan: Medieval Institute Publications, Western Michigan University, 1992. 128 p.

DEROLEZ, ALBERT. "The Manuscript Transmission of Hildegard of Bingen's Writings. The State of the Problem", 17-28. En: BURNETT, CHARLES; DRONKE, PETER (eds.). *Hildegard of Bingen. The Context of Her Thought and Art*. London: Warburg Institute, 1998. 234 p.

DRONKE, PETER. "Hildegard of Bingen as Poetess and Dramatist", 169-79. En: *Poetic Individuality in the Middle Ages*. Oxford: Clarendon Press, 1970. 234 p.

— "Platonic-Christian Allegories in the Homilies of Hildegard of Bingen". En: WESTRA, HAIJO JAN (ed.). *From Athens to Chartres: Neoplatonism and Medieval Thought*, 381-96. Leiden: 1992.

— "Problemata Hildegardiana". *Mittellateinisches Jahrbuch*. 1981; 16: 97-131.

— "The Allegorical World-Picture of Hildegard of Bingen: Revaluations and New Problems", 1-16. En: BURNETT, CHARLES; DRONKE, PETER (eds.). *Hildegard of Bingen. The Context of Her Thought and Art*. London: Warburg Institute, 1998. 234 p.

— "The Composition of Hildegard of Bingen's *Symphonia*". *Sacris Erudiri*. 1969-70; 19: 381-93.

EMERSON, JAN S. "A Poetry of Science: Relating Body and Soul in the *Scivias*", 77-101. En: BURNETT MCINERNEY, MAUD (ed.). *Hildegard of Bingen. A Book of Essays*. New York: Garland Publishing, Inc., 1998. 257 p.

ENGBRING, GERTRUDE M. "Saint Hildegard, Twelfth-Century Physician". *Bulletin of the History of Medicine*. 1940; 8: 770-84.

ESCOT, POZZI. "The Gothic Cathedral and Hidden Geometry of St. Hildegard". *Sonus*. 1984; 5(1): 14-31.

— "Hildegard Von Bingen: Universal Proportion". *Sonus*. 1990; 11 (1): 33-40.

FASSLER, MARGOT. "Composer and Dramatist", 149-75. En: NEWMAN, BARBARA (ed.). *Voice of the Living Light. Hildegard of Bingen and Her World*. Berkeley: University of California Press, 1998. 278 p.

FEISS, HUGH. "Hildegard's Vision of the Eucharist (*Scivias* 2.6): Theology and Pastoral Practice". *The American Benedictine Review*. 1998; 49(2): 165-94.

FERRANTE, JOAN. "Correspondent: Blessed Is the Speech of Your Mouth", 91-109. En: Newman, Barbara. *Voice of the Living Light. Hildegard of Bingen and Her World*. Berkeley: University of California Press, 1998. 305 p.

— "Scribe quae vides et audis: Hildegard, Her Language, and Her Secretaries", 102-35. En: TOWNSEND, DAVID; TAYLOR, ANDREW (ed.). *The Tongue of the Fathers: Gender and Ideology in Twelfth-Century Latin*. Philadelphia: University of Pennsylvania Press, 1998. 248 p.

FLANAGAN, SABINA. "For God Distinguishes the People of Earth as in Heaven: Hildegard of Bingen's Social Ideas". *The Journal of Religious History*. February 1998; 22(1): 14-34.

— "Hildegard of Bingen as Prophet: The Evidence of her Contemporaries". *Tjurunga*. 1987; 32: 16-45.

FORD-GRABOWSKY, MARY. "Angels and Archetypes: a Jungian Approach to Saint Hildegard". *The American Benedictine Review*. 1990; 41(1): 1-19.

GALEAZZI, O. "Simbolo e guarigione in Ildegarda di Bingen". *Storia e Medicina Popolare.* 1990; 8(2-3): 107-19.

GARBER, REBECCA L. R. "Where Is the Body? Images of Eve and Mary in the *Scivias*", 103-32. En: BURNETT MCINERNEY, MAUD (ed.). *Hildegard of Bingen. A Book of Essays.* New York: Garland Publishing, Inc., 1998. 257 p.

GLAZE, FLORENCE ELIZA. "Medical Writer: Behold the Human Creature", 125-48. En: Newman, Barbara. *Voice of the Living Light. Hildegard of Bingen and Her World.* Berkeley: University of California Press, 1998. 305 p.

GÖSSMANN, ELISABETH. "The Philosophical Anthropology of Hildegard of Bingen". *Mystics Quarterly.* 1987; 13: 146-54.

GOUGUENHEIM, S. "La place de la femme dans la création et dans la société chez Hildegarde de Bingen". *Revue Mabillon.* 1991; 2: 99-118.

GRANT, BARBARA L. "Five Liturgical Songs by Hildegard of Bingen". *Sings* (Journal of Women in Culture and Society). 1980; 5(3): 564-73.

HINDSLEY, LEONARD P. "Rhenish Confluences: Hildegard and the Fourteenth Century Dominicns", 177-90. En: BURNETT MCINERNEY, MAUD (ed.). *Hildegard of Bingen. A Book of Essays.* New York: Garland Publishing, Inc., 1998. 257 p.

HOTCHIN, JULIE. "Enclosure and Containment: Jutta and Hildegard at St. Disibod". *Magistra.* 1996; 2: 103-23.

— "Images and Their Places: Hildegard of Bingen and Her Communities". Tjurunga. 1996; 49: 23-38.

HOZESKI, BRUCE W. "Hildegard von Bingen's Ordo Virtutum: The Earliest Morality Play". *The American Benedictine Review.* 1975; 26: 251-59.

IVERSEN, GUNILLA. "*Ego Humilitas, regina Virtutum*: Poetic Language and Literary Structure in Hildegard of Bingen's Vision of teh Virtues", 79-110. En: DAVIDSON, AUDREY EKDAHL (ed.). *The Ordo Virtutum of Hildegard of Bingen.* Critical Studies. Kalamazoo, Michigan: Medieval Institute Publications, Western Michigan University, 1992. 128 p.

JACQUART, DANIELLE. "Hildegarde et la physiologie de son temps", 121-134. En: BURNETT, CHARLES; DRONKE, PETER (eds.). *Hildegard of Bingen. The Context of Her Thought and Art.* London: Warburg Institute, 1998. 234 p.

JESKALIAN, BARBARA J. "Hildegard of Bingen, Her Times and Her Music". *Anima.* 1983; 7-13.

JOHN, HELEN. "Hildegard of Bingen: A New Twelfth-Century Woman Philosopher?". *Hypatia.* 1992; 7: 113-23.

JOHNSON, ELIZABETH A. "The Incomprehensibility of God and the Image of God Male and Female". *Theological Studies.* 1984; 45: 441-65.

JOURDAIN, CH. "Mémoire sur l'éducation des femmes au Moyen Âge". *Mémoires de l'Académie des Inscriptions et des Belles-Lettres.* 1874; 28: 77-133.

KAZAROW, PATRICIA. "Text and Context in Hildegard of Bingen's Ordo Virtutum", 127-51. En: WIETHAUS, ULRIKE (ed.). *Map of Flesh and Light: The Religious Experience of Medieval Women Mystics.* New York: Syracuse University Press, 1993. 206 p.

KERBY-FULTON, KATHRYN. "A Return to 'the First Dawn of Justice': Hildegard's Visions of Clerical Reform and the Eremitical Life". *American Benedictine Review*. 1989; 40(4): 204-23.

— "Hildegard of Bingen and Antimendicant Propaganda". *Traditio*. 1987; 43: 386-99.

— "Prophet and Reformer: Smoke in the Vineyard", 70-90. En: Newman, Barbara. *Voice of the Living Light. Hildegard of Bingen and Her World*. Berkeley: University of California Press, 1998. 305 p.

KIENZLE, BEVERLY MAYNE. "*Operatrix in vinea Domini*: Hildegard's Public Preaching and Polemics against the Cathars". *Heresis*. 1996; 26-27: 43-56.

KITCHELL, KENNETH F. AND RESNICK, IRVEN M. "Hildegard as a Medieval 'Zoologist': The Animals of the *Physica*", 25-52. En: BURNETT MCINERNEY, MAUD (ed.). *Hildegard of Bingen. A Book of Essays*. New York: Garland Publishing, Inc., 1998. 257 p.

KRAFT, KENT. "Five Songs by Hildegard of Bingen". *Vox Benedictina* 1984; 1: 257-63.

— "The Eye Sees More than the Heart Knows: The Visionary Cosmology of Hildegard of Bingen". Ph.D. dissertation. University of Wisconsin, 1977. 331 p.

LACKNER, BEDE. "Women of the Middle Ages: Hildegard of Bingen and The White Monks". *Vox Benedictina* (Toronto: Peregrina). 1988; 5: 313-324.

LEWIS, GERTRUD JARON. "God's Femininity: Medieval Precursors of a Current Theological Issue". *Vox Benedictina* (Toronto: Peregrina). 1985; 2: 242-80.

MAISONNEUVE, ROLAND. "Le Symbolisme sacré des couleurs chez des mystiques médiévales: Hildegarde de Bingen, Julienne de Norwich", 253-72. En: *Les couleurs au moyen âge*. Aix-en-Provence: Presses universitaires de Provence, 1988. 654 p.

MARTIN, JANET; HAIR, MARY GRETA. "*O Ecclesia*: The Text and Music of Hildegard of Bingen's Sequence for St. Ursula". *Tjurunga*. 1986; 30: 3-62.

MEWS, CONSTANT. "Heloise and Hildegard: Re-Visioning Religious Life in the Twelfth Century". *Tjurunga*. 1993; 44:

— "Hildegard and the Schools", 89-110. En: BURNETT, CHARLES; DRONKE, PETER (eds.). *Hildegard of Bingen. The Context of Her Thought and Art*. London: Warburg Institute, 1998. 234 p.

— "Religious Thinker: A Frail Hunan Being", 52-69. En: Newman, Barbara. *Voice of the Living Light. Hildegard of Bingen and Her World*. Berkeley: University of California Press, 1998. 305 p.

— "Seeing Is Believing: Hildegard of Bingen and the *Life of Jutta*, *Scivias* and the *Commentary on the Rule of Benedict*". *Tjurunga*. 1996; 51: 9-40.

MOULINIER, LAURENCE. "Abbesse et agronome. Hildegarde et le savoir botanique de son temps", 135-156. En: BURNETT, CHARLES; DRONKE, PETER (eds.). *Hildegard of Bingen. The Context of Her Thought and Art*. London: Warburg Institute, 1998. 234 p.

— "Les Merveilles de la nature vues par Hildegarde de Bingen (XIIᵉ siècle)". En: *Miracles, prodiges, et merveilles au Moyen Âge*, 115-31. XXVᵉ Congrès de la Société des Historiens Médiévistes de l'Enseignement Supérieur. Paris: 1995.

— "Une encyclopédiste sans précédent? Le cas de Hildegarde de Bingen". En: *L'enciclopedismo medievale: Atti del convegno "L'enciclopedismo medievale"*. San Gimignano 8-10 Ottobre 1992. Ed. Michelangelo Picone. 119-34. Ravenna: Longo, 1994.

NEWMAN, BARBARA. "Hildegard of Bingen and the 'Birth of Purgatory'". *Mystics Quarterly*. 1993; 19: 90-97.

— "Hildegard of Bingen: Visions and Validation". *Church History*. 1985; 54(2): 163-75.

— "Poet: Where the Living Majesty Utters Mysteries", 176-192. En: NEWMAN, BARBARA. *Voice of the Living Light. Hildegard of Bingen and Her World*. Berkeley: University of California Press, 1998. 305 p.

— "Sibyl of the Rhine": Hildegard's Life and Times", 1-29. En: NEWMAN, BARBARA. *Voice of the Living Light. Hildegard of Bingen and Her World*. Berkeley: University of California Press, 1998. 305 p.

— "Three-Part Invention: The *Vita S. Hildegardis* and Mystical Hagiography", 189-210. En: BURNETT, CHARLES; DRONKE, PETER (eds.). *Hildegard of Bingen. The Context of Her Thought and Art*. London: Warburg Institute, 1998. 234 p.

MURRAY, ROBERT. "Prophecy in Hildegard", 81-88. En: BURNETT, CHARLES; DRONKE, PETER (eds.). *Hildegard of Bingen. The Context of Her Thought and Art*. London: Warburg Institute, 1998. 234 p.

NORRIS, KATHLEEN. "What I do not see I do not know". Hildegard and the poetic way of knowing". *The American Benedictine Review*. 1995; 46(2): 183-93.

OLSON, ROBERT. "The Green Man in Hildegard of Bingen". *Studia Mystica*. 1992; 15(4): 3-18.

PEREIRA, MICHELA. "Maternità et sessualità femminile in Ildegarda di Bingen: Proposte di Lettura". *Quaderni Storici*. 1980; 44: 564-79.

POTTER, ROBERT. "The *Ordo Virtutum*: Ancestor of the English Moralities?", 31-41. En: DAVIDSON, AUDREY EKDAHL (ed.). *The Ordo Virtutum of Hildegard of Bingen*. Critical Studies. Kalamazoo, Michigan: Medieval Institute Publications, Western Michigan University, 1992. 128 p.

RADIMERSKY, GEORGE. "Magic in the Works of Hildegard von Bingen". *Monatshefte*. 1957; 49: 353-60.

RODEN, FREDERICK S. "Two 'Sisters in Wisdom': Hildegard of Bingen, Christina Rossetti, and Feminist Theology", 227-53. En: BURNETT MCINERNEY, MAUD (ed.). *Hildegard of Bingen. A Book of Essays*. New York: Garland Publishing, Inc., 1998. 257 p.

ROSE, CHRISTINE M. "The Jewish Mother-in-Law: Synagoga and the *Man of Law's Tale*", 191-226. En: BURNETT MCINERNEY, MAUD (ed.). *Hildegard of Bingen. A Book of Essays*. New York: Garland Publishing, Inc., 1998. 257 p.

RUSSELL, KENNETH. "Matthew Fox's *Illuminations of Hildegard of Bingen*". *Listening: Journal of Religion and Culture*. 1989; 24(2): 39-53.

SANCY, DANIÈLE. "Iconographie de la prophétie: L'Image d'Hildegarde de Bingen dans le *Liber divinorum operum*". *Mélanges de l'École Française de Rome*. 1990; 102: 405-16.

SANTOS PAZ, JOSÉ CARLOS. "Aspetti della ricezione dell' opera di Ildegarda nel Diuecento", 211-23. En: BURNETT, CHARLES; DRONKE, PETER (eds.). *Hildegard of Bingen. The Context of Her Thought and Art*. London: Warburg Institute, 1998. 234 p.

SHEINGORN, PAMELA. "The Virtues of Hildegad's *Ordo Virtutum*; or, It Was a Woman's World", 43-62. En: DAVIDSON, AUDREY EKDAHL (ed.). *The Ordo Virtutum of Hildegard of Bingen*. Critical Studies. Kalamazoo, Michigan: Medieval Institute Publications, Western Michigan University, 1992. 128 p.

SCHLAUCH, MARGARET. "The Allegory of Church and Synagogue". *Speculum*. 1939; 14: 448-64.

SCHMITT, MIRIAM. "Blessed Jutta of Disibodenberg: Hildegard of Bingen's Magistra and Abbess". *The American Benedictine Review*. 1989; 40: 170-89.

— "Hildegard of Bingen. A Prophetic Sign for her Times". *Benedictines*. 1986; 31-41.

— "Hildegard of Bingen: *Viriditas*, Web of Greening Life-energy". *The American Benedictine Review*. 1999; 50(3-4): 253-76; 357-80.

— "St. Hildegard of Bingen: Leven of God's Justice". *Cistercian Studies*. 1989; 24(1): 69-88.

SCHOLTZ, BERNHARD W. "Hildegard von Bingen on the Nature of Woman". *The American Benedictine Review*. 1980; 31(4): 361-83.

SIAN RAPP, BEVERLEE. "A Woman Speaks: Language and Self-Representation in Hildegard's Letters", 3-24. En: BURNETT MCINERNEY, MAUD (ed.). *Hildegard of Bingen. A Book of Essays*. New York: Garland Publishing, Inc., 1998. 257 p.

SINGER, CHARLES. "Allegorical Representation of the Synagogue in a Twelfth Century Illuminated Manuscript of Hildegard of Bingen". *Jewish Quarterly Review*. 1915; n.s. 5: 267-88.

— "The Scientific Views and Visions of Saint Hildegard (1098-1180)". En: SINGER, CHARLES (ed.). *Studies in the History and Method of Science*. Vol. I., 1-55. London: Dawson and Sons, 1955. 559 p.

STEVENS, JOHN. "The Musical Individuality of Hildegard's Songs: A Liturgical Shadowland", 163-88. En: BURNETT, CHARLES; DRONKE, PETER (eds.). *Hildegard of Bingen. The Context of Her Thought and Art*. London: Warburg Institute, 1998. 234 p.

VAN ENGEN, JOHN. "Abbess: Mother and Teacher", 30-51. En: NEWMAN, BARBARA. *Voice of the Living Light. Hildegard of Bingen and Her World*. Berkeley: University of California Press, 1998. 305 p.

WEISS ADAMSON, MELITTA. "A Reevaluation of Saint Hildegard's *Physica* in Light of the Latest Manuscript Finds", 55-80. En: SCHLEISSNER, MARGARET R. *Manuscript Sources of Medieval Medicine*. N.Y. & London, Garland Publishing, 1995. 212 p.

WIETHAUS, ULRIKE. "Cathar Influences in Hildegard of Bingen's Play 'Ordo Virtutum'". *American Benedictine Review*. 1987; 38: 192-203.

ZEHRINGER, WILLIAM C. "The sound of Praise and Bliss of Life": The Place of Music in the Visionary Art of Hildegard of Bingen". *The American Benedictine Review*. 1995; 46(2): 194-206.

Subsidio bibliográfico III

3. Estudios sobre Hildegarda de Bingen
Bibliografía actualizada en castellano
(originales y algunas traducciones)

3.1. Libros

Briendl, Ellen. *Hierbas divinas. Santa Hildegarda, la herborista de Dios.* Girona: Tikal Ediciones, s/f. 317 p.

— *Las buenas recetas de la abadesa. Entre los fogones con santa Hildegarda.* Girona: Tikal, 1984. 350 p.

Cirlot, Victoria. *Hildegard von Bingen y la tradición visionaria de Occidente.* Barcelona: Herder, 2005.

— *Vida y visiones de Hildegard von Bingen.* Madrid: Siruela, 1997. 269 p.

Feldmann, Christian. *Hildegarda de Bingen. Una vida entre la genialidad y la fe.* Barcelona: Herder, 2009. 359 p.

Lorenzo Arribas, Josemi. *Hildegarda de Bingen (1098-1179).* Madrid: Ediciones del Orto, 1996. 96 p.

Martínez, Verónica y Reta, Alejandra. *El lenguaje secreto de Hildegarda von Bingen,* México: UNAM/FCE/Espejo de viento, 2003. 223p.

Ohanneson, Joan. *Una luz tan intensa. La insólita vida de la mística alemana del siglo XII, Hildegard von Bingen.* Barcelona: Ediciones BSA, 1998. 380 p.

Pawlik, Manfred. *El arte de sanar de santa Hildegarda. Compendio del saber médico de la Edad Media.* Madrid, Tikal, 1989. 279 p.

Pernoud, Régine. *Hildegarda de Bingen. Una conciencia inspirada del siglo XII.* Trad. de Alejandra González Bonilla. Barcelona: Paidós, 1998. 164 p. [Colección "Testimonios", 20]

Romero Tovar, Margarita G. *Hildegarda de Bingen desde la perspectiva historiográfica.* México, ENAH, 2002. 141 p.

— *Hildegarda de Bingen y la medicina a partir de los textos de Dioscórides.* México, UNAM, 2006. 169 p.

Schiller, Reinhard. *La farmacia natural de santa Hildegarda. Fórmulas magistrales de la Edad Media.* Barcelona: Tikal, s.d., 222 p.

— *Remedios Naturistas de Santa Hildegarda.* Barcelona: Tikal, 1999. 203 p.

3.2. Artículos y colaboraciones:

Agüero de De Brito, Guillermina. "Hildegarda de Bingen. Su visión sobre la Eucaristía (*Scivias Domini* 2, 6)", 321-52. En: Fraboschi, Azucena Adelina (ed.) *Desde el fulgor de la Luz Viviente... Hildegarda, abadesa de Bingen.* Buenos Aires: Educa, 2007. 445 p.

AGUIRRE, XIMENA. "Hildegard von Bingen: una imagen que se construye desde y para la divinidad". *Cyber Humanitatis* (Revista Electrónica de la Facultad de Filosofía y Humanidades de la Universidad de Chile, ISSN 0717-2869: www.uchile.cl/facultades/filosofia/publicaciones/cyber/cyber19/...). Invierno 2001; 19:

ALIC, MARGARET. "La Sibila del Rin", 79-95. En: *El legado de Hipatia. Historia de las mujeres en la ciencia desde la Antigüedad hasta fines del siglo XIX*. México: Siglo XXI, 1991. 246 p.

ARIAS BAUTISTA, MARÍA TERESA. "Hildegarda de Bingen". *Historia 16*. 1996; (243): 99-106.

ASTEY, LUIS. "El *Ordo Virtutum* de Hildegard von Bingen", 17-52. En: OLEA FRANCO, RAFAEL; VALENDER, JAMES (eds.). *Reflexiones lingüísticas y literarias. Vol. II: Literatura*. México: El Colegio de México, 1992. 378 p.

AVENATTI DE PALUMBO, CECILIA INÉS. "El lenguaje de la vida en la estética hildegardiana". *Teología*. 2008; (97): 603-610.

— "Espacio teodramático y forma vital: dos aportes hildegardianos a la estética medieval", 123-34. En: FRABOSCHI, AZUCENA ADELINA (ed.) *Desde el fulgor de la Luz Viviente... Hildegarda, abadesa de Bingen*. Buenos Aires: Educa, 2007. 445 p.

— "La metáfora nupcial desde la mirada sinfónica de Hildegarda de Bingen". *Teología*. 2014; 50(113): 101-17.

— "Presencia de Hildegarda de Bingen en la *Trilogía* de Hans Urs von Balthasar", 135-47. En: FRABOSCHI, AZUCENA ADELINA (ed.) *Desde el fulgor de la Luz Viviente... Hildegarda, abadesa de Bingen*. Buenos Aires: Educa, 2007. 445 p.

— "¿Visionaria o mística? Hildegarda de Bingen en la encrucijada del lenguaje y experiencia del misterio cristiano". *Teología*. 2012; 108: 11-24.

AZIMONTI, MARCELA. "El sutil arte de la armonía. Consideraciones acerca del Libro I de la *Physica* de Hildegarda von Bingen", 73-81. En: FRABOSCHI, AZUCENA ADELINA (ed.) *Desde el fulgor de la Luz Viviente... Hildegarda, abadesa de Bingen*. Buenos Aires: Educa, 2007. 445 p.

BARONA, JOSEP LLUIS. "Hildegard von Bingen (1098-1179), mística, ciencia y medicina en la Edad Media". *Mètode: Anuario*. 2007; (2007): 264-265.

BENEDICTO XVI. "Carta Apostólica por la que Santa Hildegarda de Bingen, Monja Profesa de la Orden de San Benito, es proclamada Doctora de la Iglesia Universal". *Teología*. 2014; 50(113): 17-27.

BUISEL DE SEQUEIROS, M. DELIA. "Dos imágenes femeninas en *Scivias*, de Hildegarda de Bingen", 159-90. En: FRABOSCHI, AZUCENA ADELINA (ed.) *Desde el fulgor de la Luz Viviente... Hildegarda, abadesa de Bingen*. Buenos Aires: Educa, 2007. 445 p.

— "La carta de Hildegada de Bingen al capítulo de Maguncia y el origendel canto litúrgico de las Horas", 85-95. En: FRABOSCHI, AZUCENA ADELINA (ed.) *Desde el fulgor de la Luz Viviente... Hildegarda, abadesa de Bingen*. Buenos Aires: Educa, 2007. 445 p.

BURGGRAF, JUTTA. "Noveno centenario de Santa Hildegarda de Bingen". *Anuario de Historia de la Iglesia*. 1999; (8): 357-360.

CABRÉ Y PAIRET, MONTSERRAT. "Hildegarda de Bingen y la práctica de la autoridad". *Duoda*. 1999; (16): 81-95.

CARBÓ, LAURA. "La percepción del conflicto en la correspondencia de Hildegarda", 355-67. En: FRABOSCHI, AZUCENA ADELINA (ed.) *Desde el fulgor de la Luz Viviente... Hildegarda, abadesa de Bingen*. Buenos Aires: Educa, 2007. 445 p.

CARPINELLO, MARIELLA. "Dos místicas de la Edad Media: Hildegarda de Bingen y Gertrudis de Hefta la Grande", 67-84. En: CHIAIA, MARÍA (coord.). *El dulce canto del corazón: Mujeres místicas, desde Hildegarda a Simone Weil.* Madrid: Narcea, 2006. 202 p.

CHICO DE BORJA, MARÍA ELENA. "Hildegard von Bingen", 184-204. En: *La mujer en el mundo medieval. Siglos X a XIII.* México: Porrúa, 2006. 256 p.

CIRLOT, VICTORIA. "Hildegard von Bingen y Juan de Patmos: la experiencia visionaria en el siglo XII". *Revista Chilena de Literatura.* 2003; (63): 109-129.

— "Hildegarda de Bingen: vida de una visionaria". *Duoda.* 1999; (17): 17-31.

— "La ciudad celeste de Hildegard von Bingen". *Anuario de Estudios Medievales.* 2014; 44 (1): 475-513.

— "La explosión de las imágenes: Hildegard von Bingen y Max Ernst", 93-112. En: PUJOL, OSCAR; VEGA ESQUERRA, AMADOR (eds.). *Las palabras del silencio: el lenguaje de la ausencia en las distintas tradiciones místicas.* Madrid: Trotta, 2006. 136 p.

— "La facultad visionaria: la figura sembrada de ojos en el *Scivias* de Hildegard von Bingen". *Axis Mundi* (Paidós). 1998; 5: 2030.

CIRLOT, VICTORIA - GARI, BLANCA. "Hildegarda de Bingen o la imaginación visionaria", 49-76. En: *La mirada interior. Escritoras místicas y visionarias en la Edad Media.* Barcelona: Martínez Roca, 1999. 317 p.

CORTAZAR, CLARA. "Hildegada de Bingen compositora: *nova et vetera*", 97-119. En: FRABOSCHI, AZUCENA ADELINA (ed.) *Desde el fulgor de la Luz Viviente... Hildegarda, abadesa de Bingen.* Buenos Aires: Educa, 2007. 445 p.

CYMBALISTA, CÁNDIDA MARÍA OSB. "Hildegarda". *Cuadernos Monásticos.* 2004; 39(151): 469-83.

DE MARTINO, GIULIO; BRUZZESE, MARINA. "Hildegarda de Bingen", 71-77. En: *Las filósofas.* Madrid: Cátedra, 2000. 592 p.

DEPLOIGE, JEROEN. "Hildegard de Bingen y su libro *Scivias*. Ideología y conocimientos de una religiosa del siglo XII". *Cyber Humanitatis.* Otoño 1999; 10:

DEZZUTTO, FLAVIA. "*Visio* y *affectus* en Hildegarda de Bingen. Perspectivas éticas acerca de la relación entre inteleción y afectividad", 215-31. En: FRABOSCHI, AZUCENA ADELINA (ed.) *Desde el fulgor de la Luz Viviente... Hildegarda, abadesa de Bingen.* Buenos Aires: Educa, 2007. 445 p.

DRONKE, PETER. "Las invenciones de Hildegarda de Bingen: lenguaje y poesía". *Duoda.* 1999; (17): 33-60.

FERNÁNDEZ ALONSO, MARÍA DOLORES. "Hildegarda de Bingen: una mujer del Renacimiento en la Edad Media", 541-548. En: Álvarez Lires, María (coord.). *Estudios de historia das ciencias e das técnicas: VII Congreso de la Sociedad Española de Historia de las Ciencias y de las Técnicas.* 14-18 de setembro de 1999. Vol. 1. Pontevedra: Diputación de Pontevedra, 2001.

FISCHER, MARÍA RAQUEL. "Hildegarde de Bingen y Edith Stein". *Idea viva: gaceta de cultura.* 1999; (2): 32-34.

Flisfisch, Ma. Isabel. "Eva-María: ¿Una Relación de Oposición o de Identificación?" *Cyber Humanitatis*. Otoño 1999; (10).

— "Hildegard de Bingen. *Visio Ecclesiae, Symphonia* (Antífonas 46-49)". *Cyber Humanitatis*. Invierno 2001; 19:

— "Las figuras femeninas en la *Symphonia* de Hildegarda: Caritas, Sapientia y Ecclesia". *Revista Chilena de Literatura*. 2003; 62: 127-44.

Fox, Matthew. "Hildegarda de Bingen: su época y sus ilustraciones". *Cistercium*. 2002; (227): 239-264.

Fuentes Bardelli, Ítalo. "La música en la *Symphonia* de Hildegard von Bingen". *Cyber Humanitatis*. Otoño 1999; (10).

Fuentes Bardelli, Ítalo; Ortúzar Escudero, María José. "Música e Historia en Hildegard von Bingen". *Revista Chilena de Literatura*. 2003; (62): 145-163.

Fumagalli, Mariateresa. "Hildegarda la profetisa", 175-201. En: Ferrucio, Bertini (ed.). *La mujer medieval*. Madrid: Alianza Editorial, 1991. 226 p.

Galán, Ilia. "Cambios de mentalidad en lo femenino a través de la escritura: Ildegard von Bingen, María Rosa de Gálvez y la literatura contemporánea", 135-150. En: González de Sande, Mercedes (ed.). *La imagen de la mujer y su proyección en la literatura, la sociedad y la historia*. Sevilla: ArCiBel Editores, 2010. 764 p.

García Bravo, Paloma. "La obra científico-médica de Hildegard von Bingen: testimonios tempranos de terminología científica en lengua vernácula", 341-352. En: Albaladejo Martínez, Juan Antonio; Martino Alba, Pilar; Pulido, Martha (eds.). *Al humanista, traductor y maestro Miguel Ángel Vega Cernuda*. Madrid: Dykinson, 2013. 460 p.

Gebhard, José Luis Salomón. "Testimonio visionario y literatura confesional. Una propuesta de lectura de *Scivias*, de Hildegard von Bingen". *Cyber Humanitatis*. Primavera 2001; 20:

Gómez, Pedro Edmundo, OSB. "Santa Hildegarda de Bingen: ¿por qué 'Doctora de la Iglesia'? Responden Bernardo de Claraval y Eugenio III". *Teología*. 2014; 50(113): 29-61.

Góngora, María Eugenia. "Acercamiento a las emociones medievales: dos cartas de Hildegard de Bingen (1098-1179)". *Revista Chilena de Literatura*. 2012; (82): 143-157.

— "Escritura e imagen visionaria en el *Liber Divinorum Operum* de Hildegard de Bingen". *Teología y vida*. 2005; 46 (3): 374-388.

— "Hildegard von Bingen: imágenes de la Sabiduría y tradición sapiencial". *Teología y vida*. 2006; 47 (2-3): 352-367.

— "Hildegard von Bingen: O Virtus Sapientiae". *Cyber Humanitatis*. Otoño 1999; (10).

— "Hildegard von Bingen: una introducción". *Revista Chilena de Literatura*. 2003; (62): 121-126.

— "La obra lírica de Hildegard de Bingen (1098-1179)". *Revista Chilena de Literatura*. 2000; (54): 5-20.

— "La 'Vita sanctae Hildegardis Virginis': construcción de una 'vida ejemplar'". *Signos*. 2000; (48): 21-34.

— " 'O Virga ac diadema': Hildegard de Bingen (1098-1179)". *Nomadías*. 1997 (2): 59-68.

— "Una pluma en la mano de Dios: una imagen en tres cartas de Hildegard de Bingen (1098-1179)". *Cyber Humanitatis.* Invierno 2001; (19).

— "Ver, conocer imaginar: la visión de la Fuente y las tres doncellas en el *Liber divinorum operum* de Hildegard de Bingen". *Revista Chilena de Literatura.* 2006; (68): 105-121.

GOÑI, JOSÉ ANTONIO. "Dos nuevos doctores de la Iglesia, san Juan de Ávila y santa Hildegarda de Bingen". *Phase.* 2012; (312): 579-596.

GRAÑA CID, MARÍA DEL MAR. "Santa Hildegarda de Bingen: una mujer sabia". *Razón y fe: Revista hispanoamericana de cultura.* 2012; T 266 (1369): 411-416.

GREEN, MÓNICA H. "En busca de una "auténtica" medicina de mujeres: los extraños destinos de Trota de Salerno e Hildegarda de Bingen", 27-54. En: CABRÉ I PAIRET, MONTSERRAT; ORTIZ GÓMEZ, TERESA (eds.). *Sanadoras, matronas y médicas en Europa: siglos XII-XX.* Barcelona: Icaria, 2001. 317 p.

HNA. HILDEGARDIS, OSB. "La *discretio* y la ascesis de la normalidad en Hildegarda de Bingen y su comentario a la Regla benedictina", 297-319. En: FRABOSCHI, AZUCENA ADELINA (ed.) *Desde el fulgor de la Luz Viviente... Hildegarda, abadesa de Bingen.* Buenos Aires: Educa, 2007. 445 p.

JIMÉNEZ, VERÓNICA. "La imagen de la puerta como núcleo poético en las Canciones a la Virgen, de Hildegard de Bingen". *Cyber Humanitatis.* Otoño 2002; (22).

LEHMANN, KARL. "Hildegarda de Bingen: Doctora de la Iglesia. La profetisa alemana". *Cistercium.* 2012; (259): 65-80.

LÉRTORA MENDOZA, CELINA A. "Hildegarda de Bingen: la tensión cuerpo-alma y la personalidad humana". *Revista española de filosofía medieval.* 2006; (13): 31-46.

LORENZO ARRIBAS, JOSEMI. "Hildegarda de Bingen (1098-1179). La necesidad de un lenguaje", 85-121. En: A.A.V.V. *El Libro de la 50º SMR [5 artículos].* Cuenca: Fundación Patronato Semana de Música Religiosa de Cuenca, 2011. 173 p.

— "Hildegarda de Bingen: un enigma musical". *Audio Clásica.* 2009; XII (143): 76-81.

— ' 'Omnis ecclesia in symphonia sonet': canto y conflicto en Hildegarda de Bingen", 25-60. En: MUÑOZ FERNÁNDEZ, Ángela (coord.). *La escritura femenina II. De leer a escribir.* Madrid: Al-Mudayna, 2000. 175 p.

MARCHI, JOSÉ ALBERTO; VARELA, DANIEL ORLANDO. "Pintura sonora: dos instalaciones inspiradas en Hildegarda de Bingen", 191-203. En: FRABOSCHI, AZUCENA ADELINA (ed.) *Desde el fulgor de la Luz Viviente... Hildegarda, abadesa de Bingen.* Buenos Aires: Educa, 2007. 445 p.

MARÍA, JOSÉ. "Y la Palabra se hizo carne y habitó entre nosotros. La doble divinidad del cuerpo como vía hacia la trascendencia en el Ldo de Hildegard de Bingen (visión I.4)". *Cyber Humanitatis.* Invierno 2006; (39).

MARTINENGO, MARIRÍ: "La armonía de Hildegarda.Un epistolario sorprendente", 19-50. En: MARTINENGO, MARIRÍ; POGGI, CLAUDIA; SANTINI, MARINA Y OTRAS. *Libres para ser. Mujeres creadoras de Cultura en laEuropa medieval.* Madrid: 2000. Narcea. 2000. 324 p.

MARTÍNEZ, FERNANDO. "La música de Santa Hildegarda". *Humanitas.* 2006; (42): 336-339.

MARTÍNEZ, PAULA; HIDALGO, PAULINA; ORTÚZAR, MARÍA JOSÉ. "Bestiario y simbolismo en el poema 62 de la *Symphonia*". *Cyber Humanitatis.* Otoño 1999; 10.

Martínez-Gayol Fernández, Nurya. "Hildegarda de Bingen. Una pneumatología en imágenes", 173-204. En: Aroztegui Esnaola, Manuel; Cordovilla Pérez, Ángel; Granados García, José; Hernández Peludo, Gaspar (eds.). *La unción de la gloria: en el Espíritu, por Cristo, al Padre. Homenaje a Mons. Luis F. Ladaria, sj.* Madrid: BAC, 2014. 648 p.

— "La figura de María en Hildegarda de Bingen". *Ephemerides Mariologicae.* 2013; 63 (1-2): 9-46.

Matthei, Mauro (OSB). "Aproximaciones a Hildegarda de Bingen (1098 – 1179)". *Humanitas.* 2006; (42): 318-335.

— "Genealogía espiritual y descendencia de Hildegardis de Bingen (1098 - 1179): La Mujer en la perspectiva benedictina". *Cyber Humanitatis.* Invierno 1999; (11).

Meis Wörmer, Anneliese. "*Symphonia de Sancta Maria.* La "Mística dogmática" de Hildegard von Bingen". *Anuario de historia de la Iglesia.* 2007; (16): 245-264.

— "*Symphonia rationalitatis.* Aproximación a la relación razón y amor en "Scivias" de Hildegard von Bingen". *Gregorianum.* 2004; 85(3): 506-538.

— "*Symphonia Spiritus Sancti.* Acercamiento al dilema de la razón humana en LVM de Hildegard von Bingen (1098-1179)". *Teología y vida.* 2005; 46 (3): 389-426.

Meli, Beatriz. "La textualidad de la *Symphonia* de Hildegard de Bingen en el contexto de la memoria conventual". *Cyber Humanitatis.* Invierno 2001; 19:

— "Ursula, Virginitas y Ecclesia". *Cyber Humanitatis.* Otoño 1999; (10).

Mencía Valdenebro, I.; Rodriguez Garrido, N.; Sánchez de Lollano Prieto, J. "Edad Media y Veterinaria: la peculiar obra de la abadesa Hildegarda de Bingen (1098-1179)". *Información Veterinaria.* 2007; (11): 29-32.

Miaja de la Peña, María Teresa. "Hildegarda de Bingen y el arte de vivir", 221-230. En: von der Walde Moheno, Lilian; Company Company, Concepción; González, Aurelio (coords). *Caballeros, monjas y maestros en la Edad Media. (Actas de las V Jornadas Medievales).* México: UNAM/El Colegio de México, 1996. 557 p.

Míguez Mariñas, María Isabel. "La enigmática Hildegarda de Bingen". *Historia 16,* 2007; (372): 108-119.

Montes, María R. "Revisitando a Hildegard von Bingen. Una revolucionaria del siglo XII". *Síneris. Revista de musicología.* Octubre 2012; (5).

Narvaja, José Luis. "El testamento espiritual inédito de Hildegarda de Bingen. La Epístola a la congregación de sus hijas". *Stromata.* 2013; 69 (1-2): 139-167.

Noël, Marcelo Conrado. "Hildegarda y Sigewiza. Una psicoterapia en el siglo XII. Cara a cara con el oscuro reflejo del Orgullo: encuentro y transformación", 49-71. En: Fraboschi, Azucena Adelina (ed.) *Desde el fulgor de la Luz Viviente... Hildegarda, abadesa de Bingen.* Buenos Aires: Educa, 2007. 445 p.

Oroz Reta, José. "La Sibila del Rhin. Misión profética de santa Hildegarda de Bingen". *Latomus.* 1994; 53 (3): 608-634.

Ortiz, María Esther. "Algunos aspectos literarios en *Symphonia,* de Hildegarda de Bingen", 149-58. En: Fraboschi, Azucena Adelina (ed.) *Desde el fulgor de la Luz Viviente... Hildegarda, abadesa de Bingen.* Buenos Aires: Educa, 2007. 445 p.

— "Correspondencias estético-simbólicas en *Ordo Virtutum*, de Hildegarda de Bingen: palabra, imagen, música". *Teología*. 2014; 50(113): 83-100.

ORTÚZAR, MA. JOSÉ. "*De gustu pomi*: Hildegard y la condición humana". *Cyber Humanitatis*. Invierno 2001; 19.

PAINTNER, CHRISTINE V. "La estética como vinculación entre la práctica espiritual y el cultivo de la virtud en la teología de la música de Hildegardis de Bingen". *Cuadernos Monásticos*. 2004; 39(151): 485-505.

PICÓN, DANIELA. "La "conciencia como escriba": una escena de escritura interior en la obra de Hildegard de Bingen". *Revista Chilena de Literatura*. 2009; (74): 123-138.

PIQUÉ, JORDI-AGUSTÍ. "Hildegarda de Bingen, armonía monástica, visión, predicación y santidad". *Liturgia y espiritualidad*. 2012; 43(9): 559-569.

POSADAS, LEANDRO. "Música y poesía: 'una metáfora abierta al inefable' en el 'Ordo Virtutum' de Hildegarda de Bingen". *Nova et vetera: temas de vida cristiana*. 2012; 36 (74): 233-242.

RABASSÓ, GEORGINA: "De la experiencia místico-cognoscitiva a la epistemología mística: Hildegarda de Bingen". *Mirabilia*. 2013/2; (17): 100-114.

— "Las virtudes, fuerzas vivas del alma en Hildegarda de Bingen". *Cauriensia: revista anual de Ciencias Eclesiásticas*. 2012; (7): 21-31.

— "La inspiración musical de Hildegarda de Bingen". *Sonograma Magazine*. 2011; (11).

REINHARDT, ELISABETH. "Escritoras alemanas en la literatura religiosa medieval". *Anuario filosófico*. 1993; 26 (3): 599-620.

RIUS GATELL, ROSA. "Armonías y disonancias en el cosmos de Hildegarda de Bingen". *Duoda*. 1999 (16): 35-52.

— "Hildegarda de Bingen, una mística que cuenta". *Cistercium*. 2000; (219): 663-669.

— "La sinfonía constelada de Hildegarda de Bingen", 123-136. En: PIERA DELGADO, LORENZO; BARCENILLA, JUAN JOSÉ (coords.). *Mujeres de luz: La mística femenina y lo femenino en la mística*. Madrid: Trotta, 2001. 298 p.

ROSAS VON RITTERSTEIN, RAÚL. "*Bingen ist ein'Feste Burg*. Jutta von Sponheim y las condiciones previas a la obra de Hildegad de Bingen", 31-45. En: FRABOSCHI, AZUCENA ADELINA (ed.) *Desde el fulgor de la Luz Viviente... Hildegarda, abadesa de Bingen*. Buenos Aires: Educa, 2007. 445 p.

SALMERÓN JIMÉNEZ, ANGÉLICA. "Hildegarda de Bingen: la voz silenciada de la ciencia medieval". *La ciencia y el hombre. Revista de divulgación científica y tecnológica de la Universidad Veracruzana*. 2008; 21(1).

SAMBATARO, PATRICIA. "*Fides recta et pura dilectio*. Una meditación acerca de la unión conyugal", 233-49. En: FRABOSCHI, AZUCENA ADELINA (ed.) *Desde el fulgor de la Luz Viviente... Hildegarda, abadesa de Bingen*. Buenos Aires: Educa, 2007. 445 p.

SANTINI, MARINA. "Palabras e imágenes: alimento de libertad. La relación educativa en Hildegarda y Herralda". *Duoda*. 2008; (35): 119-139.

SANTOS PAZ, JOSÉ CARLOS. "La mística feminina del siglo XII y los autores clásicos: el caso de Hildegarde de Bingen". *Evphrosyne*. 1998; (26): 203-210.

— "Observaciones sobre la edición del "Liber divinorum operum" de Hildegarde de Bingen". *Evphrosyne*. 1998; (26): 487-493.

— "Un manuscrito desconocido con obras de Hildegarde de Bingen". *Filologia mediolatina: rivista della Fondazione Ezio Franceschini*. 1996; (3): 249-266.

TORO ABARZA, JOHN. "La imagen femenina en Hildegard von Bingen". *Contextos: Revista de humanidades y ciencias sociales*. 2004; (12): 109-116.

TORRENTE FERNÁNDEZ, MARÍA ISABEL. "Algunas consideraciones sobre la figura de Hildegard von Bingen". *Territorio, sociedad y poder: revista de estudios medievales*. 2009; (4): 131-150.

TRIVIÑO MONRABAL, MARÍA VICTORIA (OSC). "Hildegard von Bingen y el canto en la liturgia claustral", 85-104. En: CAMPOS Y FERNÁNDEZ DE SEVILLA, FRANCISCO JAVIER (coord.). *Patrimonio inmaterial de la Cultura Cristiana*. San Lorenzo de El Escorial: Instituto Escurialense de investigaciones históricas y artísticas, 2013.

USÁBEL, ANTONIO ÁNGEL. "Narrativa histórica y mística medieval cristiana. Los casos de Eckhart e Hildegarda de Bingen". *Cistercium*. 1999; (216): 667-684.

SUBSIDIO BIBLIOGRÁFICO IV

4. ESTUDIOS SOBRE LA MUJER MEDIEVAL (SIGLO XII, HILDEGARDA DE BINGEN):

AVENATTI DE PALUMBO, CECILIA INÉS. *Presencia y ternura. La metáfora nupcial*. Buenos Aires: Ágape, 2014. 286 p.

BENEDICTO XVI. *Figuras femeninas del Medioevo. Catequesis durante las audienias de los miércoles*. Buenos Aires: Ágape, 2011. 118 P.

CHEREWATUK, K; WIETHAUS, U. (eds.). *Dear Sister: Medieval Women and the Epistolary Genre*. Philadelphia: University of Pennsylvania Press, 1993. 232 p.

DUBY, GEORGES. *Mujeres del siglo XII*. 3 vol. Santiago de Chile: Andrés Bello, 1995-6.

DRONKE, PETER. *Las escritoras de la Edad Media*. Trad. de Jordi Ainaud. Barcelona: Crítica, 1995. 438 p. (Colección Drakontos).

Épiney-Burgard, Georgette; Zum Brunn, Émilie. *Femmes Troubadours de Dieu*. Belgique: Brepols, 1988. 235 p. (Temoins de notre histoire).

— *Mujeres trovadoras de Dios. Una tradición silenciada de la Europa medieval*. Barcelona: Paidós, 1998. 238 p.

FERRUCCIO, BERTINI (ed.). *La mujer medieval*. Madrid: Alianza Editorial, 1991. 226 p.

GARCÍA AVILÉS, ALEJANDRO. *El tiempo y los astros. Arte, Ciencia y Religión en la Alta Edad Media*. España: Universidad de Murcia, 2001. 265 p.

GUIDUCCI, ARMANDA. *Medioevo inquieto. Storia delle donne dall= VIII al XV secolo d.C.* Firenze: Sansoni Editore, 1990. 317 p.

LECLERCQ, JEAN. *La figura della donna nel Medioevo*. Milano: Jaca Book, 1994. 212 p. (Biblioteca di Cultura Medievale).

LINDBERG, DAVID. *Los inicios de la ciencia occidental. La tradición científica europea en el contexto filosófico, religioso e institucional (desde el 600 a.C. hasta 1450)*. Trad. de Antonio Beltrán. Barcelona: Paidós, 2002. 529 p.

MARTÍNEZ-GAYOL FERNÁNDEZ, NURYA. *Los excesos del amor. Figuras femeninas de reparación en la Edad Media (siglos XI-XIV)*. Madrid: San Pablo/Universidad de Comillas, 2012. 360 p.

PERNOUD, RÉGINE. *La mujer en el tiempo de las catedrales*. Trad. de Marta Vassallo. Barcelona: Juan Granica, 1982. 299 p. (Colección Plural. Historia).

PETROFF, ELIZABETH A. *Body & Soul. Essays on Medieval Women and Mysticism*. New York-Oxford: Oxford University Press, 1994. 235 p.

POWER, EILEEN. *Mujeres medievales*. Madrid, Encuentros, 1979. 128 p.

RIVERA GARRETAS, MARÍA MILAGROS. *Textos y espacios de mujeres. (EUROPA siglos IV-XV)*. Reimpr. Barcelona: Icaria, 1995. 253 p.

RUIZ-DOMÈNEC, JOSÉ ENRIQUE. *El despertar de las mujeres. La mirada femenina en la Edad Media*. Barcelona: Ediciones Península, 1999. 369 p.

5. ESTUDIOS SOBRE EL MEDIOEVO
(CULTURA CRISTIANA, PENSAMIENTO FILOSÓFICO)

BAGUÉ, ENRIQUE. *Edad Media. Diez siglos de civilización*. Barcelona: Luis Miracle, editor, 1942. 225 p.

BLUM, JEAN. *Cátaros. Su misterio y su mensaje*. Madrid: Edaf, 2002. 463 p. (Colección "Al Límite").

BRAGUE, RÉMI. *La sabiduría del mundo. Historia de la experiencia humana del universo*. Trad. de José Antonio Millán Alba. Madrid: Encuenro, 2008. 422 p. (Ensayos, 354).

BRUNDAGE, JAMES A. *La ley, el sexo y la sociedad cristiana en la Europa medieval*. Trad. de Mónica Utrilla de Neira. México, Fondo dde Cultura Económica, 2000. 69 p.

CHENU, M.-D. *La théologie au douzième siècle*. Paris: Vrin, 1957. 413 p. (Études de théologie médiévale, XLV).

CURTIUS, E.R. *Literatura europea y Edad Media latina*. 2 vol. 3me ed. Madrid: Fondo de Cultura Económica, 1976.

DE LIBERA, ALAIN. *La filosofía medieval*. Buenos Aires: Docencia, 2000. 540 p. (Colección "Universitas", 12).

DAVY, MARIE-MADELEINE. *Iniciación a la simbología románica. El siglo XII*. Trad. de Magdalena Pascual. Madrid: Akal, 1996. 269 p.

DRONKE, PETER. *La lírica en la Edad Media*. Barcelona: Ariel, 1995. 362 p. (Colección "Letras e Ideas").

ECO, UMBERTO. *Arte y belleza en la estética medieval*. Barcelona: Lumen, 1997. 214 p. (Colección "Palabra en el Tiempo", 244).

El Fisiólogo. Bestiario medieval. Trad. de Marino Ayerra Redín y Nilda Guglelmi. Intr. y notas de N. Guglielmi. Buenos Aires: EUDEBA, 1971. 107 p.

El libro de los veinticuatro filósofos. Ed. de Paolo Lucentini. Trad. de Cristina Serna y Jaume Pòrtulas. Madrid: Siruela, 2000. 127 p.

FRAILE, GUILLERMO. *Historia de la Filosofía*. T. II. El Judaísmo y la Filosofía. El Cristianismo y la Filosofía. El Islam y la Filosofía. Madrid: Biblioteca de Autores Cristianos, 1960. 1200 p.

GILSON, ÉTIENNE. *L'esprit de la philosophie médiévale*. Gifford Lectures (Université d'Aberdeen). 2ᵐᵉ éd. Paris: J. Vrin, 1969. 446 p. (Études de Philosophie médiévale, XXXIII).

GIORDANO, ORONZO. *Religiosidad popular en la Alta Edad Media*. Madrid: Gredos, 1995. 222 p. (Serie "Monografías históricas").

GONZÁLEZ OCHOA, CÉSAR. *A lo invisible por lo visible. Imágenes del occidente medieval*. México: Universidad Nacional Autónoma de México, 1995. 179 p. (Colección "Publicaciones *Medievalia*", 9).

GRUNDMANN, HERBERT. *Movimenti religiosi nel Medioevo. Ricerche sui nessi storici tra l'eresia, gli Ordini mendicanti e il movimento religioso femminile nel XII e XIII secólo e sui presupposti storici della mística tedesca*. Bologna: Societa editrice il Mulino, 1984. 553 p.

HANI, JEAN. *El simbolismo del templo cristiano*. Trad. de Jordi Quingles. Barcelona: José J. de Olañeta, 2000. 170 p. (Colección "Sophia Perennis").

HERTLING, LUDWIG. *Historia de la Iglesia*. Barcelona: Herder, 1981. 522 p.

LECLERCQ, JEAN. *Cultura y vida cristiana. Iniciación a los autores monásticos medievales*. Salamanca: Sígueme, 1965. 333 p. (Colección "Nueva Alianza", 3).

— *Espiritualidad occidental. Fuentes*. Salamanca: Sígueme, 1967. 351 p.

LE GOFF, JACQUES. *La civilización del occidente medieval*. Barcelona: Paidós, 1999. 350 p. (Serie "Orígenes").

— *Lo maravilloso y lo cotidiano en el Occidente medieval*. 2ª ed. Barcelona: Gedisa, 1999. p. 187

— *Los intelectuales en la Edad Media*. Barcelona: Gedisa, 1986. 170 p. (Colección "Hombre y Sociedad", Serie Mediaciones, 18).

— *The Medieval Imagination*. Transl. by Arthur Goldhammer. Chicago: The University of Chicago Press, 1992. 293 p.

LE GOFF, JACQUES; TRUONG, NICOLAS. *Una historia del cuerpo en la Edad Media*. Buenos Aires: Paidós, 2005. 168 p. (Paidós Orígenes, 49).

LINDBERG, DAVID C. *Los inicios de la ciencia occidental. La tradición científica europea en el contexto filosófico, religioso e institucional (desde el 600 a.C. hasta 1450)*. Trad. Antonio Beltrán. Barcelona: Paidós, 2002. 529 p.

McGUINN, BERNARD Y MEYENDORFF, JOHN (dirs.); LECLERCQ, JEAN (colab.). *Espiritualidad cristiana. Desde los orígenes al siglo XII*. Buenos Aires. Lumen, 2000. 526 p.

NEWMAN, J.-H.; OURSEL, R.; MOULIN, L. *La civilización de los monasterios medievales*. Madrid: Encuentro Ediciones, 1987. 285 p.

PAUL, J. *Histoire intellectuelle de l'Occident médiéval*. Paris: Armand Colin, 1973.

— *Historia intelectual del Occidente medieval*. Traducción de Dolores Mascarell. Madrid: Cátedra, 2003. 622 p.

Pernoud, Régine. *A la luz de la Edad Media*. Barcelona: Granica, 1983, 258 p.

Portal, Frédéric. *El simbolismo de los colores. En la Antigüedad, la Edad Media y los tiempos modernos*. Trad. de Francesc Gutiérrez. Barcelona: José J. de Olañeta, 2000. 158 p. (Colección "Sophia Perennis").

Rábade Romeo, Sergio. *Los renacimientos de la filosofía medieval*. Madrid: Arco Libros, 1997. 70 p. (Cuadernos de Historia, 35).

Reinhardt, Elisabeth. *Por las rutas medievales del saber*. Prólogo de Andreas Speer. Pamplona: EUNSA, 2007. 348 p.

Ripa, Cesare. *Iconología*. Trad. del italiano por Juan y Yago Barja; trad. del latín y griego por Rosa Ma. Mariño Sánchez-Elvira y Fernando García Romero. Prólogo de Adita Allo Manero. 2 T. 2ª ed. Madrid: Akal, 1996. (Colección Arte y Estética, 8 y 9).

San Benito. *Su vida y su Regla*. Dir. e introd. de Dom García M. Colomas. Versiones de Dom León M. Sansegundo. Coment. y notas de Dom Odilón M. Cunill. 2ª ed. Madrid: BAC, 1968. 789 p.

San Bernardo. *Sermones*. Traducidos del Latín con notas aclaratorias por el P. Jaime Pons S.J. Prólogo del R.P. Guillermo P. Blanco. 3 T. Buenos Aires: Ed. Poblet, 1947.

Sebastián, Santiago. *Mensaje simbólico del arte medieval. Arquitectura, Liturgia e Iconografía*. Madrid: Encuentro, 2009. 437 p.

Van Steenberghen, Fernand. *Filosofía Medieval*. Buenos Aires: Club de Lectores, 1967. 232 p.

Zumthor, Paul. *La medida del mundo*. Trad. De Alicia Martorell. Madrid: Cátedra, 1994. 418 p.

6. Diccionarios especializados

Biedermann, Hans. *Diccionario de Símbolos*. Barcelona: Paidós, 1993. 573 p.

Charbonneau-Lassay, Louis. *El Bestiario de Cristo. El simbolismo animal en la Antigüedad y en la Edad Media*. 2 vol. Barcelona: José J. de Olañeta, 1997. (Colección "Sophia Perennis", 44 y 45).

Chevalier, Jean; Gheerbrant, Alain. *Diccionario de los símbolos*. 6ª ed. Barcelona: Herder, 1999. 1107 p.

Cirlot, Juan Eduardo. *Diccionario de símbolos*. 3ª ed. Barcelona: Siruela, 1998. 520 p.

Gauvard, Claude; de Libera, Alain; Zink, Michel. *Dictionnaire du Moyen Âge*. 2e éd. Paris: Quadrige / PUF, 2002. 1548 p.

Magnavacca, Silvia. *Léxico Técnico de Filosofía Medieval*. Buenos Aires: Fac. de Filosofía y Letras (UBA)/Miño y Dávila, 2005. 847 p.

Malaxecheverría, Ignacio (ed.). *Bestiario medieval*. Barcelona: Siruela, 1999. 277 p. (Serie "Biblioteca Medieval", II).

Subsidio bibliográfico V

7. Publicaciones de Azucena Adelina Fraboschi
acerca de temas medievales varios
y sobre Hildegarda de Bingen

7.1 Libros

S. Alberto Magno. *Oraciones según el orden del Libro de las Sentencias, de Pedro Lombardo.* Trad. y comentario. México: Tradición, 1980. 107 p.

Fraboschi, Azucena Adelina. *Crónica de la Universidad de París y de una huelga y sus motivos (1200-1231).* Buenos Aires: Instituto de Estudios Grecolatinos "Prof. F. Nóvoa" 1991. 141 p.

— *La educación institucionalizada en el mundo romano (periodo imperial).* Buenos Aires: EDUCA, 2001. 80 p. (Cuadernos de Historia de la Educación y de la Cultura, 7).

— *San Agustín. La integración de la cultura clásica en la educación cristiana.* Buenos Aires: EDUCA, 2001. 61 p. (Cuadernos de Historia de la Educación y de la Cultura, 10).

— *Carlomagno, Una política educativa para el crecimiento de un país.* Buenos Aires: EDUCA, 2001. 68 p. (Cuadernos de Historia de la Educación y de la Cultura, 13).

— *La educación de un caballero (en la Baja Edad Media).* Buenos Aires: EDUCA, 2001. 43 p. (Cuadernos de Historia de la Educación y de la Cultura, 14).

— (ed.). *Conociendo a Hildegarda. La abadesa de Bingen y su tiempo.* Buenos Aires: EDUCA, 2003. 256 p.

— *Hildegarda de Bingen: La extraordinaria vida de una mujer extraordinaria.* Buenos Aires: EDUCA, 2004. 208 p.

— (ed.) *Desde el fulgor de la Luz Viviente... Hildegarda, abadesa de Bingen.* Buenos Aires: Educa, 2007. 445 p.

—; Stramiello, C.I. *Dos pilares de nuestra educación.* Buenos Aires: EDUCA, 2008. 126 p. (Cuadernos de Historia de la Educación y de la Cultura, 5).

— *El monacato. Su función educadora.* Buenos Aires: EDUCA, 2008. 106 p. (Cuadernos de Historia de la Educación y de la Cultura, 12).

— *La educación superior en el siglo XIII.* Buenos Aires: EDUCA, 2008. 126 p. (Cuadernos de Historia de la Educación y de la Cultura, 14).

— *Scivias, de Hildegarda de Bingen, primera parte. Lectura y comentario al modo de una lectio medievalis.* Buenos Aires: Miño y Dávila editores, 2009. 575 p.

— *Bajo la mirada de Hildegarda, abadesa de Bingen.* Buenos Aires: Miño y Dávila editores, 2010, 271 p.

— *Santa Hildegarda de Bingen. Doctora de la Iglesia.* Buenos Aires: Miño y Dávila editores, 2012. 287 p.

—; PORTIGLIA, ESTHER. *Creo... Meditando sobre Fe e Iglesia con Santa Hildegarda de Bingen*. Buenos Aires: Miño y Dávila editores, 2013. 224 p.

HILDEGARDA DE BINGEN. *El libro de los merecimientos de la vida*. Presentación, introd., trad. y notas por Azucena Adelina Fraboschi. Buenos Aires: Miño y Dávila editores, 2011. 448 p.

7.2 Artículos y colaboraciones

FRABOSCHI, AZUCENA ADELINA. "La conciencia moral". *Sapientia* (UCA). 1972; 27: 351-356.

— "El primer reconocimiento oficial de la santidad del Angélico". *Sapientia.* 1975; 30: 67-73.

— "Io sono una forza del passato...". *Revista del Instituto de investigación musicológica "Carlos Vega"* (UCA). 1997; 15: 93-110.

— "Medea, de Pasolini, por Pasolini". *Stylos* (UCA). 1998; 7: 165-186.

— "Hildegarda de Bingen: una mujer para el siglo XX". *Stylos* (Instituto de Estudios Grecolatinos "Prof: F. Novoa", UCA). 1999; 8: 41-58.

— "Hildegarda de Bingen. Nota bibliográfica". *Stylos* (Instituto de Estudios Grecolatinos "Prof. F. Novoa", UCA). 2000; 9 (2): 411-430.

— "Hildegardis Bingensis: *Liber divinorum operum* I, 1". *Stylos* (Instituto de Estudios Grecolatinos "Prof. F. Nóvoa", UCA). 2002; 1 1(1 1): 63-82.

— "El arte de Hildegarda de Bingen (o Dios, el artista)". En: *Actas de las Jornadas: Diálogos entre Literatura, Estética y Teología. Buenos Aires*: UCA, 2002. (Publicación electrónica en CD)

— "Tengswich ataca, Hildegarda se defiende. Los motivos de la abadesa". *Stylos* (Instituto de Estudios Grecolatinos "Prof. F. Novoa", UCA). 2003; 12(12): 7-23.

— "El siglo XII como contexto de Hildegarda de Bingen". *Cuadernos Monásticos*. 2004; 29(151): 447-467.

— "Scivias I, 1, de Hildegarda de Bingen: Análisis y comentario al modo de una *lectio medievalis*". *Stylos* (Instituto de Estudios Grecolatinos "Prof. F.Nóvoa", UCA). 2004; 13(13): 13-36.

— "Carta de Hildegarda de Bingen al Papa Anastasio (1153-54)". *Versiones (Revista del Centro de Traducciones Filosóficas "Alfonso el Sabio")*. 2004; 6:13- 17.

— "Porque Yo soy la Vida. Hildegarda de Bingen y una pintura ¿metafísica?", 319-33. En: SOTO BRUNA, MARÍA JESÚS (ed.). *Metafísica y Antropología en el siglo XII:* Barcelona: EUNSA, 2005, 366 p.

— "El hombre y su caída original en dos visiones de Hildegarda de Bingen", 101-15. En: FILIPPI, SILVANA (ed.). *Cuestiones de Antropología y Ética en la Filosofía Patrística y Medieval*. Rosario: Fac. de Humanidades y Artes – Univ. Nacional de Rosario – Instituto Superior Don Bosco, 2006. 276 p.

— "*Scivias*. Declaración de las verdaderas visiones que fluyen de Dios". *Stylos* (Instituto de

Estudios Grecolatinos "Prof. F. Nóvoa", UCA). 2006; 15(15): 47-89.

— "Hildegarda de Bingen y los astrólogos: un saber fútil (Scivias I,3)". *IN ITINERE* (Universidad FASTA). (aceptado para su publicación).

— "Dios, el Filósofo. Una 'osadía' de Hildegarda de Bingen", 151-60. En: BELTRÁN, O.; DELBOSCO, H.J; FRANCK, J.F.; ROLDÁN, J.P. (ed.) *Contemplata aliis tradere. Miscelánea Homenaje al Profesor Juan R. Courrèges en su 75° aniversario*. Buenos Aires: Dunken, 2007. 567 p.

— "Santa Hildegarda. La abadesa de Bingen y su tiempo", 17-30. En: FRABOSCHI, AZUCENA ADELINA (ed.) *Desde el fulgor de la Luz Viviente... Hildegarda, abadesa de Bingen*. Buenos Aires: Educa, 2007. 445 p.

— "La ubicación de los puntos cardinales en las iluminaciones de la abadesa de Bingen", 205-11. En: FRABOSCHI, AZUCENA ADELINA (ed.) *Desde el fulgor de la Luz Viviente... Hildegarda, abadesa de Bingen*. Buenos Aires: Educa, 2007. 445 p.

— "Hildegarda de Bingen y la divina ley natural", 385-402. En: FRABOSCHI, AZUCENA ADELINA (ed.) *Desde el fulgor de la Luz Viviente... Hildegarda, abadesa de Bingen*. Buenos Aires: EDUCA, 2007. 445 p.

— "Y Dios creó una forma para el amor del hombre, y así la muer es el amor del hombre", 251-77. En: FRABOSCHI, AZUCENA ADELINA (ed.) *Desde el fulgor de la Luz Viviente... Hildegarda, abadesa de Bingen*. Buenos Aires: Educa, 2007. 445 p.

— "Porque Yo soy la vida. Hildegarda de Bingen y una pintura ¿metafísica?", 279-95. En: FRABOSCHI, AZUCENA ADELINA (ed.) *Desde el fulgor de la Luz Viviente... Hildegarda, abadesa de Bingen*. Buenos Aires: Educa, 2007. 445 p.

— "Tengswich ataca, Hildegarda se defiende. Los motivos de la abadesa", 369-84. En: FRABOSCHI, AZUCENA ADELINA (ed.) *Desde el fulgor de la Luz Viviente... Hildegarda, abadesa de Bingen*. Buenos Aires: Educa, 2007. 445 p.

— "*Scivias*. Declaración de las verdaderas visiones que fluyen de Dios", 405-45. En: FRABOSCHI, AZUCENA ADELINA (ed.) *Desde el fulgor de la Luz Viviente... Hildegarda, abadesa de Bingen*. Buenos Aires: Educa, 2007. 445 p.

— "Del poder y sus vicios, en la mirada de Hildegarda, abadesa de Bingen". *Stylos* (Instituto de Estudios Grecolatinos "Prof. F. Nóvoa", UCA). 2010; 19(19): 43-123.

— "El Anticristo: dos miradas". *Estudios de Historia de España* (Instituto de Historia de España, UCA). 2010; 12(1): 201-25.

— "Hildegarda de Bingen, una pluma en las manos de Dios". *Divinitas*. 2011; 3 y 2012; l.

— "Apuntes para una antropología hildegardiana". *Sapientia*. 2013; 69(233): 127-39.

— "La cosmovisión de Hildegarda de Bingen". *Teología*. 2014; 50(113): 63-82.

HILDEGARDIS BINGENSIS. *Liber divinorum operum*. Introd., trad. y notas de Azucena A. Fraboschi. *Cuadernos Monásticos*. 2004; 39(151): 517-35.

Publicación de dos sitios en Internet:
http://www.hildegardadebingen.com.ar
http://www.hildegarde.org

ÍNDICE TEMÁTICO

Se han organizado aquí las cartas del primer volumen de acuerdo con las temáticas más destacadas. En el caso de las epístolas que presentan diversos tópicos, se ha considerado el asunto predominante.

Comentarios teológicos

Solicitudes especiales (Con respecto a Ricarda, la interdicción, etc.)

Esta edición se terminó de imprimir
en noviembre de 2015, en los talleres de
Gráfica LAF s.r.l., ubicados en Monteagudo 741,
San Martín, Provincia de Buenos Aires, Argentina.